Kapellmann | Langen

Einführung in die VOB/B
Basiswissen für die Praxis

EINFÜHRUNG IN DIE
VOB/B
BASISWISSEN FÜR DIE PRAXIS

Rechtsanwalt Prof. Dr. jur. Klaus D. Kapellmann
Honorarprofessor an der Rheinisch-Westfälischen
Technischen Hochschule Aachen

Rechtsanwalt Prof. Dr. jur. Werner Langen
Honorarprofessor an der Universität zu Köln

– Fachanwälte für Bau- und Architektenrecht

22., neu bearbeitete Auflage

Werner Verlag 2013

1. Auflage 1991	12. Auflage 2003
2. Auflage 1993	13. Auflage 2004
3. Auflage 1994	14. Auflage 2005
4. Auflage 1995	15. Auflage 2006
5. Auflage 1996	16. Auflage 2007
6. Auflage 1997	17. Auflage 2008
7. Auflage 1998	18. Auflage 2009
8. Auflage 1999	19. Auflage 2010
9. Auflage 2000	20. Auflage 2011
10. Auflage 2001	21. Auflage 2012
11. Auflage 2002	22. Auflage 2013

Bibliografische Information Der Deutschen Bibliothek
Die Deutsche Bibliothek verzeichnet diese Publikation in der Deutschen
Nationalbibliografie; detaillierte bibliografische Daten sind im Internet
über **http://dnb.ddb.de** abrufbar.

ISBN 978-3-8041-2293-2

Die DIN-Normen sind wiedergegeben mit Erlaubnis des Deutschen
Instituts für Normung e.V. Maßgebend für das Anwenden der Norm
ist deren Fassung mit dem neuesten Ausgabedatum, die im
Beuth Verlag GmbH, Burggrafenstraße 6, 10787 Berlin, erhältlich ist.

www.werner-verlag.de
www.wolterskluwer.de

© 2013 Wolters Kluwer Deutschland GmbH, Köln.
Werner Verlag – eine Marke von Wolters Kluwer Deutschland.
Alle Rechte vorbehalten.

Umschlagkonzeption: futurweiss kommunikationen, Wiesbaden
Satz: Satz-Offizin Hümmer GmbH, Waldbüttelbrunn
Druck: Paper & Tinta, Nadma, Polen

Vorwort zur 22. Auflage

In dieser 22. Auflage lenken wir die besondere Aufmerksamkeit auf die »10 wichtigsten Entscheidungen«, deren Kenntnis angesichts der Innovationsfreude des BGH unentbehrlich ist.

Ansonsten ist der Text wie immer auf dem neuesten Stand, »dramatische« Änderungen hat es im Jahr 2012 nicht gegeben.

Mönchengladbach, Juni 2013

Prof. Dr. Klaus D. Kapellmann
Rechtsanwalt

Fachanwalt für Bau- und Architektenrecht

Honorarprofessor an der Rheinisch-Westfälischen Technischen Hochschule Aachen

Prof. Dr. Werner Langen
Rechtsanwalt

Fachanwalt für Bau- und Architektenrecht

Honorarprofessor an der Universität zu Köln

Bearbeiter

Prof. Dr. jur. Klaus D. Kapellmann
Rechtsanwalt,
Fachanwalt für Bau- und Architektenrecht
Kapellmann Rechtsanwälte, Mönchengladbach
Honorarprofessor an der
Rheinisch-Westfälischen
Technischen Hochschule Aachen

Prof. Dr. jur. Werner Langen
Rechtsanwalt,
Fachanwalt für Bau- und Architektenrecht
Kapellmann Rechtsanwälte, Mönchengladbach
Honorarprofessor an der Universität zu Köln

Inhaltsverzeichnis

Abkürzungsverzeichnis

a. a. O.	am angegebenen Ort
a. F.	alte Fassung
AG	Auftraggeber
AGB	Allgemeine Geschäftsbedingungen
AN	Auftragnehmer
BauR	Zeitschrift für das gesamte öffentliche und zivile Baurecht
BB	Der Betriebsberater, Zeitschrift
BGB	Bürgerliches Gesetzbuch
BGH	Bundesgerichtshof
BGHZ	Entscheidungen des Bundesgerichtshofs in Zivilsachen
DIN	Normen des Deutschen Instituts für Normung e. V.
GU	Generalunternehmer
GÜ	Generalübernehmer
GWB	Gesetz gegen Wettbewerbsbeschränkungen
HOAI	Honorarordnung für Architekten und Ingenieure
IBR	Immobilien und Baurecht, Zeitschrift
LV	Leistungsverzeichnis
n. F.	neue Fassung
NJW	Neue Juristische Wochenschrift
NJW-RR	Neue Juristische Wochenschrift, NJW-Rechtsprechungsreport Zivilrecht
NZBau	Neue Zeitschrift für Baurecht und Vergaberecht
OLG	Oberlandesgericht
Schäfer/Finnern	Rechtsprechung der Bauausführung, abgeschlossene Loseblattsammlung
Schäfer/Finnern/ Hochstein	Rechtsprechung zum privaten Baurecht, abgeschlossene Loseblattsammlung
VersR	Versicherungsrecht, Zeitschrift
VOB	Vergabe- und Vertragsordnung für Bauleistungen
WM	Wertpapiermitteilungen (Teil IV), Zeitschrift
ZfBR	Zeitschrift für deutsches und internationales Bau- und Vergaberecht

Literaturverzeichnis

Beck'scher VOB-Kommentar, VOB Teil B, 2. Auflage, München 2008

Heiermann/Riedl/Rusam, Handkommentar zur VOB, 11. Auflage, Wiesbaden 2008

Ingenstau/Korbion, VOB-Kommentar, Teile A und B, 17. Auflage, Köln 2010

Kapellmann, Schlüsselfertiges Bauen, 3. Auflage, Köln 2013

Kapellmann/Messerschmidt, VOB Teile A und B, 4. Auflage, München 2012

Kapellmann/Schiffers, Vergütung, Nachträge und Behinderungsfolgen beim Bauvertrag. Rechtliche und baubetriebliche Darstellung der geschuldeten Leistung und Vergütung sowie der Ansprüche des Auftragnehmers aus unklarer Ausschreibung, Mengenänderung, geänderter oder zusätzlicher Leistung und aus Behinderung gemäß VOB/B und BGB
Band 1: Einheitspreisvertrag, 6. Auflage, Köln 2011;
Band 2: Pauschalvertrag einschließlich Schlüsselfertigbau, 5. Auflage, Köln 2011

Kniffka/Koeble, Kompendium des Baurechts, 3. Auflage, München 2008

Langen/Schiffers, Bauplanung und Bauausführung, Eine juristische, baubetriebliche und organisatorische Gesamtdarstellung der Baudurchführung einschließlich des Schlüsselfertigbaus, München 2005

Leinemann, VOB/B, 4. Auflage, Köln 2010

Markus/Kaiser/Kapellmann, AGB-Handbuch Bauvertragsklauseln, 3. Auflage, Köln 2011

Messerschmidt/Voit, Privates Baurecht, 2. Auflage, München 2012

Palandt, Kommentar zum BGB, 70. Auflage, München 2011

Werner/Pastor, Der Bauprozess, 14. Auflage, Köln 2013

Kurzkommentar:
Die zehn wichtigsten Urteile des Jahres 2012

Wir bleiben bei unserer Tradition und stellen die nach unserer subjektiven **1** Meinung zehn wichtigsten im Jahre 2012 in der Zeitschrift BauR veröffentlichten Urteile vor, diesmal sechs Entscheidungen des Bundesgerichtshofs und vier Entscheidungen von Oberlandesgerichten.

> **1** 1. **Welche Leistungen von der funktionalen Leistungsbeschreibung, die dem vereinbarten Pauschalpreisvertrag zugrundeliegt, erfasst sind und welche Leistungen möglicherweise zusätzlich zu erbringen und damit auch zu vergüten sind, ist im Wege der Auslegung des Vertragswerks zu ermitteln.**
>
> 2. **Ist im »Gewerk Haustechnik« geregelt, dass in die Vergütung das Herstellen von Wand- und Deckendurchbrüchen einkalkuliert ist, bedeutet dies nicht, dass der Auftragnehmer auch das Verschließen der Durchbrüche unentgeltlich zu erbringen hat.**
>
> 3. **Das Verschließen von Öffnungen im Mauerwerk ist nach Ziff. 4.2.5 der DIN 18330 (Mauerarbeiten) und Ziff. 4.2.9 der DIN 18331 (Beton- und Stahlbauarbeiten) eine besondere Leistung.**
>
> *OLG Düsseldorf, Urt. v. 19.07.2011 – I-21 U 76/09, BauR 2012, 244*

Ein Generalunternehmer (ein Rohbauer) wird im Rahmen einer funktionalen Ausschreibung für einen Teilbereich eines Gesamtbauwerks beauftragt; die haustechnischen Anlagen sind nicht Vertragsgegenstand. Durch Bauteile, die Brandabschnitte markieren, müssen Kanäle hindurchgeführt werden. Zu diesem Zweck müssen Öffnungen erstellt und Brandschutzklappen eingebaut werden und anschließend vermörtelt oder feuerbeständig verkleidet werden.

Die Leistungsbeschreibung enthält keine konkrete Position, wonach der Generalunternehmer Brandschutzklappen einzumörteln habe. Der Auftraggeber ist aber der Meinung, üblicherweise schulde ein Rohbauer das Verschließen der Öffnungen für Brandschutzklappen; ein Zeuge hatte allerdings ausgesagt, in ca. 10 % der Fälle werde diese Einmörtelung vom Gewerk Haustechnik ausgeführt. Das Rohbauleistungsverzeichnis enthält die Vermörtelung nicht.

Das Urteil behandelt im Ergebnis eine mittlerweile ausgetragene Frage, ob nämlich bei detaillierter Vorgabe im Rahmen einer funktionalen Ausschreibung auch (angeblich) vergessene Leistungen ohne besondere Vergütung mit ausgeführt werden müssen.

Das OLG verneint das mit der kernigen Begründung: »Auch der Verweis auf eine funktionale Leistungsbeschreibung begründet nicht schon die Vertragspflicht des Generalunternehmers. Es stellt insofern einen zuweilen folgenschweren Irrtum bei den am Bau Beteiligten dar, dass der Auftragnehmer aufgrund einer Pauschalpreisabsprache, verbunden mit funktionaler Leistungsbeschreibung, immer »alles« schulde, ohne Nachträge geltend machen zu dürfen. Eine solche grundsätzliche, einseitige Nachteilszuweisung ist nicht gerechtfertigt. Welche Leistungen von der funktionalen Leistungsbeschreibung, die dem vereinbarten Pauschalvertrag zugrundeliegt, erfasst sind und welche Leistung möglicherweise zusätzlich zu erbringen ist, damit auch zu vergüten sind, ist vielmehr im Wege der Auslegung zu ermitteln. Dabei ist das gesamte Vertragswerk und dessen Begleitumstände zu berücksichtigen«.

Diese Auslegung ergebe, dass die Einmörtelung der Brandschutzklappen nicht umfasst sei, weil das Gewerk »Haustechnik« anderweitig vergeben worden sei und damit nicht klar sei, dass die Vermörtelung zu den Rohbauarbeiten gehöre.

Die grundsätzliche Aussage ist heute allgemein anerkannt. Genauso hat das OLG Rostock am 20.07.2011 entschieden. IBR 2011, 504, Nichtzulassungsbeschwerde vom BGH zurückgewiesen, ebenso OLG Karlsruhe, Urt. v. 16.04.2010, Nichtzulassungsbeschwerde vom BGH zurückgewiesen und das OLG Koblenz, Urt. v. 31.03.2010, NZBau 2010, 562: »Eine Schlüsselfertigkeitsabrede ist nicht geeignet, bei Vorliegen einer detaillierten Leistungsbeschreibung den Abgeltungsumfang der vereinbarten Pauschalsumme zu erweitern. Insoweit gehen die Detailregelungen einer globalen Regelung vor, d. h., die Angaben im Rahmen der Leistungsbeschreibung bleiben maßgeblich«.

Die Leistungsbeschreibung hatte im Falle des OLG Düsseldorf vorgesehen, dass nur die Herstellung von Wand- und Deckendurchbrüchen bis zu einer Größenordnung von 30 cm × 30 cm Vertragsgegenstand war. Aus dieser Herstellungspflicht folgt keineswegs selbstverständlich auch die Pflicht, die Öffnung wieder zu verschließen, wie das OLG unter Hinweis auf die einschlägigen DIN-Normen feststellt.

So richtig die Ausführungen des OLG Düsseldorf grundsätzlich sind, so wenig notwendig waren sie allerdings: Der Generalunternehmer hatte auf die unklare Zuständigkeitsregelung hingewiesen und dann bei Angebotsabgabe gerade ausdrücklich mitgeteilt, dass er nur die Herstellung von Wand- und Deckendurchbrüchen bis zu einer Größenordnung von 30 cm bis 30 cm mit einkalkuliert habe. Dieses Angebot hat der Auftraggeber angenommen und »zum Bestandteil des Vertrages gemacht«. Es bedurfte deshalb keiner weiteren Ausführungen zum Leistungsinhalt mehr.

Die Beklagte hatte sich noch auf eine Vertragsklausel 3.2 berufen, danach sollten auch Leistungen, die »nicht **exakt**« im Leistungsverzeichnis beschrieben sein, Leistungsinhalt sein. Darum ging es ohnehin nicht, denn das Verschließen der nach dem Einbau der Brandschutzklappen verbleibenden Querschnitte war überhaupt nicht beschrieben. Im Übrigen hielt das Oberlandesgericht zutreffend fest, zwar könnten Vertragsparteien grundsätzlich eine Risikoübernahme auch für nicht bekannte Umstände vereinbaren. Jedoch sei an eine solche Risikoübernahme bezüglich unbekannter Faktoren, die zu einem Vergütungsausschluss führen, hohe Anforderungen zu stellen. Die Klausel 3.2 enthalte einen solchen Ausschluss nicht.

2   1. Grundsätzlich ist der öffentliche Auftraggeber gehalten, ihm mögliche und zumutbare Angaben zur Kontamination eines zum Aushub und zur Wiederverwendung vorgesehenen Bodens zu machen. Ein Unterlassen solcher Angaben kann die Auslegung des Vertrages dahin rechtfertigen, eine Bodenkontamination liege nicht vor.

2. Ein ausdrücklicher Hinweis auf die Kontaminierung des zum Aushub und zur Weiterverwendung vorgesehenen Bodens ist nicht notwendig, wenn diese sich aus den Umständen klar und eindeutig ergibt, weil der im Leistungsverzeichnis beschriebene Boden regelmäßig kontaminiert ist (hier: Boden unterhalb einer teerhaltigen Asphaltschicht).

BGH »LAGA«, Urt. v. 22.09.2011 – VII ZR 67/11, BauR 2013, 490 = NZBau 2013, 102

Die Klägerin verlangt von der Beklagten, einem öffentlichen Auftraggeber, zusätzliche Vergütung für Tiefbauarbeiten mit der Begründung, sie habe beim Aushub von Boden unterhalb einer Ortsdurchfahrt schadstoffhaltigen Boden angetroffen, der nicht ausgeschrieben gewesen sei. Der BGH lehnt den Anspruch wie folgt ab.

Was zur geschuldeten Leistung gehört, ist – ggf. – durch Auslegung zu ermitteln. Über die Beschaffenheit des zum Aushub und zur Weiterverwendung vorgesehenen Bodens enthält die Ausschreibung keine Angaben. Auch wenn vergaberechtlich dazu Aussagen zwingend sind, ändert sich zivilrechtlich nichts daran, dass kein konkreter Schluss auf die Beschaffenheit möglich ist, wenn nichts genannt ist (so schon Kapellmann/Messerschmidt, VOB/B § 2 Rdn. 82).

Der Bundesgerichtshof bestätigt dann, dass eine Ausnahme gelten könne, wenn der Verstoß gegen die Ausschreibungsgrundsätze im Ergebnis dem Bieter ein ungewöhnliches Wagnis auferlegen würde. Das Berufungsgericht hatte gemeint, dies sei der Fall, weil unter den gegebenen Umständen die Ausschreibungsgrundsätze nur gewahrt werden könnten, wenn eine vorgefundene Bodenkontamination ausdrücklich beschrieben sei. Der Bundesgerichtshof entscheidet zutreffend, dass dann, wenn sich aus der Leistungsbeschreibung unter Berücksichtigung aller dem Vertrag zugrundeliegenden Umstände klar und eindeutig ergibt, dass ein bestimmtes Leistungsdetail Gegenstand der Preisvereinbarung ist, eine weitere Erwähnung im Vertrag überflüssig ist. Sowohl die DIN 18299 Abschn. 0.1.20 als auch die DIN 18300 Abschn. 0.2.3 sähen die Notwendigkeit, Angaben zur Schadstoffbelastung zu machen, nur dann vor, wenn dies »nach den Erfordernissen des Einzelfalles« notwendig sei. Das sei aber nicht der Fall, wenn die entsprechende Schadstoffbelastung angesichts der sonstigen Umstände der Ausschreibung selbstverständlich sei. Tatsächlich sei es so, dass unterhalb einer Ortsdurchfahrt regelmäßig ein mit Schadstoff belasteter Boden vorhanden sei. Diese Belastungen schwankten zwischen LAGA Zuordnungswerten Z1.1, Z1.2, Z2 und >Z2.

Weil somit die Ausschreibung im Ergebnis jedenfalls klar sei, sei das Vorfinden von belastetem Untergrund keine Soll-Ist-Abweichung.

Dem Bundesgerichtshof ist uneingeschränkt zuzustimmen. Zwar war vergaberechtlich die Angabe zur Belastung des Untergrundes zwingend; auch der Bundesgerichtshof hält ausdrücklich einen Verstoß gegen Ausschreibungsregeln im Vergabeverfahren für möglich. Im konkreten Fall ändert aber dieser Verstoß nichts an der Eindeutigkeit hinsichtlich der konkreten Fragestellungen.

Ergänzend weist der Bundesgerichtshof ebenfalls zutreffend darauf hin, dass der Boden auch zur Weiterverwendung vorgesehen war, wie sich aus zahlreichen Positionen des Leistungsverzeichnisses ergeben habe. Tatsächlich sei der Boden wegen der nur geringen Schadstoffbelastung auch weiter verwendungsfähig gewesen; wäre allerdings ein nicht zur Weiterverwendung vorgesehener Boden angetroffen worden, hätte die Klägerin eine Preisanpassung nach § 2 Nr. 5 VOB/B (oder jedenfalls nach den Grundsätzen des Wegfalls der Geschäftsgrundlage) verlangen können. Der Hinweis auf § 2 Abs. 5 VOB/B ist völlig zutreffend. Mit der Störung der Geschäftsgrundlage hätte das allerdings nichts zu tun gehabt.

---

3   In ergänzender Auslegung eines VOB-Einheitspreisvertrages kann der Auftragnehmer eine Vergütung für ersatzlos entfallene Leistungspositionen (Nullpositionen) nach Maßgabe des § 2 Nr. 3 Abs. 3 VOB/B verlangen, weil ein Fall der vom Regelungsgehalt dieser Vertragsklausel erfassten Äquivalenzstörung vorliegt.

BGH »Nullpositionen«, Urt. v. 26.01.2012 – VII ZR 19/11, BauR 2013, Rdn. 46 = NZBau 2013, 226

Der Leitsatz ist etwas »überformuliert«. Die Entscheidung lautet richtig, dass dann, wenn Leistungspositionen im VOB/B-Einheitspreisvertrag entfallen, § 2 Abs. 3 Nr. 3 VOB/B anwendbar ist, jedenfalls »in ergänzender Auslegung der VOB/B«. Streitfrage war, ob nicht stattdessen der richtige Ansatzpunkt § 8 Abs. 1 Nr. 2 VOB/B sei, also der Kündigungsparagraph. Ist Letzterer anwendbar, gibt es keine »Ausgleichsberechnung«. Ist § 2 Abs. 3 Nr. 3 VOB/B anwendbar, gibt es auch bei Nullpositionen eine Ausgleichsberechnung. Der Bundesgerichtshof schließt sich letzterer Position mit überzeugender Begründung an; es ist in der Tat schlechthin nicht einzusehen, welchen Unterschied es machen soll, ob die ausgeschriebene Menge sich auf ein Minimum oder auf Null reduziert (im Anschluss an Kapellmann/Messerschmidt, VOB/B § 2 Rdn. 153, auch zur vorangegangenen Entscheidung des OLG Bamberg, das § 8 Abs. 1 VOB/B angewendet hatte, aber trotzdem eine Ausgleichsberechnung verlangt hatte). Neben dem eigentlichen Ergebnis ist an dieser Entscheidung bemerkenswert, dass der Bundesgerichtshof, ohne mit der Wimper zu zucken, eine »ergänzende Auslegung einer VOB/B-Vorschrift« vornimmt, obwohl nach verbreiteter (aber nach unserer Meinung unzutreffender) Meinung Analogien aus Allgemeinen Geschäftsbedingungen wie der VOB/B unzulässig seien.

---

4   Die Verjährung des Vergütungsanspruchs des Auftragnehmers wird gemäß § 204 Abs. 1 Nr. 7 BGB gehemmt, wenn der Auftragnehmer zur Aufklärung von Werkmängeln ein selbständiges Beweisverfahren einleitet, um die Abnahmereife seiner Werkleistungen und die tatsächlichen Voraussetzungen für die Fälligkeit seines Vergütungsanspruchs nachweisen zu können.

BGH, Beschl. v. 09.02.2012 – VII ZR 135/11, BauR 2013, 803 = NZBau 2013, 228

Die Klägerin nimmt den Beklagten auf Zahlung von Werklohn in Anspruch. Streitig war, ob die Werklohnforderungen verjährt waren.

Dem Beklagten hatte die Klägerin für den Einbau von Fenstern und die Montage von Zimmertüren am 27.03.2003 Schlussrechnungen erteilt. Der Beklagte zahlte nicht und erhob umfangreiche Mängelrügen. Daraufhin führte die Klägerin Nachbesserungsarbeiten durch. Am 18.05.2004 verlangte sie die Abnahme der Werkleistungen bis Ende Mai 2004. Das lehnte der Beklagte mit Schreiben vom 27.05.2004 unter Hinweis auf eine Mängelliste ab. Daraufhin leitete die Klägerin beim Landgericht am 17.09.2004 ein selbständiges Beweisverfahren zur Klärung der Frage ein, ob die Mängel vorhanden seien. Nach den Feststellungen des Berufungsgerichts war das selbständige Beweisverfahren Ende 2007 beendet. Das Landgericht wies die Klage wegen Verjährung ab, das Oberlandesgericht gab ihr statt. Dagegen richtete sich die Beklagte mit einem Antrag auf Zulassung der Revision mit der Begründung, bisher sei es streitig, ob ein vom Auftragnehmer zu Klärung der Mängelfreiheit seiner Werkleistung eingeleitetes selbständiges Beweisverfahren die Verjährung der Werklohnforderung unterbreche. Der Bundesgerichtshof lehnte zutreffend die Annahme der Revision ab, die angesprochene Streitfrage sei nicht entscheidungserheblich. Ob ein Beweissicherungsverfahren über Mängel die entsprechende Wirkung habe, spiele keine Rolle. Im konkreten Fall habe nämlich die Klägerin das selbständige Beweisverfahren eingeleitet, weil die Abnahme verweigert worden sei. Die Fälligkeit des Vergütungsanspruchs der Klägerin hing folglich gemäß § 640 Abs. 1 Satz 3 BGB davon ab, dass die Klägerin nachwies, die behaupteten Mängel hätten nicht vorgelegen **und** der Beklagte hätte deshalb abnehmen müssen. Hier sei die Auffassung eindeutig, dass die Verjährung des Vergütungsanspruchs (mangels Fälligkeitsvoraussetzung) gehemmt werde; dem schließe sich der BGH an.

5   **1. Maßgeblich für die in Anlehnung an die Grundsätze des § 2 Nr. 5 VOB/B zu ermittelnde Höhe des Mehrvergütungsanspruchs, der auf einer durch eine verzögerte Vergabe verursachten Bauzeitverschiebung beruht, sind grundsätzlich nur diejenigen Mehrkosten, die ursächlich auf die Verschiebung der Bauzeit zurückzuführen sind.**

   2. Bei Anwendung dieser Grundsätze kann einem Auftragnehmer ein Mehrvergütungsanspruch in Höhe des Betrages zustehen, der sich aus der Differenz zwischen den tatsächlich durch die Beauftragung eines Nachunternehmers entstandenen Kosten und denjenigen Kosten ergibt, die für ihn bei Einhaltung der ursprünglichen Bauzeit durch eine Annahme des bindenden Angebots eines günstigeren Nachunternehmers entstanden wären.

   BGH »Verschobener Zuschlag – Höhe«, BauR 2013, 939 = NZBau 2012, 287

Der Bundesgerichtshof hatte im Jahre 2009 in mehreren Urteilen zutreffend entschieden, dass die dem Auftragnehmer bei verschobenem Zuschlag entstehenden Mehrkosten in Analogie zu § 2 Abs. 5 VOB/B erstattet werden müssten. Über die Berechnung gab es Unklarheit, zumal der Bundesgerichtshof in einer Entscheidung eine Formulierung gebraucht hatte, die als Schadensersatzanspruch missverstanden werden konnte, während ja in Wirklichkeit die Vergütung zu erhöhen war.

Der zitierte Leitsatz 1 der Entscheidung ist selbstverständlich. Natürlich hängt die Höhe der Mehrvergütung davon ab, welche Mehrkosten durch die Verschiebung der Bauzeit entstanden sind – wie auch sonst?

Wesentlich ist, dass der Bundesgerichtshof jetzt auch die Berechnungsart bestätigt. Die Mehrkosten können ermittelt werden durch den Vergleich der »hypothetischen Beschaffungskosten, die bei Erteilung des Zuschlages rechtzeitig vor dem geplanten Baubeginn« angefallen wären und den gestiegenen Beschaffungskosten nach Erteilung des Zuschlags. Diese »hypothetischen Beschaffungskosten« hatte die Klägerin im Beispielsfall dadurch dargelegt, dass sie vorgetragen hatte, sie hätte bei Einhaltung der ursprünglich vorgesehenen Bauzeit ihren Nachunternehmer zu den von diesen damals angebotenen Preisen beauftragt. Die gestiegenen Beschaffungskosten hatte die Klägerin im Beispielsfall dadurch schlüssig dargetan, dass sie die Nachunternehmerleistungen zu den vom Nachunternehmer jetzt (beim Start der Leistung) genannten Preisen habe einkaufen müssen. Bereits in dem Urteil vom 10.09.2009 (BGH NZBau 2009, 771) hatte der BGH erläutert, dass die entsprechenden Mehrkosten auch praktikabel anders ermittelt werden könnten, wenn es nämlich keine Nachunternehmer- und Lieferantenangebote aus der Kalkulationsphase gegeben habe: »Die für die Berechnung der Preissteigerung auf der einen Seiten relevanten Aufwendungen für Baustoffe, Material und Nachunternehmerleistungen, welche die Klägerin bei Einhaltung der geplanten Bauzeit hätte tragen müssen, können in Ermangelung gegenteiliger tatsächlicher Anhaltspunkte den Marktpreisen des geplanten Bauvorhabens entsprechen«.

Die in nicht einfacher Diktion gehaltene Entscheidung erläutert Markus in NZBau 2012, 414.

> **6 Der Auftragnehmer ist berechtigt, auch dann Abschlagszahlungen für eine vom Auftraggeber geforderte zusätzliche Leistung unter den Voraussetzungen des § 16 Nr. 1 Abs. 1 VOB/B zu fordern, wenn eine Einigung über deren Vergütung nicht stattgefunden hat.**
>
> *BGH, Beschl. v. 24.05.2012 – VII ZR 34/11, BauR 2012, 1395 = NZBau 2012, 493*

Der Fall ist einfach, die Antwort ist selbstverständlich, aber die Entscheidung ist trotzdem wichtig, weil die Renitenz einzelner öffentlicher Auftraggeber unbegreiflich ist. Die Klägerin verlangte von der Beklagten (einem Unternehmen im Bereich der DB AG) Verzugszinsen, weil die Beklagte Abschlagsrechnungen nicht rechtzeitig bezahlt habe. Verzugszinsen seien laut Beklagter deshalb nicht angefallen, weil die Beklagte mit der Klägerin noch keine Einigung über die Höhe der Vergütung erzielt habe bzw. noch kein endgültiges Prüfergebnis erzielt habe. Gegen das zusprechende Urteil des OLG hatte die Beklagte Antrag auf Zulassung der Revision gestellt. Der Bundesgerichtshof hält lakonisch fest, die von der Beklagten als klärungsbedürftig aufgeworfene Frage stelle sich nicht. Tatsächlich entsteht der Anspruch auf Nachtragsvergütung mit der Ausführung der Leistung und einer fachgerechten Nachtragsberechnung. Nach Verzug ist die Forderung zu verzinsen.

Zur heutigen Rechtslage ist darauf hinzuweisen, dass gemäß § 16 VOB/B n. F. Ansprüche auf Abschlagszahlungen binnen 21 Tagen nach Zugang der Aufstellung fällig werden, der Auftraggeber aber spätestens 30 Tage nach Zugang der Rechnung in Zahlungsverzug gerät, also **ohne** Mahnung.

> **7 1. Bei der Lieferung von Betonfertigteilen handelt es sich um einen Werklieferungsvertrag, auf den gemäß § 651 BGB Kaufrecht Anwendung findet.**

> 2. Rügt der Besteller von Betonfertigteilen Mängel der Lieferung mehr als neun Monate nach der Lieferung, verstößt er gegen seine Verpflichtung zur unverzüglichen Untersuchung der gelieferten Ware gemäß § 377 HGB.
> 3. Bei »erheblichen Toleranzabweichungen vom Sollmaß« der gelieferten Pfetten und Hauptträger handelt es sich nicht um versteckte Mängel im Sinne des § 377 Abs. 2 HGB.
>
> *OLG Brandenburg, Urt. v. 22.02.2012 – 4 U 69/11, BauR 2013, 1416 = NZBau 2012, 2124*

Das Oberlandesgericht Brandenburg behandelt einen höchst brisanten Fall, bei dem erst Jahre nach der Gesetzesänderung vom 01.01.2002 erneut deutlich geworden ist, was die Änderung des Gesetzes zur Definition des Werklieferungsvertrages bewirkt hat.

Die Beklagte hatte der Klägerin eigens hergestellte Betonfertigteile geliefert. Diese hatten Mängel, die Klägerin hatte sie nicht unverzüglich gerügt. Gemäß dem anzuwendenden § 377 HGB hatte sie dadurch ihre Gewährleistungsansprüche verloren.

Nach § 651 BGB n. F. ist allein maßgeblich, ob eine bewegliche Sache herzustellen ist. Der BGH hatte schon 2009 (NZBau 2009, 644) entschieden, dass der Einordnung als bewegliche Sache nicht entgegenstehe, dass die Anlagenteile dazu bestimmt waren, zu einer Anlage zusammengesetzt und dann auf einem Grundstück fest installiert zu werden. Maßgeblich sei, ob die Sache im Zeitpunkt der Lieferung beweglich sei.

Das OLG ließ im Ergebnis die (nach seiner Meinung auch gar nicht relevante!) Frage offen, ob auch eine Bau-ARGE der Rügepflicht nach § 377 HGB unterliegt, obwohl sie im Regelfall nicht Kaufmann ist (verneinend: Lakkis, NZBau 2012, 737). Bisher ungeklärt ist, wann im Baurechtsbereich eine Untersuchung noch »unverzüglich« ist und wann ein Mangel »verdeckt« ist.

8 1. Führt die Ausführung der Werkleistung zu einer exorbitanten Erhöhung der im Vertrag angenommenen Massen, kann der Nachunternehmer nicht ohne weiteres davon ausgehen, dass der Hauptunternehmer mit dieser für beide Seiten nicht vorsehbaren Mehrung einverstanden sein würde, wenn dieser die Arbeiten seinerseits gegenüber seinem Auftraggeber abzurechnen hat.
   2. Ein Anspruch aus Geschäftsführung ohne Auftrag scheidet aus, weil die weitergehenden Arbeiten nicht dem mutmaßlichen Willen des Hauptunternehmers entsprechen.

OLG Celle, Urt. v. 09.08.2012 – 16 U 197/11, BauR 2013, 1797 = NZBau 2013, 38

Ein öffentlicher Auftraggeber beauftragt einen Auftragnehmer mit der Sanierung von Fehlstellen bei einer Kläranlage. Die Auftragssumme betrug 13.540,00 €; weil wesentlich mehr und tiefere Fehlstellen auftraten, als beiderseits erwartet, rechnet der Auftragnehmer schließlich 59.002,94 € ab. Das Oberlandesgericht Celle weist die Klage auf Mehrvergütung mit der Begründung zurück, der Auftragnehmer habe angesichts des Ausmaßes der Mehrleistung nicht davon ausgehen können, dass die Auftraggeberin mit der im Vertrag vereinbarten Sanierung weiterhin einverstanden sein könne, weil sich die Frage gestellt habe, ob das Vorgehen überhaupt noch wirtschaftlich vertretbar sei. Der Unternehmer habe kein Einverständnis der Beklagten mit der »exorbitanten Erhöhung« dartun können.

Dieses Urteil ist krass falsch.

Unstreitig hat sich nur die Zahl und Tiefe der Fehlstellen geändert, nicht die Arbeitsweise, nicht die Planung, nicht die Vertragssituation.

Zwar handelte es sich nicht um einen VOB-Vertrag, bei diesem wäre die Vergütungspflicht angesichts der Vorschrift des § 2 Abs. 3 VOB/B selbstverständlich. Aber auch beim BGB-Vertrag führt die Wahl des Vergütungsmodells »Einheitspreisvertrag« dazu, dass dann, wenn die Menge sich ohne Anordnung des Auftraggebers ändert, genau wie bei § 2 Abs. 3 VOB/B nach ausgeführter Menge abgerechnet wird; lediglich die starre 10 %-Grenze für die Veränderung des Preises gibt es nicht (Staudinger/Peters/Jakoby, BGB, Ausgabe 2008, § 632 Rdn. 70; Messerschmidt/Voit/Leupertz, Privates Baurecht, 2. Aufl. 2012, K Rdn. 13). Im Einzelfall kann eine Veränderung des Preises für die Mehrmengen unter dem Aspekt der Störung der Geschäftsgrundlage in Betracht kommen, das stand hier aber nicht zur Debatte.

Weder beim BGB-Vertrag noch beim VOB-Vertrag gibt es eine Ankündigungspflicht für Mengenüberschreitungen (Kapellmann/Schiffers, Band 1, Rdn. 675). Insgesamt kommt es daher auf eine »Zustimmung« der Beklagten oder ein »Einverständnis« nicht an, die Ausführung der tatsächlich erforderlichen Mengen ist Gegenstand der Beauftragung (zutreffend Oberhauser, IBR 2013, 7).

9 Zu den Anforderungen an den Vortrag für Schätzungen nach § 287 ZPO.

BGH, Beschl. v. 22.08.2012 – VII ZR 2/11, BauR 2013, 1823

Es ging im Rahmen einer Vertragsauslegung um die Frage, welchen Bedarf ein Ministerium hatte.

Der BGH gibt sowohl den Anträgen auf Zulassung der Revision des Klägers wie der Beklagten statt.

Von größter praktischer Bedeutung und gewissermaßen zu verstehen als Wink mit einem sehr dicken Zaunpfahl an die Instanzgerichte sind die Hinweise dazu, dass durch überzogene Substantiierungsanforderungen für eine Schätzgrundlage ein Verstoß gegen den Anspruch auf rechtliches Gehör gemäß Art. 103 Abs. 1 GG begründet wird. Substantiierungsanforderungen dürfen nicht ins »Unendliche« gesteigert werden. Wörtlich: »Angesichts des Umstands, dass die Klägerin das Bundesministerium des Inneren mit 946 Geräten der Vorgängergeneration beliefert hatte, und angesichts des Umstandes, dass nach den Ausschreibungsunterlagen im Laufe der nächsten Jahre sukzessive alle seinerzeit im Einsatz befindlichen Ausweislesegeräte einheitlicher Ausstattung ausgetauscht werden sollten, kann die Behauptung der Klägerin, der gesamte Bedarf des Bundesministeriums des Innern an Ausweislesegeräten habe 800 Stück betragen, nicht als Behauptung »ins Blaue hinein« eingestuft werden. Es handelt sich vielmehr um eine für die Schadensschätzung zentrale Anknüpfungstatsache, die, sollte der Klägerin der Beweis gelingen, als Grundlage für eine Schadensschätzung genügen würde«.

Unsinnige Anforderungen an die Substantiierung sind ein beliebtes Mittel der Instanzgerichte, um komplizierte Fälle »abzuwürgen«.

---

10 Ist ein Werklohnanspruch in der Schlussrechnung »vergessen« worden, beginnt die Verjährungsfrist für diesen Anspruch mit der Verjährung der in der Schlussrechnung enthaltenen Ansprüche.

OLG Hamm, Urt. v. 21.02.2012- I-21 U 93/11, BauR 2013, 1948

Das OLG bestätigt die Rechtsprechung des BGH (NJW 1970, 938), wonach nicht nur diejenigen Forderungen fällig werden, die in der Schlussrechnung enthalten sind, sondern auch die, die in die Schlussrechnung hätten aufgenommen werden müssen, aber nicht in ihr enthalten sind. Es gibt eine einheitliche Fälligkeit für alle Ansprüche aus einem einheitlichen Auftrag. Das bedeutet gleichzeitig, dass die Verjährungsfrist für den vergessenen Anspruch dieselbe ist wie die Verjährungsfrist für die anderen, fällig gewordenen Ansprüche.

Dem ist nichts hinzuzufügen.

Prinzipien

Diese »Einführung in die VOB/B« ist der Versuch der Quadratur des Kreises – **2**
knapp, aber vollständig, gedacht für Juristen **und** Ingenieure; keine wissenschaftliche Erörterung juristischer Streitfragen, aber immer die **richtige** Antwort –, wobei jedenfalls unsere ingenieur-gebildeten Leser sofort wissen,
dass das bisher noch nie gelungen ist. Aber wenigstens wird deutlich, was
die Zielsetzung und gleichzeitig die Problematik ist:

Eine »Einführung« muss alles Wichtige enthalten, um den Leser in die Lage zu
versetzen, mit dem »Handwerkszeug VOB« sicher umzugehen. Aber zu entscheiden, was wichtig ist, ist schwierig. Unsere Leser können sich auf unser
langjährig praxisgehärtetes Urteil verlassen. Sinn einer Einführung ist es nicht,
wie ein Kommentar oder ein Lehrbuch jeden Paragraphen zu bearbeiten. In
der Praxis gibt es Paragraphen, denen man so gut wie nie begegnet, z. B.
§ 10 VOB/B.

Eine »Einführung« muss kurz sein. Wenn ein Werk wie dieses jedes Jahr erscheint, ist die Versuchung groß, mit jeder neuen Auflage alles wichtige
Neue mitzuteilen, was zwangsläufig zu einem stetigen Anschwellen führen
müsste. Wir widerstehen der Versuchung; wir bringen alles Neue, aber wir
streichen auch viel Altes. Gleichzeitig ist das ein weiteres Problem: Wenn die
»Einführung« 10 % Neues enthält, bleiben 90 % unverändert. Der erstmalige
Leser findet also sicher alles, was er braucht. Der »regelmäßige Leser« kann
sich knapp auf den neuesten Stand bringen; das schon Bekannte ist oft nicht
in allen Einzelheiten präsent; ihm dient der Text insoweit als Auffrischung.

Unsere »Einführung« gibt gerade in Zweifelsfragen eindeutigen Rat. Sie muss
eine klare Sprache sprechen, nur so erreicht sie alle, die sich mit diesem Werk in
ein fachliches Spezialgebiet **einführen** lassen, seien es Ingenieure, seien es Juristen, aber auch alle Profis – Rechtsanwälte, Richter, Auftraggeber und Bauin-
dustrie, Sachverständige und Projektsteuerer – sollten mit noch übersehbarem
Zeitaufwand auf den definitiv neuesten Stand kommen können. Unsere Leser,
insbesondere die Ingenieure, sollen mit dieser »Einführung« auch sehen, dass
das gerade für sie mühsame »**Lesen**« der VOB und der Erläuterungen unabdingbar ist – genauso wie es unabdingbar ist, **Vertragstexte ganz zu lesen.**
Wer z. B. den Text eines Vertrags mit Anlagen nicht (ganz!) liest, erlebt beim
Bau oft eine Welt voller Wunder, allerdings äußerst unliebsamer.

Um die Mischung aus rechtlicher Information und praktischer Erfahrung zu
verdeutlichen, erwähnen wir vorab

vier »**big points**«, also Stolperfallen,

die am häufigsten falsch gemacht werden und die alle nichts mit baurechtlichen Spezialkenntnissen zu tun haben:

- Verträge sind oft genug schlampig abgefasst. Das A und O ist die **Eindeutig-keit** und **Klarheit** der **vertraglichen Regelungen.** Mindestens 70 % der Rechtsstreitigkeiten entstehen daraus, dass – insbesondere bei teilfunktio-nalen Leistungsbeschreibungen – zwischen den Vertragspartnern später streitig wird, was sie eigentlich geregelt haben: Was muss der Auftragnehmer ohne Mehrvergütung bauen und was nicht? Was ist zwecks Verbilligung »wegverhandelt« worden? Es gibt sehr **einfache Regeln,** die trotzdem größte Bedeutung haben: Zu einem Vertragstext gehören meistens Anlagen. Diese Anlagen müssen nummeriert werden, und sie müssen wirklich beigefügt sein. Alle Anlagen müssen ihrerseits darauf geprüft werden, ob sie nicht wie-der auf weitere Anlagen verweisen; wenn ja, müssen auch diese Anlagen bei-gefügt werden und natürlich muss geprüft werden, ob sich die alten und die neuen Anlagen nicht widersprechen. Ohnehin sind solche »Kaskadenver-weisungen« widerspruchsträchtig.

  Der Vertrag darf keine Begriffe verwenden, die nur die Vertragsbeteiligten zu verstehen glauben, die aber später niemand mehr nachvollziehen kann. Wenn es zu mehreren Verhandlungsrunden gekommen ist, baut sich auch leider der Vertrag oft »baumkuchenartig« in Protokollen entsprechend den jeweiligen Verhandlungsschichten auf, die sich dann oft widersprechen. Wohltuende Unklarheit schadet immer: Wer sich beim Vertragsschluss vor der Regelung erkannter Probleme drückt in der Hoffnung, er werde schon während der Ausführung irgendwie seine Position durchbringen, handelt ökonomisch abwegig und schafft sich rechtlich Ärger ohne Ende. Es hat auch keinen Sinn, bei einer teilfunktionalen Leistungsbeschreibung den Be-teiligten Planungsaufgaben zuzuteilen, ohne konkret zu definieren, wie Schnittstellen zu behandeln sind. Eine ganz verbreitete Unsitte ist es, unge-prüfte oder undefinierte Begriffe zu verwenden (z. B. Vorstatik). Alle diese scheinbar kleinen Fehler haben große Wirkung.

- Der zweite Grundsatz ist der, dass relevante Tatbestände

  beweisbar und dokumentiert

  sein müssen. Ob der Vertrag für Änderungsanordnungen Schriftform vor-sieht oder nicht, spielt keine Rolle, weil ohne schriftliches Dokument sich im Regelfall eine Anordnung nicht beweisen lässt. Alles, was an Tatsachen für die Durchsetzung oder Abwehr von Behauptungen eine Rolle spielt, muss dokumentiert sein. »Nachträgliche Dokumente« oder Zeugenaussa-gen haben wenig Überzeugungskraft. Dokumentation ist Arbeit; unterlas-sene Dokumentation ist Dummheit. Ganz unterschätzt wird die Bedeutung eines ordnungsgemäß geführten Bautagebuchs zur Information und zu Be-weiszwecken.

- Bei der Ausführung des Vertrages sollte sich keine Vertragspartei auf irgend-welche juristischen Spiegelfechtereien einlassen oder hoffen, dass schon al-les gut geht. Insbesondere der Auftragnehmer muss immer

  den **sichersten Weg**

  gehen. Gerade wenn also Zweifel an einer Planung des Auftraggebers beste-hen, muss er Bedenken gemäß § 4 Abs. 3 VOB/B anmelden, und zwar unmittelbar beim Auftraggeber und nicht nur beim Architekten. Wenn der Auftragnehmer sich »behindert glaubt«, muss er jetzt eine Behinderungsanzeige machen und nicht auf sein Glück vertrauen, dass die Behinderung sich doch nicht auswirkt. Auch die schriftliche Dokumentation ist nichts anderes als das Beschreiten des sichersten Wegs.

- Und schließlich, dass man etwas nicht weiß, ist nicht schlimm; wenn man aber Entscheidungen trotz Halbwissen trifft, ist das ein schwerer Fehler. Also:

Halbwissen vermeiden!

Das heißt zum Beispiel, dass alle Beteiligten den Vertragstext lesen und kennen müssen. Oder: Niemand kann auf Anhieb sagen, wie man einen Auftragnehmer »in Verzug setzt«, aber dazu dient gerade die »Einführung in die VOB«, das nachzusehen und richtig zu machen. **Wer aufgrund »alter Erfahrung« handelt, ohne sich zu informieren**, macht Fehler, die nie mehr zu korrigieren sind.

Und zu diesen Einführungshinweisen noch eine Schlussbemerkung: Einem Juristen muss klar sein – und einem Ingenieur sollte klar sein –, dass sich die Begriffs- und Erfahrungswelten von Ingenieuren und Juristen **sehr** unterscheiden. Dass, was dem Ingenieur selbstverständlich ist, ist dem Juristen unbekannt. Probleme kann man nur richtig beurteilen, wenn man – insbesondere als Jurist – den Sachverhalt in allen Einzelheiten erforscht, keine Behauptung als selbstverständlich nimmt und eine Dokumentation auch selbst prüft. Wer bei einer zweifelhaften Frage zur Feststellung des Bausolls darauf verzichtet, die Regeln einer vereinbarten VOB/C-Norm zu prüfen, macht einen Fehler.

A. Die maßgebenden baurechtlichen Bestimmungen

I. Verhältnis öffentliches Baurecht/ziviles Baurecht

Im **öffentlichen** Baurecht geht es um die öffentlich-rechtliche Zulässigkeit von **3** Bauvorhaben und deren ordnungsgemäße Errichtung im Interesse der Allgemeinheit und der Nachbarn. Man unterscheidet zwischen dem Bauplanungsrecht (im Baugesetzbuch des Bundes geregelt) und dem Bauordnungsrecht (z. B. in der Bauordnung Nordrhein-Westfalen geregelt).

Im **zivilen oder privaten** Baurecht geht es dagegen um das (gleichberechtigte) Rechtsverhältnis der am Bau Beteiligten zueinander, also Verhältnis Auftraggeber/Auftragnehmer oder Generalunternehmer/Nachunternehmer, insbesondere also um das **Bauvertragsrecht**.

II. BGB und VOB/B

1. BGB

4 Das private Baurecht ist als Unterfall des »Werkvertragsrechts« im Bürgerlichen Gesetzbuch in den §§ 631–651 BGB geregelt. Diese in ihren Grundzügen seit 1900 bestehenden Bestimmungen waren von Anfang an und sind auch heute schon infolge ihrer Anwendbarkeit auf alle Werkverträge (z. B. Beförderungsvertrag, Gutachtenvertrag, Programmiervertrag) für baurechtliche Themenstellungen zu allgemein.

2. VOB

5 Schon 1926 entwickelten öffentliche Hand und Bauwirtschaft deshalb ein eigenes, bauspezifisches Regelwerk, die »VOB« – ursprünglicher Name »Verdingungsordnung für Bauleistungen«, heute »Vergabe- und Vertragsordnung für Bauleistungen«.

Die VOB – geltende Ausgabe **2012** – besteht aus 3 Teilen **A, B** und **C.**

Die **VOB/A** ist heute, obwohl sie nach wie vor nicht vom Gesetzgeber, sondern vom »Vergabe- und Vertragsausschuss« erlassen wird, durch die Verweisungen in den vergaberechtlichen Bestimmungen des »Gesetzes gegen Wettbewerbsbeschränkungen« (GWB) und in der Vergabeverordnung (VgV) indirekt Gesetzesrecht.

Die **VOB/A** (DIN 1960) enthält die »Allgemeinen Bestimmungen für die **Vergabe** von Bauleistungen«, regelt also als materielles Vergaberecht den Geschehensablauf bei einer Vergabe durch **öffentliche** Auftraggeber bis zum Abschluss des Bauvertrages.

Die VOB/A ist in drei Abschnitte eingeteilt. **Abschnitt 1** bilden die Basisparagraphen, die die nationale Bauvergabe durch **öffentliche** Auftraggeber unterhalb des »Schwellenwerts« von derzeit 5.000.000 € (§ 2 Abs. 3 VgV) betreffen. **Abschnitt 2** gilt auf der Grundlage zwingenden Europäischen Rechts für Aufträge **öffentlicher** Auftraggeber, die den Schwellenwert ohne USt überschreiten. **Abschnitt 3** (VOB/A-VS) enthält Bestimmungen für die Vergabe von Bauaufträgen im Bereich Verteidigung und Sicherheit.

Das Vergabe**verfahren** regeln die §§ 97 ff. GWB und die VergabeVO.

Im öffentlich-rechtlichen Bereich oberhalb der Schwellenwerte hat der Bieter einen klagbaren Anspruch auf »richtige« Behandlung seines Angebots.

Bestimmte Vorschriften der VOB/A gelten als Auslegungshilfe auch im Verhältnis zu privaten Auftraggebern, insbesondere § 7 VOB/A: Das dort enthaltene Gebot der Klarheit und Vollständigkeit der Leistungsbeschreibung gilt z. B. als vorvertragliche Pflicht für **jeden** Auftraggeber.

Die VOB/A hat nicht nur für die Vergabe Bedeutung: Die VOB/A begründet bei **öffentlichen** Auftraggebern **vertragsrechtlich** im Rahmen der Auslegung des Bausolls (zum Begriff Rdn. 30) auch und vor allem »eine Konkretisierung der Grundsätze von Treu und Glauben als Verbot treuwidrigen widersprüchlichen Verhaltens«.[1] Der öffentliche Auftraggeber muss also auch zivilrechtlich im Verhältnis zum Bieter bzw. Auftragnehmer die VOB/A beachten. Wird dieser Grundsatz verletzt, so kommen Abweichungen des »Bauist« vom entsprechend ausgelegten »Bausoll« und damit zusätzliche Vergütungsansprüche in Betracht (Beispiel Rdn. 47, 48). Ein Mitverschulden des Auftragnehmers spielt evtl. eine Rolle, wenn er die Fehler erkennen und darauf hinweisen konnte.[2]

Die **vertraglichen** Beziehungen der Parteien und überhaupt das private Bau- **6** recht regelt die **VOB/B** (DIN 1961). Weil sie kein Gesetz ist, sondern zwischen den Beteiligten ausgehandeltes Vertragswerk in Form »**Allgemeiner Geschäftsbedingungen**«, ist sie nur anwendbar, wenn sie zwischen den Beteiligten **vereinbart** ist. Für den dem Vergaberecht unterworfenen **öffentlichen Auftraggeber** ist die Vereinbarung der VOB/B **zwingend** vorgeschrieben. Für alle Bauverträge öffentlicher Auftraggeber ist also **immer** die Anwendung der VOB/B vereinbart. Weil sie besser als das BGB die bauspezifischen Probleme regelt, vereinbaren aber **auch private** Auftraggeber bei nahezu allen größeren Bauvorhaben die Geltung der VOB/B. Aber selbstverständlich ist das nicht: Auftraggeber z. B. von Kraftwerksbauten schließen – warum auch immer – BGB-Verträge.

Bei der Beurteilung eines baurechtlichen Falls muss man also immer zuerst prüfen, ob die VOB/B vereinbart ist. Wenn ja, geht sie den BGB-Bestimmungen vor. Enthält sie keine oder sind nicht bauspezifische Fragen angesprochen (z. B. Vertragsschluss), gilt BGB.

Der baurechtliche Alltag wird total von der Geltung der VOB/B beherrscht. **Deshalb behandelt diese Einführung auch (nur) die VOB/B.**

Die **VOB/C enthält** die »**Allgemeinen Technischen Vertragsbedingungen** für **7** Bauleistungen (ATV)« in Form einzelner DIN-Normen (s. das Verzeichnis dieser DIN-Normen im Anhang). Wenn die **VOB/B** Vertragsbestandteil ist, gelten **auch** die Vorschriften der VOB/C als **Vertrags**bestandteil. Dies regelt § 1 Abs. 1 Satz 2 VOB/B.

Wesentlich ist aus der VOB/C insbesondere die **DIN 18 299** (s. **Anhang**), die eine generelle Norm für alle Gewerke ist.

---

1 BGH »Wasserhaltung II«, BauR 1994, 236; BGH »Auflockerungsfaktor«, BauR 1997, 466.
2 Zum ganzen Thema »Auslegung« im Einzelnen Kapellmann/Schiffers, Bd. 1, Rdn. 156 bis 282 und näher hier Rdn. 45 ff.

Die VOB/C enthält auch **Vertragsrecht**, z. B. in Abschnitt 4 über »Nebenleistungen« und »Besondere Leistungen« oder in Abschnitt 5 über »Aufmaßregeln«, ansonsten und hauptsächlich technische Bestimmungen.

Die technischen Bestimmungen der VOB/C gelten auch als Teil der »anerkannten Regeln der Technik«, d. h., auch beim BGB-Werkvertrag gelten jedenfalls grundsätzlich diese technischen Bestimmungen der VOB/C.

Anmerkung in diesem Zusammenhang: Die »anerkannten Regeln der Technik« (§ 4 Abs. 2 Nr. 1 Satz 2, § 13 Abs. 1 VOB/B) werden nicht umfassend durch die DIN-Vorschriften der VOB/C geregelt. Sie können sich bereits weiterentwickelt haben, obwohl noch keine neue DIN existiert.[3]

Die **Bedeutung** der Einzelregelungen der jeweiligen **VOB/C** DIN-Norm für die Ermittlung dieses Bausolls wird von der Praxis, leider auch und insbesondere von der Praxis der Gerichte, **außerordentlich unterschätzt (vgl. dazu auch Rdn. 31)** und sogar falsch beurteilt; wenn z. B. nichts Gegenteiliges besonders erwähnt ist, sind Dachdeckergerüste über 2 m Arbeitshöhe laut DIN 18 338 keine »Nebenleistung«, also nicht Bausoll.[4]

Denksport: Bei einem VOB-Vertrag über Rohbauarbeiten erklärt der Auftraggeber, ohne dass dies im Leistungsverzeichnis geregelt ist, er habe (kostenlos) Anspruch auf ungebrauchte Schalung. Hat er?

Hinterhältigerweise überlassen wir die Lösung dem Leser – aber wir wollen verraten, dass irgendwo im Text der DIN 18 299 die Lösung zu finden ist.

8 Da die VOB/B »Allgemeine Geschäftsbedingungen« darstellt, unterliegt sie auch unter bestimmten Voraussetzungen den AGB-rechtlichen Kontrollbestimmungen des BGB, dazu unter Rdn. 9 ff.

B. Die Bedeutung der AGB-rechtlichen Regelungen der §§ 305 ff. BGB (AGB-Recht) und der §§ 97 ff. GWB (Vergaberecht) für den Bauvertrag

I. AGB-Recht

9 Das Recht der »Allgemeinen Geschäftsbedingungen« war seit 1977 durch ein eigenes Gesetz geregelt, das »AGB-Gesetz«. Durch das Schuldrechtsmodernisierungsgesetz sind dessen Bestimmungen ab 01.01.2002 unter den §§ 305 bis 310 in das BGB übernommen worden.

Wenn »Allgemeine Geschäftsbedingungen« in einem Vertrag gegen die §§ 305 ff. BGB verstoßen, sind sie **unwirksam,** das ist also eine sehr scharfe

---

3 BGH, BauR 1998, 872, dazu näher Rdn. 223 ff.
4 BGH »Dachdeckergerüste«, BauR 2006, 2040 = NZBau 2006, 777 in »Klarstellung« zu der früheren, unzutreffenden Entscheidung BGH »Konsoltraggerüste«, BauR 2002, 935.

Sanktion. Anstelle der unwirksamen Regelung gilt dann die gesetzliche Regelung.

Nach § 305 BGB sind »Allgemeine Geschäftsbedingungen« alle für eine

Vielzahl

von Verträgen **vorformulierten** Vertragsbedingungen, die eine Vertragspartei (Verwender) der anderen Vertragspartei bei Abschluss eines Vertrages **stellt**. Bei Verträgen zwischen einem Unternehmer (zum Begriff § 14 BGB) und einem **Verbraucher** (zum Begriff § 13 BGB, Verbraucherverträge) finden gemäß § 310 Abs. 3 BGB die wesentlichen Bestimmungen der §§ 305 ff. BGB auch dann Anwendung, wenn die vorformulierten Bedingungen nur zur

einmaligen Verwendung

bestimmt sind; sie gelten als vom Unternehmer gestellt. Verbraucher ist gemäß § 13 BGB »jede natürliche Person, die ein Rechtsgeschäft zu einem Zweck abschließt, das weder ihrer gewerblichen noch ihrer selbstständigen beruflichen Tätigkeit zugerechnet werden kann«. Typisches Beispiel ist der Bauträgervertrag.

Als »Vielzahl« bei »Nicht-Verbraucherverträgen« genügt die dreimalige Verwendung; es genügt sogar, dass die Texte dreimal verwandt werden **sollen**, bei erstmaligem Gebrauch genügt also schon die **Absicht** der (mindestens zweifachen) Wiederverwendung. Nach der Rechtsprechung des BGH genügt es für die Mehrfachverwendung auch, dass ein Dritter (z. B. Rechtsanwalt) für den Verwender Klauseln formuliert, die er auch bei anderen Verträgen immer so formuliert.[5] Das ist in dieser Form sehr bedenklich, weil es dann bei komplexeren Projekten so gut wie nie mehr individuelle Regelungen gibt.

Augenfällige »Allgemeine Geschäftsbedingungen« sind Vordrucke, z. B. gedruckte Vertragsmuster oder »Zusätzliche Vertragsbedingungen«. Auch »Verhandlungsprotokolle« können diese Voraussetzungen erfüllen, wenn die wesentlichen Umstände bereits vorgedruckt sind und lediglich einige Freizeilen für ergänzende Angaben enthalten (s. u. Rdn. 16). Selbst wenn es in solchen Verhandlungsprotokollen am Ende heißt, dass alle Bedingungen ausdrücklich verhandelt und vereinbart worden seien, ändert sich an dem AGB-Charakter nichts.

Aber auch dann, wenn der äußeren Form nach ein »Individualvertrag« vorliegt, kann AGB-Recht Anwendung finden, wenn dieselben Texte immer wieder »neu« verwendet werden.

Die formularmäßige Verwendung von Texten in nur **einer** Ausschreibung (Schlüsselfertigbau), jedoch gegenüber mehreren Bietern, aber eben nur mit dem einmaligen Ziel des Abschlusses dieses **einen** Vertrages, unterfällt nicht

---

5 BGH, BauR 2006, 106 = NZBau 2005, 590.

AGB-rechtlichen Regeln;[6] dagegen kann die Verwendung in mehreren Verträgen auch gegenüber nur einem Vertragspartner ausreichen, wenn die Bedingungen für eine Vielzahl von Verträgen vorformuliert sind.[7]

Allgemeine Geschäftsbedingungen müssen in den Vertrag **einbezogen werden,** sie gelten also nicht automatisch. Regelmäßig wird die Einbeziehung der Bedingungen schriftlich im Vertrag fixiert. Auch die mündliche Einbeziehung kann aber ausreichen (Problem wieder: Beweisbarkeit). Bei Kaufleuten (auch die GmbH oder die GmbH & Co. KG sind Kaufmann) sind geringere Anforderungen an die Einbeziehung zu stellen, der bloße Hinweis auf die Geltung der eigenen AGB kann hier also unter Umständen für die Einbeziehung ausreichen.

Gelegentliches Problem: **Kollidierende AGB**

Beide Parteien wollen nur unter Einbeziehung ihrer Allgemeinen Geschäftsbedingungen abschließen. Auch wenn dann an sich keine Kongruenz zwischen Angebot und Annahme vorliegt, kommt dennoch grundsätzlich ein Vertrag zustande; soweit die AGB sich widersprechen, gelten sie nicht.

Eine nicht ganz geklärte Frage: Wenn der Auftraggeber AGB einschließlich VOB/B stellt und der Auftragnehmer seinerseits seine AGB stellt, die Parteien sich auch einigen, aber nicht über die Geltung ihrer AGB: Gilt dann die VOB/B? Nein.

Das ganze Problem spielt heute in der Praxis keine wesentliche Rolle, weil der Auftraggeber i. d. R. seine AGB durchsetzen kann.

Handelt es sich um AGB und sind diese auch Vertragsbestandteil, so enthalten die §§ 305 ff. BGB zahlreiche Vorschriften **zum Schutz** des Vertrags**gegners;** Maßstab ist, wie weit die Klausel vom »gesetzlichen Leitbild« abweicht. Niemand kann sich also auf diese Vorschriften zum Schutz gegen **seine eigenen** AGB berufen, also dann, wenn es ihm nachträglich passt, plötzlich erklären, seine eigenen AGB seien wegen Verstoßes gegen §§ 305 ff. BGB unwirksam. Das kann immer nur der »Vertragsgegner«.

Verstößt eine Klausel gegen die §§ 307, 308 oder 309 BGB, so ist sie ganz unwirksam. Eine teilweise Aufrechterhaltung der Klausel scheidet aus, außer sie hat noch einen verbleibenden, vollkommen selbstständigen Inhalt.

10 Die AGB-rechtlichen Bestimmungen des BGB sind im Baurecht für zwei Themenkreise von großer Bedeutung:

- Einmal geht es darum, ob auch einzelne Bestimmungen **der VOB/B** unwirksam sein können, wenn diese nicht »als Ganzes« vereinbart ist.

---

6 BGH, BauR 1997, 123.
7 BGH, NZBau 2004, 215.

- Zum anderen ist zu prüfen, ob **einzelne Vertragsregelungen** AGB-widrig und dann evtl. unwirksam sind (dazu Rdn. 11).

Wie erwähnt, ist die **VOB/B** kein Gesetz. Sie stellt vielmehr »Allgemeine Geschäftsbedingungen« dar, an ihrer »Mehrfachverwendung« bestehen keine Zweifel. Folglich stellt sich die Frage, ob einzelne Bestimmungen der VOB/B wegen Verstoßes gegen AGB-Recht unwirksam sind. Durch § 310 Abs. 1 Satz 3 BGB ist gesetzlich geregelt, dass dann, wenn die jeweils (!) geltende **VOB/B ohne inhaltliche Abweichungen** vereinbart ist, einzelne Bestimmungen **keiner Inhaltskontrolle** unterliegen. Dies gilt aber nur für Unternehmen und die öffentliche Hand. Bei Verwendung gegenüber Verbrauchern (§ 13 AGB) ist jede einzelne Klausel kontrollfähig.

Das führt zu folgender unglücklicher Dreiteilung hinsichtlich der VOB/B:

- VOB/B als Ganzes vereinbart gegenüber Unternehmer: VOB/B bleibt unverändert.
- VOB/B nicht als Ganzes vereinbart gegenüber Unternehmer: Volle Kontrolle, einzelne Vorschriften der VOB/B sind wegen AGB-Verstoßes unwirksam, z. B. ganz sicher § 2 Abs. 8 Nr. 1 oder § 16 Abs. 3 Nr. 2, beides schon vom BGH entschieden, weitere Fälle erwähnen wir im Text. Welche Vorschriften im Einzelnen »scheitern«, hängt von der künftigen Entscheidungspraxis des BGH ab.
- VOB/B gegenüber Verbrauchern vereinbart: Volle Kontrolle, einzelne Vorschriften der VOB/B sind wegen AGB-Verstoßes unwirksam. **Möglicherweise** ist hier der Kontrollaspekt schärfer als gegenüber Unternehmen.

Leider gibt es also in Zukunft möglicherweise drei Versionen der VOB/B.   **11**

Eine wichtigere Rolle als bei der VOB/B spielt die **AGB-rechtliche Unwirksamkeit** bei der Beurteilung einzelner **Vertragsklauseln.**

Entscheidend ist hier vorab die Prüfung, ob die verwandte Klausel mehrfach, d. h. mindestens dreimal verwendet worden ist (oder jedenfalls zur Verwendung vorgesehen war), denn sonst handelt es sich nicht um AGB. Oft behauptet der Verwender, die Klausel sei aber besprochen und **individuell** vereinbart, womit sie ebenfalls keinen AGB-Charakter habe. Dieses Vorbringen allein nützt aber nichts; der Verwender muss nämlich beweisen, dass er die Klausel »ernsthaft zur Disposition gestellt hat«, was bedeutet, dass er bereit gewesen sein muss, auf die Klausel **auch zu verzichten.** Dieser Nachweis gelingt so gut wie nie.

Wichtig ist: Der Baupraktiker kann i. d. R. nicht beurteilen, ob eine bestimmte Klausel nach den §§ 305 ff. BGB oder der dazu ergangenen Rechtsprechung unwirksam ist. Es geht folglich für ihn darum, ein »Gespür« für Klauseln zu entwickeln, die möglicherweise unwirksam sind und auf die der Verwender sich deshalb zu Unrecht beruft, und sie dann im Zweifelsfall rechtlich prüfen zu lassen. Anhaltspunkt ist immer, ob der Verwender seinem Vertragspartner ein »unfaires« Risiko auferlegen will.

12 Beispiele:

1. Eine Klausel, wonach der Auftragnehmer entgegen § 645 BGB generell für das Baugrundrisiko einzustehen hat oder die Bodenverhältnisse ohne besondere Vergütung erkunden muss, ist jedenfalls beim Einheitspreisvertrag nach § 307 BGB unwirksam. Ebenso sind sog. »Vorkenntnisklauseln« [»Der Bieter hat die Baustelle besichtigt …«] unwirksam.[8]

2. Die Klausel »Mengenänderungen berechtigen nicht zu einer Preisänderung« ist beim Einheitspreisvertrag in Abänderung von § 2 Abs. 3 VOB/B laut BGH wirksam (dazu Rdn. 41)![9]

3. Die Klausel »Der AN hat Nachtragspreise **vor** Ausführung zu vereinbaren; versäumt er dies, so setzt der AG bzw. sein Architekt die Preise nach billigem Ermessen fest« ist ebenfalls wirksam. Ein solches Preisbestimmungsrecht ist in den §§ 315, 316 BGB geregelt. Diese Frage ist aber strittig.

4. Die Klausel »Eine verwirkte Vertragsstrafe kann bis zur Schlusszahlung geltend gemacht werden« ist wirksam.[10] Das gesetzliche Erfordernis, die Vertragsstrafe bei der Abnahme vorzubehalten (§ 341 Abs. 3 BGB), wird nicht aufgehoben, sondern nur bis zur Abrechnung aufgeschoben. Lautet die Klausel aber, der AG dürfe die Vertragsstrafe auch geltend machen, wenn er sie bei der Abnahme nicht ausdrücklich vorbehalten habe, so ist sie unwirksam, weil sie das Vorbehaltserfordernis vollständig abbedingt.

5. Die Klausel »Der Auftraggeber kann Mängel ohne weiteres durch Dritte auf Kosten des Auftragnehmers beseitigen lassen« ist unwirksam, weil der Auftragnehmer grundsätzlich ein Mängelbeseitigungs**recht** hat, das ihm damit abgeschnitten würde.[11]

6. Dasselbe gilt für die häufig anzutreffende Klausel »Beseitigt der Auftragnehmer den von ihm verursachten Schutt nicht, so kann der Auftraggeber dies auf seine Kosten veranlassen«. Auch hinsichtlich der Schuttbeseitigung muss der AN grundsätzlich zunächst unter Fristsetzung aufgefordert werden, erst dann kann der AG sie auf Kosten des AN veranlassen.

7. Zur unwirksamen »Schlitzklausel« als Beispiel vgl. Rdn. 32.

8. Einen Katalog von insgesamt **29 unzulässigen Klauseln** in den Allgemeinen Geschäftsbedingungen eines sehr bekannten Center-Investors enthält

---

8 BGH, NZBau 2004, 324; BGH »ECE-Bedingungen«, BauR 1997, 1036; Markus, in: Markus/Kaiser/Kapellmann, AGB-Handbuch Bauvertragsklauseln, Rdn. 215, 245.

9 BGH, BauR 1993, 723; ablehnend dazu Kapellmann/Schiffers, Bd. 1, Rdn. 663 bis 665; Markus, in: Markus/Kaiser/Kapellmann, AGB-Handbuch Bauvertragsklauseln, Rdn. 281.

10 BGH, BauR 1984, 643.

11 BGH, BauR 2005, 1021; BGH, NZBau 2000, 466.

der Beschluss des BGH, »ECE-Bedingungen«.[12] Dieser Katalog ist geradezu eine Fundgrube des »Verbotenen«.

Eine Entscheidung des OLG Frankfurt aus dem Jahr 2002 erklärt gleich 37 Bedingungen einer Gemeinde für unwirksam.[13]

II. Vergaberecht

Die VOB/A hat für öffentliche Auftraggeber über die §§ 97 ff. GWB (s. **13** Rdn. 14) Gesetzesrang. § 8 Abs. 4 bis 6 VOB/A sieht vor, dass der Auftraggeber in Zusätzlichen oder Besonderen Vertragsbedingungen nur in einzelnen dort geregelten Punkten von der VOB/B abweichen darf. Verstöße dagegen kann der Bieter bei Vergaben, die europaweit auszuschreiben sind, **im Vergabeverfahren** angreifen. Das ist also schon bei purer Abweichung von der VOB/A möglich, ohne dass die Regelung auch gegen die AGB-rechtlichen Bestimmungen der §§ 305 ff. BGB verstoßen muss. Verstöße im Vergabeverfahren, z. B. gegen die VOB/A, führen i. d. R. nicht unmittelbar zur vertraglichen Unwirksamkeit der entgegenstehenden Vereinbarung; solche Verstöße haben aber große Bedeutung i. R. d. Auslegung des Bausolls (vgl. unten Rdn. 20, unten Rdn. 47).

C. Der Abschluss des Bauvertrages

I. Zustandekommen

Der **Bauvertrag** ist nach dem Muster des Bürgerlichen Gesetzbuches (BGB) **14** ein Werkvertrag. Der Auftragnehmer schuldet einen Erfolg, nämlich die Herstellung des **versprochenen** Werks. Wie viel Mühe er dafür aufwendet, ist seine Sache. Er muss sich eben überlegen, dass er die passende Vergütung, den Werklohn, vereinbart. Das ist der Unterschied zum Dienstvertrag (z. B. der Arbeitsvertrag): Der Mitarbeiter im Unternehmen wird – in der Regel – für seine Arbeitsleistung bezahlt, aber nicht für den erzielten Erfolg.

Dass der Auftragnehmer beim Bauvertrag einen Erfolg schuldet, kann zu Missverständnissen führen. Der Auftragnehmer schuldet als Erfolg die Herstellung der **vereinbarten** Leistung, eben des **versprochenen** Werks (§ 631 Abs. 1 BGB), und bestimmte Hinweispflichten, aber keine »Planungsergänzung«, wenn der Auftraggeber die Planung übernommen hat.

Die VOB/B enthält keine allgemeinen vertragsrechtlichen Bestimmungen, wie ein Vertrag zustande kommt.

Laut BGB kommt ein Vertrag durch **Angebot** und **Annahme** zustande.

---

12 BauR 1997, 1036.
13 BauR 2003, 269.

Die Versendung von Angebotsblanketten durch den Auftraggeber stellt kein **Angebot** an den Bieterkreis dar, sondern lediglich die Aufforderung an den Bieter (im Fall des Vertragsschlusses: Auftragnehmer), ein Angebot im Rechtssinn abzugeben. Die Abgabe eines Angebotes erfolgt durch die unterschriebene Rücksendung des ausgefüllten Blanketts (also z. B. mit Preisen ausgefülltes Leistungsverzeichnis (LV) nebst Vorbemerkungen). Dadurch »bindet« sich (nur) der Bieter, weil es dem Auftraggeber freisteht, zu dem Angebot »ja« oder »nein« zu sagen.

Oft finden sich in solchen Angeboten ausdrückliche Bindungsfristen, innerhalb derer der Auftraggeber sich entscheiden kann, ob er das Angebot annimmt. Ist keine Bindefrist genannt, so gilt bei einem Angebot gegenüber einem »Abwesenden«, dass es nur bis zu dem Zeitpunkt bindet, bis zu dem der Anbietende den »Eingang der Antwort unter regelmäßigen Umständen erwarten darf« (§ 147 Abs. 2 BGB); dieser Zeitpunkt ist schwerlich genau zu bestimmen. Deshalb: **Kein** Angebot ohne Bindefristbestimmung!

Unangemessen lange Bindefristen (ggf. schon mehr als 30 Kalendertage, vgl. § 10 Abs. 6 VOB/A Abschnitt 1) in **Allgemeinen Geschäftsbedingungen des Auftraggebers** (zum Begriff Rdn. 9) können im Einzelfall wegen Verstoßes gegen § 307 BGB unwirksam sein; dann gilt eine angemessene Bindefrist (nämlich normalerweise 30 Kalendertage). Der BGH hält aber z. B. bei Gemeinden wegen der Mitwirkung ehrenamtlich tätiger Gremien längere Fristen für zulässig (was für staatliche Bauverwaltungen nicht gilt!), aber auch wegen Umfang und Schwierigkeit des Bauwerks.[14] Immerhin hat aber das OLG Düsseldorf[15] eine Bindefrist von 50 Kalendertagen in der Ausschreibung einer Gemeinde für eine Kindertagesstätte für zu lang und damit unwirksam gehalten.

Beim öffentlichen Auftraggeber heißt die Annahmeerklärung »Zuschlag«. Der öffentliche Auftraggeber muss die Bieter darüber informieren, dass »der Zuschlag erteilt werden soll«. Der Auftraggeber muss dann 14 Kalendertage abwarten (damit die anderen Bieter ggf. noch ein Nachprüfungsverfahren gegen den beabsichtigten Zuschlag einleiten können) und darf erst dann den »Zuschlag« erteilen; ein vorzeitiger Zuschlag ist unwirksam.

15 Sagt der Auftraggeber zu dem Angebot des Unternehmers (innerhalb der Bindefrist für das Angebot) nicht »ja«, sondern »ja, aber«, ist der Vertrag nicht zustande gekommen, der Auftraggeber bietet aber seinerseits damit dem Unternehmer kraft Gesetzes einen Vertrag mit geändertem Inhalt an (›aber‹), § 150 Abs. 2 BGB. Es steht dann dem Unternehmer frei, ob er auf diese abändernden Bedingungen eingeht oder nicht (vgl. Arbeitsbeispiele 1, 2 und 3, Rdn. 19, 20, 21).

---

14 BGH, BauR 1992, 221.
15 BauR 1999, 1288.

II. Verhandlungsprotokolle und Besprechungsprotokolle

Oft werden Änderungen gegenüber dem ursprünglichen Angebot in einer so- **16**
genannten Auftragsverhandlung besprochen, über die ein gemeinsam unter-
schriebenes Protokoll erstellt wird.

Der Bundesgerichtshof hatte den Fall zu entscheiden, dass nach Einigung der
Parteien noch ein Termin zur Erstellung eines Verhandlungsprotokolls vereinbart wurde. Der Auftragnehmer schickte zu diesem Termin einen nicht bevollmächtigten Mitarbeiter. Dieser vereinbarte u. a. mit dem Auftraggeber eine
Verlängerung der vierjährigen Gewährleistungsfrist der VOB/B auf fünf Jahre.
Dem beiderseits unterschriebenen Verhandlungsprotokoll widersprach der
Auftragnehmer nicht. Als es später wegen Mängeln auf die Gewährleistungs-
dauer ankam, berief sich der Auftragnehmer darauf, dass sein Mitarbeiter
nicht zu Änderungen des bereits geschlossenen Vertrags berechtigt gewesen
sei. Damit hatte er beim BGH kein Glück,[16] und zwar unabhängig davon, ob
der Protokollierungstermin auch ausdrücklich noch zur Verhandlung einzelner vertraglicher Fragen gedacht gewesen sei: War er das, so waren die Erklärungen des Mitarbeiters bindend, weil für ihn eine Anscheinsvollmacht
sprach; diente der Termin wirklich nur der Protokollierung, so sind dennoch
die Vereinbarungen wirksam: Der Auftragnehmer hätte dem ihm zugesandten
Protokoll widersprechen müssen, es gelten die Grundsätze des sogenannten
kaufmännischen Bestätigungsschreibens. Diese Entscheidung wird man
auch auf eigentliche Baustellenprotokolle während der Bauausführung anwenden dürfen: Wenn beispielsweise eine Anordnung des Auftraggebers protokol-
liert wird und das Protokoll beim nächsten Termin ausdrücklich als richtig
festgestellt wird, kann sich der Auftraggeber nicht später darauf berufen,
eine solche Anordnung habe es nicht gegeben.

Der **öffentliche** Auftraggeber, dessen Vergabe den förmlichen Vorschriften der
VOB/A unterliegt, darf allerdings nach der Eröffnung der Angebote über Preis
und konkreten Leistungsinhalt nicht nachverhandeln; dort darf es also keine
Änderungen des künftigen Vertragsinhalts »per Verhandlungsprotokoll« geben, ausgenommen auszufüllende Details, z. B. Arbeitsbeginn. Wenn entgegen
dem Verhandlungsprotokoll doch nachträglich verhandelt wird, führt das
nach unserer Auffassung[17] gemäß § 134 BGB zur (Teil-)Nichtigkeit – das ist
aber von der Rechtsprechung **noch nicht** entschieden.

Auch beim **privaten** Auftraggeber werden Unterlagen, die erst ganz kurz vor
der Vertragsverhandlung (gewissermaßen heimlich) vom Auftraggeber vorgelegt werden, jedenfalls dann nicht (mehr) Vertragsinhalt, wenn sie gegenüber
den bisherigen Unterlagen des Angebotsblanketts »versteckte« Änderungen

---

16 BGH, BauR 2011, 669 = NZBau 2011, 303.
17 Kapellmann/Messerschmidt, VOB/B § 2, Rdn. 68.

enthalten, die der Bieter nicht zu erkennen braucht und auf die der Auftraggeber auch nicht hinweist.[18]

Gibt es einen schriftlichen Vertrag und ein im Vertrag als Vertragsbestandteil
erwähntes, **früheres** schriftliches Verhandlungsprotokoll, wird im Regelfall
bei Widersprüchen der Vertrag als **spätere**, endgültige Vereinbarung vorgehen;
im Einzelfall kann es davon aber Ausnahmen geben. **Auf jeden Fall** sollte der
Vertrag diese **Geltungsreihenfolge regeln**, also: Was geht vor?

Ein Verhandlungsprotokoll kann sich als Allgemeine Geschäftsbedingungen
(des AG, zum Begriff Rdn. 9) darstellen – mit der Folge der Unwirksamkeit
einzelner Klauseln –, auch dann, wenn einzelne Texte handschriftlich eingesetzt werden, der AG sie aber so mehrfach verwendet.[19]

III. Sonstige Grundsätze

1. Grundsätzlich Abschlussfreiheit

17 Es steht jedem frei, ob er einen Vertrag abschließen will oder nicht, niemand ist
dazu gezwungen. Scheinbare Ausnahme beim VOB-Vertrag: Erforderliche Zusatzleistungen gemäß § 1 Abs. 4 Satz 1 VOB/B oder Änderungen gemäß § 1
Abs. 3 VOB/B; diese kann der Auftraggeber aufgrund eines vertraglichen Änderungsvorbehalts einseitig anordnen (entsprechende »einseitige« Vergütungsfolge: § 2 Abs. 6 bzw. § 2 Abs. 5 VOB/B) – dazu näher Rdn. 49 ff.

2. Grundsätzlich Gestaltungsfreiheit

Der Vertrag kann mit beliebigem Inhalt ausgestattet werden. Grenzen z. B.: indirekt das für öffentliche Auftraggeber in §§ 97 ff. GWB, der VergabeVO und in
der VOB/A vorgeschriebene Vergabeverfahren sowie die für Verwender von
Allgemeinen Geschäftsbedingungen geltenden AGB-rechtlichen Vorschriften,
§§ 305 ff. BGB (dazu Rdn. 9 ff.), im Einzelfall auch Sittenwidrigkeit (§ 138
BGB).[20]

3. Grundsätzlich Formfreiheit

Jeder Bauvertrag kann formfrei, also auch mündlich, abgeschlossen werden,
sogar nur durch »schlüssiges Handeln« (konkludent);[21] Nachteil: Beweisbar-

---

18 OLG Stuttgart, BauR 1992, 639; Kapellmann/Schiffers, Bd. 2, Rdn. 659.
19 BGH, BauR 1999, 1290.
20 Beispiel: BGH, BauR 2009, 232, bei einer 800fach teureren Nachtragsposition
(»spekulativer Preis«) gegenüber dem Durchschnittspreis anderer Bieter. Der
Fall ist allerdings richtigerweise über die Störung der Geschäftsgrundlage zu lö-
sen, näher Kapellmann/Schiffers, Bd. 1, Rdn. 608–611.
21 Beispiel: OLG Düsseldorf, IBR 2001, 1.

keit, denken Sie an die »Prinzipien«. Ausnahmen von der Formfreiheit: Rdn. 18.

IV. Grenzen der Formfreiheit (Schriftform)

In bestimmten Fällen müssen Bauverträge, um wirksam zu sein, in bestimmter **18** Form abgeschlossen werden; das kann auch z. B. für Nachtragsvereinbarungen oder sogar für bloße einseitige Erklärungen gelten, z. B. für die bloße Anordnung des Auftraggebers.

1. Notarielle Beurkundung zwingend

Insbesondere für Grundstückskaufverträge gilt gemäß § 311b BGB zwingende notarielle Form. Wenn Grundstückskauf und Bauerrichtung wirtschaftlich eng zusammenhängen, muss das ganze Vertragswerk (auch der Bauvertrag) notariell beurkundet werden. Beispiel: Bauträgervertrag.

2. Gesetzliche Schriftform

Beispiele:

§ 7 Abs. 3 HOAI: Überschreitungen des Mindesthonorars beim Architekten müssen schriftlich vereinbart werden.

Oder:

Schriftform für Verpflichtungserklärungen von Kommunen und Kreisen laut Gemeindeordnung bzw. Kreisordnung – sehr gefährlich![22]

3. Vereinbarte Schriftform (Schriftformklauseln)

Beispiel im Vertrag: »Vertragsänderungen bedürfen der Schriftform, mündliche Nebenabreden sind ungültig.« Die Gültigkeit solcher Schriftformklauseln in Allgemeinen Geschäftsbedingungen des Auftraggebers ist äußerst umstritten. Jedenfalls: Wenn die Vertragsparteien **selbst** nach Vertragsschluss Vertragsänderungen mündlich vereinbaren, ist dies trotz Schriftformklausel wirksam (aber schwer beweisbar!); eine Schriftformklausel können die Vertragsparteien nämlich auch mündlich abändern; eine solche Abänderung der Schriftformklausel wird im Regelfall unterstellt, wenn die Parteien überhaupt mündliche Vereinbarungen treffen, deshalb ist eine entgegenstehende Klausel in AGB des Auftraggebers unwirksam.[23]

---

22 Beispiel: BGH, BauR 2004, 495 = NZBau 2004, 207; s. aber BGH, BauR 2005, 1918.
23 BGH »ECE-Bedingungen«, BauR 1997, 1036, Klausel Nr. 10.

Auf »mündliche **Ausnahmen**« von der Schriftform soll man sich generell **nie verlassen:** Schriftform prüfen und wahren, schon wegen der Beweisbarkeit.[24]

Der Architekt ist zu mündlichen Änderungen der Vertragsbedingungen oder zu einem Abweichen davon **nicht** befugt.

19 Arbeitsbeispiel 1: Fehlende Einigung über Nachlass?

Die Hochbau GmbH schickt dem Nachunternehmer Josef Maurer ein Leistungsverzeichnis. Maurer setzt Preise ein und unterbreitet ein Angebot für die Durchführung von Rohbauarbeiten zum Preis von 100.000,– € zzgl. USt Die Hochbau GmbH schreibt, Maurer könne die Arbeiten ausführen, müsse aber einen Preisnachlass von 10 % gewähren.

Da die Arbeiten äußerst eilbedürftig sind, beantwortet Maurer dieses Schreiben nicht, sondern beginnt schon am nächsten Tag mit den Arbeiten und führt diese zur Zufriedenheit aller aus.

Bei der Schlussabrechnung berechnet Maurer den vollen Preis und verweist darauf, dass ein Vertrag Angebot und Annahme voraussetze und deshalb volle Übereinstimmung über alle wesentlichen Vertragsinhalte. Er habe sich mit dem Preisnachlass aber nicht einverstanden erklärt.

Lösung:

Die Hochbau GmbH hat Maurer zur Abgabe eines Angebotes aufgefordert. Maurer hat ein entsprechendes Angebot auch abgegeben zum Preis von 100.000,– €. Dieses Angebot hat die Hochbau GmbH **nicht** *angenommen, sondern einen Preisnachlass von 10 % gefordert. Damit ist ein Vertrag noch nicht zustande gekommen, sondern umgekehrt ein Angebot der Hochbau GmbH an Maurer, auf den Preis einen Nachlass von 10 % zu gewähren.*

Es lag an Maurer, dieses neue Angebot von der Hochbau GmbH anzunehmen oder abzulehnen.

Eine Annahme muss jedoch nicht ausdrücklich erklärt werden, sondern sie kann auch stillschweigend erfolgen oder durch schlüssiges Handeln (vgl. Rdn. 17).

Da Maurer am nächsten Tag kommentarlos mit den Arbeiten begonnen hat, ist er »schlüssig« auf die Forderung der Hochbau GmbH eingegangen, auf seinen Preis 10 % Nachlass zu gewähren.

Es kommt nicht darauf an, was Maurer heimlich denkt. Maßgeblich ist sein nach außen erkennbares Verhalten.

Der Vertrag ist also »mit Nachlass« zustande gekommen.

---

24 Einzelheiten zu Schriftformklauseln in AGB Kapellmann/Schiffers, Bd. 1, Rdn. 948 ff., Bd. 2, Rdn. 1136 ff., und zur Unwirksamkeit von Schriftform-Nachtragsklauseln: BGH, BauR 2004, 488 = NZBau 2004, 146.

Arbeitsbeispiel 2: Ersatz von Projektierungskosten **20**

Die Sparkasse K. errichtet schlüsselfertig einen Verwaltungsneubau für 80 Mio. €. Sie vergibt die Arbeiten an die Herkensrath GmbH, die Generalunternehmer wird.

Mit formularmäßigem Schreiben wendet sich der Generalunternehmer an die Firma Warm GmbH, um sich ein Angebot für eine Fußbodenheizung erstellen zu lassen. Da das Vergabeverfahren so lange gedauert hat, war wie so oft keine Zeit mehr für die Ausarbeitung vernünftiger Pläne von Sonderfachleuten; deshalb fügt der GU nur die Entwurfspläne bei.

Die Warm GmbH bietet Leistungen für 510.000,– € an, in diesem Betrag sind ausgewiesenermaßen »Projektierungskosten« i. H. v. 16.000,– € enthalten.

Der GU hat mit demselben Anliegen insgesamt drei Bieter angeschrieben; die Warm GmbH erhält den Auftrag nicht, wohl aber einer der anderen Bieter. Die Warm GmbH meint, ihr müssten dann wenigstens die Projektierungskosten i. H. v. 16.000,– € ersetzt werden. Trifft das zu?

Lösung:

Gemäß § 632 Abs. 3 BGB ist ein Kostenanschlag »im Zweifel« nicht zu vergüten. Bestehen »Zweifel«?

Die Frage ist streng nach dem Schema Angebot/Annahme zu beantworten (vgl. Rdn. 9). Waren die Parteien sich einig (Vertrag), dass jedenfalls (nur bzw. gesondert) die Projektierungskosten bei Nichterteilung des Auftrages ersetzt würden? Wenn nicht: Dann gibt es keine Vergütung. Bleiben »Zweifel«, gibt es ebenfalls keine. Ein »Angebot« des GU, bei Nichterteilung des Auftrages Projektierungskosten zu bezahlen, liegt nicht vor. Ob die Firma Warm GmbH sich deshalb vorgestellt hat, bei Nichterteilung des Auftrages werde sie die Projektierungskosten erhalten, ist unerheblich.

*Eine Ausnahme könnte dann gelten, wenn »der Verkehr« davon ausginge, dass solche Projektierungsarbeiten immer gesondert bezahlt werden. Dann wäre die Aufforderung zur Abgabe eines Angebots gleichzeitig die stillschweigende oder konkludente Erklärung des Auftraggebers, die Projektierungskosten zu bezahlen, also ein Angebot, das »konkludent« von der Warm GmbH durch Vorlage des Angebots über die Heizung angenommen **worden** wäre.*

Eine solche allgemeine Übung gibt es aber nicht. Ein Angebot ist normalerweise kostenlos (vgl. – wie erwähnt – § 632 Abs. 3 BGB). Wenn der Bieter der Auffassung ist, die Projektierungskosten seien zu aufwendig, muss er das Angebot unterlassen oder vorher eindeutig klären, dass bei Nichterteilung des Auftrages die Kosten ersetzt werden.

Der BGH hat schon 1979[25] entschieden: Wer im Rahmen eines Auftragswettbewerbs ein Angebot abgibt, erhält i. d. R. keine Vergütung, und zwar auch dann

---

25 BGH, BauR 1979, 509.

nicht, wenn es überhaupt nicht zu der Ausführung des angebotenen Entwurfs kommt. Wer sich in einem Wettbewerb um einen Auftrag bemüht, muss nicht nur damit rechnen, dass er bei der Erteilung des Zuschlags unberücksichtigt bleibt, er muss auch wissen, dass der Auftraggeber grundsätzlich nicht bereit ist, Projektierungskosten zu ersetzen.

*Entgegen der damaligen Ansicht des BGH sind aber **Ausnahmen möglich:***

1. *Der Auftraggeber schreibt beispielsweise eine Fußbodenheizung aus, entschließt sich aber, eine Radiatorenheizung einzubauen. Die Projektierungsarbeiten sind also vergeblich.*

   Da der Auftraggeber hier in Wirklichkeit gar nicht Angebote im Rahmen eines Wettbewerbs zur Ausschreibung einer künftigen Leistung eingeholt hat, schuldet er allen Bietern, jedenfalls unter dem Aspekt des Verschuldens bei Vertragsverhandlungen (§ 311 Abs. 2 BGB), Ersatz der Projektierungskosten.[26]

2. *Wenn der Auftraggeber nur einen ›Bieter‹ mit der Projektierung beauftragt und dann dessen Ausarbeitung im Rahmen einer späteren allgemeinen Ausschreibung verwendet, hat er den »Bieter« in Wirklichkeit als planenden Sonderfachmann eingesetzt. Dann schuldet er im Normalfall Vergütung, wenn dieser Bieter den Auftrag nicht bekommt.[27]*

   Das ist auch aus einem anderen Grund streitig: Nach der unzutreffenden Meinung des OLG Köln[28] hat ein solcher Bieter jedenfalls keinen »Schaden«, da er seine Leute ja ohnehin beschäftigte (!), aber: Er beschäftigt sie nur mit Arbeiten, für die er wenigstens die Chance hat, einen Auftrag zu bekommen (»Rentabilitätsvermutung«).

3. *Ergänzend ist von Bedeutung, dass die ungenehmigte Übernahme fremder Pläne zum Ersatz verpflichtet, auch wenn die Pläne keinen Urheberrechtsschutz genießen.[29]*

Also: Als Bieter vorher klare Absprachen zur Vergütung von Projektierungsleistungen treffen!

2 1 Arbeitsbeispiel 3:[30]

Ein Auftragnehmer gibt Arbeiten auf der BAB 3 Regensburg–Passau in Auftrag. Er übersendet einem Nachunternehmer die Planunterlagen und bittet um ein Angebot. Der Nachunternehmer gibt ein solches Angebot ab, benennt aber keinen konkreten Leistungszeitpunkt. Der Auftragnehmer nimmt das Angebot an mit folgendem Zusatz: »Beginn 23.04.2001, Fertigstellung muss am 27.04.2001 gewährleistet sein.« Der Nachunternehmer antwortet, er könne erst am 07.05.2001 beginnen. Ist ein Vertrag zustande gekommen?

---

26 Vgl. Kapellmann, in: Kapellmann/Messerschmidt, VOB/B § 2, Rdn. 17, streitig.
27 Kapellmann, in: Kapellmann/Messerschmidt, VOB/B § 2, Rdn. 17.
28 OLG Köln, BauR 1992, 98.
29 LG Arnsberg, BauR 2012, 521 mit zutreffender Anmerkung Sangenstedt.
30 OLG Naumburg, IBR 2004, 479, Nichtzulassungsbeschwerde vom BGH zurückgewiesen.

Lösung:

Nein, das Auftragsschreiben des Auftragnehmers war keine Annahme, sondern ein Ja, aber. Nur wenn der Nachunternehmer dem zugestimmt hätte, wäre ein Vertrag zustande gekommen.

D. Die am Bau Beteiligten innerhalb des Vertragsgefüges

Abweichend beispielsweise zum Kaufvertrag, bei dem sich in der Regel übersichtlich nur zwei beteiligte Parteien gegenüberstehen, begegnen sich in der Baupraxis beim **Werkvertrag** viele wie auch immer »Beteiligte«, z. B. **22**

- Auftraggeber – das ist die Formulierung der VOB/B, die wir verwenden. »Bauherr« ist die Bezeichnung des Auftraggebers im öffentlichen Recht, z. B. bei der Baugenehmigung, wobei sich aber die Begriffe (natürlich) nicht vollständig decken; das BGB nennt in § 631 Abs. 1 den Auftraggeber »Besteller« –,
- Auftragnehmer (laut VOB/B; im BGB lautet die Bezeichnung »Unternehmer«),
- Architekt (nach dem Sprachgebrauch der HOAI (Honorarverordnung für Architekten und Ingenieure) der »Objektplaner«),
- der Statiker (der »Tragwerksplaner«),
- vielleicht ein Projektsteuerer,
- ein Sachverständiger für Geotechnik
- usw.

Oft werden Beteiligte auch nach ihrer Funktion benannt, z. B. der »Generalunternehmer« (dazu Rdn. 23).

Wir behalten den Sprachgebrauch der VOB bei: **Auftraggeber** und **Auftragnehmer.**

Wenn man sich über ein Bauprojekt orientieren will, gibt es drei Bereiche, die man auf jeden Fall kennen muss:

a) Wer hat mit wem Verträge?
b) Wer darf für wen verpflichtende Erklärungen abgeben (Vollmacht)?
c) Wer haftet vertraglich für wen?

a) Vertragsbeziehungen bestehen logischerweise nur zwischen solchen Beteiligten, die einen Vertrag miteinander geschlossen haben, nicht mit »Dritten«: Dabei gibt es sozusagen übliche Konstellationen, aber es gibt auch viele abweichende, sodass man zur Beantwortung dieser Frage den jeweiligen Vertrag genau prüfen muss. **23**

»Beauftragt« z. B. der Auftraggeber einen Architekten – d. h., schließt er mit ihm einen Architektenvertrag –, so bestehen Vertragsbeziehungen zwischen Auftraggeber und Architekt. Der Statiker kann vom Auftraggeber »beauftragt«

werden, dann bestehen aber keine Vertragsbeziehungen zwischen Architekt und Statiker: Genauso gut kann – in Absprache mit dem Auftraggeber – der Architekt seinerseits den Statiker im Namen des Auftraggebers »beauftragen«, dann bestehen Vertragsbeziehungen zwischen Auftraggeber und Statiker.

Für Juristen ist das selbstverständlich, für Ingenieure nicht immer.

Die Klärung der Vertragsbeziehungen spielt eine große Rolle bei komplizierteren **Organisationsformen**:

Generalunternehmer (GU) ist ein »Hauptunternehmer, der sämtliche für die Herstellung eines Bauwerks erforderlichen Bauleistungen zu erbringen hat und wesentliche Teile hiervon **selbst** ausführt«, und im Übrigen Nachunternehmer (NU) einsetzt.

Generalübernehmer ist der Hauptunternehmer, der sämtliche für die Herstellung eines Bauwerks »erforderlichen Bauleistungen zu erbringen hat, diese jedoch nicht selbst ausführt«, der also nur Nachunternehmer einsetzt.

Totalunternehmer oder **Totalübernehmer**, die in der Baupraxis selten vorkommen, sind Generalunternehmer bzw. -übernehmer, die über die Bauleistung hinaus auch in fast vollständigem Umfang alle Planungsleistungen, z. B. die Entwurfsplanung (Typ: Ausschreibung nach Leistungsprogramm, rein funktionale Ausschreibung), erbringen.

Alle diese Organisationsformen sind oft mit einem Pauschalvertrag verbunden.

Ein Generalunternehmer, Generalübernehmer, Totalunternehmer oder Totalübernehmer setzt seinerseits also weitere Unternehmer ein, sog. **Nachunternehmer** (NU), so der Sprachgebrauch der VOB, z. B. § 4 Abs. 8 VOB/B (veraltet: Subunternehmer).

Der **typische** »**Schlüsselfertigbau**« ist z. B. regelmäßig GU-Vertrag mit Pauschalvergütung und der zusätzlichen, vertraglich vereinbarten Leistungspflicht des Auftraggebers »Übernahme der Ausführungs**planung**«.[31] Eine viel diskutierte, aber nach wie vor nicht unbedingt bewährte weitere Abwicklungsform ist z. B. der »GMP-Vertrag – Garantierter Maximumpreis«. Dabei wird ein Maximumpreis als Pauschale festgelegt; AG und GU vergeben die Nachunternehmerleistungen gemeinsam und versuchen, hierbei Verbilligungen gegenüber den kalkulierten NU-Kosten zu erreichen; die erzielte »Verbilligung« teilen sich AG und GU; ähnlich ist ein »Construction Management Vertrag«,[32] der ein sehr frühzeitiges Zusammenwirken von AG, seinen Planern und einem GU schon in der Planungsphase vorsieht.

---

31 Einzelheiten, Kapellmann, Schlüsselfertiges Bauen, Rdn. 22 ff.
32 Näher Kapellmann, NZBau 2001, 592.

Für das Verhältnis Auftraggeber – Hauptunternehmer (GU) – Nachunternehmer (NU) ist charakteristisch, dass es grundsätzlich keine »Durchstellung der Vertragsbeziehungen« und z. B. deshalb auch keine »Durchgriffshaftung« gibt: Der Vertrag Auftraggeber-GU ist das eine, der Vertrag GU-NU das andere. Ein GU ist damit gleichzeitig Auftragnehmer (gegenüber dem Auftraggeber) und Auftraggeber (gegenüber dem NU). Wenn also beispielsweise der Auftraggeber einen Mangel rügen will, den der NU »produziert« hat, muss der Auftraggeber die Rüge an seinen Vertragspartner richten, den GU. Dieser muss seinerseits aktiv werden, natürlich sofort gegenüber seinem Vertragspartner rügen, dem NU. Mängelhaftungsansprüche hat der Auftraggeber gegen den GU und der GU gegen den NU, aber nicht der Auftraggeber gegen den NU. Allerdings gibt es doch einen **Zusammenhang**: Der Hauptunternehmer kann wegen eines Mangels nicht den Nachunternehmer in Anspruch nehmen, wenn sicher ist, dass der Auftraggeber seinerseits den Hauptunternehmer nicht mehr belangt, so genannter »Vorteilsausgleich«.[33] Hinsichtlich der Zahlungsverpflichtung gibt es den »Durchgriff« in § 641 Abs. 2 BGB; danach wird der Zahlungsanspruch des NU gegen den GU spätestens dann fällig, 1.) wenn der GU von seinem Auftraggeber »seine Vergütung oder Teile davon« erhalten hat (aber **welchem** NU steht der Anspruch auf welche Teile der Vergütung zu?), 2.) wenn das Werk des GU von seinem Auftraggeber abgenommen ist (oder als abgenommen gilt) oder 3.) wenn der NU dem GU erfolglos eine angemessene Frist zur Auskunft über die in den Nr. 1 und 2 bezeichneten Umstände bestimmt hat. Gerade Letzteres ist, wenn es um Eile geht, keine wirkliche Problemlösung, eine unrichtige Auskunft soll nämlich nicht zur Fälligkeit führen. Die im Jahr 2000 eingeführte Vorschrift ist ein bezeichnendes Beispiel dafür, dass gut gemeint nicht gut gemacht sein muss. Die zum Schutz des Nachunternehmers gedachte Vorschrift läuft praktisch leer.

Geht der Hauptunternehmer in Insolvenz, hat der NU wegen der strikten Trennung der Vertragsverhältnisse keinen Vergütungsanspruch gegen den Auftraggeber seines GU.

Aus der »Doppelfunktion« des GU ergibt sich auf den ersten Blick, dass der GU sich besonders aufmerksam und gut organisieren muss.

Eine **Arbeitsgemeinschaft (ARGE)** ist nach richtiger, vom BGH bestätigter Auffassung im Regelfall eine GbR, Gesellschaft bürgerlichen Rechts (nach anderer Meinung: eine oHG), in der sich mehrere Unternehmer zur Errichtung eines Objekts zusammengeschlossen haben; alle ARGE-Mitglieder haften nach außen (dem Auftraggeber) zu 100 % (gesamtschuldnerisch). Der Vertrag wird also geschlossen zwischen dem Auftraggeber und der ARGE.

b) Da es unterschiedliche Vertragsverhältnisse gibt, muss die Frage geregelt **24** werden, **wer für wen haftet**.

---

33 BGH NZBau 2011, 232, NZBau 2008, 580, näher Rdn. 270.

Bei einem Vertrag, also auch beim Bauvertrag, haftet jeder für solche Dritte, die »nach den tatsächlichen Umständen mit dem Willen des anderen bei der **Erfüllung** einer **diesem** obliegenden Verpflichtung als dessen Hilfsperson tätig werden« (§ 278 Satz 1 BGB). Eine solche Hilfsperson nennt man **Erfüllungsgehilfen.** Für ihren Erfüllungsgehilfen haftet innerhalb eines Vertrages jede Vertragspartei uneingeschränkt und ohne Rücksicht auf eigenes Verschulden – das ist der Preis für eine arbeitsteilige Wirtschaft.

Es liegt auf der Hand, dass die Beurteilung der Frage, wer für wen vertraglich haftet, von größter Wichtigkeit ist. Wenn ein Auftraggeber vertraglich die **Pflicht** hat, dem Auftragnehmer die »für die Ausführung nötigen Unterlagen«, z. B. Ausführungspläne, zu stellen (so, wenn nichts Gegenteiliges vereinbart ist, beim VOB/B-Vertrag gemäß § 3 Abs. 1), und wenn er sich zur **Erfüllung** dieser Pflicht des von ihm »beauftragten« Architekten bedient, so ist der Architekt insoweit Erfüllungsgehilfe des Auftraggebers im Verhältnis zum Auftragnehmer. Plant der Architekt falsch, haftet dafür der Auftraggeber dem Auftragnehmer uneingeschränkt.

Wer wessen Erfüllungsgehilfe ist, richtet sich also nach dem Vertrag der Parteien und den darin übernommenen Pflichten, die dabei genau analysiert werden müssen.

Beispiele:

- Im Rahmen der **Planung** ist der Architekt – wie erörtert – Erfüllungsgehilfe des Auftraggebers gegenüber dem Auftragnehmer. Im Rahmen der **örtlichen Bauaufsicht** ist der Architekt **nicht** Erfüllungsgehilfe des Auftraggebers. Die notwendige Analyse der Vertrags**pflicht** des Auftraggebers gegenüber dem Auftragnehmer zeigt, warum: Der Auftraggeber schuldet dem Auftragnehmer keine Überwachung. Diese Überwachung lässt der Auftraggeber ausschließlich in seinem Interesse ausführen, der Auftragnehmer hat keinen vertraglichen Anspruch, überwacht zu werden.[34]
- Wird der Statiker (Tragwerksplaner) vom Auftraggeber »beauftragt«, so ist auch der Statiker hinsichtlich der Planung Erfüllungsgehilfe des Auftraggebers gegenüber dem Auftragnehmer. Hat ein Generalplaner intern einen Statiker als Nachunternehmer (NU) beauftragt, so ist der Statiker Erfüllungsgehilfe des Generalplaners im Verhältnis zum Auftraggeber und der Generalplaner Erfüllungsgehilfe des Auftraggebers im Verhältnis zum Auftragnehmer. Über diese Kette haftet also der Auftraggeber dem Auftragnehmer für Mängel der Tragwerksplanung, aber der Auftragnehmer hat deswegen nur Ansprüche gegen seinen Vertragspartner, aber nicht gegen den Generalplaner und schon gar nicht gegen den Statiker.
- Der Nachunternehmer (NU) ist Erfüllungsgehilfe des Generalunternehmers (GU), also des Hauptauftragnehmers gegenüber dem Auftraggeber.

---

34 Unbestritten, z. B. BGH »Schürmann/Hagedorn II«, BauR 1997, 1022.

- Der vorleistende Unternehmer ist im Verhältnis des Auftraggebers zu einem von diesem »beauftragten« nachleistenden Unternehmer Erfüllungsgehilfe des Auftraggebers. Beispiel: Der vom Auftraggeber »beauftragte« Erdbauer schachtet verspätet aus. Der vom Auftraggeber »beauftragte« Rohbauer kann deshalb nicht, wie vertraglich vorgesehen, mit der Arbeit beginnen und erleidet dadurch einen Behinderungsschaden. Die Frage, ob dieser »Vorunternehmer« (der Erdbauer) wirklich Erfüllungsgehilfe des Auftragnehmers ist, ist zwischen Lehre und BGH heftig umstritten; die Lehre bejaht das, der BGH verneint es – wobei keiner weiß, warum –, bejaht dann aber doch auf einem Umweg über eine sog. »Obliegenheitsgehilfenhaftung« die Haftung des Auftraggebers (näher Rdn. 88) – also warum einfach, wenn es auch kompliziert geht?
- Der Baustofflieferant ist im Regelfall kein Erfüllungsgehilfe des Auftragnehmers gegenüber dem Auftraggeber.[35]

c) Die Beurteilung der Frage, wer Erfüllungsgehilfe ist, beantwortet nur die **25** Frage, wer für wen **haftet**, aber nicht, **wer für wen verpflichtende Erklärungen** abgeben darf. So haftet zwar der Auftraggeber für seinen Architekten, aber keineswegs heißt das »automatisch«, dass der Architekt auch gegenüber dem Auftragnehmer Vertragserklärungen abgeben darf, die den Auftraggeber binden.

Ob man für einen anderen diesen bindende Erklärungen abgeben darf, ist eine Frage der Vertretungsmacht. Es gibt eine vom Gesetz verliehene Vertretungsmacht, und es gibt eine rechtsgeschäftliche Vertretungsmacht (**Vollmacht**).

Kraft Gesetzes vertreten z. B. die Eltern ihr unmündiges Kind; der Vorstand vertritt die AG, der Geschäftsführer die GmbH, der Prokurist sein jeweiliges Unternehmen.

Rechtsgeschäftlich entsteht eine Vertretungsmacht durch Erteilung einer **Vollmacht**. Wenn also der Auftraggeber den Architekten bevollmächtigt, für ihn Nachtragsleistungen anzuordnen oder z. B. (auch) Nachtragsvereinbarungen zu schließen, so binden entsprechende Erklärungen des Architekten gegenüber einem Auftragnehmer den Auftraggeber. Ob ein Architekt nicht auch ohne ausdrückliche Vollmacht schon durch den Abschluss des Architektenvertrages

---

35 BGH, BauR 2002, 945. Der Vertrag zwischen Baustofflieferant und Bauunternehmer ist Kaufvertrag, nicht Werkvertrag. Der Verkäufer haftet aber wie beim Werkvertrag 5 Jahre für Mängel von Sachen, die »entsprechend ihrer üblichen Verwendungsweise für ein Bauwerk verwendet worden sind und die Mangelhaftigkeit (des Bauwerks) verursacht haben«, § 438 Abs. 1 Satz 1 lit b BGB. Beim Verkauf an einen Verbraucher darf der Händler die Verjährungsfrist durch Vereinbarung höchstens auf 2 Jahre verkürzen, § 475 Abs. 2 BGB. Ausnahmsweise ist der Baustofflieferant Erfüllungsgehilfe des Auftragnehmers, wenn er einen Teil des vom Auftragnehmer geschuldeten Herstellungsprozesses übernimmt, z. B. maßgefertigte Teile liefert (BGH, BauR 1979, 324).

eine »originäre« Vollmacht erhält, erörtern wir wegen der Bedeutung gesondert unter Rdn. 26 ff.

E. Die Vollmacht im Bauablauf

26 Die durch Rechtsgeschäft begründete Befugnis, einen anderen zu vertreten, heißt Vollmacht.

Der Architekt kann den Auftraggeber, der ihn beauftragt hat, seinerseits nicht uneingeschränkt vertreten; er hat **ohne** spezielle Regelung, z. B. im Architektenvertrag oder im Bauvertrag, nur folgende, aus seinen Aufgaben zwangsläufig resultierende Vertretungsmacht (Vollmacht):[36]

Er ist z. B. bevollmächtigt,

- Ausführungsunterlagen von Bauhandwerkern in technischer Sicht zu genehmigen,
- kleinere Zusatzaufträge zu erteilen (»klein« ist **sehr** vage, vgl. Rdn. 29, das Vertrauen auf eine solche Vollmacht also **äußerst riskant**, Verstoß gegen den Grundsatz des »sichersten Wegs«),
- Leistungen den »Positionen zuzuordnen« (Abrechnung!),
- ein gemeinsames, den Bauherrn (technisch) bindendes Aufmaß aufzunehmen,
- die »technische Abnahme« zu vollziehen (vgl. Rdn. 202),
- Weisungen auf der Baustelle zu erteilen,
- Angebote und Schlussrechnung (nicht aber Mahnungen) entgegenzunehmen,
- Stundenlohnzettel entgegenzunehmen (aber nicht Stundenlohnleistungen anzuerkennen), dazu Rdn. 34,
- Bedenkenanzeigen gemäß § 4 Abs. 3 VOB/B entgegenzunehmen, aber **nur**, wenn der Architekt von dem gerügten Bedenken nicht selbst betroffen ist und wenn er sich nicht berechtigten Einwendungen verschließt, so die ständige Rechtsprechung.[37] (Praktisch bedeutet das: Man sollte **nur dem Architekten gegenüber nie die Erklärung nach § 4 Abs. 3 VOB/B abgeben**, sondern mindestens auch gegenüber dem Auftraggeber, also wiederum den »sichersten Weg« gehen!),
- Anzeigen nach § 2 Abs. **8 Nr. 2** VOB/B entgegenzunehmen (Vergütung nicht vereinbarter, aber notwendiger Leistungen gemäß dem mutmaßlichen Willen des Auftraggebers).

---

36 Zusammenfassung bei Langen/Schiffers, Bauplanung und Bauausführung, Rdn. 478 bis 481.
37 BGH, BauR 1997, 301.

Der Architekt ist z. B. ohne entsprechende Regelung nicht bevollmächtigt, **27**

- eine Nachfrist mit Kündigungsandrohung zu setzen,
- die rechtsgeschäftliche Abnahme nach § 640 BGB oder nach § 12 VOB/B vorzunehmen,
- die Vertragsstrafe bei der Abnahme vorzubehalten,
- den Auftrag selbst (im Gegensatz zum kleineren Zusatzauftrag) an den Auftragnehmer oder an Sonderfachleute zu erteilen,
- auf Mängelhaftungsansprüche zu verzichten,
- eine Stundenlohnvereinbarung zu treffen,
- Stundenlohnzettel anzuerkennen,
- Rechnungen anzuerkennen,
- vertragliche Vereinbarungen zwischen Auftraggeber und Auftragnehmer zu ändern; insbesondere darf er nicht von einer vereinbarten Schriftform abweichen.

Äußerst streitig ist: Darf der Architekt **28**

- Anzeigen gemäß § 2 Abs. 6 VOB/B (Anzeige der Mehrforderung bei zusätzlichen Leistungen) entgegennehmen?[38]
- Stundenlohnvereinbarungen treffen?[39]
- Behinderungsanzeigen gemäß § 6 Abs. 1 VOB/B entgegennehmen?
- den Vorbehalt nach § 16 Abs. 3 VOB/B entgegennehmen?

In solchen Zweifelsfällen sollte **immer** wie folgt verfahren werden:

Abgabe einer entsprechenden Erklärung **sowohl** gegenüber dem Architekten/Bauleiter **als auch** gegenüber dem Auftraggeber selbst. Dieser bürokratische Aufwand kann sich später, wenn es um Behinderungsschäden oder Mängelhaftungsansprüche geht, bezahlt machen – **immer und nur den »sichersten Weg« gehen** (vgl. Rdn. 2)! Also auch Zugangsnachweis sichern!

Selbst dann, wenn der Architekt eine umfassende Vollmacht hat, verpflichtet er den Auftraggeber nicht, wenn er mit dem Auftragnehmer unkorrekt zusammenarbeitet, z. B. bei »frisierten« Zusatzaufträgen[40] oder bei bewusst falscher Zuordnung modifizierter Leistungen zu falschen Positionen, um zu vertuschen, dass es inhaltliche Änderungen gegeben hat.

Auch der vom Auftraggeber eingesetzte unternehmenseigene »Bauleiter« hat **nicht** ohne weiteres Vollmacht, den Auftraggeber zu vertreten.

Arbeitsbeispiel 4: Zusatzauftrag durch Architekt **29**

Die Firma Müller GmbH hat der Firma Hoffnungslos GmbH den Auftrag erteilt, die Rohbauarbeiten zu einer neuen Gewerbehalle auszuführen.

---

38 Bejahend Kapellmann/Schiffers, Bd. 1, Rdn. 559 mit Nachweisen.
39 BGH NZBau 2004, 31 = BauR 2003, 1892.
40 BGH, BauR 1991, 331.

In den Vertragsbedingungen heißt es: »*Änderungs- und Zusatzleistungen können nur schriftlich durch den Auftraggeber beauftragt werden.*« *Die Auftragssumme beträgt 500.000 €. Während des Bauablaufs stellt sich heraus, dass einige zusätzliche Wände, die im ursprünglichen LV nicht erfasst sind, errichtet werden müssen. Damit sind Zusatzkosten i. H. v. 15.000 € verbunden. Da es sich um eine Terminbaustelle handelt, erteilt der bauleitende Architekt diesen Zusatzauftrag, und die Arbeiten werden sofort von der Firma Hoffnungslos GmbH ausgeführt. Der Auftraggeber weigert sich später, diese Zusatzkosten zu zahlen. Wer muss zahlen?*

Lösung:

Der bauleitende Architekt ist grundsätzlich berechtigt, kleinere Zusatzaufträge zu erteilen, vor allem solche, die im Sinne von § 1 Nr. 4 VOB/B notwendig sind.

Bei einem Auftrag von 500.000 € und einer Zusatzleistung von 15.000 € ist dies vielleicht zu bejahen.

*Der vorliegende Vertrag schließt jedoch die Erteilung von Änderungs- und Nachtragsaufträgen durch den Architekten **generell und ausdrücklich aus. Die Erteilung solcher Zusatzaufträge ist dem Auftraggeber vorbehalten. Deshalb war der Architekt nicht bevollmächtigt, die Zusatzarbeiten zu beauftragen.***

Der Auftraggeber haftet deshalb nicht auf Vertragsvergütung. Auch hier kommt wiederum ein Anspruch auf Vertragserfüllung gegen den Architekten gemäß § 179 BGB infrage, weil dieser ohne Vollmacht (als Vertreter ohne Vertretungsmacht) die Arbeiten beauftragt hat;[41] dieser Anspruch scheitert jedoch, wenn der Auftragnehmer z. B. aus den Vertragsbedingungen die fehlende Vollmacht des Architekten kannte.[42] Es ist sehr strittig, ob der Auftraggeber wenigstens Ersatz nach Bereicherungsgrundsätzen schuldet.

F. Vergütungsregelungen der VOB

I. Grundsätzliche Regelung in § 2 Abs. 1 VOB/B, Vertragstyp entscheidend

30 § 2 Abs. 1 VOB/B sagt ziemlich wortreich, dass »durch die **vereinbarten Preise**« (also den vereinbarten Werklohn) alle **Leistungen** abgegolten werden, die »nach der Leistungsbeschreibung, den Besonderen Vertragsbedingungen, den Zusätzlichen Vertragsbedingungen, den Zusätzlichen Technischen Vertragsbedingungen, den Allgemeinen Technischen Vertragsbedingungen für Bauleistungen und der gewerblichen Verkehrssitte zur **vertraglichen** Leistung gehö-

---

41 OLG Düsseldorf, BauR 1985, 339.
42 Kapellmann/Schiffers, Bd. 1, Rdn. 907.

ren«. Wir nennen diese **vertraglich geschuldete Leistung** des Auftragnehmers mit einem für Techniker und Juristen eingängigen Begriff »**Bausoll**«.

»Bausoll« ist die durch den Bauvertrag als Vorgabe nach **Bauinhalt** (Was ist zu bauen?) und – gegebenenfalls – nach **Bauumständen** (Wie ist zu bauen?) näher bestimmte Leistung des Auftragnehmers zur Erreichung des werkvertraglichen Erfolgs einschließlich vom Auftragnehmer geschuldeter Hinweispflichten bezüglich der Leistungen Dritter (z. B. Vorunternehmer). Das »Bausoll« ergibt sich aus der Gesamtheit (»Totalität«) aller die Leistungsdefinition betreffenden Vertragsbestandteile.[43] Die Begriffe der VOB/B stammen aus der VOB/A und hängen mit der Vertragsmethodik öffentlicher Auftraggeber zusammen: Weil der öffentliche Auftraggeber eine Vielzahl von Projekten zu errichten hat und eine organisatorisch möglichst gleichmäßige Behandlung sicherstellen will, legt er nicht einen zusammenfassenden Vertragstext vor, sondern verwendet möglichst viele »abstrakte« Vertragsbestandteile, die er in einem Vertrag »zusammenschachtelt«, wobei sich die Geltungsreihenfolge der einzelnen Bestandteile bei Widersprüchen aus § 1 Abs. 2 VOB/B wie folgt ergibt:

a) Leistungsbeschreibung
   Die ausführliche Definition dessen, was Gegenstand der Leistungsbeschreibung ist, findet sich in § 7 VOB/A. Auch wenn die Vorschrift nur für öffentliche Auftraggeber gilt, ist sie doch Ausdruck eines systemimmanenten Beschreibungsprinzips und kann daher – mit Ausnahme des Verbots der Auferlegung ungewöhnlicher Wagnisse (§ 7 Abs. 1 Nr. 3 VOB/B) – auch zur Auslegung bei Verträgen unter Privaten herangezogen werden.

b) Besondere Vertragsbedingungen (BVB). Sie sind (im Idealfall) gemäß § 8 Abs. 4 Nr. 2 VOB/A Bedingungen für das Einzelprojekt gemäß dessen Eigenart und seiner Ausführung.

c) Zusätzliche Vertragsbedingungen (ZVB). Das sind die die VOB/B ergänzenden Bedingungen für alle Projekte dieses Auftraggebers (§ 8 Abs. 4 Nr. 1 VOB/A).

d) Zusätzliche Technische Vertragsbedingungen. Das sind für alle Projekte dieses Auftraggebers Ergänzungen zu den Allgemeinen Technischen Vertragsbedingungen = VOB/C (§ 8 Abs. 5 VOB/A).

e) Die Allgemeinen Technischen Vertragsbedingungen sind die Vorschriften der VOB/C, die allgemein in der DIN 18 299 und dazu gewerkeweise überwiegend technische Regelungen treffen, aber auch rechtliche wie z. B. über »Nebenleistungen« und »Besondere Leistungen«. Wenn die VOB/B vereinbart ist, ist damit – wie erwähnt – gemäß § 1 Abs. 1 Satz 2 die VOB/C immer als Vertragsbestandteil mit vereinbart.

---

43 Kapellmann/Schiffers, Bd. 1, Rdn. 100 und dazu auch BGH »Dachdeckergerüste«, BauR 2006, 2040 = NZBau 2006, 777.
   Näher Rdn. 40.

Zur »Leistungsbeschreibung« im engeren Sinn der VOB gehören z. B. Baubeschreibung, Leistungsverzeichnis **und** Pläne, und zwar **grundsätzlich** gleichrangig (Rdn. 46). Zum Bausoll und damit zur Leistungsbeschreibung im weiteren Sinn gehören auch vertragliche Bestimmungen, die nicht den **Bauinhalt** (**Was?**) der Leistung selbst definieren, sondern die **Art** ihrer Erbringung (**Wie?**), also beispielsweise Vorschriften über ein anzuwendendes Verfahren, über Arbeit auch während der Nachtstunden oder über die Benutzbarkeit einer Zufahrtsstraße, die »**Bauumstände**«.[44]

Der beim Werkvertrag geschuldete »Erfolg« ist nichts anderes als die Herstellung des »versprochenen« (§ 631 Abs. 1 BGB) Werks. Wenn ausnahmsweise die Herstellung des versprochenen Werks nicht ausreicht, um Mangelfreiheit zu erreichen, z. B. bei Änderungen der anerkannten Regeln der Technik **nach** Vertragsschluss, kann (und muss) der Auftraggeber die notwendigen zusätzlichen Leistungen anordnen, die der Auftraggeber auch zusätzlich (»Sowiesokosten«) bezahlen muss.[45]

31 Jede der in der **VOB/C** enthaltenen speziellen DIN-Normen, die bei vereinbarter VOB/B gemäß § 1 Abs. 1 Satz 2 VOB/B auch **Vertragsbestandteil** sind (Rdn. 30), enthält ebenso wie die allgemeine **DIN 18 299** (s. **Anhang**) in Abschnitt 4 eine Regelung über **Nebenleistungen**. Soweit bestimmte Leistungen dort als Nebenleistungen beschrieben sind, gehören sie **auch ohne** besondere Erwähnung im Vertrag zum »Bausoll« und rechtfertigen keine zusätzliche Vergütung.

Besondere Leistungen sind dagegen solche, die nicht Nebenleistung sind; sie gehören nur dann zum Bausoll, wenn sie in der Leistungsbeschreibung **besonders** erwähnt sind (vgl. DIN 18 299, 4.2).[46] Sind sie nicht besonders erwähnt, werden sie dann aber nachträglich vom Auftraggeber angeordnet, so sind sie »Zusätzliche Leistungen« und werden gesondert nach § 2 Abs. 6 VOB/B vergütet[47] – vorherige Ankündigung des Mehrvergütungsanspruchs ist ausnahmsweise nicht erforderlich, aber auf jeden Fall sinnvoll.

32 Wenn also beispielsweise in »Zusätzlichen Vertragsbedingungen« des Auftraggebers bestimmte »Besondere« Leistungen (s. Rdn. 31) **konkret** genannt sind, die vom Auftragnehmer »kostenfrei« zu erbringen sind, kann dieser hierfür grundsätzlich keine Vergütung verlangen, es sei denn, diese Vertragsbedingung ist nach den AGB-rechtlichen Vorschriften der §§ 305 ff. BGB unwirksam, weil

---

44 Z. B. OLG Koblenz, BauR 2001, 1442 = NZBau 2001, 633.
45 Zum Ganzen: BGH »Bistroküche«, BauR 2008, 1131 m. Anm. Leinemann = NZBau 2008, 437; Markus, Festschrift Kapellmann, 2007, S. 291; Kapellmann/ Schiffers, Bd. 1, Rdn. 100.
46 Zur »Besonderen« Erwähnung näher Kapellmann/Schiffers, Bd. 1, Rdn. 134, 135.
47 OLG Stuttgart, BauR 2004, 678.

z. B. der Aufwand der »Besonderen Leistung« ohne Mengenangabe oder Pläne unkalkulierbar ist. Beispiel: »Die Herstellung und das Schließen von Durchbrüchen und Schlitzen nach Angabe des Bauleiters sind einzukalkulieren« – unwirksam.[48]

Beim VOB-Vertrag gibt es **zwei** Abrechnungs- und **Vertragstypen** (s. § 4 **33** VOB/A):

- Leistungsvertrag (Untertypen: **Einheitspreisvertrag**, dazu Rdn. 35 bis 38, 41, **Pauschalvertrag**, dazu Rdn. 42 ff.)
- **Stundenlohnvertrag** (§ 2 Abs. 10, § 15 VOB/B), dazu Rdn. 34

Der in der VOB/B in § 2 Abs. 2 noch erwähnte Selbstkostenerstattungsvertrag ist sehr selten, wir behandeln ihn nicht weiter.

a) Beim **Einheitspreisvertrag** (§ 2 Abs. 2 VOB/B) wird die Leistung in abrechnungstechnische Teilleistungen (**Positionen**) aufgesplittet.

Eine Position des Leistungsverzeichnisses (LV) enthält:

- Vordersatz (**voraussichtliche** Leistungsmenge)
- Leistungsbeschrieb
- Einheitspreis, Beispiel 50 m^3 Beton B 35 à 60 € = 3.000,– €

Abgerechnet und vergütet wird beim Einheitspreisvertrag nach **ausgeführter** Menge, nicht nach der im Leistungsverzeichnis bei Vertragsschluss genannten Menge (Vordersatz); die endgültige Vergütung steht also erst **nach** Ausführung der Leistung fest.

Beim **Pauschalvertrag** steht dagegen die Vergütung schon vor Ausführung fest, abgerechnet wird hier nämlich unabhängig von der **ausgeführten** Menge, solange der Auftrag**geber** nicht nach Vertragsschluss Mengen geändert hat (Einzelheiten Rdn. 35, 71).

Der Unterschied zwischen Einheitspreisvertrag und Pauschalvertrag liegt **nur** in der **Vergütung** einmal nach **ausgeführter** Menge, zum anderen **unabhängig** von der ausgeführten Menge, also in der Definition der Vergütung. Bei der Definition der auszuführenden **Leistung** verläuft die Trennlinie anders: Beim Pauschalvertrag kann die Leistung »pauschal«, d. h. global (funktional) beschrieben sein (s. Rdn. 43), beim Einheitspreisvertrag nicht. Beim Pauschalvertrag kann die Leistung aber auch »detailliert« beschrieben sein (s. Rdn. 42), wie es auch beim Einheitspreisvertrag der Fall ist. Typologisch sind also auf der **Leistungsseite** einmal Einheitspreisvertrag und Detail-Pauschalvertrag, auf der anderen Seite Global-Pauschalvertrag zu unterscheiden.

---

48 OLG München, BauR 1987, 554; Markus, in: Markus/Kaiser/Kapellmann, AGB-Handbuch Bauvertragsklauseln, Rdn. 238; Kapellmann/Schiffers, Bd. 1, Rdn. 134.

34 b) Beim **Stundenlohnvertrag** wird nicht nach Leistung vergütet, sondern nach aufgewandter Zeit. § 2 Abs. 10 regelt (nur), dass ein Auftragnehmer nur dann Vergütung auf Stundenlohnbasis verlangen kann, wenn diese Vergütungsart **vor** Beginn der Arbeiten **ausdrücklich** vereinbart worden ist,[49] Schriftform ist für diese Vereinbarung aber nicht erforderlich. Der Architekt des Auftraggebers ist ohne besondere Vollmacht nicht befugt, eine Abrechnung auf Stundenlohnbasis zu vereinbaren (s. o. Rdn. 28). Die Unterschrift unter dem Stundenlohnzettel allein reicht nicht, um eine Stundenlohnvereinbarung zu beweisen.[50] Ist eine Stundenlohnvereinbarung getroffen, so bestimmt § 15 VOB/B u. a., dass der Auftraggeber ihm vorgelegte Stundenlohnzettel spätestens innerhalb von 6 Werktagen nach Zugang unterschrieben zurückgeben oder innerhalb dieser Frist Einwendungen geltend machen muss. Nicht fristgemäß zurückgegebene Stundenlohnzettel gelten als anerkannt.

II. Die Abrechnung nach ausgeführter Menge beim Einheitspreisvertrag, § 2 Abs. 3 VOB/B

35 Beim Einheitspreisvertrag wird **nach** Fertigstellung der Leistung die **ausgeführte** Menge festgestellt (Rdn. 33), und zwar per »Aufmaß«, das aber nicht in der Örtlichkeit, sondern – wenn die Leistung nicht nachträglich geändert worden ist – aus vorhandenen Zeichnungen ermittelt wird (DIN 18 299 Abschnitt 5). Dabei kann es vorkommen, dass die im Leistungsverzeichnis genannte Menge (Vordersatz) mit der ausgeführten Menge nicht übereinstimmt, z. B. weil der Auftraggeber das Leistungsverzeichnis unsorgfältig aufgestellt hat. Für diese »Mengendiskrepanz« regelt § 2 Abs. 3 VOB/A eventuelle Änderungen des Preises:

Die **ausgeführte** Menge weicht **ohne irgendwelche mengenbezogenen Anordnungen** des Auftraggebers von der ausgeschriebenen Menge ab. Durch diese Abweichung der ausgeführten von der ausgeschriebenen Menge ändert sich nur die Quantität, aber nicht die Qualität: Inhaltlich ist die Leistung also immer noch dieselbe (der Leistungsbeschrieb innerhalb der entsprechenden Position hat sich nicht geändert), nur war mehr oder weniger davon auszuführen: Statt ausgeschriebener $1000\ m^3$ Beton ergibt z. B. das Aufmaß für die ansonsten **unveränderten** Decken $1200\ m^3$ (oder $850\ m^3$).

Für **Mehrmengen** gilt dann:

Eine **Mehrmenge** von **mehr** als 10 % gegenüber dem im Vertrag vorgesehenen Vordersatz ergibt beim Einheitspreisvertrag einen Anspruch auf Bildung eines **neuen Einheitspreises** unter Berücksichtigung der Mehr- oder Minderkosten.

---

49 BGH, BauR 2003, 1892.
50 BGH a. a. O.

Für die Berechnung bei **Mehrmengen** gilt:

Für 110 % der Menge bleibt es beim alten Preis. Für die Mehrmenge über 110 % hinaus muss ein neuer Preis gebildet werden, sodass im Ergebnis jetzt zwei Preise für ein und dieselbe Leistungsposition vorhanden sind (»gespaltener Einheitspreis«).[51]

Wichtig also:

Auch die **Menge über** 100 % bis 110 % (also von 100 % bis 110 %) wird **natürlich vergütet**, und zwar zum alten Einheitspreis. Die Menge ab 110 % wird ebenfalls vergütet, aber zu einem neuen Einheitspreis. Dieser **neue** Einheitspreis wird im Normalfall **niedriger** sein als der alte Einheitspreis, weil die gesamten Baustellengemeinkosten schon vollständig auf der Basis des Einheitspreises der geringeren Menge gedeckt sind, jedenfalls in aller Regel.

Frage: Was ist, wenn der alte Einheitspreis mit Verlust kalkuliert war?

Dann setzt sich der Verlust auch für den neuen Einheitspreis fort. Davon gibt es **Ausnahmen, insbesondere** dann, wenn das Auftreten erheblicher Mehrmengen auf mangelhafter planerischer Sorgfalt des Auftraggebers beruht.[52]

Durch die bloße »Mehrmenge« wird die Leistung nicht zur »Zusatzleistung« im Sinne von § 2 Abs. 6 VOB/B, es gibt ja **keine Anordnung** (vgl. Rdn. 49) des Auftraggebers. Hat dagegen der Auftraggeber die Mehrung der Menge **angeordnet**, ist das ein Fall der zusätzlichen Leistung, einzuordnen unter § 2 Abs. 6 VOB/B.[53] Ist also lediglich die ausgeführte Menge bei unveränderter Ausführungsplanung größer als im LV angegeben (1200 m³ anstatt 1000 m³ für die gleiche Decke), dann gilt beim Einheitspreisvertrag § 2 Abs. 3 VOB/B. Ordnet der Auftraggeber aber an, dass für einen weiteren Teilbereich eine Decke gegossen werden soll, dann gilt hierfür **§ 2 Abs. 6 VOB/B**. Der zweite Fall wird also in eine andere juristische Schublade eingeordnet als der erste. Aber für den Auftragnehmer sind die **Auswirkungen dieselben**. Deshalb ist es richtig, die Vergütung im zweiten Fall genauso zu berechnen wie im ersten (dazu Rdn. 57).

§ 2 Abs. 3 VOB/B ist grundsätzlich ausschließliche Regelung, andere Anspruchsgrundlagen können also bei Mengenmehrungen im Regelfall nicht herangezogen werden. Der BGH hat aber entschieden, eine »**spekulativ überhöhte**« Nachtragsposition für eine große Mengenmehrung – entwickelt aus einer entsprechenden Grundposition, die einen um mehr als 800fach gegenüber dem Marktpreis erhöhten Preis enthielt – sei sittenwidrig und damit nichtig, wenn sie einem »sittenwidrig überhöhten Gewinnstreben« (?) entspringe,

---

51 Kapellmann/Schiffers, Bd. 1, Rdn. 558 mit Kalkulationsbeispielen.
52 OLG Koblenz, BauR 2001, 1442 = NZBau 2001, 633; Kapellmann/Schiffers, Bd. 1, Rdn. 602 ff.
53 Kapellmann/Schiffers, Bd. 1, Rdn. 514 ff., Bd. 2, Rdn. 1174 ff.

was vermutet werde; die Vermutung könne aber widerlegt werden.[54] Im Verfahren nach Zurückverweisung hat der Auftraggeber diese Vermutung widerlegt (es handele sich um nicht weiter durchdachte, im Ergebnis unzutreffende Erfahrungswerte des Kalkulators). Dennoch hat das OLG Jena die Klage abgewiesen mit der Begründung, die Kalkulation sei nicht plausibel.[55] Aber ein Gericht hat keine Plausibilitätskontrolle bezüglich der Preisfeststellung auszuüben.

Nach unserer Meinung gilt: Wenn ein hochgradig überhöhter Preis einer Position darauf beruht, dass der Bieter Insiderinformationen darüber hat, dass sich nach Vertragsschluss die ausgeschriebene Menge exorbitant erhöht, ist das kriminell und begründet keinen Mehrvergütungsanspruch des Auftragnehmers. Ob es für diese Variante eine tatsächliche Vermutung gibt, hängt vom Einzelfall ab. Gibt es sie **nicht** oder ist sie widerlegt, gilt: § 311 BGB enthält eine für alle Rechtsverhältnisse, also auch für § 2 Abs. 3 VOB/B, geltende Regel: Wenn sich das Verhältnis von Leistung und Gegenleistung exorbitant verändert, kann das eine **Störung der Geschäftsgrundlage** sein. Wenn aus einem Gewinnanteil von ca. 1,36 % für die bisherigen Positionen nach Mengenmehrung 56 % wurden, ist das Vertragsgleichgewicht aus den Fugen geraten und eine Anpassung wegen Störung der Geschäftsgrundlage geboten, wobei allerdings Anpassung nicht heißt, dass jetzt allein zugunsten des Auftraggebers entschieden wird und die Anpassung 100 zu 0 zu seinen Gunsten erfolgt.[56] Zeitlich vor der Entscheidung des BGH hatte das OLG Schleswig-Holstein einen vergleichbaren Fall zu entscheiden und hat ihn – jedenfalls dem Grunde nach – genauso entschieden[57], der Bundesgerichtshof hat diese Entscheidung bestätigt, also seine »Sittenwidrigkeits-Entscheidung« zumindestens nicht wiederholt.[58]

Solange das Vertragsgleichgewicht dennoch nicht ernsthaft gefährdet wird, sind auch »spekulativ erhöhte Preise« fortzuschreiben.

36 Für Mindermengen gilt:

Für Mindermengen von mehr als 10 %, die **nicht auf Anordnung** des Auftraggebers zurückgehen, ist – anders als bei der Mehrmenge – **insgesamt** für die neue Menge ein neuer Einheitspreis zu vereinbaren, wobei als Bezugsgröße nur der ursprüngliche Einheitspreis für 100 % angenommen werden kann.[59]

Werden also weniger als 90 % der ursprünglich kalkulierten Menge ausgeführt, dann ist nicht nur für die Menge ab 90 % ein neuer Einheitspreis zu ermitteln, sondern für die gesamte Leistung, anders als bei der Mengenüberschreitung.

---

54 BGH »Sittenwidrige Nachtragsposition«, NZBau 2009, 232.
55 OLG Jena, BauR 2010, 1224.
56 Kapellmann/Schiffers, Band 1, Rdn. 611 mit Berechnungsvorschlag.
57 OLG Schleswig-Holstein, BauR 2011, 1819.
58 BGH, BauR 2011, 1162 = NZBau 2011, 353.
59 BGH, BauR 1987, 217.

Also: Bei 92 % Menge ändert sich der Einheitspreis gar nicht, bei 87 % ist **ein neuer Einheitspreis zu ermitteln.**

Bei der Mindermenge **erhöht** sich regelmäßig der Einheitspreis, d. h., im Ergebnis werden auch die Anteile für Allgemeine Geschäftskosten, Wagnis und Gewinn der **nicht ausgeführten Menge** voll vergütet; dem Auftragnehmer soll die einmal vereinbarte »Deckung« erhalten bleiben. Strukturell ist das vergleichbar mit der Berechnung bei freien Teilkündigungen des Auftraggebers (s. Rdn. 135), wenn es auch bei Teilkündigungen keine sog. Ausgleichsberechnung gibt.

Frage: Was ist, wenn der Auftraggeber beispielsweise anordnet, dass von vier gleich großen Decken nur zwei ausgeführt werden sollen, also nur 50 % der ausgeschriebenen Menge erbracht werden?

Das ist keine »Veränderung« der Leistungsmenge infolge unrichtigen Vordersatzes, wie von § 2 Abs. 3 VOB/B vorausgesetzt, sondern eine Veränderung infolge **Anordnung** des Auftraggebers. Hier gilt § 8 Abs. 1 VOB/B, es handelt sich um eine (freie) Teilkündigung. Der Auftragnehmer hat also grundsätzlich Anspruch auf volle Vergütung, hinsichtlich der beiden nicht ausgeführten Decken aber abzüglich ersparter Aufwendungen (vgl. Rdn. 135), es gibt auch **keine** Ausgleichsberechnung mit anderweitigen zusätzlichen Deckungsbeiträgen. Das ist **kein Fall von § 2 Abs. 3 VOB/B** (obwohl auch das nur eine durch das System der VOB/B verursachte juristische Haarspalterei ist, das rechtliche und rechnerische Ergebnis ist nämlich bis auf die Ausgleichsberechnung **identisch!**).

Was ist mit »Nullmengen«? Damit ist gemeint, dass beim Einheitspreisvertrag Positionen im Leistungsverzeichnis »vorsorglich« enthalten sind, diese aber in der Ausführung gar nicht vorkommen. Der Fall ist analog § 2 Abs. 3 VOB/B zu behandeln, d. h., die Deckungsbeiträge werden voll vergütet, aber sie gehören wie bei jeder Mindermenge in eine Ausgleichsberechnung.[60]

37 Wird die Anpassung des Einheitspreises wegen Mehr- oder Mindermenge gemäß § 2 Abs. 3 VOB/B durch **Allgemeine Geschäftsbedingungen** des Auftraggebers ausgeschlossen, so ist eine solche Klausel laut BGH gültig, was sehr zweifelhaft ist (s. Rdn. 12); beim öffentlichen Auftraggeber ist eine solche Klausel ein Vergabeverstoß und jedenfalls vergaberechtlich unzulässig.

38 **Arbeitsbeispiel 5:** Mengenänderungen beim Einheitspreisvertrag

Im LV (Leistungsverzeichnis) ist ausgeschrieben:

Position 1: 250 m² KS-Mauerwerk 17,5 cm à 100 €.

Position 2: 150 m² Betondecken à 200 €.

---

60 OLG Bamberg, BauR 2011, 535, richtig im Ergebnis, falsch in der Begründung; wie hier BGH »Nullpositionen« NZBau 2012, 226 = BauR 2012, 640.

Während des Bauablaufs stellt sich Folgendes heraus:

Die tatsächlich ausgeführte Menge KS-Mauerwerk der Pos. 1 beträgt 280 m². Auf Anordnung des Auftraggebers wird außerdem noch ein zusätzlicher, ursprünglich nicht vorgesehener Kellerraum errichtet. Hier fallen weitere 60 m² KS-Mauerwerk an, so dass insgesamt 340 m² errichtet worden sind.

Auch die Abrechnungsmenge der Betondecken hat sich geändert. Der Auftraggeber hatte einen Änderungswunsch dahin, dass eine Galerie errichtet wird, so dass 40 m² Decke entfallen. Insgesamt werden also nur 110 m² Betondecken hergestellt.

Wie muss abgerechnet werden?

Lösung:

1. Mauerwerk

Die tatsächlich (ohne Änderungsanordnung des Auftraggebers) ausgeführte Menge überschreitet vorab die im LV vorgesehene Menge um mehr als 10 %, nämlich 280 m² gegenüber 250 m². Bis zu 110 %, also 275 m², müssen zum alten Einheitspreis von 100 € abgerechnet werden. Für die weiteren 5 m² (275 m² bis 280 m²) ist ein neuer Einheitspreis zu bilden, der grundsätzlich etwas unter 100 € liegen müsste (»gespaltene Einheitspreise«, § 2 Abs. 3 Nr. 2 VOB/B). Das ist natürlich nur eine Rechnung zur Demonstration der Methodik. In der Praxis würde die minimale Differenz erst gar nicht errechnet.

Für die zusätzlichen 60 m², die auf Anordnung des Auftraggebers errichtet worden sind, gilt nicht § 2 Abs. 3, sondern § 2 Abs. 6 VOB/B. Dieser Preis ist gem § 2 Abs. 6 Nr. 2 VOB/B grundsätzlich nach dem vertraglichen Preis unter Berücksichtigung der besonderen Kosten der geforderten Leistung zu ermitteln; es gilt derselbe Berechnungsweg wie bei § 2 Abs. 3 VOB/B.[61] Vorherige Ankündigung der Mehrkosten nach herrschender Meinung gemäß § 2 Abs. 6 Nr. 2 VOB/B erforderlich, nach unserer nicht (Mindermeinung!). Auf eine solche wissenschaftliche Meinung darf man nicht »praktisch« vertrauen – also vorher ankündigen!

2. Betondecke

In der Herausnahme der 40 m² liegt eine Teilkündigung des Auftraggebers gemäß § 8 Abs. 1 VOB/B.

Das bedeutet:

Der Auftragnehmer kann für die volle vertragliche Menge von 150 m² Vergütung verlangen. Soweit er die 40 m² jedoch nicht ausgeführt hat, muss er sich ersparte Aufwendungen abziehen lassen. Eine Ausgleichsberechnung gibt es nicht.

---

61 Kapellmann/Schiffers, Bd. 1, Rdn. 517, zustimmend Werner/Pastor, Bauprozess, Rdn. 1501 Fn. 231.

III. Vergütung bei Leistungsänderungen (»Nachträge«)

1. Das System der VOB/B – Anknüpfung an den Veranlasser

Solange der Auftragnehmer genau das baut, wozu er vertraglich verpflichtet ist **39** (»Bausoll«, s. Rdn. 30), erhält er natürlich auch (nur) die vertraglich vereinbarte Vergütung. Weicht dagegen das ausgeführte Bauwerk (»Bauist«) von dem vertraglich vorgesehenen ab, stellt sich die Frage, ob der Auftragnehmer für die Leistungsänderung auch eine geänderte Vergütung erhält (dazu Rdn. 40 ff.). Alle nachfolgenden Ausführungen gelten sowohl für Einheitspreisverträge wie für Pauschalverträge; Letzteres regelt § 2 Abs. 7 Nr. 2 VOB/B auch ausdrücklich, wenn auch dort die Anwendbarkeit von § 2 Abs. 8 VOB/B (und § 2 Abs. 9 VOB/B) vergessen worden ist.

Die VOB/B unterscheidet danach, **wer** die Leistungsänderung **veranlasst** hat.

Das Bauist kann vom Bausoll abweichen,

- weil der Auftrag**geber** nach Vertragsschluss eine geänderte oder zusätzliche Leistung **verlangt** hat (»**Anordnung**«, § 1 Abs. 3, 4 VOB/B, Vergütung § 2 Abs. 5, 6 VOB/B) und der Auftragnehmer diese Anordnung ausgeführt hat

oder

- weil der Auftrag**nehmer eigenmächtig** vom Bausoll abgewichen ist (Vergütung ggf. § 2 Abs. 8 VOB/B – dazu Rdn. 68 ff.).

2. Voraussetzung für jeden Nachtrag: Abweichung des Bauist vom Bausoll

a) Bausoll (Bauinhalt, Bauumstände)

Es liegt auf der Hand, dass der Feststellung einer Bausoll-Bauist-**Abweichung** **40** als Voraussetzung eines jeden Nachtrags die Feststellung des **Bausolls** vorausgehen muss. Dazu ist die »Totalität« aller Vertragsbestandteile heranzuziehen, wie schon unter Rdn. 30 erläutert.

Das Bausoll betrifft einmal den »**Bauinhalt**«, also die Frage, »was« der Auftragnehmer im Einzelnen bauen muss. Der Vertrag regelt aber im Regelfall auch einzelne »**Bauumstände**« (oben Rdn. 30), also die Frage, »wie« der Auftragnehmer bauen muss oder von welchen Randbedingungen er ausgehen darf, z. B. die Bauzeit, die Erstellung eines Umbaus »unter Betrieb«, die Benutzung einer bestimmten Straße für die Baulogistik oder von Schienentransport – ist die Straße nicht benutzbar, ist das eine – vergütungspflichtige – Bausoll-Bauist-Abweichung.[62] Dazu gehört auch das vom Auftraggeber gestellte Gutachten eines Sachverständigen für Geotechnik. Wenn es die Beschaffenheit des **Bau-**

---

62 BGH »Eisenbahnbrücke«, BauR 1999, 897; Kniffka/Koeble, Kompendium, Teil 5 Rdn. 75; Kapellmann/Messerschmidt, VOB/B § 2 Rdn. 33 bis 36.

grunds falsch beschreibt, ist das eine Bausoll-Bauist-Abweichung.[63] Der BGH schränkt ein, das gelte nur, wenn das geotechnische Gutachten »zum Vertragsinhalt erhoben worden sei«. Diese Einschränkung ist unrichtig, es gibt praktisch keine Fallgestaltung, bei der ein Gutachten beigefügt ist, ohne dass es verbindlich wäre. Auch die vom Auftraggeber anzuwendende **Baumethode** gehört zum Bausoll: Ohne vertragliche Regelung entscheidet über deren Einsatz alleine der Auftragnehmer. Schreibt aber der Auftraggeber die einzusetzende Methode vor, so ist deren generelle Eignung Bausoll.[64]

b) Einheitspreisvertrag, Pauschalvertrag

41 Der Auftraggeber kann das Bausoll ganz unterschiedlich definieren. Er kann es bis in jede Kleinigkeit beschreiben, er kann es aber auch ganz global definieren (»Bau einer Heizungsanlage«). Es liegt auf der Hand, dass die Bausolldefinition bei entsprechender **Detaillierung** eindeutig ist, aber bei nur **funktionaler Definition Raum für unendliche Zweifelsfragen** lässt. **Schätzungsweise 70 % aller größeren Bauprozesse drehen sich nur um diese Frage.**

Den Prototyp der detaillierten Leistungsbeschreibung stellt der **Einheitspreisvertrag** (§ 2 Abs. 2 VOB/B) dar. Der Auftraggeber lässt durch seinen Architekten die **Ausführungsplanung** erstellen (so auch § 3 Abs. 1 VOB/B, wenn nichts Abweichendes vereinbart ist), die so genau sein muss, dass sie zur »Ausführungsreife« führt (Anlage 11 Leistungsphase 5 HOAI); sie wird in ein entsprechend detailliertes **Leistungsverzeichnis** mit einzelnen **Positionen** umgesetzt.

Was im Detail geregelt ist, ist maßgebend; **was fehlt, ist auch nicht Bausoll** und braucht ohne zusätzliche Anordnung und Vergütung nicht gebaut zu werden, **sowohl für die Richtigkeit wie auch die Vollständigkeit spricht eine Vermutung.** Sie entspricht der Funktionsverantwortung des Auftraggebers für das von ihm gewählte System, das eine **vollständige** Leistungsbeschreibung verlangt und erwarten lässt.[65]

Der Auftraggeber muss beweisen, dass eine Leistung von der Detaillierung umfasst ist, wenn das streitig ist.

---

63 Einzelheiten Kapellmann/Messerschmidt, VOB/B § 2 Rdn. 41 bis 44. Die Bewältigung der **richtig** angegebenen Beschaffenheit ist alleine Sache des Auftragnehmers. Es gibt keinen allgemeinen Grundsatz, dass der Auftraggeber das sog. »Baugrundrisiko« trüge, BGH »Schleuse Uelzen«, NZBau 2009, 707; zutreffend Kuffer, NZBau 2006, 1.

64 BGH »Bistroküche«, BauR 2008, 1131 m. Anm. Leinemann = NZBau 2008, 437; BGH »Dachdeckergerüste«, NJW 2006, 3416 m. Anm. Kapellmann; BGH »Ausführungsart«, BauR 1999, 37.

65 BGH »Dachdeckergerüste«, NJW 2006, 777 m. Anm. Kapellmann; Leupertz, in: Messerschmidt/Voit, Privates Baurecht, K Rdn. 9; Markus, BauR 2004, 180; Werner/Pastor, Bauprozess, Rdn. 1425; Kapellmann/Messerschmidt, VOB/B § 2 Rdn. 105 bis 108.

Beim Einheitspreisvertrag wird – wie erwähnt – nach tatsächlicher (ausgeführter) Menge bezahlt (oben Rdn. 35).

Beim **Pauschalvertrag** wird dagegen nach einer vorher festgelegten Summe, **42** dem Pauschalpreis, gezahlt (§ 2 Abs. 7 Nr. 1 Satz 1 VOB/B, dazu Rdn. 33, 71). Aber hinsichtlich der **Definition des Bausolls** kann ein **Pauschalvertrag ganz unterschiedlich** aufgebaut sein:

Er kann die Leistung genauso detailliert mit allen Einzelheiten beschreiben wie beim Einheitspreisvertrag, wobei die Detaillierung nicht unbedingt per Text erfolgen muss; genauso genügt die Ausführungsplanung.

In einer groben Einteilung nennen wir diesen Typ des Pauschalvertrags

Detail-Pauschalvertrag.

Da ihn nur die Vergütungsmethodik vom Einheitspreisvertrag unterscheidet, aber nicht die Art der Bausoll-Definition (vgl. oben Rdn. 33), gelten bei ihm für die Feststellung des Bausolls dieselben Regeln wie beim Einheitspreisvertrag: **Für die Richtigkeit und Vollständigkeit** spricht eine **Vermutung**. Was **nicht detailliert** geregelt ist, braucht ohne Anordnung und zusätzliche Vergütung auch **nicht ausgeführt** zu werden.[66] Auch hier trägt der Auftraggeber die Beweislast für die Behauptung, eine Leistung sei von der Detaillierung umfasst.[67]

Auftraggeber versuchen oft, den Auftragnehmer über die Detaillierung hinaus zu allen »erforderlichen« Leistungen ohne Mehrvergütung durch eine sog. »**Komplettheitsklausel**« zu verpflichten. Das verstößt gegen die Funktionsverantwortung des Auftraggebers und ist auf jeden Fall in »Allgemeinen Geschäftsbedingungen« unwirksam;[68] auch im **individuellen** Vertrag bleibt es dabei, dass durch die Detaillierung der Schein der Vollständigkeit erweckt wird. Der Auftragnehmer muss hier nur auf seine Kosten ergänzen, wenn die Unvollständigkeit erkennbar war. Markant hat das das OLG Düsseldorf formuliert: »*Es stellt … einen folgenschweren Irrtum bei den am Bau Beteiligten dar, dass der Auftraggeber aufgrund einer Pauschalpreisabsprache, verbunden mit einer funktionalen Leistungsbeschreibung, immer »alles schulde««.*[69]

Der Auftraggeber kann aber auch eine andere Methode der Leistungsbeschrei- **43** bung beim Pauschalvertrag wählen, er kann die Vertragsleistung auch nur

---

66 BGH »LAGA«, NZBau 2012, 102. Speziell zum Detail-Pauschalvertrag, Kapellmann/Schiffers, Bd. 2, Rdn. 238 ff. **Siehe auch Rdn. 44.**

67 BGH, BauR 1971, 124; OLG Düsseldorf, IBR 2008, 633; Jansen, in: Beck'scher VOB-Kommentar zur VOB, Teil B § 2 Nr. 7 Rdn. 107.

68 Allgemeine Meinung, z. B. OLG München, BauR 1990, 776; Leupertz, in: Messerschmidt/Voit, Privates Baurecht, K Rdn. 21; Markus, in: Markus/Kaiser/Kapellmann, AGB-Handbuch Bauvertragsklauseln, Rdn. 200 ff.

69 OLG Düsseldorf, BauR 2012, 244, hier Rdn. 1 Entscheidung Nr. 1 mit Kommentierung; Kapellmann/Messerschmidt, VOB/B § 2 Rdn. 242.

funktional – im Prinzip also ohne Detaillierung – beschreiben, also eben als »eine Heizungsanlage«.

Diesen Vertragstyp nennen wir

Global-Pauschalvertrag.

Beim **Typ Global-Pauschalvertrag** ist die Leistung jedenfalls in Teilbereichen global, d. h. nur durch allgemeine Beschreibungen bestimmt. Prototyp: Ausschreibung »nach Leistungsprogramm« (funktionale Ausschreibung), § 7 Abs. 13 bis 15 VOB/A.

Beispiel:

Vereinbart ist »Wasserhaltung« ohne nähere Differenzierung. Dann schuldet der Auftragnehmer die Leistung, die zur Erzielung des vereinbarten Leistungserfolgs nötig ist – welche, kann er aussuchen;[70] also gibt es insoweit praktisch kaum Leistungsänderungen oder zusätzliche Leistungen, also auch keine zusätzliche Vergütung. Aber selbst dann umfasst das Bausoll beim **öffentlichen** Auftraggeber(!) wegen § 7 Abs. 1 Nr. 3 VOB/A **nicht** solche Leistungen, die für den Auftragnehmer bei Angebotsprüfung ›nach Empfängerhorizont‹ nicht als normales Wagnis erkennbar waren, sondern die nur aus einem »**ungewöhnlichen Wagnis**« resultieren.[71] Beim **privaten** Auftraggeber kann in solchen Fällen u. U. wenigstens eine »Störung der Geschäftsgrundlage« in Betracht kommen (s. Rdn. 72).

Da ein Global-Pauschalvertrag notwendigerweise, um bauen zu können, eine (nach Vertragsschluss zu treffende) Entscheidung verlangt, was **im Einzelnen** gebaut werden soll, führt ein solcher Vertragstyp dazu, dass **planerische** Aufgaben und damit Bausoll-Festlegungen (Ausführungsplanung!) auf den **Auftragnehmer** übertragen werden, wenn der Vertrag nichts Gegenteiliges regelt. In solchen Fällen hat deshalb der **Auftragnehmer** das Recht (und die Pflicht), die Detaillierung der im Vertrag nur global beschriebenen Inhalte festzulegen. Natürlich muss der Auftragnehmer dabei – schon wegen der Mängelhaftung – die anerkannten Regeln der Technik wahren und zwingende öffentlich-rechtliche Vorschriften beachten, aber im Übrigen **entscheidet** er, also z. B. über ungeregelte Ausstattungsdetails. Er muss dabei lediglich den »Gesamtstandard« des Objekts wahren. Seine Entscheidungen begründen das Bausoll.

Nachträgliche Abweichungen des Auftrag**gebers** von diesen vom Auftragnehmer vertragsgemäß entschiedenen Details sind Anordnungen über geänderte oder zusätzliche Leistungen und können zur Mehrvergütung führen.

---

70 BGH »Wasserhaltung I«, BauR 1992, 759.
71 BGH »Verschobener Zuschlag II«, NZBau 2009, 771; BGH »Rheinbrücke Ilverich«, NZBau 2008, 115; BGH »Wasserhaltung II«, BauR 1994, 236; BGH »Auflockerungsfaktor«, BauR 1997, 466, s. a. oben Rdn. 37.

Ein Prototyp des Global-Pauschalvertrags ist der **Schlüsselfertigbau,** der in vielen Varianten vorkommt. Typisch: Auftraggeberseitig werden Entwurfspläne und Baugenehmigung vorgelegt und eine knappe Baubeschreibung. Der Auftragnehmer muss vertragsgemäß die Ausführungsplanung selbst erstellen und danach bauen.[72] In diesem Fall ist eine **Komplettheitsklausel** auch in AGB des Auftragnehmers unbedenklich, denn das ist ja genau das, was mit dem Begriff »schlüsselfertig« vereinbart ist: volle Funktionsfähigkeit.

In **reiner Form,** also einer nur funktionalen Leistungsbeschreibung ohne jegliche auftraggeberseitige Detaillierung, kommt ein Global-Pauschalvertrag nicht sehr häufig vor. Meistens enthält der Vertrag auftraggeberseitig teils globale, teils detaillierte Angaben. Für die **Bausollbestimmung bei einer solchen teil-funktionalen Systematik** gilt: Für den jeweiligen Teil gelten die jeweiligen Regeln. Soweit also beim Schlüsselfertigbau die Teilleistung »Heizung« nur so ausgeschrieben ist, gelten die unter Rdn. 43 dargestellten Grundsätze. Soweit beim selben Schlüsselfertigbau für den Rohbau auftraggeberseitig ein detailliertes Leistungsverzeichnis (und/oder eine Ausführungsplanung) vorgelegt wird, gelten die Regeln des Detail-Pauschalvertrages: Was im Detail geregelt ist, ist maßgebend; was fehlt, was der Auftraggeber also in der Regel an Detaillierung vergessen hat, braucht der Auftragnehmer nicht ohne zusätzliche Vergütung zu erstellen. **Insoweit** ist es also unerheblich, ob die fehlende Leistung für das Gesamtvorhaben notwendig ist oder nicht – für den detaillierten Bereich spricht auch hier wegen der insoweit vom Auftraggeber zu tragenden Funktionsverantwortung eine **Richtigkeits- und Vollständigkeits**vermutung. In früheren Entscheidungen hatte die Rechtsprechung hier gemeint, die Leistungsbeschreibung enthalte **eine erkennbare Lücke,** die der Auftragnehmer vor Vertragsschluss aufklären müsse; tue er das nicht, müsse er auf seine Kosten vervollständigen. Dieses Begründungsmuster hat der BGH **ausdrücklich aufgegeben.**[73]

44

Überhaupt hat der BGH zu diesem Themenbereich mehrere grundsätzliche Entscheidungen im vorerwähnten Sinn getroffen: **Geregelte Details entscheiden.** Wenn also über die VOB/B die VOB/C Vertragsinhalt geworden ist, sind die Bestimmungen der VOB/C über Nebenleistungen und Besondere Leistungen maßgeblich.[74] Oder: Wenn der Vertrag zur Definition fachlich eingeführte Begriffe verwendet, z. B. »Ausführungsplanung«, so ist der Leistungsumfang anhand der Definition der HOAI zu entscheiden und nicht nach im Vertrag nicht benannten generellen Notwendigkeiten des Projekts.[75] Wenn der Bestandteil einer funktionalen Leistungsbeschreibung ein beigefügter Grundrissplan ist, so ist er für die Bearbeitung des Leistungsumfangs maßgeblich, auch

---

72 Einzelheiten Kapellmann, Schlüsselfertiges Bauen.
73 BGH »Bistroküche«, BauR 2008, 1131 m. Anm. Leinemann = NZBau 2008, 437; Kapellmann/Schiffers, Bd. 1, Rdn. 188.
74 BGH »Dachdeckergerüste«, NJW 2006, 3416 m. Anm. Kapellmann.
75 BGH »Hauptbahnhof Berlin/Lehrter Bahnhof«, NZBau 2007, 653.

dann, wenn der Vertrag die Errichtung einer zugehörigen Lüftungsanlage »je nach Erfordernis« verlangt; nachträgliche Änderungen führen zur Bausoll-Bauist-Abweichung, wenn sich dadurch die Dimensionierung der Lüftungsanlage ändert.[76]

Auch hier trifft hinsichtlich der detaillierten Bereiche den Auftraggeber die Beweislast dafür, dass die Leistung, die er verlangt, Bestandteil der Detaillierung ist.

Soweit der Auftrag**nehmer** die Funktionsverantwortung trägt, soweit **er** also beispielsweise ausnahmsweise die Ausführungsplanung erstellt hat, muss er auch eine vollständige Leistung erbringen; wenn etwas fehlt, muss deshalb er beweisen, warum diese Leistung ausgeschlossen sein soll.

Spezielle Fragen im Zusammenhang mit Nachträgen bei Pauschalverträgen erörtern wir unter Rdn. 69 ff.

c) Auslegung nach dem Empfängerhorizont bei Unklarheit oder Widersprüchen

45 Unabhängig vom Vertragstyp sind einzelne Begriffe der Leistungsbeschreibung oft **unklar** oder **widersprüchlich** zu anderen Vertragsbestandteilen.

Wie eine Ausschreibung und damit ein Vertrag aussehen soll, regelt durchaus modellhaft § 7 VOB/A als Vergabevorschrift für den öffentlichen Auftraggeber, die als Auslegungshilfe auch bei Verträgen privater Auftraggeber herangezogen werden darf, ausgenommen § 7 Abs. 1 Nr. 3 VOB/A, der nur dem **öffentlichen** Auftraggeber verbietet, dem Auftragnehmer ein »ungewöhnliches Wagnis« aufzuerlegen.

§ 7 VOB/A Abs. 1 bis 8 bezieht sich dabei auf die Ausschreibungsmethodik unabhängig vom gewählten Typ des Leistungsvertrages, § 7 VOB/A Abs. 9 bis 12 enthält Vorgaben für eine Ausschreibung »mit Leistungsverzeichnis« (= Einheitspreisvertrag), Abs. 13 bis 15 Vorgaben für eine Ausschreibung »mit Leistungsprogramm« (= Global-Pauschalvertrag).

46 **Widersprechen** sich einzelne Vertragsbestandteile, z. B. die »Zusätzlichen Vertragsbedingungen ZVB« und die »Besonderen Vertragsbedingungen BVB«, so legt § 1 Abs. 2 VOB/B für unterschiedliche Vertragskategorien eine **Geltungsreihenfolge** fest. So gehen z. B. »Zusätzliche Vertragsbedingungen« den »Allgemeinen Vertragsbedingungen für die Ausführung von Bauleistungen (= VOB/B)« vor; vorrangig ist die speziellere Regelung.

Innerhalb der **Leistungsbeschreibung** gibt es (oft) die »Baubeschreibung« und das »Leistungsverzeichnis (LV)«, ebenso für die Ausführung maßgebende Zeichnungen (Pläne). LV und Zeichnungen gehören also in dieselbe Kategorie

---

76 BGH »Bistroküche«, s. Fn. 73.

»Leistungsbeschreibung«, deshalb nützt z. B. bei Widersprüchen zwischen Text des LV und Zeichnungen die Reihenfolgeregel des § 1 Abs. 2 VOB/B nichts. Grundsätzlich gilt hier, dass entsprechend § 7 Abs. 10 VOB/A die für die Ausführung **maßgebenden** Pläne **eindeutig zu bezeichnen** sind, d. h. insbesondere auch, dass sie an der richtigen Stelle zu erwähnen sind, nämlich dort im Text des LV, wo es für die Bestimmung des Bausolls auf diese Pläne ankommen soll. Sind die Pläne so als maßgebend erkennbar, enthalten sie die vorrangige, speziellere Regelung z. B. gegenüber den Vorbemerkungen eines LV. Sind dagegen Zeichnungen (Pläne) ohne besondere Erwähnung an **passender** Stelle beigefügt und widersprechen sich der Inhalt der Vertragstexte (z. B. LV) und der Pläne, so geht (auch) beim **Einheitspreisvertrag** der formulierte Text vor,[77] solange nicht **greifbare**, mit durchschnittlicher Sorgfalt der Bieter erkennbare Anhaltspunkte für ein Misstrauen in den Text bestehen (eben wegen der »Vollständigkeitsvermutung«, Rdn. 42). Beim »**Detail-Pauschalvertrag**« (s. Rdn. 42) gilt dasselbe,[78] beim »**Global-Pauschalvertrag**« (s. Rdn. 43) geht der Text ohnehin im Zweifel den Plänen vor.[79]

Der Bieter darf bei **jedem** Vertragstyp von der **Richtigkeit** der auftraggeberseitigen Angaben in der Ausschreibung ausgehen, z. B. hinsichtlich der vorzufindenden Bodenklassen. **47**

Ansonsten gibt es für die Auslegung eines »unklaren« Vertragswerks und für die Prüfpflichten des Bieters, insbesondere die Behandlung von Widersprüchen, eine ganze Reihe von Kriterien.[80]

Das maßgebliche, »richtige« Bausoll ist **durch Auslegung** »nach dem Empfängerhorizont der Bieter« zu bestimmen. »Empfängerhorizont der Bieter« bedeutet, dass der Vertrag so auszulegen ist, wie die Bieter ihn bei durchschnittlicher Sorgfalt unter Berücksichtigung eines ja nur relativ kurzen Angebotsbearbeitungszeitraumes verstehen können. Was z. B. nur ein Sachverständiger nach monatelangem Aktenstudium als Auslegung eines technischen Textes herausfindet, braucht ein Bieter nicht zu erkennen. Was der Bieter **nicht** zu erkennen braucht, wird erst gar **nicht** »Bausoll«.

---

77 BGH »Text vor Plänen«, NZBau 2003, 149; Kapellmann/Schiffers, Bd. 1, Rdn. 201–205. Die Begründung liegt darin, dass der Text aus den Plänen entwickelt wird und somit die »aktuellere« Darstellung der verlangten Leistung ist.
78 Kapellmann/Schiffers, Bd. 2, Rdn. 248–250, 253 ff.
79 Kapellmann/Schiffers, Bd. 1, Rdn. 493.
80 Z. B.: »Der Wortlaut bleibt maßgebend« (BGH »Auflockerungsfaktor«, BauR 1997, 466); »Speziell vor Allgemein«; maßgebend ist der »Empfängerhorizont« aller angesprochenen Bieter (BGH »Wasserhaltung II«, BauR 1994, 236 und ständig); »Zweifel gehen zu Lasten des Ausschreibenden« – Einzelheiten Kapellmann/Messerschmidt, VOB/B, § 2 Rdn. 123.

Beispiele:

BGH »Auflockerungsfaktor«, BauR 1997, 466: Ist »zu lieferndes Tonmaterial« abzurechnen nach einer Position für »Boden«?

Nein, sagt der BGH mit Recht: Unter »Bodenposition« – also einer Abrechnungsposition für **Boden** (der folglich noch »als Boden« **vorhanden** sein muss) – kann nicht die Anlieferung von **lose** zu **lieferndem** Material abgerechnet werden.

Oder:

Wird unter Verwendung des Standard-Leistungsbuches ausgeschrieben, das für Sonderformen von Schalung auch Sonderpositionen vorsieht, und lautet die ausgeschriebene Position nur »Wandschalung«, so ist damit nicht die Sonderform »einhäuptige Schalung« erfasst.[81]

Für **öffentliche Auftraggeber**, die die **VOB/A** anwenden und anwenden müssen, gilt:

a) Wenn eine Ausschreibung unklar oder ungenau ist, muss sie so ausgelegt werden, dass sich eine VOB/A-konforme Ausschreibung ergibt (also zu Lasten des Auftraggebers).[82]

b) Ungewöhnliche Wagnisse werden (wegen § 7 Abs. 1 Nr. 3 VOB/A) nicht Bausoll.[83]

48 Ergibt somit die Auslegung des Vertrages, dass das Bausoll nur **den** Leistungsinhalt (Bausoll) umfasst, den der Bieter berechtigterweise zugrunde gelegt hat, will aber der Auftraggeber dennoch ein »**Mehr**« durchsetzen, so weicht er damit vom Bausoll ab und veranlasst eine geänderte oder zusätzliche Leistung, die gemäß § 2 Abs. 5, 6 VOB/B (ggf. auch nach § 2 Abs. 8 VOB/B bei fehlender Anordnung) zu vergüten ist; nach heute überholter Auffassung gab die Rechtsprechung früher statt dieses zusätzlichen Vergütungsanspruches einen Schadensersatzanspruch gegen den Auftraggeber aus Verschulden bei Vertragsverhandlungen (§ 311 Abs. 2 BGB).

Kann der Auftragnehmer die Unklarheit im Rahmen seiner nur auf »greifbare Fehler« gerichteten Angebotsprüfung (Rdn. 46) erkennen, muss er nachfragen. Hat er **positive Kenntnis** von den Unklarheiten oder Lücken, so hat er keine Mehrvergütungsansprüche gegen den Auftraggeber, wenn er das Bausoll ohne Berücksichtigung der Fehler bestimmt; hat er von den Unklarheiten oder Widersprüchen fahrlässig keine Kenntnis und wird deshalb die »Version« des Auftraggebers Bausoll, kann der Auftragnehmer im Ausnahmefall Schadenser-

---

81 Kapellmann/Schiffers, Bd. 1, Rdn. 207.

82 BGH »Eisenbahnbrücke«, BauR 1999, 897; Kniffka/Koeble, Kompendium, Teil 5 Rdn. 75.

83 BGH »Wasserhaltung II«, BauR 1997, 466, s. auch Rdn. 43 mit Fn. 70, Rdn. 45.

satzansprüche wegen irreführender Ausschreibung haben,[84] die aber unter Umständen gemäß § 254 BGB eingeschränkt sein können.

Bei der Auslegung von Unklarheiten im Vertrag und bei der Beurteilung der Prüfpflichten des Bieters kommt es immer nur auf »**durchschnittliche Sorgfalt**« der Bieter an; die Prüfung ist »kalkulationsbezogen«, keine Neuplanung.[85]

d) Leistungsänderungen auf Anordnung des Auftraggebers

Laut BGB kann eine Vertragspartei grundsätzlich einen einmal geschlossenen Vertrag **nicht** nachträglich **einseitig** verändern. Die VOB/B gibt nur dem **Auftraggeber** – nicht dem Auftragnehmer! – aufgrund eines in § 1 Abs. 3, 4 VOB/B enthaltenen **Änderungsvorbehalts** dagegen ein vertragliches Recht, nachträglich die Erstellung geänderter oder zusätzlicher Leistungen – also eine Bausoll-Bauist-Abweichung – einseitig anzuordnen und durchzusetzen; der Auftragnehmer **muss** dieser Anordnung folgen. **49**

Die VOB/B unterscheidet insoweit zwischen geänderten und zusätzlichen Leistungen.

aa) Geänderte Leistungen

§ 1 Abs. 3 VOB/B lautet: **50**

> »*Änderungen des Bauentwurfs anzuordnen, bleibt dem Auftraggeber vorbehalten.*«

Das ist eine sprachlich missverständliche Vorschrift. Gemeint ist: Der Auftraggeber darf seine Planung ändern **und** die daraus folgende **Änderung der Ausführung** auch ohne Zustimmung des Auftragnehmers von diesem verlangen. Die daraus resultierende »geänderte Leistung« führt allerdings konsequenterweise auch zu einer geänderten Vergütung; dieser Anspruch auf geänderte Vergütung ist ebenso »einseitig« wie das Anordnungsrecht des Auftraggebers; der Vergütungsanspruch entsteht bei Ausführung der geänderten Leistung also, **ohne** dass sich die Parteien auf eine Mehrvergütung dem Grunde oder der Höhe nach geeinigt hätten müssen – ungeachtet des Wortlauts, wonach **vor** Ausführung ein neuer Preis vereinbart werden soll. Diese Vergütung regelt **§ 2 Abs. 5 VOB/B.**

§ 1 Abs. 3 VOB/B gibt dem Auftraggeber **nur** das Recht, Änderungen des **Bauentwurfs** anzuordnen. Der Begriff ist eindeutig: Er betrifft **nur den Bauinhalt**, das »Was« des Bauens, aber nicht die Bauumstände, das »Wie« des

---

84 Näher Kapellmann/Schiffers, Bd. 1, Rdn. 255–260.
85 Kapellmann/Schiffers, Bd. 1, Rdn. 210.

Bauens.[86] Wenn der Auftraggeber die Änderung einer Fenstergestaltung anordnet, verändert er den Bauentwurf. Wenn er aber einen Baustopp von 3 Wochen anordnet, bleibt der Bauentwurf unverändert, es ändert sich nur das »Wie« des Bauens. Das Anordnungsrecht des § 1 Abs. 3 VOB/B generell auf Änderungen der Bauumstände auszudehnen, ist deshalb eine unzulässige Vergewaltigung des Wortlauts (dazu Rdn. 52).

Anordnungen des Auftraggebers zum **Bauinhalt** sind also gemäß § 1 Abs. 3 VOB/B vertraglich erlaubt, somit rechtmäßig.

51 Wenn § 1 Abs. 3 VOB/B dem Auftraggeber also auch **kein** Recht gibt, **generelle** Anordnungen zu **Bauumständen** anzuordnen, so bleibt doch insoweit ein schmaler Bereich, in dem der Auftraggeber auch hinsichtlich des »Wie« ein Anordnungs**recht** hat, nämlich hinsichtlich **technisch zwingend notwendiger** Entscheidungen: Wenn vertraglich vorgesehen ist, dass der Auftragnehmer die öffentliche Durchfahrtsstraße X benutzt und die Gemeinde diese sperrt, dann ist der Auftragnehmer unter dem Gesichtspunkt der **Kooperationspflicht** eben verpflichtet, einer Anordnung des Auftraggebers zu folgen, die Straße y zu benutzen.

Oder anders ausgedrückt: Es kann nicht vertragswidrig sein, wenn der Auftraggeber vom Auftragnehmer verlangt, sich einer technisch **unabänderlichen** Situation anzupassen.[87]

52 Allerdings bildet dieses auf technisch zwingender Notwendigkeit beruhende Anordnungsrecht zu Bauumständen die **Ausnahme:** Es gibt keine Kooperationspflicht des Auftragnehmers, **beliebige** Anordnungen des Auftraggebers zu Bauumständen auszuführen, mit denen der Auftraggeber lediglich sein Investitions-Risiko auf den Auftragnehmer abwälzen will.[88] Insbesondere hat deshalb der Auftraggeber **kein** Recht, **einseitig die vereinbarte Bauzeit zu verändern,** insbesondere hat er also auch **kein Recht**, eine **Beschleunigung** anzu-

---

86 Kapellmann/Schiffers, Bd. 1, Rdn. 783–788; insoweit auch Thode, ZfBR 2004, 214; von Rintelen, in: Kapellmann/Messerschmidt, VOB/B § 1, Rdn. 57 ff.; Voit, in: Messerschmidt/Voit, Privates Baurecht VOB, § 1 Rdn. 6; Motzke, in: Beck'scher VOB-Kommentar, VOB/B, § 6 Abs. 1 Rdn. 73; Markus, NJW 2007, 545. A. A., aber aus den genannten Gründen nicht überzeugend, z. B. Zanner/Keller, NZBau 2004, 353. Zum Begriff »Bauumstände« oben Rdn. 40. Siehe weiter Rdn. 51, 52.

87 Deshalb ist es nicht richtig, mit Thode, ZfBR 2004, 214 jede andere als die bloße Inhaltsänderung für vertragswidrig zu halten. Wie hier z. B. Kimmich, BauR 2008, 263; Armbrüster/Wickert, NZBau 2006, 153, 159.

88 Deshalb geht es umgekehrt viel zu weit, unter Missachtung des Wortlauts des § 1 Abs. 3 VOB/B dem Auftraggeber ein (praktisch) unbegrenztes Recht zu beliebigen Änderungen hinsichtlich der Bauumstände einzuräumen, so aber Zanner/Keller, NZBau 2004, 353; Keldungs, in: Ingenstau/Korbion, VOB/B, § 2 Abs. 5 Rdn. 21, 22.

ordnen.[89] Insoweit ist über den eindeutigen Wortlaut (»Bauentwurf«) hinaus von Bedeutung, dass der Entwurf zur VOB/B 2006 die Einführung eines zeitlichen Anordnungsrechts des Auftraggebers vorsah; das wurde aber abgelehnt. Die Schlussfolgerungen sind eindeutig: Wenn die bisherige Fassung von § 1 Abs. 3 VOB/B schon ein zeitliches Anordnungsrecht des Auftraggebers ermöglicht hätte, hätte keine Neuregelung eingeführt werden müssen. Nachdem die Einführung dieser Neuregelung ausdrücklich abgelehnt worden ist, gibt es erst recht keinen Zweifel, dass die VOB/B ein zeitliches Anordnungsrecht **nicht** vorsieht.[90]

Die Unterscheidung zwischen **erlaubter** und **nicht erlaubter** Anordnung des **53** Auftraggebers ist in doppelter Hinsicht von Bedeutung:

- Vertraglich erlaubte Anordnungen **muss** der Auftragnehmer ausführen (Vergütung: § 2 Abs. 5 VOB/B, s. Rdn. 62 ff.).
- Vertraglich **nicht** erlaubte Anordnungen braucht der Auftragnehmer **nicht** auszuführen: Er kann also z. B. eine angeordnete Beschleunigung verweigern. Praktisch bedeutet das, dass er mit dem Auftraggeber Einzelheiten einer gewünschten Beschleunigung und die entsprechende Mehrvergütung auf jeden Fall **ohne** Bindung an die bisherigen Grundlagen der Preisermittlung aushandeln kann und nur bei Einigung dann auch beschleunigen muss.

Die Vergütungspflicht folgt dann aus der Beschleunigungs**vereinbarung**.

Aber: Es kommt ständig vor, dass der Auftragnehmer eine vertraglich nicht erlaubte Anordnung ausführt, **ohne** an ein Leistungsverweigerungsrecht auch nur zu denken und/oder ohne (ausdrücklich) eine neue Vergütungsvereinbarung zu schließen – den subtilen Unterschied zwischen vertraglich erlaubter und vertraglich nicht erlaubter Anordnung wird der Auftragnehmer gar nicht kennen oder sich jedenfalls nicht auf Diskussionen dazu einlassen.[91] Die VOB/B hält für diesen Fall eine höchst sachgerechte **Sonderregelung** bereit: Der Auftraggeber muss auch in dem Fall, dass die Anordnung »rechtswidrig« war, dennoch kraft Sonderbestimmung des § 2 Abs. 5 für seine Anordnung als sog. »andere Anordnung« geradestehen und **Vergütung** zahlen, **wahlweise** kann der Auftragnehmer aber in diesem Fall auch Schadensersatz nach § 6

---

89 H. L., z. B. BGH, NJW 1968, 1234; OLG Jena, NZBau 2005, 341; Kapellmann/Schiffers, Bd. 1, Rdn. 786, 787; Markus (s. Fn. 86); Kimmich, BauR 2008, 263.

90 Näher Markus, NJW 2007, 545 und NZBau 2006, 537.

91 Wenn der Auftraggeber in Kenntnis der Tatsache, dass der Auftragnehmer behinderungsbedingt eine Fristverlängerung beantragt, von diesem verlangt, er müsse »termingerecht« fertig werden, so ist das entgegen OLG Koblenz, NZBau 2007, 517 und OLG Schleswig, IBR 2007, 358 eine **Beschleunigungsanordnung**; Kapellmann, in: Kapellmann/Messerschmidt, VOB/B, § 2 Rdn. 194; Motzke, in: Beck'scher VOB-Kommentar, Teil B § 6 Abs. 1 Rdn. 68.

Abs. 6 Satz 1 VOB/B oder Entschädigung gemäß § 6 Abs. 6 Satz 2 VOB/B, § 642 BGB verlangen.[92]

54 Soweit der Auftraggeber nach den vorstehenden Ausführungen ein Recht auf Änderungsanordnungen hat, gibt es dafür bei § 1 Abs. 3 VOB/B nur eine Grenze: Es muss sich immer noch um eine Änderung der Planung und nicht um eine Neuplanung handeln.[93]

bb) Zusätzliche Leistungen

55 § 1 Nr. 3 VOB/B behandelt das Anordnungsrecht des Auftraggebers auf **geänderte** Leistungen; § 1 Abs. 4 regelt das Anordnungsrecht auf **zusätzliche** Leistungen:

> »4. Nicht vereinbarte Leistungen, die zur Ausführung der vertraglichen Leistung erforderlich werden, hat der Auftragnehmer auf Verlangen des Auftraggebers mit auszuführen, außer wenn sein Betrieb auf derartige Leistungen nicht eingerichtet ist. Andere Leistungen können dem Auftragnehmer nur mit seiner Zustimmung übertragen werden.«

Der Auftraggeber darf also zusätzliche Leistungen anordnen, sofern sie »zur Ausführung der Leistung **erforderlich** werden« (Vergütungsfolge: § 2 Abs. 6 VOB/B, s. Rdn. 62 ff.). Zum Unterschied zwischen geänderten und zusätzlichen Leistungen näher nachfolgend Rdn. 56. »Zusätzliche Leistungen« betreffen immer nur **bauinhaltliche** Ergänzungen und nicht etwa zeitliche Regelungen. **Erforderlich** sind solche Leistungen, wenn sie mit dem ursprünglichen Entwurf noch in einem technischen Zusammenhang stehen und – aus Sicht des Auftraggebers! – sinnvoll sind (1. Alternative). Ordnet der Auftraggeber Leistungen, die zwar noch mit dem Entwurf in technischem Zusammenhang stehen, aber ansonsten **nicht erforderlich** (»andere Leistungen«) sind, an, so braucht der Auftragnehmer sie nicht auszuführen (2. Alternative).

Diese Unterscheidung spielt in der Praxis keinerlei Rolle. Als 3. Alternative kommt in Betracht, dass der Auftraggeber Leistungen anordnet, die weder erforderlich sind noch mit dem Entwurf in Verbindung stehen; das sind »An-

---

92 H. L.: KG, BauR 2008, 837; Kapellmann, in: Kapellmann/Messerschmidt, VOB/B § 6 Rdn. 57; Langen/Schiffers, Bauplanung, Rdn. 78; Kimmich, BauR 2008, 263.

93 Keldungs, in: Ingenstau/Korbion, VOB/B § 1 Abs. 3, Rdn. 9; Kapellmann/Schiffers, Bd. 1, Rdn. 791. Die Anordnung braucht nicht »billig« im Sinn von § 315 BGB zu sein, unrichtig Quack, ZfBR 2004, 107, dazu Kapellmann/Schiffers, Bd. 1, Rdn. 790.

schlussaufträge«.[94] Auch sie braucht der Auftragnehmer nicht auszuführen; wenn der Auftraggeber sie also realisiert haben will, muss er sich mit dem Auftragnehmer – auch über die Vergütung! – neu einigen. Führt der Auftragnehmer allerdings ohne neue Einigung auch solche Leistungen aus, wird er nach § 2 Abs. 6 VOB/B vergütet mit der Möglichkeit der Vergütungskorrektur wegen fehlerhafter Planung.[95]

Ansonsten gelten dieselben Grenzen wie bei § 1 Abs. 3 VOB/B (oben Rdn. 54).

cc) Abgrenzung zwischen geänderter und zusätzlicher Leistung und Bedeutung für die Praxis

Auf Anhieb kommt man nicht auf den Gedanken, dass es schwierig sei, zwischen **geänderter** und **zusätzlicher** Leistung zu unterscheiden. Tatsächlich ist das aber so: Wenn eine LV-Position Fliesen bis 1,40 m Höhe enthält und der Auftraggeber dann Fliesen bis zur Höhe von 1,80 m anordnet – ist das zusätzliche Leistung oder geänderte Leistung? (Antwort: Nach unserer Meinung zusätzliche Leistung, nämlich »angeordnete Mehrmenge«, s. Rdn. 35, 57). **56**

Wenn der Auftraggeber eine Holztreppenkonstruktion durch eine Stahltreppe ersetzt – ist das geänderte Leistung »Holztreppe« oder kombiniert »zusätzliche Leistung Stahltreppe mit Teilkündigung Holztreppe«? (Antwort: Letzteres.)[96]

Im Zweifelsfall ist für die Abgrenzung darauf abzustellen, ob sich die neue Leistung noch technisch-kalkulatorisch aus einer schon als Bausoll vorhandenen Leistung entwickeln lässt (dann geänderte Leistung) oder ob das z. B. angesichts eines völlig geänderten Produktionsverfahrens nicht mehr möglich ist (dann zusätzliche Leistung).[97]

Wenn anstelle der im Vertrag vorgesehenen Bodenklasse sich eine andere Bodenklasse an Ort und Stelle zeigt (z. B. schwerer Fels statt leichter Fels), ist das deshalb (wegen der völlig geänderten Arbeitsmethode) ein Fall von § 2 Abs. 6 VOB/B und nicht von § 2 Abs. 5 VOB/B.[98]

Wenn der Auftraggeber eine zusätzliche Leistung anordnet, die sich als »bloße Vermehrung« schon vorhandener Leistungen und Positionen darstellt (Parkplatz wird um 100 m² vergrößert), so beurteilt sich – wie erwähnt – diese »angeordnete Mengenmehrung« nach § 2 Abs. 6 VOB/B, nicht nach § 2 Abs. 5 VOB/B und auch nicht nach § 2 Abs. 3 VOB/B – s. o. Rdn. 35, 36, 56. **57**

---

94 Beispiele für »Anschlussaufträge« bei Kapellmann/Schiffers, Bd. 1, Rdn. 796, 798, etwa Aufstockung um ein Dachgeschoss, BGH, BauR 2002, 618.
95 Kapellmann/Schiffers, Bd. 1, Rdn. 797, Rdn. 1039.
96 Kapellmann/Schiffers, Bd. 1, Rdn. 840.
97 Einzelheiten Kapellmann/Schiffers, Bd. 1, Rdn. 831 ff.
98 So auch BGH Schäfer/Finnern, Z 2.300, Bl. 12.

58 Die (an sich nicht sinnvolle) Abgrenzung zwischen § 2 Abs. 5 und § 2 Abs. 6 ist (für den Praktiker) **nur** deshalb von **Bedeutung, weil § 2 Abs. 6 VOB/B** verlangt, dass der zusätzliche Vergütungsanspruch **vor** Ausführung der zusätzlichen Leistung **angekündigt** wird. Die Ankündigung ist also bei § 2 Abs. 6 VOB/B **Voraussetzung** der Mehrvergütung für zusätzliche Leistungen. Sie braucht nicht die voraussichtlichen Mehrkosten zu benennen.[99]

Kündigt der Auftragnehmer also den Anspruch auf Mehrvergütung nicht an, so erhält er grundsätzlich überhaupt **keine Vergütung** für die **Zusatz**leistung – anders bei § 2 Abs. 5: Bei **geänderten** Leistungen ist keine Ankündigung erforderlich, dort erhält der Auftragnehmer also auch Mehrvergütung, ohne davon vor Ausführung etwas gesagt zu haben.

59 Von dieser Ankündigungspflicht bei § 2 Abs. 6 VOB/B gibt es aber im Einzelfall eine Fülle schwer vorauszusagender **Ausnahmen,** so wenn die »Ankündigung im konkreten Fall für den Schutz des Auftraggebers entbehrlich ist« oder wenn »ihr Versäumnis ausnahmsweise entschuldigt ist«;[100] das sind problematische, in Rechtsprechung und Literatur unterschiedlich diskutierte Voraussetzungen, auf die man sich als Unternehmer **nicht verlassen** darf. Praktisch spielt die Ankündigungspflicht in § 2 Abs. 6 VOB/B zwar **kaum noch eine Rolle**, weil die Ausnahmen die Vorschrift durchlöchern wie Schweizer Käse; zudem muss der Auftraggeber nachweisen, dass er dann, wenn ihm die auszuführende zusätzliche Leistung angekündigt worden wäre, er (preisgünstigere) Alternativen angeordnet hätte.[101] Aber es ist immer eine außerordentlich aufwendige Arbeit, die Ausnahmen zu belegen und zu **beweisen** – und außerdem weiß niemand, was einem Gericht dazu gerade einfällt. Wir sind der Auffassung, dass die Einführung der Ankündigungspflicht in § 2 Abs. 6 VOB/B bei nicht »als Ganzes« vereinbarter VOB/B ohnehin AGB-rechtlich unwirksam ist, aber auch darauf darf man sich als Auftragnehmer nicht verlassen.[102]

60 Die **Empfehlung** lautet daher:

Gerade weil die Unterscheidung zwischen § 2 Abs. 5 und § 2 Abs. 6 VOB/B so schwierig und nahezu nicht prognostizierbar ist, bei § 2 Abs. 6 VOB/B aber die Ankündigung der Vergütungspflicht Voraussetzung für den Vergütungsanspruch ist – anders als bei § 2 Abs. 5 –, muss der Auftragnehmer sicherheitshalber **unbedingt** dafür sorgen, dass **unterschiedslos** sowohl bei **Änderungen** als auch bei **Zusatz**leistungen **immer** schriftlich ein Mehrvergütungsanspruch vor Ausführung angekündigt wird. **Dann** kann nichts passieren (also immer den »sichersten Weg« gehen, s. Rdn. 2). Das sicherzustellen ist eine Frage der ordnungsgemäßen Baustellenorganisation.

---

99 Keldungs, in: Ingenstau/Korbion, VOB/B, § 2 Abs. 6 Rdn. 19; unzutreffend OLG Köln, BauR 2011, 1000, s. Rdn. 1 Entscheidung Nr. 5.

100 BGH, BauR 1996, 542.

101 BGH, BauR 2002, 312.

102 Kapellmann, in: Kapellmann/Messerschmidt, VOB/B § 2, Rdn. 200.

Außerdem: In vielen Zusätzlichen Vertragsbedingungen findet sich die Regelung, dass **auch bei § 2 Abs. 5 VOB/B** ein Anspruch auf Mehrvergütung angekündigt werden muss. Solche Bedingungen sind **wirksam,** wenn der Ausschluss der Vergütung ohne vorherige Ankündigung ganz eindeutig geregelt ist.[103] Schon deshalb: **Nichts riskieren – ankündigen!**

Es genügt die bloße Ankündigung, **dass** zusätzliche Vergütung verlangt wird; nicht genannt werden muss, wie viel. Ein »Preisangebot« ist für eine solche Ankündigung ohne besondere vertragliche Regelung trotz des Wortlauts des § 2 Abs. 5, 6 VOB/B nach unbestrittener Auffassung nicht erforderlich.

Das **Bautagebuch** bietet sich als Informationsmittel an (vgl. Rdn. 2), vorausgesetzt, dem Auftraggeber werden immer unverzüglich Kopien zugeleitet und Zugangsnachweise werden gesichert.

dd) Die Anordnung des Auftraggebers im Sinne von § 1 Abs. 3, 4 VOB/B

Sowohl § 1 Abs. 3 wie auch § 1 Abs. 4 VOB/B setzen eine **Anordnung** des Auftraggebers voraus. Die Anordnung ist eine einseitige, empfangsbedürftige Willenserklärung; sie bedarf, wenn nicht vom Auftraggeber ausgesprochen, zur Wirksamkeit einer Vollmacht. Geänderte Pläne sind z. B. ausdrückliche Anordnung, übrigens sogar schriftliche Anordnung.[104] Der Auftraggeber kann die Anordnung auch konkludent (durch schlüssige Handlung) geben. Auch wenn die Parteien sich über eine bestimmte Vorgehensweise einigen, genügt das als »Anordnung«, sofern es angesichts der Einigung noch darauf ankommt. **61**

Ob es sich um eine Anordnung handelt, beurteilt sich alleine danach, ob der Auftraggeber den Auftragnehmer auffordert, eine bestimmte Leistung auszuführen. Der Auftraggeber braucht keinen »Vertragsänderungswillen« zu haben. Auch wenn er z. B. irrtümlich meint, auf die verlangte Leistung Anspruch auf kostenlose Ausführung zu haben, weil sie zum Bausoll gehöre, ändert das nichts; es kommt nicht auf die Motivation des Auftraggebers an.[105]

Da die Anordnung »einseitig« ist, kommt es auf eine Zustimmung des Auftragnehmers nicht an.

ee) Die Vergütung für angeordnete geänderte oder zusätzliche Leistungen, § 2 Abs. 5, 6 VOB/B

Wenn die VOB/B dem Auftraggeber ein **einseitiges**, also nicht von der Zustimmung des Auftragnehmers abhängiges Anordnungsrecht (oben Rdn. 61) auf Ausführung modifizierter Leistungen gibt, muss sie konsequenterweise dem **62**

---

103 BGH, BauR 1996, 542.
104 BGH, BauR 1998, 874.
105 Beispiel: BGH »Bistroküche«, BauR 2008, 1131 = NZBau 2008, 437; dazu nach Zurückverweisung OLG Brandenburg, NZBau 2010, 51.

Auftragnehmer für die Ausführung solcher Leistungen einen ebenso einseitigen, also nicht von der Zustimmung des Auftraggebers abhängigen Vergütungsanspruch einräumen und sie muss, weil die Parteien sich ja bei diesem System zwar auf einen Preis einigen können, aber nicht müssen, ein System für die »Berechnung« einer solchen Vergütung einführen. Das tut sie in § 2 Abs. 5 für geänderte Leistungen:

> »5. Werden durch Änderung des Bauentwurfs oder andere Anordnungen des Auftraggebers die Grundlagen des Preises für eine im Vertrag vorgesehene Leistung geändert, so ist ein neuer Preis unter Berücksichtigung der Mehr- oder Minderkosten zu vereinbaren. Die Vereinbarung soll vor der Ausführung getroffen werden.«

Auf den ersten Blick wird deutlich, dass sich § 1 Abs. 3 VOB/B und § 2 Abs. 5 VOB/B nur **teilweise** decken: Werden durch »**Änderungen des Bauentwurfs**« (§ 1 Abs. 3 VOB/B) die Grundlagen des Preises für eine im Vertrag vorgesehene Leistung geändert, so greift § 2 Abs. 5 Satz 1 VOB/B, 1. Alternative (»Änderung des Bauentwurfs«) ein: Die Vergütung wird angepasst. **Das** ist also das Pendant zu § 1 Abs. 3 VOB/B, der Anordnung **bauinhaltlicher** Änderungen.

Aber § 2 Abs. 5 Satz 1 hat auch noch eine 2. Alternative, das sind die »**anderen Anordnungen**« des Auftraggebers, mithin alle Anordnungen, die a) den Bauinhalt betreffen, aber wegen Überschreitung der Befugnisse nicht erlaubt sind, b) die **nicht** den Bauinhalt betreffen, also Anordnungen zu Bauumständen, seien sie ausnahmsweise als zwingend technisch notwendig erlaubt, seien sie – wie z. B. eine Beschleunigungsanordnung – nicht erlaubt. Dass also die VOB/B gerade auch für diese Anordnungen dennoch **Vergütung** gewährt, entspricht dem System der VOB/B, möglichst baupraktische Regelungen zu treffen.

Soweit der Auftraggeber vertraglich nicht erlaubte Anordnungen gegeben hat (die durch die dennoch erfolgte Ausführung der Leistung nur nachträglich hinsichtlich einer Vergütungsregelung gewissermaßen »legitimiert« wurden), kommen parallel auch Schadensersatzansprüche aus § 6 Abs. 6 Satz 1 VOB/B und Entschädigungsansprüche aus § 6 Abs. 6 Satz 2 VOB/B, § 642 BGB in Betracht (s. Rdn. 53, 103).

§ 1 Abs. 4 VOB/B und § 2 Abs. 6 VOB/B entsprechen sich dagegen vollständig: Für vom Auftraggeber gemäß § 1 Abs. 4 VOB/B angeordnete **zusätzliche** Leistungen erhält der Auftragnehmer gemäß § 2 Abs. 6 VOB/B zusätzliches Entgelt:

> »6. (1) Wird eine im Vertrag nicht vorgesehene Leistung gefordert, so hat der Auftragnehmer Anspruch auf besondere Vergütung. Er muss jedoch den Anspruch dem Auftraggeber ankündigen, bevor er mit der Ausführung der Leistung beginnt.

> *(2) Die Vergütung bestimmt sich nach den Grundlagen der Preisermittlung*
> *für die vertragliche Leistung und den besonderen Kosten der geforderten*
> *Leistung. Sie ist möglichst vor Beginn der Ausführung zu vereinbaren.«*

Anspruchsvoraussetzungen für die Vergütung geänderter oder zusätzlicher **63**
Leistungen gemäß § 2 Abs. 5, 6 VOB/B sind somit:

- Abweichung Bauist/Bausoll,
- Anordnung des Auftraggebers,
- Ursache der Anordnung im Risikobereich des Auftraggebers,
- mehr nicht. Der »neue Preis« soll zwar gemäß § 2 Abs. 5 VOB/B vereinbart werden oder **ist** sogar gemäß § 2 Abs. 6 vor Ausführung zu vereinbaren, aber eine **fehlende** Vereinbarung hindert den Anspruch **nicht.**

Allerdings verlangt **§ 2 Abs. 6** abweichend von § 2 Abs. 5 VOB/B, dass der Vergütungsanspruch für zusätzliche Leistungen **vor** Ausführung **angekündigt** wird (dazu Rdn. 58, 59).

Ändern sich für die **geänderte** Leistung die Kosten des Auftragnehmers gegen- **64** über der ursprünglichen Leistung, so hat der Auftragnehmer Anspruch auf Bildung eines neuen Preises unter Berücksichtigung der Mehr- oder Minderkosten in analoger Kostenfortschreibung. Der neue Preis ist unter **Fortschreibung der Auftragskalkulation** zu bilden.[106] In letzter Zeit gibt es Stimmen, die diese Bindung leugnen, der Nachtragspreis sei als »üblicher Preis«, als Marktpreis oder entsprechend den tatsächlichen Kosten zu bilden. Das ist schon angesichts des klaren Wortlauts der VOB/B unzutreffend.[107]

Auch hier gilt: Soweit der alte Einheitspreis mit Verlust gebildet worden ist, setzt sich dieser Verlust auch im neuen Einheitspreis grundsätzlich fort, dazu gibt es aber Ausnahmen.[108]

Soweit in Allgemeinen Geschäftsbedingungen des Auftraggebers geregelt ist, dass eine Preisänderung für geänderte Leistungen entgegen § 2 Abs. 5 ausgeschlossen ist, ist eine solche Klausel unwirksam.

Die Mehrvergütung für **zusätzliche** Leistungen gemäß § 2 Abs. 6 VOB/B ist wie bei der Berechnung von § 2 Abs. 5 VOB/B möglichst **auf der Grundlage der Auftragskalkulation zu entwickeln,** was hier allerdings im Einzelfall des-

---

106 BGH »Eisenbahnbrücke«, BauR 1999, 897 und ständig; Einzelheiten und Kalkulationsbeispiele Kapellmann/Schiffers, Bd. 1, Rdn. 1000 ff.; Bd. 2, Rdn. 1146 ff.
107 Z. B. Oberhauser, BauR 2011, 1547; Keldungs, Jahrbuch Baurecht 2012, 59; dazu Kapellmann/Messerschmidt, VOB/B § 2 Rdn. 137.
108 U. a. Verschiebung in einen späteren Ausführungszeitraum als vereinbart; Änderungen wegen mangelhafter planerischer Sorgfalt; OLG Koblenz, BauR 2001, 1442 = NZBau 2001, 633; Kapellmann/Schiffers, Bd. 1, Rdn. 620 ff.

halb schwierig sein kann, weil ja eine »neue« Leistung abzurechnen ist, für die es nur z. T. verwendbare Kalkulationselemente aus der bisherigen Kalkulation geben wird.[109] Die »Struktur« der Kalkulation muss aber jedenfalls beibehalten werden; für neue Leistungen ohne Vergleichsbasis müssen für die Direkten Kosten ggf. »Marktpreise« gemäß § 632 Abs. 2 BGB eingesetzt werden, aber die Deckungsbeiträge bleiben wie in der Auftragskalkulation.

ff) Preisvereinbarung vor Ausführung; Leistungsverweigerungsrecht des Auftragnehmers

65 Nach § 2 Abs. 6 Nr. 2 ist der neue Preis möglichst vor der Ausführung zu vereinbaren, nach § 2 Abs. 5 Satz 2 VOB/B **soll** er vor der Ausführung vereinbart werden.

Vorweg: Auch wenn kein neuer Preis vor Ausführung vereinbart wird, lässt das doch den Vergütungsanspruch des Auftragnehmers unberührt.

Was ist, wenn sich der Auftraggeber weigert, den Preis vor der Ausführung zu vereinbaren, also nach Änderungsanordnung den vom Auftragnehmer genannten Preis zu akzeptieren, er aber dennoch auf Ausführung seiner Anordnung, also der Erstellung einer geänderten oder zusätzlichen Leistung, besteht? Dem Auftragnehmer steht **mindestens dann** ein Leistungsverweigerungsrecht zu, wenn der Auftraggeber den Nachtragsanspruch schon dem Grunde nach zu Unrecht verneint,[110] nach unserer Meinung auch dann, wenn er sich **grundlos** weigert, den Nachtragspreis vor der Ausführung festzulegen, wobei der Auftragnehmer seinen Mehrvergütungsanspruch nach Grund und Höhe ordnungsgemäß dargelegt haben (Kalkulation offenlegen!) und vorsorglich auch im Sinne der Kooperation dem Auftraggeber eine zusätzliche Erläuterung angeboten haben muss.[111] Eine Leistungsverweigerung ist aber je nach Einzelfall riskant. Im Zweifel sollte der Auftragnehmer die Leistung dann zunächst ausführen, die Vergütungsforderung vorher ankündigen und sich später mit dem Auftraggeber über die Vergütung auseinandersetzen, außer, die Rechtslage ist eindeutig und der Auftraggeber bestreitet die Vergütungspflicht zu Unrecht sogar dem Grunde nach.

Der Auftragnehmer darf nach § 648a BGB auf jeden Fall vor Ausführung Sicherheit auch für die Nachtrags-Mehrvergütung verlangen (näher Rdn. 380).

---

109 Einzelheiten Kapellmann/Schiffers, Bd. 1, Rdn. 1009–1011.
110 BGH, BauR 2004, 1613.
111 Einzelheiten Kapellmann/Schiffers, Bd. 1, Rdn. 972–991, a. A. z. B. Kuffer, ZfBR 2004, 110.

gg) Analoge Anwendung von § 2 Abs. 5 VOB/B bei Mehrkosten infolge verschobenen Zuschlags

Es kommt häufig vor, dass ein öffentlicher Auftraggeber den Zuschlag zu dem **66** in den Ausschreibungsunterlagen vorgesehenen Zeitpunkt verschiebt, weil ein Nachprüfungsverfahren eines Bieterkonkurrenten dazwischenkommt, die Finanzierung noch nicht gesichert ist oder die Zustimmung der Oberbehörde fehlt. Wenn der Zuschlag – mit Zustimmung des zu beauftragenden Bieters – deshalb erst später erteilt wird, hat der Bieter Anspruch auf Anpassung der Ausführungszeit sowie der Vertrags**vergütung** um durch die Verschiebung verursachte Mehrkosten. Während das in den beiden letzten Alternativen selbstverständlich ist, hat für die erste Alternative eine Grundsatzentscheidung des BGH Klarheit gebracht.[112] Die Mehrvergütung wird in entsprechender Anwendung des § 2 Abs. 5 VOB/B berechnet, also kalkulativ.[113]

hh) Leistungen aufgrund Vereinbarung der Parteien ohne Anordnung des Auftraggebers (BGB-Muster)

Der Auftraggeber kann natürlich auch den Auftragnehmer um ein **Angebot** **67** für eine geänderte oder zusätzliche Leistung bitten, **ohne** vorher einseitig eine **Anordnung** zu treffen; er kann dann anschließend schlicht das Angebot des Auftragnehmers **annehmen**. Das ist ein Ablaufmuster entsprechend dem allgemeinen BGB-Vertrag; **hier** besteht anders als bei § 2 Abs. 5, 6 VOB/B keine Bindung des Auftragnehmers an die bisherige Kalkulation, das VOB-Muster der Fortschreibung der Kalkulation zur Preisfindung des Nachtrags gilt nicht, der Auftragnehmer kann »frei kalkulieren«.

3. Leistungsänderungen ohne (wirksame) Anordnung des Auftraggebers

Weicht der Auftragnehmer vom Bausoll ab, erbringt er also geänderte oder zu- **68** sätzliche Leistungen, **ohne** dass der Auftraggeber diese **wirksam angeordnet** hat, leistet der Auftragnehmer insoweit also »ohne Auftrag«, **kann** er dennoch Vergütungsansprüche haben. Es gibt 4 (!) Möglichkeiten:

a) Der Auftraggeber erkennt die Leistung **nachträglich an**[114] (§ 2 Abs. 8 Nr. 1 Satz 1 VOB/B).

---

112 BGH »Verschobener Zuschlag I«, NZBau 2009, 370.
113 Zuletzt BGH »Verschobener Zuschlag – Höhe«, BGH, NZBau 2012, 287, Rdn. 1, Entscheidung Nr. 4; Einzelheiten Kapellmann/Schiffers, Bd. 1, Rdn. 803.
114 Zu der Frage, was im Einzelnen Anerkenntnis ist, näher Kapellmann/Schiffers, Bd. 1, Rdn. 1167; zum »beweiserleichternden« Anerkenntnis Kniffka, Festschrift Kapellmann, 2007, S. 209.

b) Die Leistung war für die Erbringung des Vertrages **notwendig**, entsprach dem **mutmaßlichen Willen** des Auftraggebers und wurde ihm **unverzüglich angezeigt** (§ 2 Abs. 8 Nr. 1 Satz 2 VOB/B). Ist die VOB/B nicht als Ganzes vereinbart, verstößt das Anzeigeerfordernis gegen AGB-Recht und ist unwirksam. Gemäß Satz 3 richtet sich die Vergütung im Falle des § 2 Abs. 8 Nr. 2 Satz 2 nach den Grundsätzen des § 2 Abs. 5, Abs. 6.

c) Die Leistung (= Geschäftsführung) entsprach dem **mutmaßlichen Willen** des Auftraggebers und war (nur) **»interessengemäß«** – nicht »notwendig« – § 2 Abs. 8 Nr. 3 VOB/B i. V. m. §§ 677 ff. BGB. Eine Anzeige als **Anspruchsvoraussetzung** ist **hier** also **nicht** erforderlich; auch hier muss der Auftragnehmer die Übernahme der Fremdgeschäftsführung zwar gemäß § 681 BGB sobald »tunlich« anzeigen, um (theoretische) Schadensersatzansprüche gegen sich zu vermeiden, aber das ändert nichts an der Vergütung. § 2 Abs. 8 Nr. 3 VOB/B stellt also für dieselbe Anspruchsbegründung wesentlich **geringere** Anforderungen als Nr. 2 Satz 2 (**keine** Anzeige erforderlich, Geschäftsführung nur interessengemäß, nicht notwendig). Also gibt es praktisch keinen Fall mehr, in dem ein Auftragnehmer auf § 2 Abs. 8 Nr. 2 Satz 2 zurückgreift. Warum der Vergabe- und Vertragsausschuss Nr. 2 Satz 2 nicht gestrichen hat, ist unverständlich. Dafür hat er aber auch bei der Neufassung 2002 der VOB/B es unterlassen, den Satz 3 aus Nr. 2 (Vergütung gemäß § 2 Abs. 5, 6 VOB/B) auch in Abs. 3 einzufügen. Das ändert nichts daran, dass sich auch bei Nr. 3 die Vergütung im Ergebnis gemäß § 2 Abs. 5, 6 VOB/B bemisst.

d) Selbst wenn § 2 Abs. 8 VOB/B **nicht** eingreift, kann der Auftragnehmer unter Umständen noch Ansprüche aus ungerechtfertigter Bereicherung (§ 812 BGB) geltend machen. § 2 Abs. 8 Nr. 1 Satz 1 VOB/B, der das auszuschließen scheint, ist jedenfalls dann gemäß § 307 BGB unwirksam, wenn die VOB/B nicht als Ganzes vereinbart ist. Auch über den Bereicherungsanspruch erhält der Auftragnehmer im Ergebnis also Vergütung.

4. Bausoll-Bauist-Abweichungen bei Pauschalverträgen

a) § 2 Abs. 7 Nr. 2 VOB/B

69 Auch beim Pauschalvertrag gilt: Wenn das Bauist vom Bausoll abweicht, ist das Grundlage für eine Mehr- (oder Minder-) Vergütung. Das regelt ausdrücklich § 2 Abs. 7 Nr. 2 VOB/B wie folgt:

»Die Regelungen der Absätze 4, 5 und 6 gelten auch bei Vereinbarung einer Pauschalsumme«, d. h., die Selbstübernahme des § 2 Abs. 4 und angeordnete geänderte (§ 2 Abs. 5) oder zusätzliche Leistungen werden beim Pauschalvertrag genauso behandelt wie beim Einheitspreisvertrag. Das gilt übrigens auch für § 2 Abs. 8 (Leistungen ohne Anordnung) und § 2 Abs. 9 VOB/B (Vergütung von zusätzlichen Leistungen usw.); der Verordnungs- und Vertragsausschuss vergisst immer wieder die entsprechende selbstverständliche Ergänzung des § 2 Abs. 7 Nr. 2 VOB/B. Für § 2 Abs. 5 und Abs. 6 kommen sowohl eine Ände-

rung oder Ergänzung der Leistungsbeschreibung wie im Sonderfall auch die Änderung der angegebenen Menge in Betracht.

b) Änderung des Leistungsbeschriebs

Wie erörtert (Rdn. 42–44) unterscheiden wir typologisch Detail-Pauschalver- **70** träge und Global-Pauschalverträge. Beim Detail-Pauschalvertrag sind die geregelten Details maßgebend für die Bestimmung des Bausolls: Was nicht (im Detail) geregelt ist, ist auch nicht Bausoll. Wenn der Auftraggeber z. B. eine vergessene Teilleistung nachträglich ausgeführt haben will, ist das die Anordnung einer zusätzlichen Leistung, die gemäß § 2 Abs. 6 VOB/B. Beim Global-Pauschalvertrag kommt mangels verbindlicher auftraggeberseitiger Details eine Änderung nicht so häufig vor.

Führt die Anordnung zur **geänderten** Leistung, greift § 2 Abs. 5 VOB/B ein. Nach einer unrichtigen und überholten Mindermeinung sollte dann Voraussetzung für die Mehrvergütung sein, dass der geplante Bau in **wesentlichem Umfang** anders als ursprünglich vorgesehen errichtet wird und es dadurch zu **erheblichen** Veränderungen des Leistungsinhalts kommt. Unwesentliche Änderungen sollten also auch die Pauschale nicht verändern. Diese Meinung ist unrichtig; **jede Änderung** kann Ansprüche auslösen, das folgt zwingend aus § 2 Abs. 7 Nr. 2 VOB/B.[115]

Führt die Anordnung zur **zusätzlichen** Leistung, ist das ein Fall von § 2 Abs. 6 VOB/B. Die Pauschale umfasst nur den bisher vereinbarten konkreten Leistungsinhalt, allerdings ungeachtet natürlich der Vordersätze.

Auch bei schlüsselfertiger Errichtung können selbstverständlich Zusatzleistungen in Betracht kommen.

Auch bei Zusatzleistungen wurde ganz vereinzelt die Auffassung vertreten, dass »kleinere Zusatzleistungen« keine Änderung der Pauschale rechtfertigen, obwohl dies ebenfalls mit dem Wortlaut von § 2 Abs. 7 Nr. 2 i. V. m. § 2 Abs. 6 VOB/B nicht zu vereinbaren ist. Auch hier gilt jedoch, und hier erst recht: **Jede** Zusatzleistung ist vergütungspflichtig. Der BGH hat genauso entschieden.[116]

c) Änderung der Menge

Der Unterschied zwischen Einheitspreisvertrag und Pauschalvertrag jeden **71** Typs besteht darin, dass beim Einheitspreisvertrag nach **ausgeführter** Menge bezahlt wird, beim Pauschalvertrag **ohne** Rücksicht auf die ausgeführte Menge (s. oben Rdn. 33).

---

115 BGH, NZBau 2002, 669.
116 BGH, BauR 1995, 237.

Beim Pauschalvertrag ist das ganz einfach, wenn der Auftraggeber gar keine Mengen angibt, sondern z. B. nur Pläne vorlegt. Es ist Sache und Risiko des Auftragnehmers, die auszuführende Menge zu ermitteln, das ist ein interner Vorgang.

Knifflig wird es, wenn der Vertrag Mengenangaben nennt.

Sofern der Vertrag nicht gegenteilige Aussagen enthält, ist die Mengenangabe wegen der Rechtsnatur des Pauschalvertrages **unverbindlich**, Mehrmengen werden also nicht bezahlt, Mindermengen nicht vergütet. Es ist Sache des Auftragnehmers, sich zu vergewissern, ob die Angaben stimmen, z. B. durch Anfordern von Mengenermittlungs-Parametern, beispielsweise auftraggeberseitigen Ausführungsplänen, diese müssen richtig sein.

Allerdings ist das »Mengenermittlungsrisiko« des Auftragnehmers nicht unbegrenzt. Wenn die Mengenangabe des Auftraggebers objektiv grob falsch ist und der Auftragnehmer das nicht feststellen konnte, z. B. bei einer Größenordnung von über 100 %, gibt es zwar keinen Nachtrag wegen zusätzlicher Leistung, aber eine Vergütungsanpassung wegen Störung der Geschäftsgrundlage (dazu näher Rdn. 72). Ein Beispiel ist das sehr umstrittene, aber richtig entschiedene Urteil des Bundesgerichtshofs »Estrich ca. 3 cm«.[117] Ein Abbruchvertrag beschrieb die Dicke des abzubrechenden Estrichs mit »ca. 3 cm«, tatsächlich waren es über 7 cm. »Ca. 3 cm« waren genauso eine Mengenangabe wie »1000 m²« – Menge ist Menge; die Unverbindlichkeit ist gerade typisch für einen Pauschalvertrag, im konkreten Fall erst recht beim »Bauen im Bestand«. Bei mehr als 100 % Abweichung war aber die Risikoschwelle überschritten, deshalb »Störung der Geschäftsgrundlage«.

Es gibt allerdings beim Pauschalvertrag **auch** Mengenangaben, die verbindlich sind, Überschreitungen rechtfertigen dann Nachträge wegen angeordneter Mehrmenge. Das ist der Fall, wenn Mengenangaben Ausdruck einer Entscheidung des Auftraggebers sind. Wenn der Auftraggeber für die Außenanlagen entscheidet, er wünsche 5 Buchen, so ist das Soll-Festlegung. Oder: Der Auftraggeber bestimmt, dass von 50 Fenstern 30 Rollläden mit Motorantrieb erhalten, die anderen mit Handantrieb. Oder: Der Auftraggeber regelt, dass (nur) eine Kühlzelle einzubauen ist. Oder: Vertragsbestandteil ist die Ausführungsplanung eins Sonderfachmanns z. B. für die Technische Gebäudeausrüstung, die Anzahl, Dimension, Beschaffenheit, Fabrikat und Ansteuerung der Brandschutzklappen aufweist. Der Auftraggeber will dann genau diese Ausführung und diese Anzahl und keine andere. Die Menge kann vom Auftragnehmer nicht ermittelt werden, sie ist nicht unsicher, sondern höchstens falsch.[118] Wenn der Auftraggeber sie nach Vertragsschluss ändert, korrigiert er im Ergeb-

---

117 BGH »Estrich ca. 3 cm«, NZBau 2011, 553.
118 BGH »Bistroküche«, NZBau 2008, 437; OLG Rostock, IBR 2003, 58; vgl. auch OLG Düsseldorf, BauR 1994, 764, Revision vom BGH nicht angenommen.

nis einen eigenen Planungsfehler, dafür muss er bei jeder Art des Vertrages einstehen.[119] In all diesen Fällen hat dieser Vordersatz nichts mit Mengenermittlung zu tun, sondern ist Bausoll-**Entscheidung** des Auftraggebers. Ändert der Auftraggeber seine Entscheidung, handelt es sich um angeordnete Mehrmengen, die gemäß § 2 Abs. 7 Nr. 2, § 2 Abs. 6 VOB/B zur Mehrvergütung führen.[120]

5. Störung der Geschäftsgrundlage (insbesondere Pauschalvertrag)

Die Änderung der Pauschalvergütung wegen »Störung der Geschäftsgrundlage« (§ 313 BGB) ist der in der Praxis seltene Fall des § 2 Abs. 7 Nr. 1 Satz 2 VOB/B (»erhebliche **Abweichung der Leistung**, Festhalten an der Pauschalsumme nicht zumutbar«), wobei die Rechtsfolgen sich richtigerweise aus dem unmittelbar geltenden und vorrangigen § 313 BGB ableiten. **72**

Auch beim Einheitspreisvertrag gibt es – ohne besondere Erwähnung in der VOB/B – die »Störung der Geschäftsgrundlage«.[121]

Beispiel beim Pauschalvertrag:

Im LV sind infolge **beiderseitigen Irrtums** 1000 m³ Beton nach gemeinsamer (falscher) Mengenermittlung vorgesehen, tatsächlich werden 2500 m³ ausgeführt, ohne dass der Auftraggeber Zusatzleistungen angeordnet hätte.[122] Hier ist es ggf. dem Auftragnehmer unzumutbar, sich an der Pauschale festhalten zu lassen, weil er nach Treu und Glauben nicht von solch erheblichen Abweichungen ausgehen musste; es kommt aber auf **alle konkreten** Einzelheiten des Falles an.[123]

Die Faustregel ist hier:

Weicht die resultierende Vergütungsänderung um mehr als etwa 20 % nach oben oder unten von der Vertragspauschalvergütung ab, dann ist eine Änderung gemäß § 2 Abs. 7 Nr. 1 Satz 2, 3 VOB/B diskutabel. Ändern sich nur einzelne »Positionen« um z. B. 30 % oder 40 %, die Gesamtvergütung aber um weniger als 20 %, bleibt die Pauschale eher unverändert. Ändern sich aber einzelne Positionen ›unzumutbar‹, also z. B. um 100 % oder mehr, dann ist eine

---

119 BGH »Kammerschleuse«, BauR 1997, 126; Kapellmann/Schiffers, Band 2, 537.
120 Einzelheiten: Kapellmann/Schiffers, Band 2, Rdn. 288; wie hier Leinemann, VOB/B § 2 Rdn. 381.
121 So BGH »Nullposition«, NZBau 2011, 353, Rdn. 1 Entscheidung Nr. 3.
122 BGH, NZBau 2004, 150.
123 Vgl. für den Einheitspreisvertrag im Zusammenhang mit »spekulativen Preisen« OLG Schleswig-Holstein, BauR 2011, 1819 und BGH, BauR 2011, 1162 = NZBau 2011, 353; für den Pauschalvertrag BGH »Estrichstärke ca. 3 cm«, BauR 2011, 1646 = NZBau 2011, 553.

Änderung der Pauschale auch dann berechtigt, wenn sich die Gesamtvergütung nur um etwa 10 % ändert.[124]

Im Ergebnis ist hier also auf den Einzelfall abzustellen, starre Grenzen gibt es nicht,[125] die Abgrenzung erfordert die genaue Untersuchung der Risikozuteilung im Einzelvertrag.[126]

Die »Fälle beiderseitigen Irrtums« sind die einzigen relativ häufigen Fälle der »Störung der Geschäftsgrundlage« beim Pauschalvertrag.

Daneben kommen hin und wieder andere Fälle übermäßiger Mengenabweichung ohne Eingriff des Auftraggebers vor.

Auch wenn das in der VOB/B nicht geregelt ist, erfasst die Störung der Geschäftsgrundlage gemäß BGB grundsätzlich nicht nur erhebliche Abweichungen der Leistung, sondern auch (sehr) **erhebliche Abweichungen der Kosten**. Das OLG Hamburg hat es mit unrichtiger Begründung abgelehnt, dies bei exorbitanten Stahlpreiserhöhungen zu bejahen.[127]

---

124 BGH, VersR 1965, 803; OLG München, NJW-RR 1987, 598; OLG Frankfurt, NJW-RR 1986, 572.

125 BGH »Estrichstärke ca. 3 cm«, NZBau 2011, 553.

126 Näher Kapellmann/Schiffers, Bd. 2, Rdn. 1500 ff.

127 OLG Hamburg, BauR 2006, 680; anders Kapellmann, in: Kapellmann/Schiffers, Bd. 2, Rdn. 1516; vorsichtig ähnlich Kuffer, in: Heiermann/Riedl/Rusam, VOB/B § 2 Rdn. 30, 32.

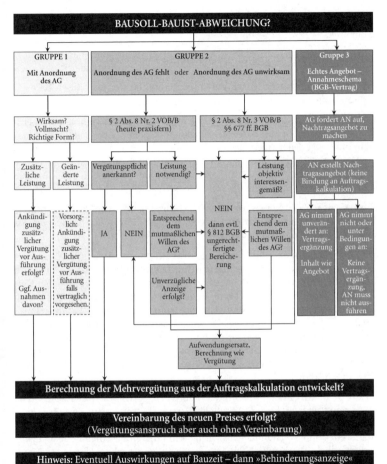

Abbildung 1: Schema geänderte und zusätzliche Leistungen

G. Ansprüche des Auftraggebers oder des Auftragnehmers wegen Verzögerung – Fristen, Verzug –

I. Ansprüche gegen den Auftragnehmer

1. Erste Voraussetzung des Verzuges: Fälligkeit der jeweiligen Bauleistung

73 a) Wenn der Auftragnehmer mit einer Teilleistung oder der ganzen Leistung zu einem bestimmten Zeitpunkt fertig sein soll, diesen Zeitpunkt aber überschreitet, meint der Auftraggeber oft, der Auftragnehmer sei ohne Weiteres »in Verzug« – oder der Auftraggeber versucht, den Auftragnehmer »in Verzug zu setzen«; daraus will der Auftraggeber Konsequenzen ziehen, z. B. kündigen oder Schadensersatz wegen Verzugs verlangen.

Der Ausdruck »Verzug« ist im Baualltag völlig geläufig, wird aber unkontrolliert verwendet, **was zu bösen Überraschungen führen kann.** »Verzug« ist **ein gesetzlich** definierter Begriff:

Ein **Auftragnehmer** (und überhaupt ein Vertragspartner) kann erst dann »in Verzug« kommen, wenn zuvor die von ihm zu erbringende Leistung (hier also die **Bauleistung** oder Teil-Bauleistung des Auftragnehmers) »**fällig**« ist: Eine Leistung kann nicht verspätet sein, wenn man nicht weiß, wann sie pünktlich zu erbringen gewesen wäre. **Erste** Voraussetzung des Verzuges ist kraft Gesetzes (§ 286 BGB) folgerichtig, dass der Auftragnehmer **vertragsgemäß** eine bestimmte Leistung zu einem bestimmten Zeitpunkt erbringen muss; er muss **verbindlich** verpflichtet sein, diese Leistung gerade zu **diesem** Zeitpunkt (»Fälligkeit«) zu erbringen. Die Regelung solcher Zeitpunkte (Fristen) findet sich in § 5 VOB Teil B.

Die VOB Teil B enthält in § 5 unter dem **Oberbegriff** »**Ausführungsfristen**« zwei verschiedene Fristen, nämlich »**Vertragsfristen**« und Einzelfristen = »**Nicht-Vertragsfristen**« (Letzteres ein sprachlich zwar nicht eleganter, aber dafür ein unmissverständlicher Begriff) – mit diesen Begriffen ist also die unterschiedliche **Verbindlichkeit** der Fristen gekennzeichnet, beide sind aber Ausführungsfristen!

74 b) **Vertragsfristen** sind Ausführungsfristen, die **verbindlich** sind, also die **Fälligkeit** der Leistung begründen, und deren Überschreitung deshalb als solche sofort Folgen auslösen kann. Vertragsfristen sind die Fristen, die **im Vertrag als** »**verbindliche Fristen**« so gekennzeichnet sind. Typisches Beispiel: Verbindliche Vertragsfrist für Fertigstellung der Decke 1. OG: 30.07.2012.

Die Bezeichnung als »verbindliche Frist« sollte möglichst wörtlich so gewählt werden; ebenso genügt auch die wörtliche Übernahme der Formulierung »Vertragsfrist«. Alles andere stiftet nur heillose Verwirrung und entspricht nicht § 5 Abs. 1 Satz 1 VOB/B.

Achtung: Fristen im **Bauzeitenplan** sind ohne besondere vertragliche Regelung Nicht-Vertragsfristen, also **nicht** sofort **verbindlich** (s. Rdn. 73)!

Mit Vertragsfristen sollte man sparsam umgehen; deshalb schreibt § 9 Abs. 2 Nr. 2 VOB Teil A für den öffentlichen Auftraggeber als Sollvorschrift vor: »Wird ein Bauzeitenplan aufgestellt, so sollen nur die für den Fortgang der Gesamtarbeit besonders wichtigen Einzelfristen als vertraglich verbindliche Fristen (Vertragsfristen) bezeichnet werden.« Diese Empfehlung hat allgemeine Gültigkeit.

c) Nach der zitierten Regelung der VOB/B in § 5 sind **nicht alle Ausführungs-** **75** **fristen** für die Leistungspflicht des Auftragnehmers immer **verbindlich;** es gibt also nach der Definition der VOB Teil B sowohl verbindliche Ausführungsfristen (die gerade genannten Vertragsfristen) wie auch **unverbindliche Ausführungsfristen** (Einzelfristen). Damit wir die unverbindlichen Fristen unmissverständlich bezeichnen können, nennen wir sie »**Nicht-Vertragsfristen**«.

Wie schon erwähnt, sind alle Fristen, die in **Bauzeitenplänen** enthalten sind, ohne besondere vertragliche Regelung **nur unverbindliche Fristen,** also **Nicht-Vertragsfristen.** Das steht klar und eindeutig in § 5 Abs. 1 Nr. 2 VOB Teil B: »In einem Bauzeitenplan enthaltene Einzelfristen gelten nur dann als Vertragsfristen, wenn dies im Vertrag ausdrücklich vereinbart ist.«

Also: Nicht-Vertragsfristen sind solche Ausführungsfristen für die Bauleistungen des Auftragnehmers, die unverbindlich sind. Wenn diese unverbindliche Frist abgelaufen ist, so löst die Überschreitung **nicht** als solche sofort Folgen aus – oder einfacher formuliert: Wenn die **Nicht-Vertragsfrist abgelaufen** ist, wird die Leistung des Auftragnehmers dadurch **noch nicht fällig.** Unverbindliche Fristen haben somit nur Warnfunktion; sie sind Organisationshilfsmittel, ihre Verletzung führt aber als solche nicht zu unmittelbaren Rechtsfolgen.

d) Für den methodisch interessierten Leser nochmals ein wiederholender Hin- **76** weis:

Sowohl Vertragsfristen wie Nicht-Vertragsfristen haben denselben Oberbegriff, nämlich **Ausführungsfristen** – vgl. dazu die Überschrift zu § 5 VOB Teil B. Wenn also ein Bauvertrag nur »Ausführungsfristen« nennt, so schafft er Verwirrung, denn Ausführungsfristen können sowohl Vertragsfristen wie Nicht-Vertragsfristen sein. Eine solche Formulierung ist ein klarer Verstoß gegen unsere Prinzipien. Das Gebot der »Klarheit« (s. o. Rdn. 2) ist zum Schaden beider Vertragsparteien verletzt. Wer Vertragsfristen haben will, muss das so klar und eindeutig sagen.

e) **Ausnahme** von der Notwendigkeit, gewünschte **Vertrags**fristen im Vertrag **77** ausdrücklich zu benennen:

Die **Frist für den Baubeginn**, die im Vertrag vereinbart ist, ist immer – auch **ohne** ausdrückliche weitere Benennung oder Regelung – Vertragsfrist, also verbindlich. Ebenso ist die **Frist für das Bauende,** sofern sie im Vertrag genannt ist, immer Vertragsfrist, also verbindlich.[128]

2. Herbeiführung der Leistungsfälligkeit bei Überschreiten einer Nicht-Vertragsfrist (Abhilfeaufforderung gemäß § 5 Abs. 3 VOB/B)

78 a) Wenn der Auftraggeber den Auftragnehmer »in **Verzug**« setzen will, weil er aus dessen Säumnis Ansprüche herleiten will, so ist die **erste** Voraussetzung, wie erwähnt, dass die jeweilige Bauleistung des Auftragnehmers **fällig** ist. Bei der **Vertragsfrist** wird die Bauleistung nach Ablauf ohne weiteres fällig, bei der **Nicht-Vertragsfrist** ist sie noch nicht fällig. Um also bei **Überschreitung** einer **Nicht-Vertragsfrist** (typisches Beispiel: normale Frist laut Bauzeitenplan) überhaupt zu »Sanktionen« zu kommen, muss der Auftraggeber die Leistung des Auftragnehmers noch »fällig machen«.

Der Auftraggeber hat oft primär gar kein Interesse daran, irgendwelche Geldansprüche geltend zu machen oder zu kündigen, er will viel lieber »aufholen« (noch lieber will er »aufholen« **und** Geldansprüche geltend machen).

Den Anspruch auf »**Aufholarbeiten**« nach Versäumung von Ausführungsfristen (und insbesondere von Nicht-Vertragsfristen) durch den Auftragnehmer kann der Auftraggeber in zwei Formen verfolgen, wobei nur die Form bb) praktisch ist:

79 aa) Der Auftraggeber hat ein allgemeines Weisungsrecht hinsichtlich der Ausführung von Arbeiten des Auftragnehmers gemäß § 4 Abs. 1 Nr. 3 VOB/B.

Dieses allgemeine Weisungsrecht führt im Normalfall **nicht weiter,** weil der Auftraggeber insoweit nur sog. »objektiv notwendige Weisungen« zur vertragsgemäßen Ausführung geben kann; er kann also durch Weisung beispielsweise offensichtliche Ausführungsfehler korrigieren, was aber im Normalfall mit »Aufholen bezüglich einer **verzögerten** Leistung« nichts zu tun hat.

80 bb) Der Auftraggeber hat darüber hinaus einen konkreten »**Abhilfeanspruch**« gemäß **§ 5 Abs. 3 VOB/B:**

Wenn nämlich »Arbeitskräfte, Geräte, Gerüste, Stoffe oder Bauteile so unzureichend sind, dass die **Ausführungsfristen offenbar** nicht eingehalten werden können, muss der Auftragnehmer auf Verlangen unverzüglich Abhilfe schaffen«. Nach dem Wortlaut ist eindeutig, dass sowohl die offenbare Nichteinhaltung von Vertragsfristen wie die von Nicht-Vertragsfristen eine solche Abhilfeaufforderung rechtfertigt, denn beide sind Ausführungsfristen.[129] Verbreitet ist demgegenüber aber die Auffassung, das Abhilfeverlangen dürfe im Ergebnis nur zur Wahrung von Vertragsfristen herangezogen werden.[130] In der Praxis

---

128 Ingenstau/Korbion/Döring, VOB/B § 5 Abs. 1, Rdn. 4, dazu auch Rdn. 85.
129 So z. B. Leinemann/Jansen, VOB/B § 5, Rdn. 48.
130 Langen, in: Kapellmann/Messerschmidt, VOB/B § 5, Rdn. 83.

kommt es auf diese Frage nicht an: Auch wenn das Abhilfeverlangen sich auf Nicht-Vertragsfristen beziehen darf, darf es nicht beziehungslos zum weiteren Bauablauf betrachtet werden. Wenn bloße Nicht-Vertragsfristen »**offensichtlich**« nicht eingehalten werden können, spricht eine starke **Vermutung** dafür, dass der »ganze Terminplan« uneinholbar ins Rutschen gerät und damit gerade (auch) die Vertragsfrist »Fertigstellung« »offenbar« stark gefährdet ist. Ggü. einer Abhilfeaufforderung darf der Auftra**gnehmer** allerdings den Gegennachweis führen (also die Vermutung widerlegen), dass eine Vertragsfrist, insbesondere die Fertigstellungsfrist, trotz der Verzögerung und auch **ohne Abhilfeaufforderung** nicht gefährdet ist, was ihm allerdings selten gelingen wird.

Darüber hinaus hat eine mögliche Meinungsdifferenz aber in der Praxis eine noch geringere Bedeutung: Alle Autoren sind sich nämlich einig, dass die **Fristen eines vertraglichen Bauzeitenplans**, die ja ohne besondere Vereinbarung nicht Vertragsfristen sind (s. o. Rdn. 74), dennoch für die »**Prognoseentscheidung**« hinsichtlich der Berechtigung zur Abhilfeaufforderung (also mindestens im Hinblick auf die ›offensichtliche Gefährdung‹ des Fertigstellungstermins) maßgeblich sind, so dass **im Ergebnis doch die bloße Überschreitung von Fristen des Bauzeitenplans zur Abhilfeaufforderung** berechtigt.[131] Der Auftraggeber kann also im Ergebnis auch bei Nicht-Vertragsfristen Abhilfe verlangen, und zwar gemäß § 5 Abs. 3 VOB/B eine solche, die zur termingerechten **Erfüllung der Bauleistung notwendig** ist. Damit korrespondiert eine entsprechende **Abhilfepflicht des Auftragnehmers** gemäß § 5 Abs. 3 VOB/B. Insoweit kann also der Auftraggeber durch die Abhilfeaufforderung konkrete »Weisungen« geben.

Beachtet der Auftragnehmer diese berechtigte **Abhilfeaufforderung** nicht, so ist **nach Ablauf der zur Abhilfe gesetzten Frist** die Bauleistung jetzt **fällig. Danach** kann der Auftraggeber den Auftragnehmer – wie näher unten zu erläutern – »in Verzug setzen«. Aus der Nicht-Fälligkeit der Leistung bei bloßem Ablauf einer Nicht-Vertragsfrist ist erst jetzt Fälligkeit geworden.

Der Auftraggeber kann die »Abhilfeaufforderung« schon in angemessener Zeit **81** vor Fristablauf (der Nicht-Vertragsfrist) geben, wenn er feststellt, dass der Auftragnehmer sicher die Ausführungsfrist nicht einhalten wird.[132]

Beispiel: **82**

Die Fertigstellungsfrist für alle Trennwände im 1. OG ist im Bauzeitenplan auf den 31.03.2012 angesetzt.

Eine Woche vor Fristablauf stellt der Auftraggeber fest, dass der Auftragnehmer diese Frist des Bauzeitenplans auf keinen Fall mehr einhalten wird. Der Auftraggeber fordert deshalb schon jetzt den Auftragnehmer auf, »Abhilfe zu schaffen« (§ 5 Abs. 3 VOB/B). Er setzt dem Auftragnehmer zur Fertigstellung

---

131 Langen, in: Kapellmann/Messerschmidt, VOB/B § 5, Rdn. 87.
132 Ingenstau/Korbion/Döring, VOB/B § 5 Nr. 1–3, Rdn. 19, 20.

eine – angemessene – Frist bis zum 15.04.2012. Erst nach Ablauf dieser Frist ist die Teil-Bauleistung fällig, denn: Die Frist in dem Bauzeitenplan war nicht Vertragsfrist, sie war Nicht-Vertragsfrist (§ 5 Abs. 1 Satz 2 VOB/B).

3. Zweite Voraussetzung des Verzuges: Kalenderfrist: Purer Fristablauf Nicht-Kalenderfrist: Mahnung und Ablauf einer eventuellen »Mahnfrist«

a) Kalenderfristen

83 Während das Paar »Vertragsfrist«/»Nicht-Vertragsfrist« die Verbindlichkeit von Ausführungsfristen regelt, behandelt ein anderes Begriffspaar, nämlich »Kalenderfrist«/»Nicht-Kalenderfrist« (auch hier darf sprachliche Eleganz hinter eindeutiger Begriffsbildung zurückstehen), dazu § 286 Abs. 2 Nr. 1–4 BGB, wie aus Fälligkeitsüberschreitung Verzug im Rechtssinn wird.

Die Erstellung einer Bauleistung ist »fällig«, wenn eine Vertragsfrist überschritten ist oder wenn eine Nicht-Vertragsfrist überschritten ist und der Auftraggeber anschließend ohne Erfolg eine wirksame Abhilfeaufforderung ausgesprochen hat.

Um aus der Fälligkeit »**Verzug**« des Auftragnehmers zu machen, müssen weitere Voraussetzungen erfüllt sein (**zweite Voraussetzung des Verzuges), nämlich** *entweder:*

Die abgelaufene Frist kann eine **Kalenderfrist** sein.

Kalenderfristen sind Fristen, die schon **im Voraus ausschließlich** nach dem Kalender bestimmt oder jedenfalls bestimmbar sind (§ 286 Abs. 2 BGB); durch den bloßen Blick in den Kalender **ohne jedes weitere Hilfsmittel** muss also feststellbar sein, wann die Frist abläuft (z. B. 5. Mai, Ende der 13. Kalenderwoche, Ende 2. Woche nach dem 4. Juli) – vgl. zur **Ausnahme** aber Rdn. 86!

Bei Ablauf dieser Frist wird die Leistung **nicht nur fällig**, gleichzeitig gerät der Auftragnehmer bei Überschreitung eines **kalendermäßig** bestimmten Fälligkeitszeitpunkts **auch** sofort in Verzug (Verschulden des Auftragnehmers an der Verzögerung vorausgesetzt, s. Rdn. 87).

Wenn eine Kalenderfrist vereinbart ist, fallen also Fälligkeit und Verzug zusammen, **eine Mahnung ist zur Herbeiführung des Verzugs nicht mehr erforderlich.**

84 Wenn man den Text genau gelesen hat, ergibt sich sofort, dass bei Nicht-Vertragsfristen der Verzug nie über eine Kalenderfrist eintreten kann. Warum?

Zur Wiederholung: Bei der Kalenderfrist muss der Fristablauf **ohne jedes weitere Hilfsmittel** sofort aus dem Kalender im Voraus feststellbar sein.

Das ist bei der Nicht-Vertragsfrist begrifflich ausgeschlossen.

Wenn in einem Bauzeitenplan beispielsweise die Frist für eine Teilfertigstellung auf den 31.03.2012 angesetzt ist, so führt die Überschreitung dieser Frist – wie erörtert – gar nicht zur Fälligkeit. Also muss der Auftraggeber noch mehr tun, nämlich eine »Abhilfeaufforderung« aussprechen. Die Fälligkeit tritt also erst nach fruchtloser Abhilfeaufforderung ein – und diese Abhilfeaufforderung kann man bei Vertragsschluss nicht aus dem Vertrag entnehmen, so dass der Zeitpunkt nach Auslaufen der Abhilfeaufforderung niemals aus dem Kalender im Voraus zu entnehmen ist.

Zwischenergebnis:

Kalenderfristen nützen nur bei Vertragsfristen.

b) »Nicht-Kalenderfristen«

Oder: Ist die abgelaufene Frist **keine** Kalenderfrist (z. B.: Fertigstellung der De-   **85** cke 1. OG sofort nach Ende der Behinderung), so ist die Leistung nach Fristablauf noch nicht fällig; auch wenn die vorgenannte Frist als »Vertragsfrist« gekennzeichnet worden wäre, würde das nur bedeuten, dass die Leistung zwar **fällig** wäre, der Auftragnehmer aber nicht in Verzug wäre, weil die Frist keine Kalenderfrist ist. In solchen Fällen – eben **bei** »**Nicht-Kalenderfristen**« – muss der Auftraggeber, um den Auftragnehmer »in Verzug zu setzen«, **nach Fälligkeit mahnen** (vgl. **aber** die »Ereignisfrist« Rdn. 86!). Theoretisch braucht eine Mahnung ihrerseits keine Fristsetzung zu enthalten, aber das ist im Regelfall unpraktisch und nicht zu empfehlen:

Der Auftraggeber sollte immer den Auftragnehmer **mit** angemessener Fristsetzung mahnen, u. a., weil er nur bei Mahnung **mit** Fristsetzung später auch kündigen kann (s. u. Rdn. 108). Ist diese Frist abgelaufen, so ist der Auftragnehmer **jetzt** in Verzug, wenn die nachfolgend unter Rdn. 87 genannte weitere Voraussetzung zu bejahen ist (nämlich Verschulden des Auftragnehmers).

Seltene Ausnahme von der Empfehlung zur Fristsetzung: Der Auftraggeber will den Verzug des Auftragnehmers mit der Endfertigstellung schnellstens herbeiführen, um ab Verzugseintritt Vertragsstrafe zu verlangen. Dann wird er **ohne** Fristsetzung mahnen; Verzug tritt dann schon ein mit Zugang der Mahnung, der Auftraggeber gewinnt einige Tage. Das ist reine Theorie.

Hintergrund: Es ist in der Rechtsliteratur streitig, ob bei Mahnung mit Fristsetzung der Verzug erst nach Fristablauf eintritt oder schon mit Zugang der Mahnung. Durch ganz genaue Formulierung kann man das klarstellen: »Da Ihre Leistung zum 31.03. nicht fertiggestellt war, mahne ich die Fertigstellung hiermit an. **Außerdem** setze ich Ihnen eine Nachfrist zur Fertigstellung bis zum 15.04.«

c) »Ereignisfrist«

86 *Oder:* Heute ist in der Baupraxis **trotz fehlender Kalenderfrist** eine **Mahnung oft entbehrlich.** Kraft Gesetzes ist nämlich **dann** eine Mahnung zur Herbeiführung des Verzuges entbehrlich, wenn der vom Auftragnehmer geschuldeten »Leistung ein Ereignis vorauszugehen hat und eine angemessene Zeit in der Weise bestimmt ist, dass sie sich von dem Ereignis an nach dem Kalender berechnen lässt«, § 286 Abs. 2 Nr. 2 BGB, was übrigens zeigt, wie schwer abstrakte Gesetzestexte manchmal zu verstehen sind. **Anders als nach der früheren Rechtslage** gerät der Auftragnehmer z. B. in Verzug, wenn die Vertragsklausel lautet »3 Monate nach Erteilung der Baugenehmigung« und er nach Fristablauf nicht anfängt.

Wegen des »sichersten Wegs« (s. Rdn. 2) empfehlen wir trotzdem eine Mahnung.

4. Dritte Voraussetzung des Verzuges: Vertreten müssen

87 Wenn

• die Leistung **fällig** ist

und

• wenn der Auftragnehmer entweder nach
  a) Ablauf einer Kalenderfrist oder einer Ereignisfrist nach § 286 Abs. 2 Nr. 2 BGB (s. Rdn. 86)
  b) bei einer Nicht-Kalenderfrist nach Ablauf der in einer Mahnung gesetzten Frist

die Leistung nicht erstellt hat, so ist er jetzt

in Verzug,

vorausgesetzt, er hat diese Leistungsverzögerung auch **zu vertreten.**

»Zu vertreten« ist ein Begriff aus § 276 Abs. 1 BGB: Der Schuldner hat »Vorsatz und Fahrlässigkeit« (also Verschulden), ebenso z. B. die Haftung aus einer Garantie oder der Übernahme eines Beschaffungsrisikos, zu vertreten.

Im praktischen Alltag spielt das Verschuldenserfordernis gar **keine Rolle**, weil dieses Verschulden zu Lasten des verspäteten Auftragnehmers wie überhaupt zu Lasten des jeweiligen **Verspäteten vermutet** wird (§ 286 Abs. 4 BGB). Im Normalfall bedarf dieser Punkt deshalb keiner weiteren Erörterung.

Allerdings gibt es Tatbestände, in denen die Leistung des Auftragnehmers zwar verzögert, aber sein Verzug jedenfalls mangels Verschuldens deshalb ausgeschlossen ist, weil z. B. der **Auftraggeber** die Verspätung verursacht hat – das sind die Fälle der »Behinderung« des Auftragnehmers; diesen Ausschluss des Verzuges erörtern wir nachfolgend unter Rdn. 94 ff.

Nur für sophistisch veranlagte Leser und eher zum Überlesen: Unsere obigen Ausführungen sind für die Praxis völlig richtig, juristisch aber in einem kleinen Punkt nicht ganz genau. **88**

Was geschieht, wenn ein Auftragnehmer der Abhilfeaufforderung des Auftraggebers bei einer Nicht-Vertragsfrist gemäß § 5 Abs. 3 VOB/B nicht nachkommt?

Die Rechtsfolgen bestimmen sich u. a. nach § 5 Abs. 4 VOB/B, wie nachfolgend unter Rdn. 105 ff. zu erörtern.

Dabei behandelt aber § 5 Abs. 4 VOB/B drei Alternativen:

Alternative 1: Verzögert der Auftragnehmer den Beginn der Ausführung

oder

Alternative 2: gerät er mit der Vollendung in Verzug

oder

Alternative 3: kommt er einer Abhilfeaufforderung nicht nach,

so kann der Auftraggeber bei Aufrechterhaltung des Vertrages Schadensersatz nach § 6 Abs. 6 Satz 1 VOB/B verlangen; er kann aber auch dem Auftragnehmer eine angemessene Frist zur Vertragserfüllung mit Kündigungsandrohung setzen und danach den Bauvertrag kündigen.

Speziell für eine **Kündigung** genügt es also auch, dass Alternative 1, die Verzögerung des Beginns, oder Alternative 3, die Nicht-Reaktion auf die Abhilfeandrohung, nicht auf Verschulden des Auftragnehmers zurückzuführen sind; **insoweit** muss der Auftragnehmer also im förmlichen Sinn gar nicht in Verzug sein; wohl muss aber die Verzögerung auf ein auf den Auftragnehmer zurückgehendes Verhalten zurückzuführen sein, das die Verzögerung des Beginns der Ausführung oder die Nichtbefolgung der Abhilfeandrohung herbeigeführt hat. Der denksportgewöhnte Leser merkt: Das gilt nicht für die verbleibende der 3 Alternativen, nämlich Alternative 2: wenn der Auftragnehmer »mit der Vollendung in Verzug kommt«. Bei Überschreitung der Fertigstellungsfrist ist also **Verzug erforderlich**, um kündigen zu können.

Und noch besser: Entgegen dem Wortlaut von § 5 Abs. 4 VOB/B setzt der Verzugs-**Schadensersatzanspruch** des Auftrag**gebers** nach § 6 Abs. 6 Satz 1 VOB/B **immer** Verschulden des Auftragnehmers voraus!

Merke: Die Verfasser der VOB kochen auch nur mit (manchmal ziemlich wenig) Wasser, und außerdem beglückwünscht sich der technisch vorgebildete Leser, dass er nicht Jura studiert hat.

Diese Ausführungen dienen nur der Beruhigung unseres wissenschaftlichen Gewissens.

Für den Alltag gehen wir davon aus, dass in jedem Fall **dann, wenn der Auftraggeber gegen den Auftragnehmer vorgehen will,** »Verzug« Voraussetzung **ist** – da das Verschulden beim Verzug immer vermutet wird (§ 286 Abs. 4 BGB), ist das Ganze ein nahezu akademisches Problem, zurückzuführen auf eine merkwürdige Regelung der VOB/B.

5. Ergänzende Fristenhinweise

a) Frist für Baubeginn

89 Wie unter Rdn. 77 schon erwähnt: Der im Vertrag vereinbarte, Verbindlichkeit verlangende **Beginntermin** ist **immer Vertragsfrist.**

Berechnungsform für Beginntermine:

aa) Bei **Kalenderfrist** unproblematisch: Datum steht fest.
bb) Bei **Nicht-Kalenderfrist:**

Dennoch unproblematisch, **wenn** aus dem Vertrag ablesbar – beispielsweise: »12 Werktage nach Vorlage der Baugenehmigung« – dann Fall des § 286 Abs. 2 Nr. 2 BGB (s. Rdn. 86), hier keine Mahnung, sonst Mahnung (s. Beispiel Rdn. 85).

Bei fehlender Fristvereinbarung: Der Auftraggeber hat dem Auftragnehmer auf Verlangen Auskunft über den voraussichtlichen Beginn zu erteilen; der Auftragnehmer hat innerhalb von 12 Tagen nach Aufforderung zu beginnen (§ 5 Abs. 2 VOB/B), dieser Beginntermin ist Frist nach § 286 Abs. 2 Satz 2 BGB und Vertragsfrist!

b) Frist für Bauende

90 Die Frist für das **Bauende** ist, sofern sie im Vertrag eindeutig gekennzeichnet ist, immer **Vertragsfrist** (s. o. Rdn. 77).

aa) Ist die Endfrist als **Kalenderfrist** festgelegt, ist die Sache einfach:
Die Bauleistung wird bei Fristablauf fällig, gleichzeitig gerät der Auftragnehmer ohne weitere Mahnung in Verzug.
bb) Ist die Leistung nur als **Nicht-Kalenderfrist** ohne Datum (z. B.: Fertigstellung acht Monate nach Erteilung der Baugenehmigung) festgelegt, so ist die »Fertigstellungsfrist« anhand der Vertragsunterlagen ohne weiteres zu klären: Nach Fristablauf wird die Leistung dann fällig (Ereignisfrist); hier muss der Auftraggeber (**s. Rdn. 86**) **aber auch nicht mehr mahnen, der Auftragnehmer kommt bei Fristüberschreitung in Verzug.**

91 Ist die Frist für das Bauende im Vertrag nicht festgelegt, also auch hier Nicht-Kalenderfrist, also gar keine Fertigstellungsfrist vereinbart (sei es, dass überhaupt keine Frist jemals vereinbart war, sei es, dass eine ursprünglich vereinbarte Frist wegen völliger Verschiebungen des Bauablaufs durch den

Auftraggeber oder aus anderen Gründen unwirksam geworden ist), ist eine »angesichts des Umfangs der Leistungen und jetzt ggf. zu berücksichtigender Erschwernisse angemessene Frist maßgeblich«.[133] **Diese** so berechnete Fertigstellungsfrist ist – wie immer – Nicht-Kalenderfrist (s. Rdn. 93). **Nach** Fälligkeit muss der Auftraggeber **mahnen**, um den Auftragnehmer in Verzug zu setzen.

Die Tatsache, dass eine solche Frist praktisch nicht berechenbar und der Fälligkeitszeitpunkt folglich praktisch nicht festzulegen ist, erweist, dass Fertigstellungszeitpunkte zwingend vertraglich entweder bestimmbar festgelegt (dann Ereignisfrist) oder exakt mit Datum festgelegt werden sollten (dann Kalenderfrist).

c) Samstage/Sonntage/Feiertage

Samstage sind gemäß § 11 Abs. 3 VOB/B Werktage.   **92**

Fristen, die an einem Sonntag oder Feiertag enden, verlängern sich auf den nächstfolgenden Werktag.

d) Sonderfall: Verschiebung einer Kalenderfrist führt zur Nicht-Kalenderfrist

Wenn sich eine nach Kalender bestimmte Frist (z. B. 1. Februar) aus Gründen, **93** die der Auftraggeber zu vertreten hat, verschiebt (z. B. fehlende Koordination bei Vorleistungen, verspätete Planbeibringung), gilt:

Die neue Frist, innerhalb derer die Leistung des Auftragnehmers fällig wird, ist unter Berücksichtigung von Anlaufzeiten (§ 6 Abs. 4 VOB/B) neu festzustellen (z. B. + 3 Wochen = 22. Februar). Diese neue Frist ist **nicht mehr Kalenderfrist** (weil die neue Frist nicht ausschließlich im Voraus aus dem Kalender ablesbar ist). Nach Fristablauf kommt der Auftragnehmer also selbst dann nicht in Verzug, wenn es sich um eine Vertragsfrist handelt, denn nach Überschreitung einer Nicht-Kalenderfrist ist für den Verzug noch eine Mahnung erforderlich.

6. Ausschluss des Leistungsverzuges des Auftragnehmers wegen Behinderung des Auftragnehmers

Der **Auftragnehmer** kommt **trotz grundsätzlicher** Fälligkeit der jeweiligen **94** Bauleistung und trotz Überschreitung der Kalenderfrist oder einer Ereignisfrist gemäß § 286 Abs. 2 Satz 2 BGB (s. Rdn. 86) oder Zugang der Mahnung und Ablauf einer evtl. in der Mahnung genannten Frist dann **nicht in Verzug**, wenn er für die Fristverzögerung »**Behinderungsgründe**« oder »**Unterbre-**

---

133 BGH Schäfer/Finnern/Hochstein, § 164 BGB Nr. 1.

chungsgründe« geltend machen kann; diese Gründe führen dazu, dass die Leistung des Auftragnehmers tatsächlich zum vorgesehenen Zeitpunkt gar nicht fällig wird.

Behinderungstatbestände sind also **immer unter zwei Aspekten** zu sehen:

Einmal **schließen sie** – wie oben angesprochen – Ansprüche des Auftraggebers gegen den Auftragnehmer wegen verspäteter Leistung (aus »Verzug«) aus. Umgekehrt **begründen** sie auch unter Umständen Ansprüche des Auftragnehmers gegen den Auftraggeber auf Behinderungs-Schadensersatz gemäß § 6 Abs. 6 Satz 1 VOB/B (dazu Rdn. 120 ff.) bzw. Entschädigung nach § 6 Abs. 6 Satz 2 VOB/B, § 642 BGB.

§ 6 VOB/B regelt, bei welchen drei Alternativen der Auftragnehmer trotz zeitlicher Verzögerung und auch trotz Ablauf einer Kalenderfrist bzw. einer Frist gemäß § 286 Abs. 2 Satz 2 BGB bzw. Ablauf der Mahnfrist **nicht in Leistungsverzug** kommt:

1. Alternative: § 6 Abs. 2 Nr. **1a** VOB/B:

95 **Verzögerungen** aus dem Risikobereich des Auftraggebers – das ist die **erste** Alternative:

Der Auftragnehmer kommt nicht in Verzug, wenn die Leistungsverzögerung ihre Ursache **in Umständen hat**, die zum Risikobereich des Auftraggebers gehören. Es kommt nicht auf vom Auftraggeber verschuldete Verzögerungen an, eine Fristverlängerung für den Auftragnehmer kommt vielmehr (schon) dann in Betracht, wenn sich die verzögernden Umstände aus solchen Bereichen ergeben, die auf der Basis des konkreten Vertrages und der ggf. vereinbarten VOB/B zu dem Risikobereich des Auftraggebers gehören.

Beispiel:

Die Beibringung der Baugenehmigung ist – wenn nichts Gegenteiliges vereinbart ist – gemäß § 4 Abs. 1 Satz 2 VOB/B Sache des Auftraggebers. Verzögert sich also die Baugenehmigung, so führt das zur Fristverlängerung für den Auftragnehmer auch dann, wenn der Auftraggeber die Verzögerung nicht verursacht hat und sie auch nicht beeinflussen konnte (§ 6 Abs. 2 Nr. 1a VOB/B).

Hinweis:

Für Schadensersatzansprüche des Auftragnehmers gegen den Auftraggeber verlangt § 6 Abs. 6 Satz 1 VOB/B, dass die Verzögerung vom Auftraggeber zu vertreten ist, also verschuldet ist (vgl. aber zum parallelen »Entschädigungsanspruch« aus § 6 Abs. 6 Satz 2 VOB/B, § 642 BGB **ohne Verschulden** Rdn. 129).

Beispiele:

96 a) **Fehlende Mitwirkung des Auftraggebers** allgemein – der Auftraggeber hat beispielsweise sein Material noch nicht ausgesucht.

b) **Fehlende Planungsunterlagen** insbesondere – der Rohbauunternehmer 97
kann nicht arbeiten, weil die vom Auftraggeber beizubringenden Schal- und
Bewehrungspläne nicht fristgerecht vorliegen. Der Auftraggeber haftet für seinen Statiker als Erfüllungsgehilfen gegenüber dem Auftragnehmer (s. o.
Rdn. 23) – das ist geradezu der Standardfall der »fristverlängernden Behinderung« – wobei, solange es nur um Fristverlängerung wegen (unverschuldeter)
Störungen »aus dem Risikobereich« des Auftraggebers geht, »Erfüllungsgehilfe« nicht ganz der richtige Ausdruck ist.

c) **Fehlende Vorunternehmerleistungen.** Es war äußerst umstritten, ob die 98
fehlende Leistung eines Vorunternehmers, die bei dessen nachfolgendem Auftragnehmer zur Bauverzögerung führt, dem Auftragnehmer Schadensersatzansprüche gegen den Auftraggeber gemäß § 6 Nr. 6 (heute: Satz 1) VOB/B
gibt;[134] **auf jeden Fall hat der Auftragnehmer aber Anspruch auf Bauzeitverlängerung**[135] – und nur darum geht es **hier**, denn wir erörtern **hier** ja nur, ob
der Auftragnehmer wegen der Behinderung Fristverlängerung behaupten
kann und damit sein Leistungsverzug ausscheidet.

2. Alternative: § 6 Abs. 2 Nr. **1b** VOB/B: 99

Die **zweite** Alternative, die als Behinderung den Verzug des Auftragnehmers
ausschließt, sind Streik und Aussperrung.

3. Alternative: § 6 Abs. 2 Nr. **1c** VOB/B: 100

Die **dritte** Alternative, die als Behinderung den Verzug des Auftragnehmers
ausschließt: **Höhere Gewalt (oder andere unabwendbare Umstände).**

a) Höhere Gewalt: Brandstiftung, Erdbeben, »Jahrhundert-Hochwasser« in
   einem sonst nicht hochwassergefährdeten Gebiet.
b) Unabwendbare Umstände (es handelt sich um seltenste Ausnahmefälle):
   Extrem ungünstiges Wetter, auf das sich auch bei sorgfältigster Vorberei-
   tung der Auftragnehmer nicht einrichten konnte – vgl. § 6 Abs. 2 Nr. 2
   VOB/B (Vorsicht: Das ist in den seltensten Fällen zu bejahen; Rechtspre-
   chungsbeispiel: Wolkenbruch in einer Stärke, die alle 20 Jahre vorkommt).

Weiteres Beispiel: Gesundheitsschäden für die auf der Baustelle beschäftigten
Arbeitnehmer infolge der Verwendung eines neuen, bisher nicht bekannten
Materials (der gekünstelte Fall zeigt, dass es ein solches Problem praktisch
nicht gibt).

---

134 Früher verneint vom BGH, BauR 1985, 561; aber bejaht von der ganz überwie-
   genden Meinung, heute von BGH, NZBau 2000, 187 als »Entschädigungsanspruch« gemäß § 642 BGB bejaht und mittlerweile in § 6 Abs. 1 Satz 2 VOB/B
   verankert, s. Rdn. 120, 121.
135 Kapellmann/Schiffers, Bd. 1, Rdn. 1250.

101 Nach dem eindeutigen Text der VOB/B: **Voraussetzung** jeder Fristverlängerung für den Auftragnehmer ist die **Anzeige der Behinderung gegenüber dem Auftraggeber.**

Behinderungsgründe und Unterbrechungsgründe, die dem Auftragnehmer einen Anspruch auf Fristverlängerung geben, werden nur dann berücksichtigt, wenn der Auftragnehmer diese Gründe dem Auftraggeber ordnungsgemäß **angezeigt** hat (so § 6 Abs. 1 Satz 1 VOB/B); die Anzeige muss alle Tatsachen enthalten, aus denen sich für den Auftraggeber mit hinreichender Klarheit die Gründe der Behinderung ergeben.

Die Anzeige muss **unverzüglich** erfolgen, Schriftform ist nach herrschender Meinung nur aus Beweisgründen sinnvoll; man kann aber durchaus auch die Meinung vertreten, die Schriftform sei Wirksamkeitserfordernis. Deshalb aus Gründen des »sichersten Wegs« (s. Rdn. 2): **Immer schriftlich!**

Die Anzeige kann nach sehr strittiger Auffassung auch an den Architekten gerichtet werden; das gilt jedenfalls sicher dann nicht, wenn durch die Anzeige gerade ein Fehler in der Leistung des Architekten aufgedeckt oder behandelt wird (z. B. fehlende Ausführungsplanung). Deshalb dringend empfehlenswert: **Immer** Kopie der Behinderungsanzeige unmittelbar an den Auftraggeber oder Original an Auftraggeber und Kopie an Architekten! Immer die »Prinzipien« beachten, immer den »sichersten Weg« gehen!

Ohne formgerechte Anzeige (oder ohne Offenkundigkeit) gibt es nach unserer Meinung keine Berücksichtigung fristverlängernder Behinderungsgründe oder Unterbrechungsgründe (erst recht gibt es dann keine Aktivansprüche des Auftragnehmers gegen den Auftraggeber auf Schadensersatz gemäß § 6 Nr. 6 Satz 1 VOB/B).[136]

Wir müssen allerdings darauf hinweisen, dass wir in diesem Punkt eine **Mindermeinung** vertreten. Die juristisch **herrschende Meinung** steht auf dem Standpunkt, der Verzug des Auftragnehmers setze **Verschulden** (genauer: Vertreten müssen) voraus (was natürlich richtig ist). Wenn der Auftraggeber aber vertragswidrig z. B. Pläne zu spät aushändige, sei die daraus resultierende **Verzögerung** für den Auftragnehmer unverschuldet. Ob er eine Behinderungsanzeige gemacht habe oder nicht, ändere am fehlenden Verschulden nichts. Deshalb komme es zur **Abwehr** des Verzuges wegen auftraggeberseitiger Behinderung auf eine Behinderungsanzeige **nicht** an.

Diese Rechtsauffassung macht § 6 Abs. 1 Satz 2 VOB/B (und § 6 Abs. 4 VOB/B) zur Makulatur: Um aktiv Schadensersatzansprüche wegen Behinderung durchzusetzen, ist für den Auftragnehmer zwar die Behinderungsanzeige erforderlich, aber eine Fristverlängerung, wie sie § 6 Abs. 1 Satz 2 VOB/B nur

---

136 OLG Rostock, Urt. v. 29.12.2004, 3 U 13/04, Juris, Nichtzulassungsbeschwerde vom BGH zurückgewiesen.

bei Anzeige gewährt, wäre immer überflüssig, weil der Auftragnehmer (mangels Verschuldens) gar keine Fristverlängerung braucht, um gegen ihn gerichtete Verzugsansprüche abzuwehren.

Richtig ist es deshalb, § 6 Abs. 1 Satz 2 als ergänzende Parteivereinbarung dahin zu verstehen, dass der Auftrag**nehmer** sich in den Fällen, in denen Behinderung und Behinderungsauswirkungen nicht offenkundig sind, verpflichtet, die Fristen **trotz** auftraggeberseitiger Behinderung einzuhalten, **wenn** er nicht die Fristverlängerung per Behinderungsanzeige **verlangt**. Das Anzeigeerfordernis ist also eine vertragliche Sperre: Ohne Anzeige darf sich der Auftragnehmer gegenüber **Verzugsschadensersatzansprüchen** nicht auf sein fehlendes Verschulden berufen.[137]

An der Antwort auf diese nur scheinbar akademische Streitfrage hängen riesige finanzielle Folgen – wenn der Auftragnehmer sich ohne Behinderungsanzeige auf auftraggeberseitige Behinderungen berufen kann, scheitern Ansprüche des Auftraggebers auf Verzugsschadensersatz.

Gegenüber einer für Verzug vereinbarten **Vertragsstrafe** kann sich allerdings der Auftragnehmer auch ohne Behinderungsanzeige verteidigen, wenn der Auftraggeber durch die Behinderung die Verzögerung verursacht hat,[138] was mit der systematischen Trennung von § 11 VOB/B zu §§ 5, 6 VOB/B zusammenhängt.

Unser Leser geht natürlich dem Streit der Wissenschaft aus dem Weg, folgt dafür aber dem Grundsatz des »sichersten Weges« aus Rdn. 2: Er **zeigt Behinderungen immer an**. Ihm kann nichts passieren.

Eine Anzeige ist **ausnahmsweise entbehrlich**, wenn die Unterbrechungs- oder **102** Behinderungstatsachen offenkundig sind und wenn zusätzlich deren hindernde Wirkung dem Auftraggeber bekannt ist; dabei genügt die Kenntnis des Architekten. Diese Ausnahme muss der Auftragnehmer beweisen.

Auf eine solche Ausnahme sollte sich der Auftragnehmer nie verlassen; er **sollte immer** eine Behinderungsanzeige machen. Nur so wandelt er auf dem »sichersten Weg«.

Achtung: Sonderproblem – Fristverlängerung durch geänderte oder zusätz- **103** **liche Leistungen?** Es ist in der Praxis wenig bekannt, dass vom Auftraggeber **angeordnete geänderte oder zusätzliche Leistungen**, die über die vereinbarte Bauzeit hinaus zusätzlichen **Zeitbedarf** nach sich ziehen und deshalb de facto die **Bauzeit** verlängern, keineswegs im Rechtssinn automatisch zu Ansprüchen des Auftragnehmers auf Bauzeitverlängerung und damit zum Ausschluss des

---

137 S. dazu abweichend BGH, BauR 1999, 645; zum Meinungsstand Kapellmann/ Schiffers, Bd. 1, Rdn. 1216.

138 Kapellmann/Schiffers, Bd. 1, Rdn. 1216.

Leistungsverzuges des Auftragnehmers bei schuldhaftem Überschreiten der Fertigstellungsfrist führen müssen.

Auch geänderte oder zusätzliche Leistungen (sogar gleichgültig, ob sie angeordnet sind oder nicht – vgl. zu nicht angeordneten Leistungen § 2 Abs. 8 VOB/B) sind im **formalen** Sinne ablaufbehindernd und **müssen** folglich als Behinderung aus dem Risikobereich des Auftraggebers gemäß § 6 Abs. 2 Nr. 1a VOB/B vom Auftragnehmer dem Auftraggeber **angezeigt** werden. Nur dann hat der Auftragnehmer die sichere Gewähr, dass er »Fristverlängerung« erhält.

Ohne Anzeige ist er auf die äußerst kritische Diskussion darüber angewiesen, ob die zusätzlichen Arbeiten offenkundig ablaufbehindernd waren,[139] falls man unsere Meinung teilt, dass auch zur Abwehr von Verzugsschadensersatzansprüchen des Auftraggebers eine Behinderungsanzeige grundsätzlich notwendig ist (s. o. Rdn. 101).

Die **Vergütung** solcher angeordneter inhaltlich geänderter oder zusätzlicher Leistungen erfolgt über § 2 Abs. 5, 6, 8 VOB Teil B, nicht als »Behinderungsschadensersatz«. Lediglich bei rein zeitlichen oder nur die Bauumstände betreffenden technisch **nicht** zwingend notwendigen Anordnungen des Auftraggebers hat der Auftragnehmer die Wahl zwischen Vergütungsansprüchen oder Schadensersatzansprüchen (Einzelheiten Rdn. 53, 127).[140] Das hat aber mit dem hier behandelten Thema nichts zu tun: Uns geht es hier nur um die Frage, wann Leistungsverzögerungen nicht zum Verzug des Auftragnehmers, sondern als Behinderung zur **Frist**verlängerung führen.

104 Wenn dem Auftragnehmer Behinderungsgründe oder Unterbrechungsgründe zur Seite stehen und wenn er diese rechtzeitig angezeigt hat (zur Streitfrage s. o. Rdn. 101) oder wenn diese einschließlich der behindernden Auswirkung offenkundig sind, **verlängert sich** ›automatisch‹ die Ausführungsfrist des Auftragnehmers gemäß **§ 6 Abs. 4 VOB/B** um den Behinderungszeitraum oder um den Unterbrechungszeitraum **plus** einem Zuschlag für eine neue Vorlaufzeit (Regiezeit) **plus** einem Zuschlag etwa für eine Erschwerung durch die Notwendigkeit, die Arbeiten in einer anderen Jahreszeit auszuführen.

Die so ermittelte neue Leistungsfrist ist naturgemäß **niemals Kalenderfrist**.

Wir wiederholen: Ob der Auftragnehmer seinerseits wegen der Behinderung Schadensersatzansprüche gegen den Auftraggeber geltend machen kann, ist ein anderes Thema (unten Rdn. 112 ff.).

---

139 Kapellmann/Schiffers, Bd. 1, Rdn. 1230 ff.
140 KG, BauR 2008, 837, rechtskräftig gemäß Beschluss des BGH; Kapellmann/ Schiffers, Bd. 1, Rdn. 1134.

7. Folge des auftragnehmerseitigen Leistungsverzuges

Wenn der **Auftragnehmer** mit seiner Leistung (oder Teilleistung) **in Verzug ist,** **105**
dem Auftragnehmer also auch keine Ansprüche auf Fristverlängerung wegen
Behinderung zustehen, hat der **Auftraggeber** die nachfolgenden Rechte:

a) Zahlungsverweigerung

Der Anspruch des Auftragnehmers auf Abschlagszahlung hängt davon ab, dass **106**
bestimmte Teilleistungen erbracht sind. Da beim Leistungsverzug diese Teilleistungen (noch) nicht erbracht sind, hat der **Auftraggeber das Recht, inso-**
weit die Abschlagszahlung zu verweigern; das hat übrigens unmittelbar
nichts mit Verzug zu tun, sondern ist nur Folge der fehlenden Teil-Fertigstel-
lung. Aus einzelvertraglichen Regelungen können sich hier Abweichungen ergeben.

b) Schadensersatzpflicht (Verzugsschaden)

Gemäß § 5 Abs. 4 VOB/B i. V. m. § 6 Abs. 6 Satz 1 VOB/B hat der Auftrag- **107**
geber gegen den Auftragnehmer Anspruch auf Schadensersatz wegen Ver-
zugs, allerdings nach herrschender, bestrittener Auffassung ohne entgan-
genen Gewinn des Auftragnehmers (außer bei grobem Verschulden des
Auftraggebers).

Beispiel: Ersatz des infolge des Verzuges des Auftragnehmers entstandenen
Mietausfalls durch verspätete Fertigstellung.

c) Kündigung

Bei Verzug des Auftragnehmers mit seiner Leistung kann der Auftraggeber dem **108**
Auftragnehmer **gemäß § 5 Abs. 4 VOB/B i. V. m. § 8 Abs. 3 VOB/B** aus wichtigem Grund schriftlich kündigen.

Voraussetzung ist:

Der Auftraggeber muss dem Auftragnehmer zusätzlich eine angemessene Frist
zur Vertragserfüllung setzen und eindeutig erklären, dass er ihm nach fruchtlosem Ablauf der Frist den Auftrag entzieht (Kündigungsandrohung). Die
Kündigung muss dann unverzüglich nach Ablauf der in der Mahnung und
der Androhung bzw. in der Androhung allein gesetzten Frist erfolgen, ein »Abwarten« ist schädlich und führt zum Verlust des Kündigungsrechts.[141] Die
Kündigungsandrohung sollte zweckmäßig schriftlich erfolgen, die darin zu
setzende Nachfrist ist zwingend.

---

141 Ebenso OLG Düsseldorf, IBR 1993, 462.

Es ist möglich, die Kündigungsandrohung mit der den Verzug begründenden Mahnung (bei Nicht-Kalenderfrist) gleichzeitig auszusprechen.[142] Aber das ist und bleibt problematisch und ist nicht wirklich sicher. Also: Unsere Leser tun das nicht, sie beherrschen mittlerweile traumwandlerisch sicher den »sichersten Weg« und sprechen zuerst nach Fälligkeit die verzugsbegründende Mahnung aus und setzen nach Fristablauf die Nachfrist mit Kündigungsandrohung.

Der Auftraggeber hat im Normalfall nicht das Recht zur Teilkündigung **aus wichtigem Grund,** außer, der zu kündigende Teil ist »funktional in sich abgeschlossen« (dazu näher Rdn. 170).

Der Auftraggeber kann also entweder wegen des Verzugs ganz kündigen oder gar nicht.

Dass der Auftraggeber immer Teilleistungen »**frei**« kündigen kann, ist ein ganz anderes Thema (s. Rdn. 135).

d) Vertragsstrafe

109 Die Vertragsstrafe ist ein scharfes Mittel, um einen säumigen Auftragnehmer »unter Druck zu setzen«.

Die Voraussetzungen für den Anfall der Vertragsstrafe und die Höhe müssen im Bauvertrag vereinbart sein.

Kraft gesetzlicher Bestimmung kann eine Vertragsstrafe nur verlangt werden, wenn der Auftragnehmer mit der Leistung **in Verzug** ist.

Eine Vertragsstrafe kann sowohl für den Verzug mit der Endfertigstellungsfrist vereinbart werden (was der Regelfall ist), sie kann aber auch für den Verzug mit einzelnen Ausführungsfristen (Zwischenfristen) vereinbart werden, sofern diese Vertragsfristen sind (denn sonst sind sie nicht verbindlich). Dann muss aber darauf geachtet werden, dass die Kumulation der Vertragsstrafen für die Zwischenfristen nicht zu einer unerlaubten Höhe der Vertragsstrafe führt.

Wird die Vertragsstrafe vom Auftraggeber in Allgemeinen Geschäftsbedingungen gestellt, darf sie bestimmte Größenordnungen nicht überschreiten, ansonsten ist die Vereinbarung unwirksam gemäß § 307 BGB. Nach derzeit herrschender Auffassung sind z. B. noch zulässig 0,25 % pro Werktag, max. jedoch 5 % der Nettoabrechnungssumme;[143] 0,5 % pro Arbeitstag sind dagegen immer unwirksam, selbst wenn eine Höchstgrenze vereinbart ist.[144]

---

142 BGH, NJW-RR 1997, 622 und BGH, NJW-RR 1990, 442.
143 BGH, BauR 2003, 870.
144 BGH, BauR 2002, 1086.

Verlängern die Vertragsparteien Baufristen, ohne die Vertragsstrafen zu erwähnen, so ist **im Zweifel** davon auszugehen, dass die Vertragsstrafe nicht aufrechterhalten werden soll.[145]

Wird durch Zusatzleistungen, Behinderungen usw. der Auftragnehmer zu einer »**durchgreifenden** Neuordnung« des vertraglich vereinbarten Zeitplans gezwungen, ist eine wie auch immer errechnete neue Endfrist nicht mehr Grundlage einer Vertragsstrafe, sie entfällt.[146]

Die Vertragsstrafe muss bei Abnahme vorbehalten werden.

Die Vertragsstrafe, die der GU wegen Säumigkeit seines NU an den Auftraggeber zahlen muss, kann er als Verzugsschaden gemäß § 6 Nr. 6 Satz 1 VOB/B von seinem NU verlangen.[147] Ggf. muss er allerdings seinen Nachunternehmer auf die Gefahr eines besonders hohen Schadens hinweisen, dass nämlich der Verzug des NU auch mit nur einer relativ kleinen Teilleistung, betrachtet man das ganze Bauvorhaben, zum Verzug des Hauptauftragnehmers gegenüber dem Auftraggeber mit der Gesamtfertigstellung des Objekts führen kann und damit zu einer Vertragsstrafe auf dieser Ebene, die höher sein kann als der ganze Werklohn des NU.

e) Klage auf Erfüllung

Theoretisch hat der Auftraggeber auch bei Verzug des Auftragnehmers einen **110** Anspruch auf Erfüllung, der per Klage durchgesetzt werden kann. Der Fall ist so theoretisch, dass wir ihn nicht weiter diskutieren.

8. Abbildung und Beispiel für Fristenbehandlung

Den doch relativ komplizierten Ablauf, der beispielsweise einer Schadenser- **111** satzforderung oder einer Kündigung des Auftraggebers wegen Leistungsverzuges des Auftragnehmers vorausgeht, haben wir in Abbildung 2 zusammengefasst.

---

145 OLG Celle, BauR 2006, 147, vgl. aber auch BGH, NZBau 2006, 504, äußerst fallabhängig.
146 BGH, BauR 1993, 600.
147 BGH, BauR 1998, 330.

Abbildung 2: Der Leistungsverzug des Auftragnehmers (VOB/B) – Zusammenfassung

Das Beispiel aus dieser Abbildung erläutern wir auch noch einmal wie folgt:

Die Fertigstellungsfrist für die Decke im 1. OG ist in einem Bauzeitenplan, der Vertragsbestandteil ist, auf den 31.03.2012 angesetzt.

Eine Woche vor Fristablauf stellt der Auftraggeber fest, dass der Auftragnehmer diese Frist des Bauzeitenplanes auf keinen Fall mehr einhalten wird. Die Frist in dem Bauzeitenplan ist nicht Vertragsfrist, sie ist Nicht-Vertragsfrist (§ 5 Abs. 1 Satz 2 VOB/B). Also ist die Teilleistung »Decke 1. OG« nach Ablauf des 31.03.2012 noch nicht fällig. Der Auftraggeber fordert deshalb (und zwar schon eine Woche vorher, das ist zulässig, wenn auch riskant) den Auftragnehmer auf, »Abhilfe zu schaffen« (§ 5 Abs. 3 VOB/B). Er setzt zur Fertigstellung der Decke eine – angemessene – Frist bis zum 10.04.2012. Erst nach fruchtlosem Ablauf dieser Frist ist die Teilleistung jetzt fällig; das ist jedenfalls der sichere Weg. Möglicherweise tritt Verzug auch schon ohne Mahnung ein (s. o. Rdn. 86), aber diese neue Rechtslage ist noch nicht hinreichend geklärt.

Überschreitet der Auftragnehmer auch die Frist vom 10.04.2012, kommt er immer noch nicht automatisch in Verzug, und zwar deshalb nicht, weil diese vom Auftraggeber jetzt gesetzte Abhilfefrist nicht im Voraus aus dem Vertrag als Frist abzulesen war, also keine Kalenderfrist ist. Ohne Kalenderfrist führt aber ein Fristablauf nicht zum Verzug, Mahnung ist erforderlich – das ist allerdings **nach heutiger Rechtslage möglicherweise anders**, s. Rdn. 86.

Also muss der Auftraggeber nach Ablauf des 10.04.2012 (jedenfalls **sicherheitshalber**) noch einmal mahnen, um den Auftragnehmer in Verzug zu setzen. Der Auftraggeber kann also z. B. sinngemäß nach dem 10.04.2012 schreiben:»Da Sie die für den 10.04.2012 gesetzte Frist zur Abhilfe versäumt haben, mahne ich Sie hiermit, Ihre Arbeit endgültig bis zum 17.04.2012 zu beenden.« Jedenfalls nach dem 17.04.2012 ist der Auftragnehmer in Verzug.

Jetzt kann der Auftraggeber Verzugsschadensersatz geltend machen. Will er den jetzt eingetretenen Verzug als Anlass zur Kündigung des (gesamten) Bauvertrages nehmen, muss er zusätzlich diese Kündigung zuvor androhen und eine Nachfrist setzen (§ 5 Abs. 4 VOB/B). Nach der Rechtsprechung kann die den Verzug begründende Mahnung gleichzeitig mit der Nachfristsetzung und Kündigungsandrohung ausgesprochen werden (vgl. Rdn. 108, aber auf keinen Fall empfehlenswert).

Ist auch die Nachfrist fruchtlos abgelaufen, kann der Auftraggeber den Bauvertrag aus wichtigem Grund kündigen, und zwar mit der Folge des § 8 Abs. 3 VOB/B. Die Kündigung muss schriftlich erfolgen.

Reihenfolge also:

Überschreitung der Nicht-Vertragsfrist: 31.03.2012.

Dann: Abhilfeaufforderung und Frist zur Fertigstellung bis zum 10.04.2012.

Nach fruchtlosem Ablauf: Mahnung zum 17.04.2012 und (äußerstenfalls) gleichzeitig Androhung der Kündigung und Nachfristsetzung wie folgt: »Da Sie die für den 10.04.2012 gesetzte Frist zur Abhilfe versäumt haben, setze ich Ihnen hiermit eine Nachfrist, Ihre Arbeiten endgültig bis zum 17.04.2012 zu beenden. Gleichzeitig erkläre ich Ihnen hiermit, dass ich Ihnen nach fruchtlosem Ablauf auch dieser Nachfrist den Auftrag entziehen werde.«

Das ist ein dorniger Weg – aber noch dorniger ist es, wenn der Auftraggeber Formfehler macht, Fristen nicht einhält und dergleichen und dann erst im Prozess nach 2 Jahren z. B. merkt, dass seine Kündigung nicht als eine solche nach § 8 Abs. 3 VOB/B wegen Leistungsverzugs des Auftragnehmers, sondern nur als »freie Kündigung« gemäß § 8 Abs. 1 VOB/B behandelt wird mit der schönen Folge, dass er dann auch noch für den nicht ausgeführten Teil die ausstehende Vergütung minus ersparter Aufwendungen bezahlen darf.[148]

II. Ansprüche gegen den Auftraggeber

1. Verzug des Auftraggebers mit Hauptpflichten

112 Natürlich kann nicht nur der Auftragnehmer mit der Ausführung seiner Leistung oder Teilleistung »in Verzug kommen«, ebenso kann auch der Auftraggeber seine eigenen **Pflichten** (oder Obliegenheiten) mangelhaft, verzögert oder gar nicht erfüllen.

Der Auftraggeber hat »**Hauptpflichten**«:

a) Abnahme

Erste Hauptpflicht ist die **Abnahme** des Werkes.

b) Zahlung

113 Er hat als zweites die **Hauptpflicht,** den vereinbarten **Werklohn zu zahlen,** und zwar entsprechend dem Vertrag.

aa) Bei vereinbarter VOB/B hat der Auftragnehmer das Recht auf **Abschlagszahlungen.** Leistet der Auftraggeber 21 Tage nach Zugang der Abschlagsrechnung mit entsprechender prüfbarer Aufstellung über die Teilleistung die Zahlung nicht, ist damit die Forderung fällig; 30 Tage nach Zugang der Auftraggeber nach der Neufassung des § 16 VOB/B **ohne** Mahnung **automatisch** in Verzug (§ 16 Abs. 1 Nr. 3, Abs. 5 Satz 2 VOB/B); das wäre nur der Fall, wenn die abgelaufene Frist eine Kalenderfrist gewesen wäre. Das ist aber unmöglich, weil der Lauf dieser Frist nicht aus dem Kalender abzulesen ist, sondern davon abhängt, wann die Abschlagsrechnung zugeht. Also muss der Auftragnehmer bei Ablauf der 21 Tage mahnen gemäß § 16 Abs. 5 Nr. 3 VOB/B unter Setzung einer Nachfrist. Nach Zugang der Mahnung und Ablauf der darin genannten Frist ist der Auftraggeber in Verzug.

---

148 Dazu BGH, BauR 2003, 1889.

Dann gilt § 16 Abs. 5 Nr. 4 VOB/B:

> *»Der Auftragnehmer darf die Arbeiten bei Zahlungsverzug bis zur Zahlung einstellen, sofern eine dem Auftraggeber zuvor gesetzte angemessene Frist erfolglos verstrichen ist.«*

Das Recht auf Arbeitseinstellung ist die erste Verzugsfolge und ein sehr wesentliches Druckmittel des Auftragnehmers, die zweite Folge ist der Anfall von Verzugszinsen. Der gesetzliche Verzugszinssatz (§ 288 Abs. 2 BGB) beträgt 8 % bei Geschäften, an denen ein Verbraucher nicht beteiligt ist, über dem Basiszinssatz. Letzterer ist ab 01.01.2013 - 0,13 %, § 247 BGB. **114**

Weitere Verzugsfolge: **115**

Der Auftragnehmer kann auch den Auftrag kündigen. Dazu sind allerdings weitere Voraussetzungen gemäß § 9 VOB/B zu erfüllen.

bb) Der Auftraggeber kann auch mit der **Schlusszahlung** in Verzug kommen. Voraussetzung ist wieder Fälligkeit. Beim VOB/B-Vertrag wird die Schlusszahlung fällig, wenn der Auftragnehmer eine schriftliche Schlussrechnung gestellt hat, das Werk abgenommen ist und 30 Tage nach Zugang der Schlussrechnung vergangen sind; die Frist verlängert sich auf höchstens 60 Tage, wenn sie aufgrund der besonderen Natur oder Merkmale sachlich gerechtfertigt ist **und ausdrücklich** vereinbart wurde (§ 16 Abs. 3 Sätze 1, 2 VOB/B). **116**

Folge: Wiederum kann der Auftragnehmer Zinsen i. H. v. 8 % über dem Basiszinssatz, derzeit also **7,87 %** (dazu oben Rdn. 114), als Verzugszinssatz beanspruchen, ggf. höhere Verzugszinsen. Nach fruchtlosem Ablauf der Frist gerät der Auftraggeber **ohne** Mahnung **automatisch** in Verzug (§ 16 Abs. 5 Satz 2 VOB/B).

Kündigen kann er nicht mehr, weil die Arbeit fertiggestellt und abgenommen ist. Aus demselben Grund kann er natürlich auch die Arbeiten nicht mehr einstellen.

Außer dem Zinsanspruch ist also nichts mehr gewonnen – der Auftragnehmer kann danach jetzt eigentlich nur noch klagen (oder warten und beten).

c) Eigene Leistungsmitwirkung

Wenn das im Vertrag vereinbart ist, kann der Auftraggeber eine dritte »**Hauptpflicht**« haben, nämlich eine Pflicht zur eigenen Leistungsmitwirkung. **117**

Beispiel: Der Auftraggeber verpflichtet sich, einen Kran zu stellen (Beistellung). Oder: Er verpflichtet sich, eine bestimmte, für die Baumaßnahme notwendige Leistung seinerseits bis zu einem bestimmten Zeitpunkt zu erbringen, z. B. am 31.03.1992 eine Behelfsbrücke zur Aufnahme der behelfsmäßigen Verkehrsführung auf einer Autobahn dem Auftragnehmer zur Verfügung zu stellen, um so dem Auftragnehmer erst die Ausführung seiner Bauarbeiten auf der Fahrbahn zu ermöglichen.[149] Derartige Pflichten des Auftraggebers sind »**dem Herstellungsbereich**« zuzurechnen, sie sind also ebenso »Hauptpflicht« des Auftraggebers wie die Zahlungspflicht. Der Begriff »Hauptpflicht« passt heute nicht mehr genau, § 280 BGB regelt allgemein die Folgen von Pflichtverletzungen und unterscheidet nicht mehr Haupt- und Nebenpflichten.

Der Auftraggeber kann mit dieser »Hauptpflicht« »in Verzug« kommen, bei der Vereinbarung einer Kalenderfrist durch bloßen Fristablauf (so der Fall der Behelfsbrücke), bei Nicht-Kalenderfrist nach entsprechender Mahnung.

Folge:

Der Auftrag**geber** ist dann dem Auftragnehmer wegen (normalen) **Schuldnerverzuges** (!) schadensersatzpflichtig. Dieser Verzug wird aber, soweit er gleichzeitig – wie im Regelfall – eine Behinderung ist, abgewickelt nach § **6 Abs. 6 Satz 1 VOB/B**. Auf diese Weise kann z. B. der Auftragnehmer Mehrkosten verlangen, die er durch verlängerte Bereithaltung von Material oder durch entsprechende zusätzliche zeitabhängige Kosten hat.[150]

Der Auftragnehmer kann auch nach angemessener Nachfrist und Kündigungsandrohung gemäß § 9 VOB/B kündigen.

2. »Verzug« des Auftraggebers mit »Nebenpflichten« (Mitwirkungspflichten) – Schadensersatzansprüche des Auftragnehmers wegen »Behinderung«, § 6 Abs. 6 Satz 1 VOB/B

a) Mitwirkungspflichten

118 Der Auftraggeber muss außer eigener Beistellung auch ansonsten in vielfältiger Form **Mitwirkungspflichten** aus dem Bauvertrag erfüllen – »Nebenpflichten«. Er muss beispielsweise (je nach Vertrag) die Baugenehmigung beibringen, Planungsunterlagen beibringen, das Grundstück stellen usw.; das BGB ordnet diese Mitwirkungshandlungen in § 642 BGB laut BGH als »Obliegenheiten« ein. Beim **Bauvertrag** handelt es sich aber nicht nur um unverbindliche Obliegenheiten, sondern um echte »Nebenpflichten«.[151]

Unterlässt er die rechtzeitige Beibringung, so kann das zu einer **Störung** des vertraglich vorgesehenen Bauablaufs führen, deren Folgen sich als »Behinde-

---

149 Fall des OLG Celle, BauR 1994, 629, Revision vom BGH nicht angenommen.
150 So auch OLG Celle; näher Kapellmann/Schiffers, Bd. 1, Rdn. 1298.
151 Anders BGH »Glasfassade«, NZBau 2009, 185 = BauR 2009, 515, dazu ausführlich Kapellmann/Schiffers, Bd. 1, Rdn. 1274 ff.; zustimmend wie hier »insbesondere bei Bauverträgen« Palandt/Sprau, BGB § 642 Rdn. 3, heute ganz überwiegende Meinung.

rung« darstellen; dasselbe gilt erst recht für eine Unterbrechung des Bauablaufs.

Die Rechtsfolgen regelt § 6 VOB/B. Nach § 6 Abs. 6 Satz 1 hat der Auftragnehmer Schadensersatzansprüche. Nach § 6 Abs. 6 Satz 2 gibt es wahlweise daneben auch einen Entschädigungsanspruch gemäß § 642 BGB (dazu weiter Rdn. 129–131).

Von den drei relevanten Behinderungsmöglichkeiten, die gemäß **§ 6 Abs. 2 Nr. 1 VOB/B** zur **Fristverlängerung** führen (Umstände aus dem Risikobereich des Auftraggebers, Streik oder Aussperrung, höhere Gewalt oder unabwendbare Umstände, s. o. Rdn. 99, 100), beschäftigen wir uns **hier** nur mit einem Tatbestand, der zum finanziellen Ausgleich führt, nämlich den

»**vom Auftraggeber zu vertretenden** Umständen«,

nur diese führen zum **Schadensersatzanspruch des Auftragnehmers,** so § 6 Abs. 6 Satz 1 VOB/B. »Zu vertretende Umstände« sind im Regelfall nichts anderes als »verschuldete Umstände« (s. o. Rdn. 87). Für eine Fristverlängerung kommt es nur auf »Umstände« aus dem Risikobereich des Auftraggebers an, für Schadensersatzansprüche müssen diese Umstände vom Auftraggeber auch **verschuldet** sein.

Der Auftragnehmer muss außerdem die Behinderung angezeigt haben, oder sie muss einschließlich der behindernden Wirkung offenkundig sein – **ohne Anzeige oder Offenkundigkeit** kein Schadensersatz wegen Behinderung.

b) Zur Wiederholung: Erste Behinderungsfolge: Fristverlängerung

Wir müssen nun der Vollständigkeit halber wiederholen, was wir schon erörtert haben: Wenn der Auftragnehmer behindert ist und die Behinderung rechtzeitig angezeigt hat oder die Behinderungstatsache und deren hindernde Wirkung offenkundig waren, werden (auch) die Ausführungsfristen verlängert (s. o. Rdn. 94–104); also kann der Auftragnehmer selbst nicht mit der Ausführung seiner Leistung oder Teilleistung in Verzug kommen. **119**

Insoweit kommt es nicht auf das Verschulden des Auftraggebers an.

c) Zweite Behinderungsfolge: Schadensersatz

Darüber hinaus kann die vom Auftraggeber zu vertretende Behinderung auch zu **Schadensersatzansprüchen** des Auftragnehmers wegen Behinderungs-Mehrkosten führen. **120**

Die Behinderung oder Unterbrechung muss **dann vom Auftraggeber zu vertreten sein** (verschuldet sein), s. o. Rdn. 87.

Sobald also der Auftragnehmer Schadensersatzansprüche geltend machen will, bedeutet dieses »Vertreten müssen«, dass der Auftraggeber die Behinderung oder Unterbrechung verschuldet haben muss.

121 Dieses Verschuldenserfordernis ist relativ unproblematisch; insbesondere gilt § 286 Abs. 4 BGB: Danach muss sich der Auftraggeber vom Vorwurf des Verschuldens entlasten, der Auftragnehmer muss nicht etwa das Verschulden nachweisen. Diese Entlastung ist praktisch kaum möglich, so dass an sich das ganze »Verschuldensthema« nicht sehr aufregend wäre. Das gilt umso mehr, als der Auftraggeber für die Pflichtverletzungen seiner Erfüllungsgehilfen (z. B. Architekt oder Statiker im Bereich Planung) gemäß § 278 BGB haftet ohne Rücksicht auf Verschulden.

Heftig umstritten ist aber im Zusammenhang mit der Verschuldensvoraussetzung bei **Schadensersatzansprüchen** des Auftragnehmers wegen Behinderung, ob ein **Vorunternehmer** Erfüllungsgehilfe **des Auftraggebers ist (vgl. oben Rdn. 23)**, ob also der Auftraggeber dafür haftet, dass ein von ihm beauftragter Unternehmer, der zeitlich vorrangig eine Arbeit zu erledigen hat, **zögerlich oder mangelhaft arbeitet** und **dadurch** einen **nachfolgenden** Auftragnehmer behindert.

Beispiel:

Der Tiefbauunternehmer schachtet nicht rechtzeitig aus, deshalb kann der Rohbauunternehmer nicht zum vertraglich vorgesehenen Termin anfangen, seine Arbeit verzögert sich um einen Monat.

Ähnliche Konstellationen ergeben sich, wenn ein Nachunternehmer gegen den Generalunternehmer vorgeht, weil ein anderer, zeitlich vorrangiger Nachunternehmer seine Leistung nicht fertiggestellt hat.

Beispiel:

Der Teppichbodenleger kann nicht arbeiten, weil der Estrichleger nicht pünktlich fertig geworden ist.

Der **BGH** hatte **früher** immer in solchen Fällen einen Schadensersatzanspruch **verneint**, ausgenommen, der Auftraggeber hatte im Zusammenhang mit dem verspäteten Vorunternehmer seine Koordinationspflicht verletzt.[152] Begründung: Der Auftraggeber bediene sich nicht des Vorunternehmers als Erfüllungsgehilfen, um Pflichten gegenüber dem (nachfolgenden) Auftragnehmer zu erfüllen, er habe nämlich eine solche Pflicht nicht.

Entgegen der Rechtsprechung des BGH ist eine solche Haftung beim Anspruch aus § 6 Abs. 6 Satz 1 VOB/B **uneingeschränkt zu bejahen**; der Auftraggeber muss dem Auftragnehmer das Baugrundstück oder die Teilleistung, auf

---

152 BGH »Vorunternehmer I«, BauR 1985, 561.

der der Auftragnehmer aufbauen muss, zur Verfügung stellen, **das ist seine Pflicht**, die er durch den Vorunternehmer erfüllen lässt.

Der BGH hat 1999 förmlich seine frühere Vorunternehmerrechtsprechung **122** **aufgegeben** und die Haftung des **Auftraggebers** für eine verspätete Vorunternehmerleistung jetzt bejaht.[153] Er hat aber **nicht** § 6 Nr. 6 VOB/B a. F. angewandt, sondern § 642 BGB (der **laut BGH** durch § 6 Nr. 6 VOB/B a. F. nicht ausgeschlossen wird).[154] Der Auftragnehmer kann laut BGH immer **zwischen § 6 Nr. 6 a. F. VOB/B und § 642 BGB wählen; die VOB/B** hat dies jetzt in § 6 **Abs. 6 Satz 2** VOB/B aufgenommen.

Zu den Voraussetzungen von § 642 BGB, der Entschädigungsfolge und der praktischen Schlussfolgerung näher Rdn. 129–131.

d) Keine Mahnung erforderlich?

Nur der Vollständigkeit halber: Da es bei der auftraggeberseitigen Behinderung **123** nur um die bloße Verletzung einer »**Neben**pflicht« geht, ist Voraussetzung des Schadensersatzanspruches des Auftragnehmers nach § 6 Abs. 6 Satz 1 VOB/B nicht förmlicher »Verzug« des Auftraggebers mit seiner Mitwirkung, also **nicht** Ablauf einer Kalenderfrist oder Mahnung nach Ablauf einer Nicht-Kalenderfrist; die bloße Tatsache der Überschreitung der Mitwirkungsfrist genügt, um den Behinderungstatbestand auszulösen.[155] Stellt man auf Verzug ab, so ist die Mahnung wegen § 286 Abs. 2 Nr. 4 BGB möglicherweise entbehrlich.

Praktisch spielt das Thema kaum eine Rolle, weil ja durch die Anzeige der Behinderung gleichzeitig auch eine »Mahnung« erfolgt. Kritisch wäre aber immerhin der Zeitraum zwischen Fristversäumnis und Zugang der Anzeige.

e) Nachweis von Ursache und Schaden

Der Auftragnehmer muss die Störung uneingeschränkt beweisen. Die Verursa- **124** chung der behaupteten Folgen durch die Störung, also den Schadenseintritt, sowie die Schadenshöhe braucht er nur unter erleichterten Voraussetzungen, nämlich nur als Basis für zulässige Schätzungen zu beweisen. Im Grundsatz ist das schon seit über 20 Jahren höchstrichterlich geklärt,[156] zwei Entscheidungen vom 25.02.2005 haben aber diese Grundsätze noch einmal bestätigt, vertieft und präzisiert:[157]

---

153 BGH »Vorunternehmer II«, NZBau 2000, 187 = BauR 2000, 722.
154 Entgegen dem BGH war § 642 BGB durch das geschlossene Haftungssystem der §§ 5, 6 VOB/B ausgeschlossen.
155 Kapellmann/Schiffers, Bd. 1, Rdn. 1343.
156 BGH »Behinderungsschaden I«, BauR 1986, 347.
157 BGH »Behinderungsschaden III«, BauR 2005, 857 = NZBau 2005, 387; BGH »Behinderungsschaden IV«, BauR 2005, 861 = NZBau 2005, 335.

- Der Auftragnehmer muss den Tatbestand der Störung, die Störungsdauer und die Behinderungsanzeige bzw. die Offenkundigkeit uneingeschränkt dartun und beweisen (»haftungsbegründende Kausalität«). Wenn also z. B. der Auftragnehmer behauptet, durch verspätet vorgelegte, auftraggeberseitig geschuldete Ausführungspläne einen Schaden erlitten zu haben, muss er voll beweisen:
  - dass der Auftraggeber die Pläne schuldet
  - wann der i. R. d. Vertrags geltende Fälligkeitszeitpunkt für die Vorlage war
  - wann die Pläne geliefert worden sind und wie lange der Störungszeitraum war
  - die Behinderungsanzeige bzw. die Offenkundigkeit.

Es liegt auf der Hand, dass kein Raum für Schätzungen z. B. hinsichtlich der Frage ist, wann ein Plan vorgelegt worden ist.

Seine eigene Leistungsbereitschaft braucht der Auftragnehmer **nicht** zu beweisen.

- Dagegen braucht der Auftragnehmer nicht uneingeschränkt zu beweisen, sondern muss nur unter Darlegung »eines baustellenbezogenen« Ist- und Sollablaufs plausible Schätzungsgrundlagen liefern (»haftungsausfüllende Kausalität«) für
  - Schadensverursachung
  - Schadenseintritt
  - Schadenshöhe.[158]

Im Ergebnis ist das eine eindeutige Erleichterung für den Auftragnehmer: Er muss zwar eine baustellenbezogene Dokumentation erstellen, aber selbst wenn ein einzelner Teil der Darlegungen zu Ursache und Schaden nicht durchgreift, bleibt der ganze Rest verwertbar. Der BGH hat den Instanzgerichten dazu ins Stammbuch geschrieben, »nichtssagende Zweifel an einer entsprechenden Darstellung« seien unzulässig; wenn das Berufungsgericht wirklich Zweifel habe, müsse es genau darauf hinweisen, welche. Auch ein Privatgutachten müsse sachlich ausgewertet werden.[159]

Ein richtig organisiertes Unternehmen, das seine Dokumentationsaufgaben mit der gebotenen Sorgfalt wahrnimmt (s. Rdn. 126), wird diese Erfordernisse ohne weiteres erfüllen können. Die beiden BGH-Entscheidungen sind insoweit eindeutige Hilfen.

---

158 Einzelheiten Kapellmann/Schiffers, Bd. 1, Rdn. 1614–1636.
159 BGH »Behinderungsschaden IV«, s. Fn. 152.

f) Voller Schadensersatz

Der Schaden des Auftragnehmers ist voll zu ersetzen. Der »Schaden« wird kon-**125** kret ermittelt als Vergleich zwischen den hypothetischen tatsächlichen (nicht: den kalkulierten!) Kosten der Behinderung und den tatsächlichen Kosten bei Behinderung. Ermittelt werden muss also eine Differenz auf Ist-Basis.

Zu ersetzen sind z. B.

- zusätzliche zeitabhängige Kosten (Beispiel: Containermiete)
- Kosten für stillstehendes Personal oder Nachunternehmer
- Kosten aus **Leistungsabfall** durch behinderungsbedingten Stop-and-go-Betrieb.

Diese Kosten werden beaufschlagt mit dem vertraglichen Deckungsbeitrag für Allgemeine Geschäftskosten sowie (Wagnis und) Gewinn. Laut § 6 Abs. 6 Satz 1 VOB/B – dessen AGB-Festigkeit allerdings zu verneinen ist – ist Gewinn nur bei Vorsatz oder grober Fahrlässigkeit zu ersetzen. Wenn man die Vorschrift für gültig hält, bedeutet sie nur, dass der entgangene Gewinn auf **anderen** Baustellen nur unter den genannten Voraussetzungen zu ersetzen ist; der kalkulatorische (Wagnis- und) Gewinnzuschlag für **diese** Baustelle ist immer zu ersetzen.[160]

Kosten für stillstehende Geräte können ausnahmsweise abstrakt in Anlehnung an die Baugeräteliste berechnet werden.[161]

Der Schadensersatzanspruch aus § 6 Abs. 6 Satz 1 VOB/B unterliegt nach Auffassung des BGH nicht der USt.[162]

g) Dokumentation

Eine **ordnungsgemäße Dokumentation** ist zur Durchsetzung von Schadens-**126** ersatzansprüchen aus Behinderung praktisch **unumgänglich.**

Die Dokumentation muss die Störungstatsachen erfassen, ihre Auswirkungen (Ursächlichkeit) »baustellenbezogen« plausibel machen und eine möglichst konkrete Zuordnung eingetretener Schäden plausibel ermöglichen.

h) Exkurs

Beruhen die zeitlichen Verzögerungen auf ausdrücklichen oder konkludenten **127** Anordnungen des Auftraggebers, geänderte oder **zusätzliche Arbeiten auszuführen,** so gilt (vgl. schon oben Rdn. 103):

---

160 Kapellmann/Schiffers, Bd. 1, Rdn. 1491; Kniffka/Koeble, Kompendium Teil 8, Rdn. 33.
161 Kapellmann/Schiffers, Bd. 1, Rdn. 1515–1551.
162 BGH, BauR 2008, 821 = NZBau 2008, 318.

Solange die Anordnungen den Bau**inhalt** betreffen (neue Leistungen), sind die konkreten Mehraufwendungen **einschließlich** der durch den zusätzlichen Zeitaufwand bedingten Kosten **nur** auf Vergütungsbasis gemäß § 2 Abs. 5 oder § 2 Abs. 6 VOB/B zu berechnen; insoweit gibt es keine Schadensersatzansprüche aus Behinderung gemäß § 6 Abs. 6 Satz 1 VOB/B. Der Auftragnehmer muss also bei seinem »Nachtrag« in die entsprechende Vergütung auch ggf. zusätzliche zeitabhängige Kosten einrechnen.

128 Betrifft die technisch nicht zwingend notwendige Anordnung des Auftraggebers nur **Bauumstände** (z. B. Stopp der Baustelle, zeitliche Streckung), so hat der Auftragnehmer ein Wahlrecht, ob er diese Ansprüche gemäß § 2 Abs. 5 VOB/B als Vergütungsnachtrag oder gemäß § 6 Abs. 6 Satz 1 VOB/B als Schadensersatzanspruch abrechnet (vgl. Rdn. 53, 103). Die Berechnung ist unterschiedlich: Vergütungsansprüche werden auf der Basis fortgeführter Auftragskalkulation berechnet; Schadensersatzansprüche werden ohne Bindung an die Auftragskalkulation als Ersatz der tatsächlich entstandenen Kosten berechnet.

3. Entschädigungsansprüche aus § 6 Abs. 6 Satz 2 VOB/B, § 642 BGB

a) Voraussetzungen

129 Wie in Rdn. 122 erläutert, war der BGH seit 1999 der Auffassung, § 642 BGB sei **neben** § 6 Nr. 6 VOB/B anwendbar. Die VOB/B hat das in § 6 Abs. 6 Satz 2 aufgenommen.

§ 642 BGB lautet:

> *»(1) Ist bei der Herstellung des Werkes eine Handlung des Bestellers erforderlich, so kann der Unternehmer, wenn der Besteller durch das Unterlassen der Handlung in Verzug der Annahme kommt, eine angemessene Entschädigung verlangen.*
>
> *(2) Die Höhe der Entschädigung bestimmt sich einerseits nach der Dauer des Verzugs und der Höhe der vereinbarten Vergütung, andererseits nach demjenigen, was der Unternehmer infolge des Verzugs an Aufwendungen erspart oder durch anderweitige Verwendung seiner Arbeitskraft erwerben kann.«*

Wenn der Auftraggeber eine »Behinderung« (richtig: Störung) dadurch verursacht, dass er eine erforderliche Mitwirkungshandlung nicht, nicht rechtzeitig oder nicht ordnungsgemäß erbringt, er also eine ordnungsgemäße Mitwirkung **unterlässt**, greift § 642 BGB ein. Der Auftragnehmer muss den Auftraggeber insoweit in Annahmeverzug setzen: Der Auftragnehmer muss zu dem relevanten Zeitpunkt liefern dürfen, zur Leistung im Stande sein und seine Leistung anbieten (§§ 297, 294–286 BGB), wobei Letzteres nur noch formelhafte Voraussetzung ist. Es genügt nämlich schon, dass der Auftragnehmer »sein Personal zur Verfügung hält und zu erkennen gibt (!), dass er bereit und in der Lage ist, seine Leistung zu erbringen«.[163] Ist für die Mitwirkungshandlung eine Zeit nach dem Kalender bestimmt oder eine Ereignisfrist (s. o. Rdn. 86) fruchtlos verstrichen, ist gemäß § 295 BGB auch das Leistungsangebot nicht mehr erforderlich.

Unverständlicherweise und systemfremd verlangte der BGH zusätzlich zur Begründung dieses BGB-Anspruchs, dass der Auftragnehmer eine Behinderungsanzeige gemäß § 6 Abs. 1 **VOB/B** macht. Die VOB/B hat in § 6 Abs. 6 Satz 2 dieses zusätzliche Erfordernis übernommen. Einen **BGB-Anspruch** von einer **zusätzlichen** Voraussetzung abhängig zu machen, ist aber AGB-rechtlich unzulässig und führt **zur Unwirksamkeit der Bestimmung**, wenn die VOB/B nicht als Ganzes vereinbart ist.[164]

Das Problem der Haftung für Erfüllungsgehilfen, das dem BGH bei § 6 Abs. 6 VOB/B zum Stolperstein geworden ist, stellt sich für den BGH bei § 642 BGB nicht, weil er Mitwirkungshandlungen nicht als Pflicht, sondern als Obliegenheit des Auftraggebers ansieht; für »Obliegenheitsgehilfen« haftet man immer.[165]

Verschulden des Auftraggebers ist **nicht** erforderlich.

b) Die Entschädigung

Die »Entschädigung« hat Vergütungscharakter,[166] d. h., wie bei einer Nach-   **130**
tragsvergütung wird die Entschädigung auf **kalkulativer Basis** ermittelt. Sie hat demgemäß nichts mit der tatsächlichen Entstehung von Kosten zu tun – das ist der entscheidende Unterschied zur Schadensersatzberechnung des § 6 Abs. 6 Satz 1 VOB/B. Die Entschädigung wird also mit Preisen laut fortgeschriebener Auftragskalkulation berechnet; wenn allerdings die tatsächlichen Kosten höher sind als die Kalkulation, darf der Auftragnehmer auch die höheren tatsächlichen Kosten berechnen![167]

Die ermittelten Kosten dürfen mit dem Deckungsbeitrag für Allgemeine Geschäftskosten beaufschlagt werden, außerdem mit Wagnis und Gewinn.[168]

---

163 BGH, NZBau 2003, 325 mit Anm. S. Kapellmann.
164 Kapellmann, in: Kapellmann/Messerschmidt, VOB/B § 6 Rdn. 10, 89; Markus, in: Markus/Kaiser/Kapellmann, AGB-Handbuch Bauvertragsklauseln, Rdn. 85; Voit, in: Messerschmidt/Voit, Privates Baurecht, § 6 Rdn. 18; streitig.
165 So BGH »Glasfassade«, NZBau 2009, 185 = BauR 2009, 515.
166 Die Entschädigung ist deshalb auch **mehrwertsteuerpflichtig**; BGH, BauR 2008, 821 = NZBau 2008, 318.
167 Näher Kapellmann/Schiffers, Bd. 1, Rdn. 1650.
168 Anderer Meinung, aber unrichtig, BGH »Vorunternehmer II«, NZBau 2000, 187 = BauR 2000, 722 für »Wagnis und Gewinn«; der Deckungsbeitrag für (Wagnis und) Gewinn ist immer zu ersetzen, ganz h. M., näher Kapellmann/Schiffers, Bd. 1, Rdn. 1650; Kniffka/Koeble, Kompendium Teil 8, Rdn. 33.

c) Praxishinweise

131 Ein Auftragnehmer wird heute seine »Behinderungsansprüche« wegen **unterlassener** ordnungsgemäßer Mitwirkung des Auftraggebers nahezu immer nur noch auf § 6 Abs. 6 Satz 2 VOB/B, § 642 BGB stützen, § 6 Abs. 6 Satz 1 VOB/B ist also für Ansprüche des Auftragnehmers durch die Rechtsprechung des BGH bedeutungslos geworden, weil

- § 642 BGB weniger Tatbestandsvoraussetzungen hat (kein Verschulden des Auftraggebers)
- die finanziellen Folgen bei kalkulierter Fortschreibung viel leichter darzulegen sind und der Auftragnehmer wahlweise sogar tatsächlich höhere als die kalkulierten Kosten verlangen kann
- die Berechnung bei § 2 Abs. 5, 6 VOB/B identisch ist mit der bei § 642 BGB; es kommt also nicht darauf an, auf welche dieser Vorschriften der Anspruch gestützt ist.

Eine Rechtsprechung, die eine Vorschrift der VOB/B (§ 6 Abs. 6 Satz 1) völlig »obsolet« macht, konnte nicht richtig sein; deshalb ist auch die Übernahme dieser Rechtsprechung in § 6 Abs. 6 Satz 2 VOB/B nicht sinnvoll.

Die nicht einfachen Zusammenhänge bei Behinderungsansprüchen, seien sie auf § 6 Abs. 6 Satz 1 VOB/B, seien sie auf § 6 Abs. 6 Satz 2 VOB/B, § 642 BGB gestützt, macht **Abbildung 3, S. 101,** deutlich.

»Behinderungen«		
	Folge A: Fristverlängerung	**Folge B:** Schadensersatz oder Entschädigung
Voraussetzung: Störung des vertragsgerechten Produktionsablaufs	Prüfen	Prüfen
Schuldet **AG** die entsprechende Mitwirkung?	Prüfen	Prüfen
Behinderungsanzeige schriftlich (»alle Tatsachen, aus denen sich mit hinreichender Klarheit die Gründe der Behinderung ergeben«) oder Offenkundigkeit	Anzeige entbehrlich, so BGH BauR 1999, 645 und h.M., anders Kapellmann, in: Kapellmann/Messerschmidt Teil B § 6 Rdn. 15	Immer notwendig, so BGH (sowohl für § 6 Abs. 6 Satz 1 VOB/B wie auch für § 6 Abs. 6 Satz 2 VOB/B, § 642 BGB)
War Abruf der geforderten Mitwirkungshandlung erfolgt? [**falls** vertraglich Abruffrist geregelt]	Fehlender Anspruch schadet nicht	Fehlender Abruf schadet, näher Kapellmann, in: Kapellmann/Messerschmidt, Teil B § 6 Rdn. 38
Wann schuldete der AG die Mitwirkung?	Prüfen	Prüfen
Ist Störung für Verzögerung **ursächlich?** a) Ist (ggf.) AN-Soll-Termin in sich stimmig? b) War AN selbst leistungsbereit?	Prüfen Prüfen	Prüfen Prüfen
Hat Störung Folgen? Welche? Strenge Prüfung, aber nur Plausibilität	Prüfen	Prüfen
Verschulden des AG – AG muss fehlendes Verschulden darlegen	**Entbehrlich**	§ 6 Abs. 6 Satz 1 VOB/B Prüfen / § 6 Abs. 6 Satz 2 VOB/B, § 642 BGB **Entbehrlich**
Ergebnis:	§ 6 Abs. 1, 2 VOB/B Fristverlängerung	§ 6 Abs. 6 Satz 1 VOB/B Schadensersatz / § 642 BGB Entschädigung

Schadensersatz § 6 Abs. 6 Satz 1 VOB/B	Entschädigung § 6 Abs. 6 Satz 2 VOB/B, § 642 BGB
AN kann sich anzuwendende Vorschrift aussuchen!	
Berechnungsbasis: Vergleich der hypothetischen Vermögenslage bei ungestörtem Ablauf mit Vermögenslage bei gestörtem Ablauf. Das heißt: **Wirkliche** Mehrkosten	Berechnungsbasis: Auftragskalkulation Also: Berechnung der Behinderungsfolgen auf rein kalkulatorischer Basis. Es kommt nicht auf die wirklichen Mehrkosten an.
+ AGK	+ AGK
Nicht immer bei grober Fahrlässigkeit des AG, sondern immer: + Wagnis und Gewinn	Ohne Wagnis und Gewinn (laut BGH, aber unrichtig)
Haftung für Vorunternehmer laut BGH **Nein** – aber unrichtig	Ja

Abbildung 3: Schema Behinderungen

4. »Verzug« des Auftraggebers mit Sicherheitsleistung gemäß § 648a BGB

132 Auftragnehmer haben – außer gegenüber öffentlichen Auftraggebern oder gegenüber privaten Bauherren von Einfamilienhäusern – gemäß § 648a BGB einen Anspruch auf Sicherheitsleistung für ihre Werklohnforderung. Der Auftragnehmer kann diese Sicherheit unter Fristsetzung verlangen. Nach fruchtlosem Ablauf kann der Auftragnehmer gemäß § 648a Abs. 5 BGB kündigen. Einzelheiten behandeln wir unter Rdn. 377 ff.

133 **Arbeitsbeispiel 6:** Behinderung durch Nachbarwiderspruch

Der Auftraggeber Arno Leisetreter erteilt der Bauunternehmung Müller AG den Auftrag, Rohbauarbeiten durchzuführen.

Es wird formgerecht ein Baufristenplan vereinbart, der den Baubeginn für den 1. März vorsieht und die Erstellung der Kellerdecke für den 20. März.

Am 10. März erscheint das Bauordnungsamt und legt die Baustelle still. Es stellt sich heraus, dass ein Nachbar Widerspruch gegen die Baugenehmigung eingelegt hat.

Im anschließenden Widerspruchsverfahren vor dem Regierungspräsidenten erweist sich, dass die Stadt in der Beurteilung einer Rechtsfrage einem offensichtlichen Irrtum unterlegen ist, der Widerspruch hat überhaupt keine Chancen. Daraufhin hebt die Stadt die Anordnung der Baustilllegung auf, der Nachbar ergreift vergeblich Eilschritte beim VG und verliert auch später den Verwaltungsgerichtsprozess mit Pauken und Trompeten.

Die Baustelle hat durch den Eingriff der Stadt insgesamt sechs Wochen stillgestanden.

Kann die Firma Müller AG Schadensersatz verlangen, und wenn ja, nach welcher Vorschrift und von wem?

Der Auftraggeber meint, er hafte keinesfalls, denn es habe sich ja gezeigt, dass er eine ordnungsgemäße Baugenehmigung zur Verfügung gestellt habe. Die Stadt hält sich – wie immer – bedeckt.

Lösung:

Die Stadt haftet der Firma Müller AG nicht. Amtspflichten hat die Stadt allenfalls gegenüber dem Auftraggeber, nicht aber gegenüber dem Bauunternehmer verletzt.

Die Auseinandersetzungen mit dem Nachbarn wegen der Wirksamkeit der Baugenehmigung fallen aber im Verhältnis Auftraggeber/Auftragnehmer in den Risikobereich des Auftraggebers. Für einen ähnlichen Fall hat das OLG Düsseldorf[169] deshalb entschieden, dass der Auftragnehmer die Stillstandskosten (Gerätevorhaltung usw.) als Schaden gemäß § 6 Abs. 6 (Satz 1) VOB/B ersetzt verlangen kann;

---

169 BauR 1988, 487.

die Behinderung sei nämlich auch verschuldet. Der Auftraggeber müsse sich eben **vorher** *mit seinen Nachbarn verständigen. Die Entscheidung ist problematisch, aber richtig.*

Auf jeden Fall bestehen Ansprüche aus § 6 Abs. 6 Satz 2 VOB/B, § 642 BGB, bei dem es nicht auf Verschulden ankommt.

H. Kündigungen

I. Kündigung durch den Auftraggeber

Arbeitsbeispiel 7: Der gekündigte GU-Vertrag[170]   **134**

Bauherr Friedrich Frust hat die Komplettbau AG unter Einbeziehung der VOB/B mit der schlüsselfertigen Erstellung eines Wohn- und Geschäftshauses beauftragt. Als Fertigstellungstermin ist der 31.10.2009 vereinbart. Die Vergütung beträgt pauschal 5 Mio. €, davon entfallen auf den Rohbau 1,5 Mio. €, auf den Ausbau 1,5 Mio. € und auf die Gebäudetechnik 2 Mio. €. Am 31.10.2009 befindet das Objekt sich noch in der Ausbauphase. Friedrich Frust setzt der Fa. Komplettbau AG am 01.11.2009 schriftlich eine Frist zur Fertigstellung bis zum 15.11.2009, danach werde er den Vertrag kündigen. Die Komplettbau AG beruft sich auf eine Fristverlängerung aufgrund auftraggeberseitiger Behinderungen von mindestens zwei Monaten. Nachdem die Bauleistungen am 15.11.2009 erwartungsgemäß nicht fertiggestellt sind, kündigt Friedrich Frust am 16.11.2009 fristlos den GU-Vertrag. Die Feststellung des Leistungsstandes ergibt, dass der Rohbau zu 100 %, der Ausbau zu 70 % und die TGA-Leistungen zu 60 % fertiggestellt sind. Bei der Neuvergabe und Fertigstellung des Gebäudes entstehen Friedrich Frust Mehrkosten i. H. v. 1 Mio. €, deren Ersatz er von der Komplettbau AG fordert. Dies wird von der Komplettbau AG zurückgewiesen, die ihrerseits Vergütung auch für die kündigungsbedingt nicht mehr erbrachten Leistungen fordert.

Im unweigerlich folgenden Rechtsstreit stellt der gerichtlich beauftragte Sachverständige fest, dass der vereinbarte Fertigstellungstermin aufgrund auftraggeberseitiger Behinderungen bis zum 15.12.2009 fortzuschreiben war. Welche Ansprüche können Friedrich Frust und die Komplettbau AG wechselseitig geltend machen?

Lösung:

1. Die von Friedrich Frust am 16.11.2009 ausgesprochene Kündigung ist als freie Kündigung im Sinne von § 649 Satz 2 BGB bzw. § 8 Abs. 1 Nr. 2 VOB/B zu werten: Zwar hat die Komplettbau AG den vertraglich vereinbarten Fertigstellungstermin (31.10.2009) überschritten und Friedrich Frust hat durch seine

---

170 Zu Praxisproblemen beim gekündigten GU-Vertrag vgl. ausführlich Langen, in: Festschrift Kapellmann (2007), 237 ff.

Mahnung und Nachfristsetzung vom 01.11.2009 scheinbar auch die formalen Voraussetzungen einer Kündigung aus wichtigem Grund gemäß §§ 5 Abs. 4, 8 Abs. 3 VOB/B eingehalten (»Verzug des Auftragnehmers mit der Fertigstellung«). Im gerichtlichen Verfahren wird jedoch eine fristverlängernde Behinderung der Komplettbau AG festgestellt, die gemäß § 6 Abs. 2 Nr. 1a VOB/B zu einer Verschiebung des Fertigstellungstermins bis zum 15.12.2009 geführt hat und damit mangels Fälligkeit der geschuldeten Leistung den Verzug der Komplettbau AG verhindert (näher oben Rdn. 94). Die Kündigung vom 16.11.2009 war damit verfrüht, die aus scheinbar wichtigem Grund ausgesprochene Kündigung ist in eine Kündigung »ohne Grund« umzudeuten (näher Rdn. 156).

2. *Da die Anspruchsvoraussetzungen von § 8 Abs. 3 Nr. 3 VOB/B damit nicht vorliegen, bleibt Friedrich Frust auf den Mehrkosten der Neuvergabe und Fertigstellung sitzen.*

3. *Die Komplettbau AG kann umgekehrt die (anteilige) Vergütung ihrer bis zur Kündigung erbrachten Leistungen verlangen sowie auch die Vergütung der kündigungsbedingt nicht mehr erbrachten Leistungen, Letztere jedoch abzüglich ersparter Kosten und abzüglich anderweitigen, kündigungsbedingten Erwerbs. Konkret bedeutet dies: Für den fertiggestellten Rohbau stehen der Komplettbau AG anteilig 1,5 Mio. € zu. Für die zu 70 % fertiggestellten Ausbauleistungen stehen ihr 1,5 Mio. € × 70 % = 1,05 Mio. € zu und für die zu 60 % erstellten TGA-Leistungen 2 Mio. € × 60 % = 1,2 Mio. €. Der Vergütungsanspruch für alle bis zur Kündigung erbrachten Leistungen beträgt damit 3,75 Mio. €. Hinsichtlich der Restvergütung für die kündigungsbedingt nicht mehr erbrachten Leistungen i. H. v. 1,25 Mio. € hat sich die Komplettbau AG die kündigungsbedingt ersparten Kosten sowie – seltener Ausnahmefall – anderweitigen kündigungsbedingten Erwerb abziehen zu lassen. Geht man beispielsweise davon aus, dass die Komplettbau AG aufgrund der Kündigung 90 % der kalkulierten Kosten erspart, so steht ihr eine Restvergütung i. H. v. 125.000 € zu. Die Gesamtvergütung der Komplettbau AG beträgt in diesem Fall also 3.875.000 €. Wäre der GU-Vertrag ab dem 01.01.2009 abgeschlossen worden, so könnte die Komplettbau AG nach der Neufassung von § 649 Satz 3 BGB die Restvergütung mit pauschal 5 % abrechnen, d. h. i. H. v. 1,25 Mio. € × 5 % = 62.500 € (näher dazu Rdn. 133 am Ende).*

1. Die Kündigung ohne Grund gemäß § 8 Abs. 1 VOB/B

a) Allgemeines

135 Der Auftraggeber kann den Bauvertrag jederzeit ohne Grund kündigen, und zwar den BGB-Vertrag gemäß § 649 Satz 1 BGB und den VOB-Vertrag gemäß § 8 Abs. 1 Nr. 1 VOB/B. Da diese Kündigung keines Grundes bedarf, spricht man hier von einer »freien Kündigung«. Beim VOB-Vertrag bedarf jede Kündigung der Schriftform, § 8 Abs. 5 VOB/B; beim BGB-Vertrag ist die Kündigung formfrei, also auch mündlich wirksam.

Ergibt sich aus der Erklärung des Auftraggebers nicht zweifelsfrei, ob er den Vertrag kündigen will, so ist die Willenserklärung auszulegen. Entscheidend ist dabei der zum Ausdruck kommende Wille des Auftraggebers, den Vertrag für beendet zu erklären. Verweigert der Auftraggeber die Vertragserfüllung ernsthaft und endgültig (z. B. weil nach seiner Auffassung gar kein Vertrag zustande gekommen ist), dann kann diese Erklärung ebenfalls als (freie) Kündigung zu werten sein.[171] Gleiches gilt, wenn der Auftraggeber unberechtigt den Rücktritt vom Vertrag erklärt und anschließend weitere Leistungen des Auftragnehmers ablehnt[172] oder der Auftragnehmer seine Arbeiten wegen ausbleibender Zahlungen des Auftraggebers einstellt und der Auftraggeber anschließend eine Drittfirma mit der Fertigstellung der Leistungen beauftragt.[173]

aa) Komplett- oder Teilkündigung

Der Auftraggeber ist nicht nur frei darin, ob er den Bauvertrag kündigt, sondern auch, **in welchem Umfang**. So kann der Auftraggeber beispielsweise – auch schon vor Arbeitsbeginn – den gesamten Bauvertrag durch Kündigung beenden. Er kann diese Kündigung auf einen Teil der auszuführenden Leistung beschränken (also z. B. bei einem mehrgeschossigen Gebäude die Fliesenarbeiten im dritten und vierten Geschoss teilkündigen) oder auch auf einzelne Leistungspositionen.[174] **136**

bb) Restvergütung abzüglich ersparter Kosten/Füllaufträge

Dieser »Luxus« der ohne Grund erfolgenden Vertragsbeendigung hat jedoch seinen Preis. Der Auftragnehmer kann nämlich als Folge der »freien« Kündigung die volle, vertraglich vereinbarte Vergütung verlangen. Er muss sich lediglich dasjenige anrechnen lassen, was er infolge der Aufhebung des Vertrages an Kosten erspart oder durch anderweitige Verwendung seiner Arbeitskraft und seines Betriebes erwirbt oder zu erwerben böswillig unterlässt, § 8 Abs. 1 Nr. 2 VOB/B bzw. § 649 Satz 2 BGB. Ein solcher anrechnungspflichtiger »**Füllauftrag**« ist i. d. R. nur anzunehmen, wenn der Auftragnehmer aus Kapazitätsgründen den neuen Auftrag ohne die Kündigung nicht hätte annehmen kön- **137**

---

171 In einem vergleichbaren Fall hat der BGH allerdings keine Kündigung gemäß § 8 Abs. 1 VOB/B angenommen, dem Auftragnehmer aber gleichwohl einen Anspruch auf die vereinbarte Vergütung abzüglich ersparter Kosten und anderweitigen Erwerbs zugebilligt und dabei offen gelassen, ob sich dieser Anspruch aus § 324 BGB a. F. oder aus positiver Vertragsverletzung des Auftraggebers ergebe, vgl. BGH, BauR 2005, 861, 862. Überzeugender wäre gewesen, § 8 Abs. 1 Nr. 2 VOB/B (bzw. § 649 Satz 2 BGB) unmittelbar anzuwenden.

172 ThürOLG, BauR 2008, 534.

173 OLG Celle, BauR 2006, 2069.

174 Dazu OLG Oldenburg, BauR 2000, 897; zur Teilkündigung allgemein Lang, BauR 2006, 1956 ff.

nen.[175] Erhält der Auftragnehmer vom kündigenden Auftraggeber jedoch ausdrücklich einen »Ersatzauftrag« für den gekündigten Auftrag, so liegt ein anrechnungspflichtiger Füllauftrag vor.[176]

Der Auftragnehmer kann also für die Arbeiten, die er zum Zeitpunkt der Kündigung bereits ausgeführt hat, die hierauf entfallende, anteilige Vergütung verlangen und für den Teil, den er noch nicht ausgeführt hat, die restliche Vergütung, diese jedoch abzüglich ersparter Kosten und abzüglich anderweitigen Erwerbs aufgrund der Kündigung. Der Vergütungsanspruch des Auftragnehmers für die gekündigten Leistungen beschränkt sich allerdings auf den zum Kündigungszeitpunkt bestehenden Auftragsumfang. Hinsichtlich notwendiger Zusatzleistungen im Sinne von § 1 Abs. 4 Satz 1 und § 2 Abs. 6 VOB/B besteht also jedenfalls dann kein Vergütungsanspruch, wenn diese vom Auftraggeber zum Kündigungszeitpunkt noch nicht angeordnet und dadurch Bestandteil des gekündigten Werkvertrages geworden sind.[177] Die aufgrund der Kündigung konkret ersparten Kosten muss der Auftragnehmer von sich aus in der Schlussrechnung aufschlüsseln.[178] Anschließend ist es Sache des Auftraggebers, dem Auftragnehmer nachzuweisen, dass darüber hinausgehende Kosten erspart oder anderweitige Erlöse erzielt bzw. »böswillig« nicht erzielt worden sind.[179]

cc) Pauschalvergütung in Höhe von 5 % der nicht erbrachten Leistung

138 Für alle ab dem 01.01.2009 abgeschlossenen Bauverträge enthält § 649 Satz 3 BGB eine erhebliche Vereinfachung der Kündigungsabrechnung. Hiernach wird vermutet, dass dem Auftragnehmer 5 % der auf den noch nicht erbrachten Teil der Werkleistung entfallenden vereinbarten Vergütung zustehen. § 649 Satz 3 BGB enthält damit eine **Vermutung**, dass der Auftragnehmer aufgrund der Kündigung **Aufwendungen** (Kosten) **i. H. v. 95 %** der gekündigten Restleistung **erspart**. Die Vermutung kann sowohl vom Auftraggeber als auch vom Auftragnehmer widerlegt werden, falls eine höhere (oder niedrigere) Vergütung als 5 % verlangt wird. Da der Auftragnehmer die Vergütungspauschale i. H. v. 5 % nur von dem kündigungsbedingt nicht mehr erbrachten Teil der

---

175 OLG Hamm, BauR 2006, 1310.

176 OLG Saarland, BauR 2006, 854.

177 OLG Celle, BauR 2010, 1076. Nach Auffassung des OLG Celle kommt es nicht darauf an, dass die entsprechenden Leistungen aufgrund ihrer Notwendigkeit in jedem Fall vom Auftraggeber hätten angeordnet und vergütet werden müssen. Im Fall der Kündigung aus wichtigem Grund sind im Kündigungszeitpunkt noch nicht angeordnete Änderungs- oder Zusatzleistungen gemäß § 1 Abs. 3 oder 4 VOB/B bei der Berechnung des Kostenerstattungsanspruchs gemäß § 8 Abs. 3 Nr. 2 VOB/B allerdings zu berücksichtigen, BGH, BauR 2000, 571 (näher Rdn. 164).

178 Beck'scher Kommentar/Motzke, § 8 Nr. 1 VOB/B, Rdn. 51 ff., 60 ff.

179 Beck'scher Kommentar/Motzke, § 8 Nr. 1 VOB/B, Rdn. 60.

Bauleistung (und nicht etwa von der Gesamtvergütung) verlangen kann, muss er den Teil der vereinbarten Vergütung konkret darlegen, der auf den noch nicht erbrachten Teil der Werkleistung entfällt.[180] Die Regelung aus § 649 Satz 3 BGB ist auch auf VOB-Bauverträge anwendbar.

dd) Einvernehmliche Vertragsaufhebung

Bei **einvernehmlicher Aufhebung des Vertrages** oder eines Teiles davon muss durch Auslegung ermittelt werden, ob dem Auftragnehmer bei grundloser Aufhebung ein Anspruch analog § 8 Abs. 1 Nr. 2 VOB/B zusteht; im Zweifel ja.[181] Wird durch die Vertragsaufhebung hingegen eine Kündigung aus wichtigem Grund ersetzt, so bleiben Ansprüche des Auftraggebers gemäß § 8 Abs. 2 oder 3 VOB/B erhalten.[182]   **139**

ee) Ausschluss oder Einschränkung des Kündigungsrechts

Der **Ausschluss** des freien **Kündigungsrechts** des Auftraggebers durch Allgemeine Geschäftsbedingungen des Auftragnehmers ist unzulässig.[183] Der wirksame Ausschluss setzt also eine Individualvereinbarung voraus. Die **Begrenzung** des Vergütungsanspruchs nach Kündigung auf eine Pauschale ist hingegen auch durch AGB zulässig, wenn die Pauschale in einem angemessenen Verhältnis zu dem vereinbarten Werklohn steht[184], vorausgesetzt, dem Besteller steht der Nachweis offen, dem Unternehmer stehe eine niedrigere Vergütung zu.[185] Die eine Pauschale i. H. v. 5 % enthaltende Bestimmung gemäß § 649 Satz 3 BGB ist dabei kein Leitbild für die Vereinbarung von Vergütungspauschalen im Falle einer freien Kündigung.[186] Unwirksam ist eine vom Auftraggeber verwendete Klausel, wonach der Auftragnehmer im Fall der Kündigung ohne Grund nur eine Vergütung für die bis zur Kündigung erbrachten Leistungen erhält, der restliche Vergütungsanspruch aus § 649 Satz 2 BGB bzw. § 8 Abs. 1 Nr. 2 VOB/B also ausgeschlossen wird.[187]   **140**

---

180 BGH, BauR 2011, 1812.

181 BGH, BauR 1999, 1021; 2005, 385; näher Kapellmann/Schiffers, Bd. 2, Rdn. 1410 bis 1412.

182 OLG Naumburg, BauR 2003, 115, 117 und OLG Köln, BauR 2003, 1578.

183 BGH, BauR 1999, 1294.

184 Dazu BGH, BauR 2000, 1194; OLG Koblenz, BauR 2000, 419; BGH, BauR 2006, 1131 (10 % der Auftragssumme bei Fertighausvertrag angemessen). 30 % sind unangemessen, OLG Hamm, BauR 2010, 785.

185 BGH, BauR 2011, 1328, für den Fall einer Vergütungspauschale i. H. v. 15 % des Kaufpreises für ein Ausbauhaus.

186 BGH, BauR 2011, 1331.

187 BGH, BauR 2007, 1724; in dieser Entscheidung hat der BGH gleichzeitig klargestellt, dass die pauschale Bezugnahme im Nachunternehmervertrag auf Regelungen des Generalunternehmervertrages überraschend im Sinne von § 305c Abs. 1 BGB sein könne.

ff) Abnahme auch bei Kündigung

141 Wie sich bereits aus § 8 Abs. 6 VOB/B ergibt, kann der Auftragnehmer auch bei vorzeitiger Vertragsbeendigung durch Kündigung (oder Vertragsaufhebung) die **Abnahme** der bis dahin erbrachten Leistungen gemäß § 12 VOB/B verlangen, soweit seine Leistungen »abnahmereif« sind.[188] Früher hatte der BGH allerdings die Auffassung vertreten, bei einer Auftraggeberkündigung sei die Abnahme nicht Fälligkeitsvoraussetzung für den Werklohnanspruch des Auftragnehmers. Diese Rechtsprechung hat der BGH durch Urt. v. 11.05.2006[189] aufgegeben. Dogmatisch richtig, für die Praxis aber nicht unproblematisch hat der BGH ausgeführt, § 641 Abs. 1 BGB knüpfe die Fälligkeit des Werklohnanspruchs ausnahmslos an die Abnahme der erbrachten Werkleistung. Es bestehe kein Anlass, im Falle der Kündigung von dieser gesetzlichen Vorgabe abzuweichen. Abzunehmen sei im Falle der Kündigung eben die bis zur Kündigung erbrachte Teilleistung, soweit – bezogen auf diese Teilleistung – die Abnahmevoraussetzungen gegeben seien.[190]

b) Die Abrechnung nach Kündigung

142 Zu den Rechtsfolgen, die sich im Anschluss an eine freie Kündigung des Auftraggebers ergeben, sind in den letzten Jahren zahlreiche BGH-Entscheidungen veröffentlicht worden, aus denen sich folgende **Abrechnungsgrundsätze** ableiten lassen:[191]

aa) Zweigeteilte Abrechnung – Ausnahmen

143 Zunächst einmal muss der Auftragnehmer laut BGH eine zweigeteilte Abrechnung vorlegen. Im ersten Teil hat der Auftragnehmer alle beauftragten und bis zur Kündigung auch tatsächlich erbrachten Leistungen »nach den Vertragspreisen« (dazu unten Rdn. 151 ff.) abzurechnen (Abrechnung »von unten«). Im zweiten Teil erfolgt die Abrechnung der zwar beauftragten, aufgrund der Kündigung jedoch nicht mehr erbrachten Leistungen, wobei der Auftragnehmer von sich aus und in nachprüfbarer Form die ersparten Kosten einerseits und einen aufgrund der Kündigung erfolgten, anderweitigen Erwerb andererseits offen legen und abziehen muss.[192]

Der BGH hat inzwischen mehrere **Ausnahmen vom Grundsatz der zweigeteilten Schlussrechnung** nach Kündigung zugelassen, und zwar in Fällen, in

---

188 BGH, BauR 2003, 689 und näher unten Rdn. 161.
189 BGH, BauR 2006, 1294 = NZBau 2006, 569.
190 BGH, BauR 2006, 1294, 1296; näher dazu Rdn. 172 ff.
191 Näher dazu Langen/Schiffers, Rdn. 2250 ff.
192 BGH, BauR 1997, 304; 1997, 643; 1998, 121; 1999, 642; 1999, 1292; zur Zweiteilung der Schlussrechnung kritisch Kapellmann/Schiffers, Bd. 2, Rdn. 1324, 1353 ff.

denen die Leistung entweder nahezu vollständig erbracht war oder noch nahezu vollständig fehlte. Im ersten Fall darf der Auftragnehmer dem Auftraggeber die vereinbarte Gesamtvergütung in Rechnung stellen; er muss lediglich die nicht erbrachten (Rest-)Leistungen entsprechend der Kalkulation abziehen[193] (Abrechnung »von oben«). Im zweiten Fall kann der Auftragnehmer die Abrechnung so gestalten, dass er die gesamte Leistung als nicht erbracht zugrunde legt und von dem vereinbarten Werklohn die hinsichtlich der Gesamtleistung ersparten Aufwendungen absetzt.[194] Der Auftragnehmer ist auch berechtigt, vom vereinbarten Pauschalpreis die Kosten (pauschal) abzuziehen, die dem Auftraggeber nach dessen eigenen Angaben für die Ausführung der noch fehlenden Arbeiten durch einen Drittunternehmer entstanden sind.[195]

Klarzustellen ist, dass der Auftragnehmer natürlich nicht gezwungen ist, bei einer grundlosen Kündigung des Auftraggebers eine Vergütung für die nicht mehr erbrachten Leistungen zu fordern. Der Auftragnehmer kann sich darauf beschränken, nur die bis zur Kündigung erbrachten Leistungen abzurechnen. In diesem Fall ist die Zweiteilung der Schlussrechnung entbehrlich; einer Offenlegung der Kalkulation für die nicht erbrachten Leistungen bedarf es dann natürlich auch nicht.[196]

bb) Abzug ersparter Kosten – tatsächliche oder kalkulierte Kosten?

Macht der Auftragnehmer eine Vergütung auch für die kündigungsbedingt **144** nicht mehr ausgeführten Leistungen geltend, so muss er gemäß § 649 Satz 2 BGB bzw. § 8 Abs. 1 Nr. 2 VOB/B von sich aus die kündigungsbedingt ersparten Kosten abziehen. Einsparen wird der Auftragnehmer dabei regelmäßig die Einzelkosten der Teilleistung (EKT), also Lohnkosten, Materialkosten und Gerätekosten, soweit diese Kosten aufgrund der Kündigung abbaubar sind und damit eingespart werden können. Hat der Auftragnehmer das Material bereits eingekauft, so kommt es darauf an, ob er das Material in absehbarer und zumutbarer Zeit anderweitig verwenden kann.[197] Bei den Baustellengemeinkosten (BGK) ist entscheidend, inwieweit diese (beispielsweise durch kürzere Vorhaltezeit aufgrund der Kündigung) eingespart werden. Nicht eingespart werden können regelmäßig die Allgemeinen Geschäftskosten (AGK)[198] und der kalkulierte Gewinn. Beim Wagnis kommt es darauf an, ob es sich hierbei (wie regelmäßig) um das allgemeine unternehmerische Wagnis handelt, welches aufgrund der (konkreten) Kündigung ebenfalls nicht eingespart werden kann. Hat der Auftragnehmer hingegen zusätzlich oder unabhängig davon

---

193 BGH, BauR 2000, 1182, 1187; ebenso OLG Celle, BauR 2008, 100 und OLG München, BauR 2012, 807, 808.
194 BGH, BauR 2005, 385.
195 BGH, BauR 2006, 519.
196 BGH, BauR 2000, 100.
197 OLG Köln, BauR 2004, 1953.
198 So zutreffend BGH, BauR 1999, 642, 644.

einen baustellenbezogenen Risikozuschlag kalkuliert, der sich aufgrund der Kündigung des Vertrages nicht mehr realisieren kann, so muss dieser abgezogen werden.[199]

145 Es entsprach früher ständiger Auffassung der Rechtsprechung[200] sowie der herrschenden Literaturauffassung,[201] dass der Auftragnehmer die kündigungsbedingt ersparten Kosten nach Maßgabe der **Angebotskalkulation** – notfalls anhand einer nachträglich erstellten Kalkulation[202] – abziehen müsse.

Erstmals in der Entscheidung vom 08.07.1999[203] hat der BGH jedoch – ohne ausdrückliche Aufgabe seiner bisherigen Rechtsprechung – ausgeführt, dass es nicht auf die kalkulierten Kosten, sondern auf die **tatsächlichen Kosten** ankomme, wenn davon festsehe, dass die kalkulierten Kosten unauskömmlich seien, die tatsächlichen Kosten also höher seien als die angenommenen Kosten. Bestätigt hat der BGH dies in einem weiteren Urt. v. 22.09.2005,[204] wonach der Auftragnehmer als ersparten Aufwand die Kosten abziehen müsse, die bei Fortführung des Bauvertrages tatsächlich – und nicht nur kalkulativ – entstanden wären.[205] Entsprächen die tatsächlichen Kosten jedoch seiner Kalkulation, dann könne er den Kostenabzug nach Maßgabe der Kalkulation vornehmen.[206]

146 Die auf die tatsächliche Kostenersparnis abstellende neue BGH-Rechtsprechung überzeugt nicht. Dem BGH ist zwar darin zuzustimmen, dass § 649 Satz 2 BGB und § 8 Abs. 1 Nr. 2 VOB/B der Gedanke zugrunde liegt, den Auftragnehmer durch die grundlose Auftraggeber-Kündigung nicht schlechter (aber auch nicht besser) zu stellen, als der Auftragnehmer ohne diese Kündigung stehen würde. Dies indiziert, auf die tatsächlich ersparten Kosten und nicht auf die kalkulativ ersparten Kosten abzustellen, weil ansonsten eine kündigungsbedingte Besser- oder Schlechterstellung gerade eintreten könnte. Im Rahmen wertender Betrachtung ist jedoch zu berücksichtigen, dass die tatsächliche Kostenentwicklung aufgrund der Preisbindung grundsätzlich keine Rolle spielt. Vereinbarte Preise sind und bleiben also bindend, unabhängig davon, ob sie auskömmlich oder unauskömmlich kalkuliert sind. Dies gilt nicht nur für das vereinbarte Bausoll, sondern gemäß § 2 Abs. 3 bis 7 VOB/B auch

---

199 Vgl. BGH, BauR 1998, 185 und BauR 1999, 642, 644; zum Ganzen ausführlich Kapellmann, in: Jahrbuch Baurecht 1998, S. 35 ff., 63 ff. und Groß, BauR 2007, 631 ff., 636.

200 Vgl. zuletzt BGH, BauR 1999, 635; 1999, 642; 1999, 1292; 2002, 1695, 1696; OLG Düsseldorf, BauR 2001, 117.

201 Vgl. Lederer, in: Kapellmann/Messerschmidt, B § 8, Rdn. 28 ff. m. w. N.

202 BGH, BauR 2002, 1695, 1969; OLG Düsseldorf, BauR 2001, 117.

203 BGH, BauR 1999, 1294, 1297.

204 BGH, BauR 2005, 1916 = NZBau 2005, 683.

205 Gleichermaßen nun auch OLG Hamm, BauR 2006, 1310 sowie BauR 2011, 693 und auch Drittler, BauR 2006, 1215.

206 Was sich von selbst versteht, weil in diesem Fall kalkulierte und tatsächliche Kosten ja identisch sind.

bei Mehr- und Mindermengen sowie geänderten und zusätzlichen Leistungen.[207] Es erschiene als Systembruch, den Auftragnehmer bei Mehr- und Mindermengen sowie bei geänderten und zusätzlichen Leistungen an die Soll-Kosten der Kalkulation zu binden, während bei kündigungsbedingt ersparten Leistungen auf die Ist-Kosten entsprechend der tatsächlichen Kostenentwicklung abzustellen wäre.[208] Entgegen der BGH-Rechtsprechung bleibt es also richtig, zum Abzug der ersparten Kosten auf die Kalkulation und nicht auf die tatsächliche, hiervon abweichende Kostensituation abzustellen.

Der Grundsatz, den Auftragnehmer durch die Kündigung nicht schlechter **147** (und nicht besser) als ohne Kündigung zu stellen, gilt also nur i. R. d. dem Vertrag zugrunde liegenden Kalkulation des Auftragnehmers, unabhängig von der tatsächlichen Kostenentwicklung.

Unabhängig davon findet dieser Grundsatz seine Grenze, wenn der Auftragnehmer den – ihm entzogenen – **Auftrag mit Verlust kalkuliert** hatte. Je nachdem, zu welchem Zeitpunkt die Kündigung erfolgt, erspart der Auftragnehmer also in mehr oder weniger großem Umfang den – kalkulierten – Verlust mit der Folge, dass in Höhe des eingesparten Verlustes an sich ein Herausgabeanspruch des Auftraggebers gegen den Auftragnehmer bestehen müsste. In diesem Fall besteht aber Einigkeit, dass durch § 649 Satz 2 BGB bzw. § 8 Abs. 1 Nr. 2 VOB/B kein Anspruch des Auftraggebers auf Erstattung des fiktiven Verlustes gewährt wird.[209] § 649 Satz 2 BGB bzw. § 8 Abs. 1 Nr. 2 VOB/B regelt vielmehr *nur* den Anspruch des Auftragnehmers auf Vergütung, die im Fall eines mit Verlust kalkulierten Auftrages mit »Null« endet. In diesem Fall wird der Auftragnehmer durch die Kündigung also letztlich besser gestellt, als wäre nicht gekündigt worden.

Hat der Auftragnehmer – wie häufig – eine **Mischkalkulation** vorgenommen, **148** einzelne Leistungen oder Positionen des Vertrages also mit – mehr oder weniger – Gewinn kalkuliert, andere mit – mehr oder weniger – Verlust, und kommt es nunmehr zu einer Kündigung durch den Auftraggeber, so erfordert die gesetzliche Wertung beim Abzug der ersparten Kosten eine Gesamtbetrachtung des Vertrages.[210] Hat der Auftragnehmer im Zeitpunkt der Kündigung also Leistungen erbracht, die »auskömmlich« kalkuliert waren, während er durch die Kündigung unauskömmlich kalkulierte Leistungen erspart, so müssen die mit Verlust kalkulierten und kündigungsbedingt nicht mehr ausgeführten Leistungen in vollem Umfang in die Gesamtabrechnung eingestellt werden und nicht nur mit einem Vergütungsanspruch i. H. v. »Null«, weil der Auftrag-

---

207 Näher dazu oben Rdn. 56 m. w. N.
208 So überzeugend Lederer, in: Kapellmann/Messerschmidt, B § 8, Rdn. 30 ff., der dem Auftragnehmer aber im Einzelfall ein Wahlrecht einräumen will, ob er nach tatsächlichen oder kalkulierten Kosten abrechnen will; ebenso Kapellmann/Schiffers, Bd. 2, Rdn. 1363 ff.
209 OLG Düsseldorf, BauR 2005, 719, 720; OLG Hamm, BauR 2006, 1310, 1312.
210 So zutreffend OLG Düsseldorf, BauR 2005, 719, 722 m. w. N.

nehmer ansonsten gegenüber der vollständigen Auftragsdurchführung begünstigt wäre. Dementsprechend ist der Auftragnehmer auch nicht berechtigt, der Abrechnung z. B. nur einzelne, mit Gewinn kalkulierte Positionen zugrunde zu legen oder sich bei der Abrechnung der Vergütung für die nicht erbrachten Leistungen auf nicht eingesparte Baustellengemeinkosten, Allgemeine Geschäftskosten sowie Wagnis und Gewinn zu beschränken. Hat der Auftragnehmer aufgrund der vorzeitigen Beendigung des Vertrages z. B. erhebliche Verluste erspart, weil er einzelne Leistungen deutlich teurer als kalkuliert an Nachunternehmer hätte beauftragen müssen, so sind diese ersparten Verluste gegenzurechnen mit der Folge, dass sich die Vergütung auf Null reduzieren kann.[211]

Im Rahmen der Auskömmlichkeit der Kalkulation einzelner Leistungen bzw. Positionen darf im Übrigen nicht isoliert auf den in der Position ausgewiesenen Preis abgestellt werden, sondern auch auf etwaige Verwertungserlöse, die der Auftragnehmer bei Durchführung der Arbeiten erzielen würde. **Beispiel:** Der Auftragnehmer verpflichtet sich zum Erdaushub zum Preis i. H. v. 3 € je m³, kann das ausgehobene und in sein Eigentum übergehende Material aber für 9 € je m³ weiter veräußern, so dass bei der Kündigung von einem Gesamtvergütungsanspruch i. H. v. 12 € je m³ auszugehen ist.[212]

149 Steht noch nicht fest, ob und in welchem Umfang der Auftragnehmer infolge der Kündigung Kosten erspart, so bieten sich zwei Wege an: Entweder der Auftragnehmer schätzt die ersparten Kosten[213] oder er zieht die Kosten gemäß Kalkulation zunächst ab, erhebt aber für den Fall, dass die Kosten doch entstehen sollten, Feststellungsklage gegen den Auftraggeber.[214]

Beispiel:

Der Auftraggeber erklärt gegenüber dem Auftragnehmer eine Kündigung ohne Grund. Der Auftragnehmer ist hierdurch seinerseits gezwungen, seinem Nachunternehmer (ohne Grund) zu kündigen. Zum Zeitpunkt der eigenen Abrechnung gegenüber dem Auftraggeber weiß der Auftragnehmer noch nicht, ob und in welchem Umfang der Nachunternehmer gegenüber dem Auftragnehmer eine Vergütung für nicht erbrachte Leistungen gemäß § 8 Abs. 1 Nr. 2 VOB/B fordert.

cc) Umsatzsteuer

150 Der BGH vertritt in ständiger Rechtsprechung[215] die Auffassung, dass die Zweiteilung der Schlussrechnung nach Kündigung (dazu oben Rdn. 143)

---

211 Zutreffend OLG Hamm, BauR 2011, 693, 696 f.
212 Vgl. dazu OLG Düsseldorf, BauR 2005, 719, 721.
213 So Kapellmann, in: Jahrbuch Baurecht 1998, S. 35 ff., 65.
214 So BGH, BauR 1999, 635.
215 BGH, BauR 1996, 846; BauR 2008, 506 = NZBau 2008, 247.

auch für die Berechnung der USt von Bedeutung sei: Ein umsatzsteuerpflichtiges Geschäft im Sinne von § 1 Abs. 1 Nr. 1 UStG liege nur hinsichtlich der – in Teil 1 der Schlussrechnung abzurechnenden – erbrachten Leistungen vor. Auf die – in Teil 2 der Schlussrechnung abzurechnende – Vergütung für die nicht mehr ausgeführten Leistungen sei hingegen keine USt zu berechnen. Zwischenzeitliche Zweifel aufgrund der sechsten Umsatzsteuerrichtlinie des EG-Rates[216] an dieser Auffassung seien durch das klarstellende Urteil des Europäischen Gerichtshofes vom 18.07.2007[217] i. S. d. bisherigen BGH-Rechtsprechung geklärt.

Richtig dürfte demgegenüber sein, entsprechend § 649 Satz 2 BGB bzw. § 8 Abs. 1 Nr. 2 VOB/B von einem *einheitlichen Werklohnanspruch* auszugehen, der insgesamt der Umsatzsteuerpflicht unterliegt.[218]

dd) Besonderheiten beim gekündigten Einheitspreisvertrag

Für Teil 1 der Rechnung muss der Auftragnehmer zunächst die Mengen aller 151 bis zum Kündigungszeitpunkt vertragsgemäß erbrachten Leistungen ermitteln. Die so ermittelten Mengen werden mit den vereinbarten Einheitspreisen multipliziert, die Addition der Positionspreise ergibt die Vergütung für die erbrachten Leistungen.[219]

Der tatsächliche **Zahlungsstand** hat mit dem für die Kündigungsabrechnung maßgebenden **Leistungsstand** nichts zu tun.[220] Führt die Abrechnung zu einer Überzahlung des Auftragnehmers, so besteht ein vertraglicher Rückzahlungsanspruch des Auftraggebers.[221]

Für Teil 2 der Rechnung kann der Auftragnehmer grundsätzlich auf die Vorder- 152 sätze des Leistungsverzeichnisses abzüglich der (in Teil 1 bereits abgerechneten) tatsächlich erbrachten Leistungen zurückgreifen und die so ermittelten Restmengen mit den vereinbarten Einheitspreisen multiplizieren, um die Vergütung für die nicht erbrachten Leistungen gemäß § 8 Abs. 1 Nr. 2 VOB/B zu bestimmen. Hiervon muss der Auftragnehmer nun die ersparten Herstellkosten gemäß Kalkulation oder gemäß tatsächlichen Kosten (dazu Rdn. 144 ff.) abziehen. Hat der Auftragnehmer sämtliche Einheitspreise mit einem einheitlichen Zuschlag auf die Herstellkosten kalkuliert und lässt er sich nach der Kündigung sämtliche Herstellkosten als ersparte Aufwendungen abziehen, so bedarf es insoweit keiner differenzierenden Darstellung der Einzelpositio-

216 Sechste Richtlinie des Rates zur Harmonisierung der Rechtsvorschriften der Mitgliedsstaaten über die Umsatzsteuern 77/388/EWG.
217 EuGH, Urt. v. 18.07.2007 – C-277/05.
218 Insbesondere Kapellmann, Jahrbuch BauR 1998, 35, 55 ff. m. w. N. und ergänzend Kapellmann/Schiffers, Bd. 2, Rdn. 1356.
219 BGH, BauR 1999, 642.
220 BGH, BauR 1999, 644.
221 BGH, BauR 2002, 1407.

nen des Leistungsverzeichnisses mehr.[222] Sind die Einheitspreise hingegen mit unterschiedlichen Zuschlägen versehen worden, so ist eine entsprechende Differenzierung innerhalb der Abrechnung erforderlich (vgl. aber Rdn. 148).

Waren die Vordersätze zu niedrig, d. h., sind die tatsächlichen Mengen größer als die Vordersätze, so kann der Auftragnehmer der Vergütung für die nicht erbrachten Leistungen die tatsächlichen Mengen zugrunde legen, weil er ansonsten schlechter gestellt wäre, als wenn der Vertrag nicht gekündigt worden wäre.[223]

Beispiel (s. a. oben Rdn. 38):

Bei einem Einheitspreisvertrag lautet die ausgeschriebene Menge 250 m² KS-Mauerwerk. Die tatsächliche Menge (ohne Nachtragsanordnungen usw.) entsprechend den Ausführungszeichnungen beträgt jedoch 280 m². Nachdem der Auftragnehmer 200 m² ausgeführt hat, kündigt der Auftraggeber den Vertrag ohne Grund. Hier kann der Auftragnehmer in Teil 1 der Rechnung die erbrachte Menge i. H. v. 200 m² zum vereinbarten Einheitspreis abrechnen. In Teil 2 der Rechnung kann der Auftragnehmer die restlichen 80 m² (und nicht nur 50 m²) abrechnen, und zwar ebenfalls zum vereinbarten Einheitspreis, jedoch abzüglich ersparter Kosten.

ee) Besonderheiten beim gekündigten Pauschalvertrag

153 Für die Abrechnung eines gekündigten Pauschalvertrages ist danach zu differenzieren, ob es sich um einen Detail-Pauschalvertrag oder um einen Global-Pauschalvertrag handelt:

(1) Beim gekündigten **Detail-Pauschalvertrag**[224] gilt im Wesentlichen das Gleiche wie beim gekündigten Einheitspreisvertrag. Obwohl beim Pauschalvertrag grundsätzlich eine mengenunabhängige Abrechnung erfolgt, muss der Auftragnehmer nach der Rechtsprechung des BGH auch hier im ersten Teil der Rechnung zunächst die beauftragten und bis zur Kündigung tatsächlich erbrachten Leistungen »nach dem Vertragspreis« abrechnen. Da beim Pauschalpreis nur »**ein Preis**« vereinbart ist, muss die »Preisermittlung« in der Form erfolgen, dass die bis zur Kündigung erbrachte Leistung in ein Verhältnis zu der beauftragten und geschuldeten Gesamtleistung gesetzt wird, d. h., die ausgeführte Teilleistung muss auf der Basis der Angebotskalkulation mit der entsprechenden **Teilvergütung** ausgewiesen werden.

---

222 BGH, BauR 1999, 1292.

223 Anderer Auffassung Beck'scher Kommentar/Motzke, § 8 Nr. 1 VOB/B, Rdn. 41.

224 Dazu: BGH, BauR 1996, 846; 1997, 304; 1998, 121 und 125; 1999, 632 und 1021; 2002, 1695; 2003, 377; OLG Celle, BauR 1998, 1016; zu entfallenen Einzelpositionen OLG Düsseldorf, BauR 2001, 803.

Obwohl der Auftragnehmer beim Pauschalvertrag grundsätzlich keine detail- **154** lierte Mengenermittlung auf Basis der Ausführungspläne bzw. eines Aufmaßes schuldet, ist er verpflichtet, für den ersten Teil der Abrechnung eine »Ist-Menge« als Basis der anteiligen Pauschalvergütung zu ermitteln. Die für diese Mengenermittlung anfallenden Kosten gehen dabei zu Lasten des Auftraggebers, da der Auftragnehmer aufgrund der Pauschalpreisvereinbarung keine Mengenermittlung schuldete und aufgrund der Kündigung nicht schlechter gestellt werden darf, als wäre der Vertrag ordnungsgemäß ausgeführt worden.[225]

Der BGH hat ausdrücklich zugelassen, dass die Vergütungsermittlung für die bis zur Kündigung ausgeführten Leistungen auf der Basis der Angebots-Einheitspreise (ggf. abzüglich eines Pauschalierungsnachlasses) erfolgen kann, falls dem Pauschalpreis ein Einheitspreisangebot zugrunde lag.[226] Auch die Abrechnung von Teilpauschalen ist zulässig, falls diese die entsprechenden Teilleistungen vollständig vergüten.[227]

Zutreffend ist in diesem Zusammenhang die Entscheidung des OLG Celle in BauR 1998, 1016, wonach das Gericht ohne die sonst übliche zeit- und kostenintensive Hinzuziehung eines Sachverständigen die anteilige Vergütung für die erbrachte Leistung selbst ermitteln kann (und muss), wenn der Leistungsstand bei Kündigung unstreitig ist und aufgrund der angebotenen Einheitspreise feststeht, wie die Parteien den Werklohn pauschaliert hätten.

Im zweiten Teil der Rechnung muss der Auftragnehmer sodann wieder die be- **155** auftragten, jedoch aufgrund der Kündigung nicht mehr ausgeführten Leistungen mit der verbleibenden Teilvergütung ausweisen und davon die ersparten Aufwendungen (nach Maßgabe der Angebotskalkulation, dazu oben Rdn. 144 ff.) abziehen.

Da beim Pauschalvertrag im Übrigen eine mengenunabhängige Abrechnung erfolgt, sind der Abrechnung insgesamt die »Soll-Mengen« zugrunde zu legen, weil auch bei vollständiger Durchführung von den »Soll-Mengen« auszugehen wäre. Zu geringe Vordersätze bleiben also auch bei einem gekündigten Pauschalvertrag unberücksichtigt.

(2) Beim gekündigten **Global-Pauschalvertrag** gilt im Grundsatz dasselbe wie **156** beim gekündigten Detail-Pauschalvertrag. Im Unterschied zum Detail-Pauschalvertrag liegt dem Global-Pauschalvertrag aber regelmäßig kein mit Vordersätzen und (Angebots-)Einheitspreisen versehenes Leistungsverzeichnis zugrunde, sondern eine mehr oder minder globale, zielorientiert formulierte Leistungsbeschreibung.

Wird ein solcher Global-Pauschalvertrag gekündigt, so haben manche Instanzgerichte die Auffassung vertreten, auch hier müsse der Auftragnehmer zur Ab-

---

225 Kapellmann/Schiffers, Bd. 2, Rdn. 1329.
226 BGH, BauR 1996, 846.
227 BGH, BauR 2000, 726.

grenzung der erbrachten von den nicht erbrachten Leistungen eine differenzierte Mengenermittlung, regelmäßig in Form eines Aufmaßes, vornehmen und die Einzelmengen mit – aus der Kalkulation abgeleiteten – Einheitspreisen versehen. In seiner Entscheidung vom 11.02.1999 hat der BGH jedoch zutreffend festgehalten, dass die Abgrenzung zwischen erbrachten und nicht erbrachten Leistungen bei einem gekündigten Global-Pauschalvertrag nicht zwingend durch Aufmaß erfolgen muss. Die Abrechnung müsse vielmehr nur so differenziert sein, dass der Auftraggeber in die Lage versetzt sei, die Abrechnung zu prüfen und Einwendungen zu erheben. Eine ausreichend aufgegliederte, gewerkebezogene Kalkulation kann hierzu ausreichen.[228]

Auch beim gekündigten Global-Pauschalvertrag muss der Auftragnehmer also eine Teilpauschale für die bis zur Kündigung erbrachten Leistungen abrechnen, die auf der Basis der Kalkulation dem Verhältnis der erbrachten Leistungen zur geschuldeten Gesamtleistung entspricht. Von der Restvergütung für die nicht ausgeführten Leistungen muss er wiederum die ersparten Kosten abziehen. Fehlt insoweit eine (brauchbare) Angebotskalkulation, so muss der Auftragnehmer eine schlüssige Angebotskalkulation im Nachhinein fertigen und der Abrechnung zugrunde legen.[229] Hat der Auftragnehmer den Pauschalpreis nach umbautem Raum kalkuliert (z. B. 200,– €/m³), so ist dies ausreichend.[230]

ff) Prüfbarkeit der Abrechnung

157 Die vorstehend zusammengefassten Überlegungen zeigen, dass an die Prüfbarkeit einer Abrechnung nach erfolgter Kündigung relativ strenge Anforderungen gestellt werden. Entspricht die Abrechnung diesen Anforderungen nicht, differenziert sie also beispielsweise nicht zwischen den erbrachten Leistungen einerseits und den nicht erbrachten Leistungen andererseits oder zieht der Auftragnehmer die ersparten Kosten in nicht nachvollziehbarer Form ab, so wird der Vergütungsanspruch des Auftragnehmers mangels Prüfbarkeit nicht fällig. Eine gleichwohl eingereichte Klage ist mangels Fälligkeit als zurzeit unbegründet abzuweisen.[231] Allerdings bestimmt sich die Prüfbarkeit der Schlussrechnung nicht nach einem abstrakt-objektiven Maßstab. Maßgebend sind vielmehr die Informations- und Kontrollinteressen des Auftraggebers.[232] Hat der Architekt des Auftraggebers die Rechnung als prüfbar bezeichnet und geprüft, so greift der Einwand des Auftraggebers mangelnder Prüfbarkeit nicht.[233] Ergänzend hat der BGH in seinem Urt. v. 11.02.1999 die Instanzgerichte verpflichtet, den klagenden Auftragnehmer im Einzelnen darauf hinzu-

---

228 BGH, BauR 1999, 632, 634; auch OLG Dresden, BauR 2001, 419.
229 BGH, BauR 1996, 846; BauR 1997, 304; BauR 1999, 632, 634; BauR 2006, 1753.
230 BGH, BauR 2002, 1695.
231 BGH, BauR 1995, 126 und BauR 1999, 635.
232 BGH, BauR 2001, 251.
233 BGH, BauR 2002, 468.

weisen, welche Bedenken gegen die Prüffähigkeit der Rechnung bestehen.[234] Kommt trotz Verlangens des Auftragnehmers nach der Kündigung kein gemeinsames Aufmaß zustande, weil der Auftraggeber die Arbeiten sofort durch einen Drittunternehmer fertig stellen lässt, so genügt der Auftragnehmer seiner Verpflichtung zu einer prüfbaren Rechnung, wenn er alle ihm zur Verfügung stehenden Umstände mitteilt, die Rückschlüsse auf den Stand der erbrachten Leistung ermöglichen.[235]

Der Auftraggeber muss den Einwand mangelnder Prüffähigkeit beim VOB- **158** Vertrag allerdings binnen 2 Monaten nach Erhalt der Schlussrechnung unter Angabe der Gründe erheben. Geschieht dies nicht, so wird auch der nicht prüfbar abgerechnete Werklohnanspruch des Auftragnehmers fällig, § 16 Abs. 3 Nr. 1 Satz 2 VOB/B (2006).[236] Der Eintritt der Fälligkeit bedeutet natürlich nicht, dass die Forderung auch inhaltlich begründet ist. Dies ist vielmehr – notfalls gerichtlich – zu überprüfen. Der Auftraggeber kann – und muss – seine verspäteten Einwendungen zur Prüfbarkeit nunmehr als sachliche Einwendungen gegen die Begründetheit der Forderung erheben.[237]

gg) Umdeutung einer fehlgeschlagenen Kündigung aus wichtigem Grund in eine freie Kündigung

Aufgrund der genannten vergütungsrechtlichen Folgen hat die Kündigung **159** ohne Grund also viele Nachteile für den Auftraggeber. Kündigungen, in denen der Auftraggeber von vornherein »ohne Grund« kündigen will, kommen deshalb in der Praxis eher selten vor. Ihre eigentliche Bedeutung hat die Bestimmung des § 8 Abs. 1 VOB/B (bzw. die weitgehend inhaltsgleiche Bestimmung des § 649 BGB) deshalb als »**Auffangtatbestand**« für Kündigungen, die **aus wichtigem Grund ausgesprochen** werden sollen, bei denen jedoch die Voraussetzungen einer Kündigung aus wichtigem Grund **nicht** oder nicht vollständig **vorliegen**, z. B. der wichtige Grund oder die Kündigungsandrohung fehlen (dazu nachstehend), und die deshalb in einer **unfreiwilligen** »**freien Kündigung**« **enden**. Eine solche **Umdeutung** einer fehlgeschlagenen Kündigung aus wichtigem Grund in eine ordentliche Kündigung ist jedenfalls dann zulässig, wenn die Auslegung ergibt, dass der Auftraggeber – wie meist – den Vertrag in jedem Fall beenden wollte.[238] Die Umdeutung in eine freie Kündigung gemäß § 649 BGB (bzw. § 8 Abs. 1 VOB/B) kommt auch dann in Betracht, wenn der Auftraggeber den Rücktritt vom Bauvertrag gemäß § 634 Nr. 3

---

234 BGH, BauR 1999, 635.

235 Z. B. gemeinsames Protokoll über den Leistungsstand, vgl. BGH, BauR 2004, 1443.

236 So bereits BGH, BauR 2004, 1937 vor der Neufassung der VOB/B (2006); näher dazu unten Rdn. 339.

237 BGH, BauR 2004, 1937 vor der Neufassung der VOB/B (2006).

238 Vgl. dazu BGH, BauR 2003, 1889; ergänzend Lederer, in: Kapellmann/Messerschmidt, § 8 VOB/B, Rdn. 16 ff.

i. V. m. § 323 Abs. 2 und Abs. 6 BGB erklärt, obwohl die gesetzlichen Voraussetzungen nicht vorliegen, sich aber aus der Erklärung des Auftraggebers unzweideutig ergibt, dass er am Vertrag nicht weiter festhalten will.[239]

2. Die Kündigung bei Insolvenz des Auftragnehmers gemäß § 8 Abs. 2 VOB/B

160 Gemäß § 8 Abs. 2 Nr. 1 VOB/B kann der Auftraggeber den Vertrag kündigen,

- wenn der Auftragnehmer seine Zahlungen einstellt,
- von ihm oder zulässigerweise vom Auftraggeber oder einem anderen Gläubiger das Insolvenzverfahren (§§ 14 und 15 InsO) bzw. ein vergleichbares gesetzliches Verfahren beantragt ist,
- ein solches Verfahren eröffnet wird oder
- dessen Eröffnung mangels Masse abgelehnt wird.

a) Wirksamkeit von § 8 Abs. 2 VOB/B?

161 § 8 Abs. 2 VOB/B räumt dem Auftraggeber eines VOB-Bauvertrages unter den näher genannten Voraussetzungen damit ein Kündigungsrecht aus wichtigem Grund bei Insolvenz des Auftragnehmers ein. Äußerst umstritten ist, ob dieses Sonderkündigungsrecht – auch bei Vereinbarung der VOB/B »als Ganzes« – gemäß § 119 InsO überhaupt wirksam ist, weil nach dieser Bestimmung Vereinbarungen, durch die im Voraus die Anwendung der §§ 103 bis 118 InsO ausgeschlossen oder beschränkt wird, unwirksam sind. Gemäß § 103 InsO hat der Insolvenzverwalter grundsätzlich ein Wahlrecht, ob er einen noch nicht vollständig erfüllten, also noch in der Abwicklung befindlichen Vertrag (auch Bauvertrag) erfüllt oder nicht. Sein Wahlrecht wird durch das Kündigungsrecht des Auftraggebers gemäß § 8 Abs. 2 VOB/B jedoch eingeschränkt.[240] Das OLG Düsseldorf hat in einem für die Praxis sehr bedeutsamen Urt. v. 08.09.2006[241] entschieden, dass das Kündigungsrecht des Auftraggebers gemäß § 8 Abs. 2 VOB/B »insolvenzfest« ist. Hinzuweisen ist allerdings auf das Urteil des BGH vom 15.11.2012.[242] In diesem Urteil hat der BGH eine »Beendigungsklausel« in einem Stromlieferungsvertrag für den Fall der Insolvenz des Kunden als Verstoß gegen § 103 InsO gewertet und für unwirksam erklärt. Durch die automatische Beendigung werde das Wahlrecht des Insolvenzverwalters unzulässig eingeschränkt. Die Kernaussage des BGH lässt sich ggf. auch auf die insolvenzbedingte Kündigung eines Bauvertrages gemäß § 8 Abs. 2 VOB/B übertragen und stärkt die Zweifel an der Wirksamkeit dieser VOB/B-Bestim-

---

239 OLG Thüringen, BauR 2008, 534.
240 Zum Meinungsstand vgl. Lederer, in: Kapellmann/Messerschmidt, § 8 VOB/B Rdn. 65 ff.
241 OLG Düsseldorf, BauR 2006, 2054; ebenso OLG Schleswig, IBR 2012, 133.
242 IX ZR 169, 11, IBR 2013, 278.

mung (so z. B. der Kurzkommentar von Schmitz in IBR-online zum vorgenannten Urteil).

b) Insolvenzbedingte Kündigung

aa) Das Kündigungsrecht gemäß § 8 Abs. 2 VOB/B steht dem Auftraggeber bereits bei **Zahlungseinstellung** des Auftragnehmers zu. Der Kündigungsgrund der Zahlungseinstellung ist insolvenzrechtlich geprägt. Gemäß § 17 Abs. 1 InsO ist allgemeiner Grund zur Eröffnung eines Insolvenzverfahrens die Zahlungsunfähigkeit des Schuldners. Dies ist gemäß § 17 Abs. 2 InsO der Fall, wenn der Schuldner nicht in der Lage ist, die fälligen Zahlungsverpflichtungen zu erfüllen. Die Zahlungsunfähigkeit ist i. d. R. anzunehmen, wenn der Schuldner seine Zahlungen eingestellt hat. **162**

Die zum Insolvenzgrund der Zahlungsunfähigkeit führende Zahlungseinstellung setzt also voraus, dass der **Auftragnehmer generell nicht mehr in der Lage ist, seinen fälligen Zahlungsverpflichtungen nachzukommen.** Das Unterlassen einzelner Zahlungen reicht hingegen nicht aus.[243] Eine kündigungsrelevante Zahlungseinstellung im Sinne von § 8 Abs. 2 Nr. 1 VOB/B liegt also nicht bereits vor, wenn der Auftragnehmer zweimal die eidesstattliche Versicherung abgegeben hat und Haftbefehl gegen ihn ergangen ist.[244]

Der Auftraggeber sollte den Bauvertrag wegen Zahlungseinstellung des Auftragnehmers deshalb nur kündigen, wenn keinerlei Zweifel an dieser Zahlungseinstellung im Sinne von § 17 Abs. 2 InsO vorliegen, wenn der Auftragnehmer also beispielsweise öffentlich (oder in einem Rundschreiben) erklärt hat, er habe seine Zahlungen eingestellt.[245]

bb) Neben der Zahlungseinstellung des Auftragnehmers ist die insolvenzbedingte Kündigung auch zulässig, wenn ein **Antrag auf Eröffnung des Insolvenzverfahrens** über das Vermögen des Auftragnehmers gestellt worden ist. Nach der früheren Fassung von § 8 Abs. 2 Nr. 1 VOB/B war zweifelhaft, ob dieser Kündigungsgrund nur bei einem sog. Eigenantrag des Auftragnehmers (§ 13 Abs. 1 InsO) oder auch bei einem Antrag eines Gläubigers (also des Auftraggebers selbst oder eines dritten Gläubigers) zulässig war. Diese Unklarheit ist seit der Neufassung der VOB/B (2006) beseitigt. Die insolvenzbedingte Kündigung ist in beiden Fällen zulässig. Die durch die Neufassung herbeigeführte Klarstellung ist allerdings mit einem Manko versehen. Ist der Insolvenzantrag nämlich nicht vom Auftragnehmer selbst, sondern vom Auftraggeber oder einem sonstigen Gläubiger gestellt worden (Fremdantrag), dann muss dieser Antrag auch zulässig sein, um das Kündigungsrecht gemäß § 8 Abs. 2 Nr. 1 VOB/B zu begründen. Dies ist gemäß § 14 Abs. 1 InsO beispielsweise **163**

---

243 Vgl. OLG Köln, BauR 1996, 257.
244 OLG Köln, BauR 2006, 1903.
245 Zutreffend Lederer, in: Kapellmann/Messerschmidt, § 8 VOB/B Rdn. 68.

der Fall, wenn der Gläubiger ein rechtliches Interesse an der Eröffnung des Insolvenzverfahrens hat und seine Forderung sowie den Eröffnungsgrund (z. B. Zahlungsunfähigkeit) glaubhaft macht. Beantragt der Auftraggeber selbst die Eröffnung des Insolvenzverfahrens, so kann und muss er die Zulässigkeit seines Antrages selbst beurteilen, weil davon gleichzeitig die Begründetheit seiner Kündigung aus wichtigem Grund gemäß § 8 Abs. 2 VOB/B abhängt. Hat ein Dritter den Eröffnungsantrag über das Vermögen des Auftragnehmers gestellt, so ist die vom Auftraggeber ausgesprochene Kündigung gemäß § 8 Abs. 2 VOB/B nur wirksam, wenn der Antrag des Dritten gemäß §§ 14 und 15 InsO zulässig war. Erweist sich dieser Drittantrag als unzulässig, hat der Auftraggeber aber bereits die insolvenzbedingte Kündigung ausgesprochen, so handelt es sich um eine »fehlgeschlagene« Kündigung aus wichtigem Grund mit der Folge, dass eine Kündigung »ohne Grund« im Sinne von § 8 Abs. 1 VOB/B vorliegt.[246]

164 cc) Darüber hinaus kann der Auftraggeber – nach wie vor – kündigen, wenn entweder das Insolvenzverfahren eröffnet wird oder die Eröffnung des Verfahrens mangels Masse abgelehnt wird. Diese weitere Kündigungsmöglichkeit nach § 8 Abs. 2 Nr. 1 VOB/B spielt in der Praxis keine allzu große Rolle, da der Auftraggeber in aller Regel (spätestens) nach dem Insolvenzantrag entscheidet, ob er den Bauvertrag kündigt oder nicht. Läuft die Baustelle jedoch trotz Zahlungseinstellung und/oder Insolvenzantrag weiter und wird anschließend, meist Wochen oder sogar Monate später, das Insolvenzverfahren eröffnet bzw. mangels Masse abgelehnt, so bleibt dem Auftraggeber die Kündigung des Bauvertrages unbenommen.

c) Rechtsfolgen

165 Wir haben im vorangehenden Kapitel gesehen, dass der Auftraggeber grundsätzlich keinen Grund benötigt, um zu kündigen (§ 8 Abs. 1 VOB/B). Bei Kündigung wegen Insolvenz des Auftragnehmers gemäß § 8 Abs. 2 Nr. 1 VOB/B stellt diese Kündigung aber keine »ordentliche« (freie) Kündigung dar, sondern eine Kündigung »aus wichtigem Grund«.

Die Konsequenzen werden durch § 8 Abs. 2 Nr. 2 VOB/B deutlich: Der Auftragnehmer kann nur Vergütung der bisherigen Leistung gemäß § 6 Abs. 5 VOB/B verlangen. Dem Auftraggeber steht ein Schadensersatzanspruch wegen Nichterfüllung des Vertrages zu, mit dem er gegen restliche Vergütungsansprüche des Auftragnehmers gemäß § 6 Abs. 5 VOB/B **aufrechnen** kann.[247] Der

---

246 Dazu näher Rdn. 159 ff.
247 Zum Parallelfall des § 8 Abs. 3 VOB/B ausdrücklich BGH, BauR 2005, 1477; ebenso OLG Naumburg, BauR 2003, 115, 117; die noch von einer einfachen Verrechnung (statt Aufrechnung) ausgehenden Entscheidungen OLG Dresden, BauR 2003, 1736 und LG Duisburg, BauR 2004, 1625 dürften nach der genannten BGH-Entscheidung nicht mehr aufrechtzuerhalten sein.

Schadensersatzanspruch wegen Nichterfüllung erfasst allerdings nicht erforderliche Mängelbeseitigungskosten. Insoweit muss der Auftraggeber den Auftragnehmer/Insolvenzverwalter unbeschadet der insolvenzbedingten Kündigung zunächst unter Fristsetzung zur Mängelbeseitigung auffordern, bevor er eine Selbstvornahme veranlassen kann.[248] Soweit der Auftraggeber seinen Schadensersatzanspruch nicht durch Aufrechnung befriedigen kann, muss er ihn als Insolvenzforderung zur Insolvenztabelle anmelden, § 174 InsO.

Heben die Parteien den Vertrag bei Insolvenz des Auftragnehmers einvernehmlich auf, so gelten mangels anderweitiger Vereinbarung die Rechtsfolgen des § 8 Abs. 2 Nr. 2 VOB/B.[249]

Zur Vertragskündigung durch den Insolvenzverwalter des Auftragnehmers vgl. BGH, BauR 2002, 1264.

3. Die Kündigung wegen Vertragsverletzung des Auftragnehmers gemäß § 8 Abs. 3 VOB/B und aus sonstigen wichtigen Gründen[250]

a) Kündigungsgründe gemäß § 8 Abs. 3 VOB/B

§ 8 Abs. 3 Nr. 1 VOB/B regelt drei bedeutsame Fälle einer Kündigung aus **166** wichtigem Grund:[251]

1. Fall: Der Auftragnehmer bessert Leistungen nicht nach, die schon während der Ausführung als vertragswidrig oder mangelhaft erkannt worden sind, § 4 Abs. 7 VOB/B (s. dazu unten Rdn. 251 ff.).

2. Fall: Der Auftragnehmer erbringt Leistungen ohne schriftliche Zustimmung des Auftraggebers nicht im eigenen Betrieb, obwohl sein Betrieb darauf eingerichtet ist (unberechtigter Nachunternehmereinsatz), § 4 Abs. 8 Nr. 1 VOB/B.[252]

3. Fall: Der Auftragnehmer verzögert den Beginn der Ausführung, kommt der Verpflichtung nach § 5 Abs. 3 VOB/B nicht nach oder gerät mit der Vollendung in Verzug, § 5 Abs. 4 VOB/B (s. o. Rdn. 105).[253]

In allen drei Fällen regelt die VOB/B, dass die Kündigung (erst) zulässig ist, wenn der Auftraggeber dem Auftragnehmer erfolglos eine angemessene Frist zur Vertragserfüllung gesetzt und erklärt hat, dass er dem Auftragnehmer

---

248 OLG Brandenburg, BauR 2003, 1404, 1406.
249 OLG Naumburg, BauR 2003, 115, 117 und ergänzend oben Rdn. 119.
250 Zu Praxisproblemen des gekündigten Bauvertrages ausführlich Langen, in: Festschrift Kapellmann (2007), 237 ff.
251 Ausführlich dazu Langen/Schiffers, Rdn. 1806 ff.
252 Dazu OLG Celle, BauR 2005, 1336.
253 Das Kündigungsrecht gemäß §§ 5 Abs. 4, 8 Abs. 3 VOB/B besteht auch, wenn der Auftragnehmer als Vertragsfristen vereinbarte Zwischenfristen überschritten hat, OLG Düsseldorf, BauR 2009, 1445.

nach Fristablauf den Auftrag entziehen werde (Kündigungsandrohung). Für die Praxis besonders bedeutsam ist die Kündigung wegen Terminüberschreitung des Auftragnehmers gemäß § 5 Abs. 4 VOB/B (dazu näher oben Rdn. 108). Nach der Rechtsprechung liegt eine »angemessene Fristsetzung« im Sinne von § 5 Abs. 4 VOB/B (ausnahmsweise) auch dann vor, wenn der Auftraggeber den Auftragnehmer mehrfach (aber ohne Fristsetzung) unter Kündigungsandrohung aufgefordert hat, »unverzüglich« Abhilfe gemäß § 5 Abs. 3 VOB/B zu schaffen.[254] Wie das OLG Hamm in einer sehr praxisrelevanten Entscheidung festgehalten hat, ist der terminrückständige Auftragnehmer gemäß § 5 Abs. 3 VOB/B insbesondere verpflichtet, alle gebotenen Anstrengungen zur Beschleunigung des Bauablaufs einschließlich Erhöhung der Anzahl der Arbeitskräfte, der täglichen Arbeitsstunden sowie von Doppel- und Wochenendschichten einzuleiten.[255] Im Einzelfall kann auch eine gestaffelte Fristsetzung sinnvoll und ausreichend sein.[256] Ein **Leistungsverweigerungsrecht des Auftragnehmers** hindert den Verzug des Auftragnehmers mit der Ausführung und kann deshalb zum Entfall eines wichtigen Kündigungsgrundes gemäß §§ 8 Abs. 3, 5 Abs. 4 VOB/B führen.[257]

Ist zwischen den Parteien streitig, ob einer der in § 8 Abs. 3 VOB/B geregelten Kündigungsgründe vorliegt (ob der Auftragnehmer sich also beispielsweise mit der Fertigstellung der Bauleistung in Verzug befindet), so kann die **Kooperationspflicht der Bauvertragsparteien** dazu führen, dass der Auftraggeber trotz erfolglosen Fristablaufs zunächst den Versuch einer einvernehmlichen Beilegung der entstandenen Meinungsverschiedenheiten unternehmen muss.[258] Im konkreten Fall hatte der BGH die Berechtigung der auftraggeberseitigen Kündigung abgelehnt, weil der Auftragnehmer die Arbeiten aus öffentlich-rechtlichen Gründen nicht weitergeführt hatte, aus denen ihm bei Fortführung der Arbeiten ein Bußgeld gedroht hätte.

167 § 8 Abs. 3 Nr. 1 VOB/B begegnet – auch bei isolierter Betrachtungsweise – keinen AGB-Bedenken, weil die Vorschrift nicht gegen das gesetzliche Leitbild des Schuldrechtsmodernisierungsgesetzes verstößt. Dies gilt unabhängig davon, ob der Auftraggeber (Regelfall) oder der Auftragnehmer (Ausnahmefall) als Verwender der VOB/B anzusehen ist (dazu oben Rdn. 9):[259]

Zwar sehen §§ 281 Abs. 1 und 323 Abs. 1 BGB bei entsprechender Pflichtverletzung des Schuldners (z. B. Verzug) das Recht des Gläubigers vor, nach Ablauf einer Nachfrist (ohne Ablehnungsandrohung) Schadensersatz statt der Leis-

---

254 BGH, BauR 2002, 782.
255 OLG Hamm, IBR 2007, 470 und 561; ähnlich auch OLG Köln, BauR 2008, 1145.
256 OLG Stuttgart, BauR 2007, 1417.
257 OLG Dresden, BauR 2010, 96.
258 BGH, BauR 2007, 1404, 1407; allgemein zur Kooperationspflicht der Bauvertragsparteien BGH, BauR 2000, 409 und BauR 2003, 1207.
259 I. E. so auch Voit, BauR 2002, 1776 und Lang, BauR 2006, 1956.

tung zu fordern oder vom Vertrag zurückzutreten. Gemäß § 325 BGB kann der Gläubiger auch zurücktreten und trotzdem Schadensersatz statt der Leistung fordern.

Von dieser Gesetzessystematik weicht § 8 Abs. 3 VOB/B in zweierlei Hinsicht ab, und zwar zum einen durch die Kündigung (anstatt des Rücktritts), zum anderen durch das Erfordernis einer Kündigungsandrohung (anstatt einer bloßen Nachfristsetzung). Wie aber der DVA in der Begründung zur VOB 2002 zutreffend ausgeführt hat, laufen bei einem Werkvertrag der Rücktritt und die Kündigung hinsichtlich der Vergütung der bis zur Vertragsbeendigung erbrachten Leistungen praktisch auf dasselbe hinaus. Rechtssystematisch kommt hinzu, dass auch das Schuldrechtsmodernisierungsgesetz jedenfalls die ordentliche Kündigung eines Werkvertrages in § 649 BGB nach wie vor anerkennt und dass in § 314 BGB die Kündigung von Dauerschuldverhältnissen aus wichtigem Grund nun gesetzlich anerkannt ist. Zumindest über längere Zeit laufende Bauverträge sind aber einem Dauerschuldverhältnis im Sinne von § 314 BGB jedenfalls angenähert.

Auch die in § 5 Abs. 4 VOB/B vorgesehene Kündigungsandrohung stellt nur eine klarstellende, der Rechtssicherheit dienende Voraussetzung dar, die zumindest keine unangemessene Abweichung vom gesetzlichen Leitbild der §§ 281 Abs. 1, 323 Abs. 1 BGB enthält. Denn die Auffassung des Gesetzgebers, dem Schuldner werde bereits durch die Fristsetzung als solche klar, dass anschließend Schadensersatz statt der Leistung bzw. Rücktritt infrage komme, erscheint im Rechtsalltag durchaus zweifelhaft.

b) Sonstige wichtige Kündigungsgründe

Über den Wortlaut des § 8 Abs. 3 Nr. 1 VOB/B hinaus hat die Rechtsprechung **168** eine Kündigung aus wichtigem Grund immer dann zugelassen, wenn die Fortsetzung des Vertragsverhältnisses für den Auftraggeber **nicht zumutbar** sei. Bei Dauerschuldverhältnissen, zu denen zumindest Bauverträge mit längerer Laufzeit gerechnet werden können, hat das Gesetz diese Kündigung wegen Unzumutbarkeit in § 314 Abs. 1 Satz 2 BGB nun auch ausdrücklich geregelt.

Generell ist in diesen Fällen aber zweierlei zu beachten: Zum einen ist nach der gesetzlichen Regelung der §§ 281 Abs. 1, 314 Abs. 2 und 323 Abs. 1 BGB (nur) eine Nachfristsetzung bzw. Abmahnung erforderlich, jedoch keine ausdrückliche Kündigungsandrohung (die dem Praktiker aber trotzdem aus Gründen der Rechtsklarheit zu empfehlen ist). Zum anderen sind in § 323 Abs. 2 BGB drei Fälle genannt, in denen eine **Fristsetzung entbehrlich** ist, insbesondere der Fall, dass der Schuldner die **Leistung ernsthaft und endgültig verweigert** hat, § 323 Abs. 2 Nr. 1 BGB. Diese Ausnahmefälle gelten auch für einen VOB-Vertrag.

169 Nachstehend einige **Rechtsprechungsbeispiele** zur **Kündigung aus sonstigen wichtigen Gründen:**

OLG Düsseldorf, BauR 1992, 381: Kündigung aus wichtigem Grund **unzulässig**, auch wenn der Auftragnehmer unberechtigt Bedenken gegen die Qualität der Vorleistungen angemeldet hat.

OLG Hamm, IBR 1994, 148: Kündigung aus wichtigem Grund **zulässig** bei fehlender Eintragung des Auftragnehmers in die Handwerksrolle.

OLG Köln, NJW-RR 1994, 602: Kündigung aus wichtigem Grund **zulässig** bei Täuschung über einen erforderlichen Eignungsnachweis.

BGH, BauR 1996, 704: Kündigung aus wichtigem Grund **zulässig**, wenn der Auftragnehmer trotz mehrfacher Abmahnung die vereinbarten Materialtransportwege nicht einhält.

OLG Dresden, BauR 1998, 565: Kündigung aus wichtigem Grund **zulässig**, wenn der Auftragnehmer für eine vom Auftraggeber angeordnete Planänderung einen Nachtragspreis fordert und bis zum Einverständnis des Auftraggebers die Arbeitseinstellung androht, **ohne** die Kalkulation des Nachtragspreises (nämlich auf der Basis der Urkalkulation) offenzulegen (vgl. oben Rdn. 60).

BGH, BauR 2000, 1182: Kündigung wegen Unzumutbarkeit **zulässig**, wenn feststeht, dass der Auftragnehmer eine Vertragsfrist nicht einhält und die Vertragsverletzung von erheblichem Gewicht ist.

BGH, BauR 2001, 1577: Kündigung aus wichtigem Grund **zulässig** (aber ausnahmsweise sogar entbehrlich), wenn der Auftragnehmer seinerseits den Auftrag grundlos gekündigt und die (erneute) Arbeitsaufnahme verweigert hat.

OLG Celle, BauR 2003, 890: Kündigung aus wichtigem Grund **unzulässig**, wenn der Auftragnehmer sich weigert, Nachtragsleistungen auszuführen, die vom Auftraggeber nicht als Nachtrag anerkannt werden.[260]

OLG Celle, BauR 2005, 1336: Kündigung aus wichtigem Grund **zulässig**, wenn der Auftragnehmer erklärt, sich nicht an die vertragliche Leistungsverpflichtung halten zu wollen.

OLG Schleswig, BauR 2011, 690: Kündigung aus wichtigem Grund **zulässig**, wenn der Auftragnehmer bei der Ausführung seiner Werkleistung beharrlich gegen die anerkannten Regeln der Technik verstößt.

---

260 Bestätigt von BGH, BauR 2004, 1616.

c) Teilkündigung aus wichtigem Grund

Gemäß § 8 Abs. 3 Nr. 1 Satz 2 VOB/B kann die Kündigung aus wichtigem **170** Grund **auf einen in sich abgeschlossenen Teil der Leistung beschränkt werden**, z. B. auf ein Los, wenn zwei Lose beauftragt sind.

Generell ist hierzu erforderlich, dass der teilgekündigte Bereich »funktional in sich abgeschlossen« ist,[261] was selten der Fall ist und der Praxis große Schwierigkeiten bereitet. Der Rohbau ist beispielsweise ein einheitliches Ganzes und damit nicht teilkündbar.[262] Das OLG München hat die Teilkündigung eines Bauvertrages hinsichtlich der noch nicht begonnenen Bauabschnitte 2 und 3 für unzulässig gehalten, wenn diese von dem in Ausführung befindlichen Bauabschnitt 1 nicht sicher abgegrenzt werden könnten. In diesem Fall sei auch eine Umdeutung in eine ordentliche Kündigung nicht möglich, da der Auftraggeber auf der Fertigstellung des Bauabschnitts 1 bestanden habe.[263] In der Revisionsentscheidung zum vorgenannten Urteil des OLG München hat der BGH klargestellt, dass **Leistungsteile innerhalb eines Gewerks** grundsätzlich **keinen in sich abgeschlossenen Teil der Leistung** darstellen, auf den die Entziehung des Auftrags nach § 8 Abs. 3 Nr. 1 Satz 2 VOB/B beschränkt werden könne.[264] Ebenfalls bestätigt hat der BGH die Auffassung des OLG München, wonach eine solcherart unzulässige Teilkündigung des Auftraggebers eine Gegenkündigung des Auftragnehmers nach § 9 Abs. 1 VOB/B rechtfertige. Allerdings könne der Auftraggeber dem Schadensersatzanspruch des Auftragnehmers den Einwand des Mitverschuldens gemäß § 254 Abs. 1 BGB entgegenhalten, wenn der Auftragnehmer durch sein vertragswidriges Verhalten Anlass für die – unzulässige – Teilkündigung gegeben habe.[265] Wird trotzdem eine – unzulässige – Teilkündigung ausgesprochen, so kann es zu erheblichen Unsicherheiten über die Konsequenzen kommen (Unwirksamkeit der Teilkündigung oder Auslegung als Kündigung des ganzen Vertrages). »Funktional abgeschlossen« ist aber beispielsweise eines von mehreren schlüsselfertig in Auftrag gegebenen Einfamilienhäusern (vgl. auch Rdn. 201). Bei einem **Bauträgervertrag** lässt die Rechtsprechung eine Teilkündigung aus wichtigem Grund hinsichtlich des bauvertraglichen Teils zu, so dass der Auftraggeber die ebenfalls vom Bauträger geschuldete Übereignung des Grundstücks verlangen und anschließend die Bauleistungen in Eigenregie erstellen könne.[266]

261 Vgl. Ingenstau/Korbion/Vygen, VOB/B § 8 Abs. 3, Rdn. 31.
262 BGH, BauR 2009, 1736, 1738.
263 OLG München, BauR 2008, 1474. Näher Kapellmann, Festschrift Thode, 2005, S. 29 ff.
264 BGH, BauR 2009, 1736.
265 BGH, a. a. O., S. 1739.
266 KG, BauR 2000, 114.

d) Rechtsfolgen

aa) Fertigstellung durch Drittfirmen – Kostenerstattung/Kostenvorschuss

171 Gemäß § 8 Abs. 3 Nr. 2 VOB/B kann der Auftraggeber nach Kündigung den noch nicht ausgeführten Teil der Leistung durch einen Dritten ausführen lassen. Der Auftraggeber muss aber darauf achten, dass der beauftragte Drittunternehmer erst **nach** der Kündigung mit seinen Arbeiten beginnt.[267] Die **Auftragserteilung** kann (sollte aber nicht) schon vorher erfolgen.[268] Hinsichtlich der kündigungsbedingten Mehrkosten steht dem Auftraggeber ein Erstattungsanspruch gegen den Auftragnehmer zu, mit dem er gegen einen evtl. restlichen Werklohnanspruch des Auftragnehmers die **Aufrechnung** (nicht bloße Verrechnung) erklären kann.[269] I. H. d. voraussichtlichen Mehrkosten kann der Auftraggeber vom Auftragnehmer auch einen **Kostenvorschuss** verlangen.[270] Der Mehrkostenerstattungsanspruch des Auftraggebers bezieht sich auch auf solche Leistungen, die zwar (noch) nicht beauftragt waren, die der Auftraggeber aber gemäß § 1 Abs. 3 oder 4 VOB/B hätte anordnen können.[271] Nicht abgerechnete Leistungen des Drittunternehmers sind jedoch auch dann nicht zu erstatten, wenn sie zwar angeboten und beauftragt, aber ohne gesonderten Beleg ausgeführt worden sind.[272]

bb) Anteiliger Werklohn nur für die ausgeführten Leistungen

172 Der Auftragnehmer, dem der Auftrag nach § 8 Abs. 3 VOB/B entzogen worden ist, kann im Übrigen nur den Anteil der vereinbarten Vergütung verlangen, der seinen bisher erbrachten Leistungen entspricht.[273] Anders als bei der »freien« Kündigung gemäß § 8 Abs. 1 VOB/B gibt es bei der Kündigung aus wichtigem Grund eben keine Vergütung für die nicht ausgeführten Leistungen.

Der Auftraggeber kann auch auf die Durchführung der weiteren Ausführung ganz verzichten, wenn die Leistung für ihn kein Interesse mehr hat. Das wird aber sehr selten der Fall sein.

---

267 OLG Düsseldorf, BauR 2010, 232.
268 Vgl. BGH, BauR 1977, 422; Beck'scher Kommentar/Motzke, VOB/B § 8 Abs. 3, Rdn. 37 bzw. Nr. 3, Rdn. 38 f.
269 Vgl. BGH, BauR 2005, 1477; zur Berechnung OLG Naumburg, BauR 2009, 1595 und OLG Düsseldorf, BauR 2010, 88.
270 OLG Düsseldorf, BauR 2010, 88, 90.
271 BGH, BauR 2000, 571.
272 Vgl. OLG Düsseldorf, BauR 1991, 216.
273 BGH, BauR 1995, 545; 2003, 877.

cc) Verwendungsrecht bezüglich Baustelleneinrichtung, Stoffen und Bauteilen

Gemäß § 8 Abs. 3 Nr. 3 VOB/B kann er gegen angemessene Vergütung auch die **173** vorhandene **Baustelleneinrichtung** des Auftragnehmers sowie bereits angelieferte **Stoffe und Bauteile** in Anspruch nehmen. Während der Anspruch als solcher im Fall einer Kündigung aus wichtigem Grund unbestritten ist, kann seine praktische Durchsetzung durchaus Schwierigkeiten bereiten. In einer allenfalls für Juristen nachvollziehbaren Entscheidung vom 28.11.2007[274] hat das OLG Düsseldorf entschieden, dass das Besitzrecht des Auftragnehmers an Baustelleneinrichtung, angeliefertem Material usw. trotz des Verwendungsrechts des Auftraggebers aus § 8 Abs. 3 VOB/B fortbestehe, weshalb das vom Auftraggeber nach der Kündigung üblicherweise ausgesprochene Baustellenverbot eine verbotene Eigenmacht zulasten des Auftragnehmers darstelle. Dieser verbotenen Eigenmacht könne sich der Auftragnehmer durch einstweilige Verfügung erwehren. § 8 Abs. 3 Nr. 3 VOB/B stelle lediglich einen »petitorischen« Anspruch dar, der das »possessorische Besitzrecht« des Auftragnehmers nicht einschränke. Faktisch entwertet das OLG Düsseldorf das Verwendungsrecht des Auftraggebers aus § 8 Abs. 3 Nr. 3 VOB/B, weil es den Auftraggeber zwingt, sein Verwendungsrecht aus § 8 Abs. 3 Nr. 3 VOB/B nicht durch ein Baustellenverbot, sondern durch einstweilige Verfügung sicherzustellen, falls der Auftragnehmer vertragswidrig Baustelleneinrichtung oder Material von der Baustelle entfernen will.

§ 8 Abs. 3 Nr. 3 VOB/B regelt ein Verwendungs*recht*. Ausnahmsweise kann der Auftraggeber unter Schadensminderungsgesichtspunkten aber verpflichtet sein, bereits hergestellte oder angelieferte Materialien zu verwenden. Voraussetzung ist jedoch, dass diese für die weitere Ausführung uneingeschränkt tauglich sind, aus Sicht des beauftragten Nachfolgeunternehmers keine Bedenken gegen deren Verwendung bestehen, der Nachfolgeunternehmer auch bereit ist, diese zu übernehmen und der gekündigte Auftragnehmer keine anderweitige Verwendungsmöglichkeit hierfür hat.[275]

§ 8 Abs. 3 Nr. 4 VOB/B gewährt dem Auftragnehmer einen einklagbaren[276] Anspruch auf Zusendung einer Aufstellung über die kündigungsbedingten Mehrkosten sowie sonstige Ansprüche, die binnen 12 Werktagen nach Abrechnung mit dem Drittunternehmer vorzulegen ist. Für diese Abrechnung gelten zwar nicht die strengen Anforderungen von § 14 Abs. 1 VOB/B.[277] Aus der Abrechnung muss der Auftragnehmer aber nachvollziehen können, ob Mehrmengen, geänderte/zusätzliche Leistungen oder Mängelbeseitigungsarbeiten

---

274 OLG Düsseldorf, BauR 2008, 998.
275 BGH, BauR 2003, 877; ähnlich auch BGH, BauR 1995, 545.
276 BGH, BauR 2002, 1253.
277 BGH, BauR 2000, 571.

ausgeführt worden sind. Ansonsten wird der Kostenerstattungsanspruch des Auftraggebers nicht fällig.[278]

Zusammenfassend:

174 Will der Auftraggeber dem Auftragnehmer aus wichtigem Grund den Auftrag entziehen, dann sollte er ihm nicht nur in den drei in § 8 Abs. 3 VOB/B geregelten Fällen, sondern **generell** vorher eine **Nachfrist mit Kündigungsandrohung** setzen.

Diese **Nachfrist** mit Kündigungsandrohung kann auch mündlich erfolgen, sollte aber aus Beweisgründen immer **schriftlich** (Einschreiben mit Rückschein/Telefax mit Zugangsbestätigung) erfolgen. Bei besonders grober Vertragsverletzung durch den Auftragnehmer ist eine Fristsetzung u. U. entbehrlich.[279] Darauf sollte der Auftraggeber sich aber nicht verlassen.

Anschließend muss die **Kündigung** in direkter oder analoger Anwendung von § 314 Abs. 3 BGB **in angemessener Frist**, am besten unverzüglich, **ausgesprochen werden**; liegen die Kündigungsvoraussetzungen vor (Ablauf der Nachfrist mit Kündigungsandrohung), lässt der Auftraggeber sich anschließend jedoch auf Verhandlungen mit dem Auftragnehmer über die Fortsetzung des Vertragsverhältnisses ein oder nimmt er gar widerspruchslos noch weitere Leistungen des Auftragnehmers entgegen, dann hat er sein Kündigungsrecht »verwirkt«. Er muss dann erneut eine Nachfrist mit Kündigungsandrohung setzen, falls er doch noch kündigen will.[280]

Die Kündigung muss zudem gemäß § 8 Abs. 5 VOB/B **schriftlich** erklärt werden. Es empfiehlt sich also auch hier ein Einschreiben mit Rückschein oder ein Telefax (mit Zugangsbestätigung); das Telefax genügt der Schriftform.[281] Die Nichtbeachtung der Schriftform führt zur Unwirksamkeit der Kündigung.[282]

4. Die Kündigung gemäß § 8 Abs. 4 VOB/B

175 § 8 Nr. 4 VOB/B enthält noch einen weiteren, in der Praxis allerdings nicht allzu bedeutenden Kündigungsgrund der unzulässigen Wettbewerbsabrede.

---

278 OLG Celle, BauR 2006, 117.

279 Vgl. OLG Hamm, BauR 1992, 516 und dazu allgemein § 323 Abs. 2 BGB.

280 Vgl. OLG Düsseldorf, IBR 1993, 462; allgemein Ingenstau/Korbion/Vygen, VOB/B § 8 Abs. 3, Rdn. 27 ff.

281 OLG Düsseldorf, WM 1992, 1293.

282 Vgl. OLG Celle, BauR 2003, 1406; dort auch zu den Konsequenzen, wenn der Auftraggeber ungeachtet der Unwirksamkeit der Kündigung z. B. Mängel im Wege der Selbstvornahme beseitigen lässt.

II. Kündigung durch den Auftragnehmer

Der Auftragnehmer ist nur unter bestimmten Voraussetzungen berechtigt, seinerseits den Vertrag zu beenden. Ein allgemeines Kündigungsrecht, also ein Kündigungsrecht »ohne Grund«, steht dem Auftragnehmer im Gegensatz zum Auftraggeber allerdings nicht zu. Für den Auftragnehmer ist also Vorsicht geboten: Kündigt er, ohne dass die Voraussetzungen des § 9 VOB/B vorliegen, dann ist dies eine Vertragsverletzung, die den Auftraggeber seinerseits zur Kündigung gemäß § 8 Abs. 3 VOB/B berechtigen kann.[283] Bei endgültiger und grundloser Erfüllungsverweigerung durch den Auftragnehmer ist die »Gegenkündigung« durch den Auftraggeber sogar entbehrlich,[284] sollte aber sicherheitshalber trotzdem vom Auftraggeber erklärt werden. Bei wechselseitigen Kündigungen durch Auftragnehmer und Auftraggeber kommt es darauf an, welche der Kündigungen den Vertrag beendet hat und ob es sich dabei um eine Kündigung aus wichtigem Grund gehandelt hat.[285]

176

Zur Wirksamkeit von § 9 VOB/B auch bei »isolierter Betrachtungsweise« darf auf die inhaltsgleichen Überlegungen zu § 8 VOB/B in Rdn. 167 verwiesen werden.

1. Die Kündigung wegen Vertragsverletzung des Auftraggebers gemäß § 9 VOB/B und aus sonstigen wichtigen Gründen

a) Unterlassene Mitwirkung des Auftraggebers gemäß § 9 Abs. 1a VOB/B

Gemäß § 9 Abs. 1a VOB/B kann der Auftragnehmer den Vertrag kündigen, wenn der Auftraggeber eine ihm obliegende Handlung unterlässt und dadurch den Auftragnehmer außerstande setzt, die Leistung auszuführen (Annahmeverzug nach §§ 293 ff. BGB).

177

Wie bereits in Rdn. 112 dargestellt, sind im Bauablauf zahlreiche Mitwirkungshandlungen des Auftraggebers erforderlich, um dem Auftragnehmer die Leistungserbringung zu ermöglichen. So muss der Auftraggeber ein ausführungsbereites Grundstück bzw. Bauobjekt (bauliche Anlage) zur Verfügung stellen.[286] Der Auftraggeber muss auch unentgeltlich und rechtzeitig die Ausführungsunterlagen im Sinne von § 3 Abs. 1 VOB/B übergeben.[287] Er muss die Hauptachsen abstecken und das Zusammenwirken mehrerer Auftragnehmer, die gleichzeitig arbeiten, koordinieren, vgl. § 3 Abs. 2 und § 4 Abs. 1 Nr. 1 VOB/B. Er muss ferner auch die öffentlich-rechtlichen Genehmigungen und

283 BGH, BauR 1996, 846, 847.
284 BGH, BauR 2001, 1577, oben Rdn. 166.
285 BGH, BauR 2002, 1407.
286 Einzelheiten bei Kapellmann/Schiffers, Bd. 1, Rdn. 1288 ff. und oben Rdn. 118.
287 Kapellmann/Schiffers, Bd. 1, Rdn. 1293 ff.

Erlaubnisse, insbesondere die Baugenehmigung, zur Verfügung stellen, § 4 Abs. 1 Nr. 1 VOB/B.

Typischerweise handelt es sich bei diesen Mitwirkungshandlungen um Mitwirkungs**pflichten** des Auftraggebers und nicht nur um Mitwirkungs**obliegenheiten** (s. o. Rdn. 118). Soweit man die entsprechenden Mitwirkungshandlungen des Auftraggebers lediglich als Obliegenheit einstuft, gerät der Auftraggeber unter den Voraussetzungen der §§ 293 ff. BGB in Annahmeverzug (Gläubigerverzug) und dem Auftragnehmer eröffnet sich die Kündigungsmöglichkeit unter den Voraussetzungen von § 9 Abs. 1a VOB/B. Geht man von einer (Neben- oder sogar Haupt-)Pflicht des Auftraggebers aus, eröffnet sich unter den gleichen Voraussetzungen die Kündigungsmöglichkeit gemäß § 9 Abs. 1b VOB/B (dazu sogleich Rdn. 178).

b) Zahlungs- oder sonstiger Schuldnerverzug des Auftraggebers gemäß § 9 Abs. 1b VOB/B

178 Eine weitere Kündigungsmöglichkeit steht dem Auftragnehmer zu, wenn der Auftraggeber eine fällige Zahlung nicht leistet oder sonst in **Schuldnerverzug** gerät. Der in § 9 Abs. 1b VOB/B ausdrücklich erwähnte Zahlungsverzug ist also nur ein **Beispiel** für den generellen Schuldnerverzug des Auftraggebers, der ebenfalls die Kündigung des Vertrages durch den Auftragnehmer rechtfertigen kann. Wenn der Auftraggeber also mit sonstigen Pflichten gegenüber dem Auftragnehmer in Verzug gerät (§ 286 BGB), ist in gleicher Weise die Kündigung durch den Auftragnehmer gerechtfertigt wie beim häufigen Fall des Zahlungsverzuges. Hat der Auftraggeber sich also beispielsweise verpflichtet, baubegleitend die Ausführungspläne zur Verfügung zu stellen, Materialien zu liefern, Planfreigaben zu erklären und dergleichen und gerät er mit einer dieser Pflichten in Verzug, so kommt die Kündigung durch den Auftragnehmer gemäß § 9 Abs. 1b VOB/B in Betracht.

c) Sonstige wichtige Kündigungsgründe

179 Auch hinsichtlich der Kündigung durch den Auftragnehmer regelt die VOB/B in § 9 Abs. 1a und b nur die beiden wichtigsten Fälle. Daneben kommt auch hier eine **Kündigung aus einem sonstigen »wichtigen Grund«** infrage, und zwar dann, wenn dem Auftragnehmer die Fortsetzung des Vertragsverhältnisses mit dem Auftraggeber nicht zuzumuten ist.[288]

Der BGH hat einen solchen wichtigen Kündigungsgrund für den Auftragnehmer beispielsweise anerkannt, wenn der Auftraggeber eine unzulässige Teilkündigung aus wichtigem Grund ausgesprochen und sich von dieser unzulässigen Teilkündigung trotz Aufforderung des Auftragnehmers nicht distanziert

---

288 Vgl. Ingenstau/Korbion/Vygen, VOB/B § 9 Abs. 1, Rdn. 25, vgl. jetzt auch § 314 BGB.

hat. In diesem Fall sei der Auftragnehmer seinerseits zur »Gegenkündigung« aus wichtigem Grund berechtigt.[289]

Abgelehnt hat das OLG Köln eine außerordentliche Kündigung durch den Auftragnehmer in dem Fall, dass der Auftraggeber die Mitarbeiter des Auftragnehmers dazu veranlasst hatte, »nach Feierabend« gegen Schwarzgeld zusätzliche Arbeiten für ihn auszuführen. Wenn diese Inanspruchnahme der Mitarbeiter nicht erheblich ins Gewicht falle, liege darin noch keine Zerstörung des Vertrauensverhältnisses.[290]

Auch das unberechtigte Verlangen des Auftragnehmers nach einer Vergütungsanpassung löst kein Kündigungsrecht gemäß § 9 VOB/B aus.[291]

Umgekehrt entschieden hat das OLG Celle in BauR 2003, 889: Verletzt der Auftraggeber seine Nebenpflicht aus § 5 Abs. 2 Satz 1 VOB/B, dem Auftragnehmer auf Verlangen Auskunft über den voraussichtlichen Ausführungsbeginn zu erteilen, so steht dem Auftragnehmer das Recht zur Kündigung aus wichtigem Grund zu (richtigerweise aber erst nach vorheriger Mahnung mit Fristsetzung und Kündigungsandrohung).

2. Weitere Kündigungsvoraussetzungen

Auch bei der Kündigung durch den Auftragnehmer reichen die bloße Verletzung der Mitwirkungspflicht oder der Zahlungsverzug nicht aus, um den Auftragnehmer zur Kündigung zu berechtigen. **180**

Gemäß § 9 Abs. 2 VOB/B ist die Kündigung vielmehr erst **zulässig**, wenn der Auftragnehmer dem Auftraggeber eine **angemessene Frist** zur Vertragserfüllung gesetzt und **angekündigt** hat, dass er nach fruchtlosem Fristablauf seinerseits den **Vertrag kündigen** werde.

Auch hier kann die Nachfristsetzung mit Androhung mündlich geschehen, sie sollte aber **immer** schriftlich erfolgen (Einschreiben mit Rückschein/Telefax mit Zugangsbestätigung).

Die **Kündigungserklärung** selbst **muss schriftlich** erklärt werden (Einschreiben mit Rückschein/Telefax mit Zugangsbestätigung); insoweit besteht also kein Unterschied zur Kündigung durch den Auftraggeber.

---

289 BGH, BauR 2009, 1736, 1738; dem Schadensersatzanspruch des Auftragnehmers könne der Auftraggeber allerdings den Einwand des Mitverschuldens gemäß § 254 Abs. 1 BGB entgegenhalten, wenn der Auftragnehmer durch sein vertragswidriges Verhalten Anlass für die – unzulässige – Teilkündigung gegeben habe.

290 OLG Köln, BauR 1993, 80; sehr zweifelhafte Entscheidung.

291 OLG Düsseldorf, BauR 2003, 1572 – Peek & Cloppenburg.

3. Kündigungsfolgen

181 Die (berechtigte) Kündigung des Auftragnehmers bewirkt Folgendes:

Hinsichtlich der bis zur Kündigung erbrachten Leistung steht dem Auftragnehmer die vertraglich vereinbarte, anteilige Vergütung zu. Diese ist also – analog der freien Auftraggeberkündigung (oben Rdn. 135) – gesondert zu erfassen und nach den Vertragspreisen abzurechnen.

Hinsichtlich des kündigungsbedingt nicht mehr ausgeführten Teils der Leistung steht dem Auftragnehmer eine »angemessene Entschädigung« nach § 642 BGB zu; weitergehende Ansprüche des Auftragnehmers bleiben unberührt, § 9 Abs. 3, 2. Halbs. VOB/B. Die ›angemessene Entschädigung‹ soll einen summarischen Ausgleich der Vermögensnachteile darstellen, die dem Auftragnehmer durch die vorzeitige Vertragsbeendigung entstehen. Nach Auffassung des OLG Celle gehören hierzu die kündigungsbedingt nicht mehr abbaubaren Lohnkosten, ungedeckte Allgemeine Geschäftskosten, nutzlos gewordene Verwaltungsaufwendungen sowie der **entgangene Gewinn.**[292] Im Ergebnis entspricht der Entschädigungsanspruch des Auftragnehmers gemäß § 9 Abs. 3 VOB/B i. V. m. § 642 BGB also dem Vergütungsanspruch nach freier Kündigung des Auftraggebers gemäß § 8 Abs. 1 Nr. 2 VOB/B. Dies erscheint auch sachgerecht, da es oftmals von Zufällen abhängt, ob bei Meinungsverschiedenheiten der Parteien über Auftraggeberpflichten der Auftragnehmer (mit Grund) oder der Auftraggeber (ohne Grund) kündigt.[293]

III. Abbildungen

Die Voraussetzungen und die Folgen der auftraggeber- wie der auftragnehmerseitigen Kündigungen sind noch einmal in den beiden nachstehenden Abbildungen 4 und 5 zusammengefasst.

---

292 BauR 2000, 416, 418 ff.
293 Zu der fehlerhaften Auffassung des BGH, der Entschädigungsanspruch gemäß § 642 BGB umfasse keinen entgangenen Gewinn, s. schon oben Rdn. 130 ff., Fn. 168.

Abbildung 4: Kündigung durch den Auftraggeber

Abbildung 5: Kündigung durch den Auftragnehmer

I. Abnahme

Arbeitsbeispiel 8: Gefahrtragung beim Schlüsselfertigbau **182**

Die Fa. Fix und Fertig Bau GmbH errichtet als Generalunternehmer im Auftrag des Bauherrn Fritz Reich ein Geschäftshaus. Sie beauftragt Nachunternehmer Sorglos mit der Erstellung von Wandvorsatzschalen in verschiedenen Ladenlokalen. Nachdem Sorglos die Leistungen im Wesentlichen ausgeführt, Fix und Fertig aber noch nicht zur Abnahme derselben aufgefordert hat, geschieht Folgendes: Ein weiterer Nachunternehmer, die Fa. Bitumen KG, verschließt das Gebäude luft- und wasserdicht und füllt zur Herstellung der Fußböden heißes Bitumen in die Räume ein. Einige Zeit später findet eine Abnahmebegehung zwischen Fix und Fertig und Sorglos statt, bei der festgestellt wird, dass erhebliche Verformungen der eingebrachten Vorsatzschalen vorhanden sind. Fix und Fertig lehnt die Abnahme ab. Sorglos behauptet, die Verformungen beruhten auf den Arbeiten der Fa. Bitumen. Fix und Fertig meint demgegenüber, die Verformungen könnten nur auf einem Wasserschaden beruhen. Er fordert Sorglos zur mängelfreien Herstellung auf.

Wie ist die Rechtslage?

Lösung:

Der Fall ist an die Entscheidung OLG Celle, BauR 2010, 1081 angelehnt und bildet gewissermaßen den Alltag auf deutschen Baustellen ab: Eine ganz oder teilweise hergestellte Werkleistung wird entweder durch sorgfaltswidriges Verhalten eines Nebenunternehmers (hier: Bitumen KG) oder Dritter beschädigt und es entsteht Streit über die Frage, ob der betroffene Unternehmer die Nachbesserung/Neuherstellung vornehmen muss (Leistungsgefahr) und ob er den damit verbundenen Aufwand in Rechnung stellen kann (Vergütungsgefahr). Anhand des Beispielsfalls lassen sich dazu folgende Grundsätze feststellen:

1) Die Leistungsgefahr liegt bis zur Abnahme grundsätzlich beim Auftragnehmer. Nur in seltenen Ausnahmefällen, wie z. B. bei Annahmeverzug des Auftraggebers (§§ 293 ff.), ist der Auftragnehmer trotz fehlender Abnahme von seiner Leistungspflicht befreit. Da Sorglos die Fa. Fix und Fertig im Beispielsfall noch nicht zur Abnahme aufgefordert hatte und schon deshalb kein Gläubigerverzug der Fa. Fix und Fertig vorlag, ist die Leistungsgefahr also bei Sorglos verblieben.

2) Von der Leistungsgefahr zu trennen ist die Vergütungsgefahr, also das Risiko, den Zusatzaufwand zur Herstellung einer abnahmereifen Leistung gesondert in Rechnung stellen zu können. Nach den gesetzlichen Vorschriften trägt die Vergütungsgefahr bis zur Abnahme grundsätzlich der Auftragnehmer, es sei denn, nach den strengen Voraussetzungen der §§ 644 oder 645 BGB ist die Vergütungsgefahr ausnahmsweise bereits vor Abnahme auf den Auftraggeber übergegangen.[294] Beim VOB-Vertrag geht die Vergütungsgefahr gemäß § 7

---

294 Näher dazu Lederer, in: Kapellmann/Messerschmidt, § 7 VOB/B Rdn. 35 f.

VOB/B unter deutlich erleichterten Voraussetzungen auf den Auftraggeber über, d. h., § 7 VOB/B privilegiert den Auftragnehmer gegenüber der strengen Gefahrtragung nach den gesetzlichen Vorschriften.[295]

3) Im vorliegenden Fall ist nicht nur die Leistungsgefahr, sondern auch die Vergütungsgefahr bei Sorglos verblieben. Denn selbst wenn die Beschädigung der Vorsatzschalen nicht auf einem Wasserschaden, sondern auf den Arbeiten der Fa. Bitumen KG beruht, liegt kein Fall Höherer Gewalt oder sonstiger, objektiv unabwendbarer Umstände vor, der gemäß § 7 Abs. 1 VOB/B zu einem vorzeitigen Gefahrübergang auf den Auftraggeber geführt hätte.

Ergänzend hat sich das OLG Celle, Urt. v. 18.03.2010, mit der Frage befasst, ob Sorglos ein Schadensersatzanspruch gegen Fix und Fertig zusteht und dies im konkreten Fall verneint, da weder eigenes Verschulden von Fix und Fertig festzustellen sei noch ein etwaiges Verschulden der Bitumen KG dem Generalunternehmer zuzurechnen sei. Denn hinsichtlich etwaiger Schutzpflichten sei der schädigende Nachunternehmer nicht Erfüllungsgehilfe des Generalunternehmers im Verhältnis zum geschädigten Nachunternehmer.[296]

4) Der Leitsatz zur Entscheidung weist allerdings zutreffend darauf hin, dass dem geschädigten Auftragnehmer ausnahmsweise ein Schadensersatzanspruch gegen den schädigenden Auftraggeber zustehen könne. Ergänzend ist darauf hinzuweisen, dass die Schädigung halbfertiger Leistungen durch Nebenunternehmer in der Praxis regelmäßig im Wege der sog. Drittschadensliquidation durch die Abtretung der eigenen Schadensersatzansprüche des Auftraggebers gegen den schädigenden Auftragnehmer an den geschädigten Auftragnehmer erfolgt.[297]

I. Begriff und Bedeutung der Abnahme

1. Allgemeines

183 Der Begriff der Abnahme wird vielseitig verwendet. So nimmt beispielsweise der TÜV eine erstellte Aufzugsanlage ab. Das Bauordnungsamt nimmt den Rohbau ab, ebenso findet regelmäßig eine behördliche Schlussabnahme statt. Mit diesen öffentlich-rechtlichen Abnahmen befassen wir uns hier nicht weiter, wenngleich diese selbstverständlich zu einer ordnungsgemäßen Inbetriebnahme der jeweiligen Bauleistung erforderlich sind.

Uns interessiert hier die privatrechtliche Abnahme zwischen dem jeweiligen Auftraggeber und dem jeweiligen Auftragnehmer. Sie ist in § 640 BGB bzw. für VOB-Bauverträge in § 12 VOB/B geregelt. Abnahme im rechtsgeschäftlichen Sinne bedeutet dabei die »Billigung des Werks durch den Auftraggeber als der Hauptsache nach vertragsgemäße Leistungserfüllung«. Der Auftrag-

---

295 Näher Lederer, in: Kapellmann/Messerschmidt, § 7 VOB/B Rdn. 55 ff.
296 OLG Celle, BauR 2010, 1081, 1082.
297 Näher Lederer, in: Kapellmann/Messerschmidt, § 7 VOB/B Rdn. 17.

nehmer muss dem Auftraggeber die Bauleistung beim VOB-Vertrag als im Wesentlichen fertiggestellt überlassen und der Auftraggeber muss sie als im Wesentlichen vertragsgemäße Leistung akzeptieren. Das bedeutet zweierlei:

a) Die Leistung muss nicht zwingend vollständig fertiggestellt sein, aber »im Wesentlichen«.[298]

b) Die Leistung muss im Wesentlichen mängelfrei sein, d. h., ihr bestimmungsgemäßer Gebrauch darf nicht erheblich eingeschränkt sein.[299]

Streitig ist, ob der Auftraggeber die Abnahme bei noch nicht (im Wesentlichen) vollständigen oder mangelfreien Leistungen auch **gegen den Willen des Auftragnehmers** erklären kann (»aufgedrängte Abnahme«), was grundsätzlich unzulässig ist.[300] Umgekehrt: Erklärt der Auftraggeber die Abnahme, obwohl die Leistung objektiv noch nicht abnahmereif ist (weil sie z. B. wesentliche Mängel aufweist), so ist diese »verfrühte« Abnahmeerklärung wirksam. Sie kann insbesondere vom Auftraggeber nicht wegen Irrtums über den erreichten Bautenstand angefochten werden.[301]

2. Die Abnahme nach Kündigung des Bauvertrages

Auch bei einem **gekündigten Bauvertrag** muss die bis dahin erbrachte Leistung des Auftragnehmers abgenommen werden, wie sich bereits aus § 8 Abs. 6 VOB/B ergibt.[302] Früher hatte der BGH zwar in ständiger Rechtsprechung die Auffassung vertreten, die Abnahme sei beim gekündigten Bauvertrag – ausnahmsweise – keine Fälligkeitsvoraussetzung für den Werklohnanspruch.[303] Diese Rechtsprechung hat der BGH inzwischen aber aufgegeben und – dogmatisch überzeugend, für die Praxis aber problematisch – entschieden, aus § 641 Abs. 1 BGB ergebe sich auch für den gekündigten Bauvertrag, dass die Fälligkeit des Werklohns die vorherige Abnahme der bis zur Kündigung erbrachten Leistungen voraussetze.[304] Zwangsläufig bestimmt sich in diesem Fall die »Abnahmereife«[305] nach dem bis zur Kündigung erbrachten Teil der Werkleistung. Da die gekündigte Werkleistung noch unvollständig ist, kann es für die Abnahmereife also nur auf die vertragskonforme Qualität der bis zur Kündigung ausgeführten Leistung ankommen.[306] Hat aber der Auftraggeber beispielsweise eine Kündigung aus wichtigem Grund gemäß §§ 4 Abs. 7, 8 Abs. 3 VOB/B aufgrund schwerwiegender Mängel ausgesprochen, so ist der Auftraggeber zwar

184

---

298 Vgl. Ingenstau/Korbion/Oppler, VOB/B § 12, Rdn. 34.
299 Vgl. Ingenstau/Korbion/Oppler, VOB/B § 12, Rdn. 34.
300 Vgl. dazu die Übersicht bei Hildebrandt, BauR 2005, 788.
301 OLG München, BauR 2012, 813.
302 BGH, BauR 2003, 689.
303 Zuletzt BGH, BauR 1987, 95; ebenso OLG Hamm, BauR 2002, 631.
304 BGH, BauR 2006, 1294 = NZBau 2006, 569.
305 Dazu näher unten Rdn. 205 ff.
306 Unzutreffend insoweit Buscher, BauR 2006, 1297.

nicht zur Abnahme der mangelhaften Teilleistung verpflichtet. Die fehlende Abnahmefähigkeit der Leistung steht der Fälligkeit des Werklohnanspruchs gleichwohl nicht entgegen, weil dem Auftragnehmer in diesem Fall kein Recht (mehr) zusteht, die Abnahmereife durch Mängelbeseitigung herbeizuführen.[307]

3. Entbehrlichkeit der Abnahme

185 **Ausnahmsweise** kann die Abnahme entbehrlich sein. Dies ist sowohl beim ungekündigten als auch beim gekündigten Bauvertrag immer dann der Fall, wenn der Auftragnehmer nicht mehr in der Lage ist, die »Abnahmereife« seiner Leistung herbeizuführen. So hat das OLG Brandenburg beispielsweise durch Urt. v. 10.10.2012[308] entschieden, der Werklohnanspruch des Auftragnehmers werde auch ohne Abnahme jedenfalls dann fällig, wenn nach durchgeführter Ersatzvornahme eine Nacherfüllung durch den Auftragnehmer unmöglich ist. Schließlich kann der Auftragnehmer einen vom Auftraggeber bereits durch Ersatzvornahme beseitigten Mangel nicht noch einmal beseitigen und damit auch die Abnahmereife *seiner Leistung* nicht mehr selbst herbeiführen. Die Abnahme ist auch dann entbehrlich, wenn der Auftraggeber dem Auftragnehmer nach Kündigung des Bauvertrages ein **Hausverbot** erteilt und den Auftragnehmer dadurch außer Stand setzt, wesentliche und der Abnahme entgegenstehende Mängel zu beseitigen.[309]

4. Praktische Bedeutung der Abnahme

186 Wie nachstehend noch auszuführen sein wird, ist die Abnahme für den Auftragnehmer von grundlegender Bedeutung. Für den Auftragnehmer empfiehlt sich deshalb, die Abnahme sorgfältig vorzubereiten, um vor unliebsamen Überraschungen, insbesondere einer vom Auftraggeber verzögerten oder gar verweigerten Abnahme, verschont zu werden.

Dazu einige Hinweise:

187 a) Zur Erklärung der **rechtsgeschäftlichen** Abnahme ist grundsätzlich nur der Auftraggeber selbst berechtigt. Weder der planende noch der bauleitende Architekt sind also ohne weiteres zur Durchführung der Abnahme bevollmächtigt (s. o. Rdn. 26), auch dann nicht, wenn der bauleitende Architekt beim Auftraggeber angestellt ist.[310] Auch der Projektsteuerer ist grundsätzlich nicht zur Erklärung der Abnahme berechtigt.[311] Erscheint also zum vereinbarten Abnahmetermin »nur« der bauleitende Architekt oder der Projektsteuerer, dann

---

307 Hierzu auch BGH, BauR 2006, 1294, 1296.
308 BauR 2013, 246.
309 OLG Dresden, IBR 2013, 206.
310 LG Düsseldorf, BauR 1999, 404.
311 Vgl. Ingenstau/Korbion/Oppler, VOB/B § 12, Rdn. 13.

muss der Auftragnehmer klären, ob die entsprechende Person auch zur Erklärung der Abnahme berechtigt ist. Im Zweifel sollte der Auftragnehmer sich eine entsprechende Vollmacht vorlegen lassen. Dies ist – ausnahmsweise – dann nicht erforderlich, wenn schon im Bauvertrag selbst vorgesehen ist, dass die Abnahme durch den Architekten (oder einen sonstigen Dritten) erfolgt.[312]

b) Des Weiteren sollte der Auftragnehmer darauf achten, dass die von ihm vorzulegenden Unterlagen im Abnahmezeitpunkt vorliegen, wie beispielsweise Prüfzeugnisse für Materialien, Abnahmebescheinigungen (TÜV usw.), Zulassungsbescheinigungen, vorzulegende Gutachten zur Ausführung oder Gütesiegel, ggf. auch schon im Zeitpunkt der Abnahme Revisionspläne usw., wenn vertraglich vereinbart.[313] **188**

II. Formen der Abnahme

Gesetz (§§ 640 ff. BGB) und VOB (§ 12 VOB/B) liegen folgende Abnahmeformen zugrunde:

1. Stillschweigende (konkludente) Abnahme

Eine stillschweigende bzw. konkludente Abnahme tritt ein, wenn der Auftraggeber **durch sein Verhalten zu erkennen gibt**, dass er die fertig gestellte Leistung des Auftragnehmers als im Wesentlichen vertragsgemäß annimmt. **189**

Beispiel:

Inbetriebnahme des fertig gestellten Bauwerks.

Weiteres Beispiel:

Erteilung der Schlussrechnung und anstandslose Bezahlung derselben.[314]

Haben die Parteien jedoch eine förmliche Abnahme (dazu Rdn. 193 ff.) vereinbart oder hat der Auftraggeber im VOB/B-Vertrag ausdrücklich eine förmliche Abnahme verlangt, so scheidet grundsätzlich eine konkludente Abnahme durch die Inbetriebnahme der fertig gestellten Bauleistung aus.[315] Gleichermaßen scheidet eine konkludente Abnahme aus, wenn der Auftraggeber auf das Abnahmeverlangen des Auftragnehmers die Abnahme ausdrücklich berechtigt verweigert hat.[316] Bessert der Auftragnehmer die der Abnahmeverweigerung zugrunde liegenden Mängel anschließend jedoch nach und findet sodann

---

312 Vgl. OLG Düsseldorf, BauR 1997, 647.
313 Dazu OLG Hamm, BauR 2009, 1600.
314 Differenzierend OLG Hamm, BauR 2003, 106.
315 Zutreffend OLG Düsseldorf, BauR 2007, 1254.
316 OLG Stuttgart, BauR 2011, 1824.

eine beanstandungsfreie Nutzung durch den Auftraggeber statt, so kann wiederum eine konkludente Abnahme eintreten.[317] Kommt der Auftraggeber aber längere Zeit nach der abnahmereifen Fertigstellung der Leistung durch den Auftragnehmer nicht mehr auf sein Verlangen, eine förmliche Abnahme durchzuführen, zurück und nutzt er die Bauleistung während dieser Zeit uneingeschränkt, so ist sein Verhalten als konkludenter Verzicht auf die förmliche Abnahme und damit gleichzeitig als konkludente Abnahme der Bauleistungen zu verstehen.[318]

190 Fraglich ist, ob bei **Leistungsketten** von der stillschweigenden Abnahme der Nachunternehmerleistung auszugehen ist, wenn der Generalunternehmer beim Bauherrn die Abnahme beantragt oder der Bauherr die Abnahme gegenüber dem Generalunternehmer sogar ausdrücklich erklärt hat. Zutreffend hat das OLG Oldenburg[319] entschieden, dass das bloße Abnahmeverlangen des Generalunternehmers im Verhältnis zum Bauherrn keine stillschweigende Abnahme der Nachunternehmerleistung darstellt.[320] Selbst wenn der Bauherr die Gesamtleistung des Generalunternehmers abnimmt, liegt darin nicht automatisch eine stillschweigende Abnahme des Generalunternehmers im Verhältnis zum Nachunternehmer. Es können beispielsweise wesentliche Mängel der Nachunternehmerleistung vorhanden sein, die im Verhältnis zum Nachunternehmer die Abnahmeverweigerung rechtfertigen, die bezogen auf die Generalunternehmerleistung jedoch als unwesentliche Mängel einzustufen sind. Bringt der Generalunternehmer durch sein Verhalten gegenüber dem Nachunternehmer aber zum Ausdruck, dass er auf eine eigene Abnahme im Verhältnis zum Nachunternehmer verzichtet, so liegt typischerweise eine stillschweigende Abnahme vor.[321]

Indirekt bestätigt wird diese Rechtsfolge durch die seit dem 01.01.2009 gültige Bestimmung des § 641 Abs. 2 Nr. 2 BGB (dazu näher Rdn. 316 f.). Denn hiernach führt die Abnahme des Bauherrn im Verhältnis zum Generalunternehmer (nur) zur **Durchgriffsfälligkeit** gegenüber dem Nachunternehmer, nicht aber automatisch auch zur Abnahme der Nachunternehmerleistung.

191 Eine stillschweigende Abnahme kann im Übrigen nur angenommen werden, wenn das Verhalten des Auftraggebers tatsächlich den Schluss zulässt, dass er mit der Leistung (im Wesentlichen) einverstanden ist. Deshalb:

---

317 OLG Stuttgart, BauR 2011, 1824.
318 OLG Düsseldorf, BauR 2007, 1254.
319 IBR 1996, 370.
320 Andere Auffassung OLG Köln, OLGR 1996, 1.
321 Konkreter Fall: Der NU hatte Abdichtungsarbeiten erstellt. Nach deren Fertigstellung hatte der HU die Baugrube verfüllt und die ihm obliegenden Rohbauarbeiten weiter ausgeführt. Hierin sah das OLG Celle die stillschweigende Abnahme durch den HU.

Zieht der Bauherr in das mit erheblichen Mängeln behaftete Einfamilienhaus unter ausdrücklicher Ablehnung der Abnahme nur deshalb ein, weil er seine vorherige Mietwohnung gekündigt hatte und räumen musste, dann nimmt er das Werk zwar in Benutzung, gibt aber klar zu erkennen, dass er die Werkleistung nicht als im Wesentlichen vertragsgemäß akzeptieren will.[322]

Zur Abgabe einer entsprechenden Erklärung billigt die Rechtsprechung dem Auftraggeber eine gewisse **Prüfungsfrist** zu, Faustregel: Mindestens 12 Werktage nach Inbenutzungnahme.[323] Hat der Auftraggeber die Abnahme schon vor der Übergabe der Bauleistung verweigert, so ist eine Wiederholung dieser Abnahmeverweigerung zum Zeitpunkt der Übergabe nicht erforderlich; eine stillschweigende Abnahme durch Inbenutzungnahme liegt in diesem Fall nicht vor.[324] Gleichermaßen scheidet eine stillschweigende Abnahme durch Übernahme grundsätzlich aus, wenn die Werkleistung nicht (im Wesentlichen) vollständig erbracht ist.[325]

Eine stillschweigende Abnahme tritt auch nicht ein, wenn der Auftragnehmer trotz Rüge und Fristsetzung vorhandene Mängel nicht beseitigt, sodass der Auftraggeber anschließend die Selbstvornahme bzw. Minderung oder Schadensersatz (bzw. die entsprechenden Rechte gemäß VOB/B) geltend macht.[326] In diesem Fall wird der Werklohnanspruch des Auftragnehmers trotz fehlender Abnahme fällig, da das Nachbesserungsrecht des Auftragnehmers entfallen ist, er also die Abnahmefähigkeit nicht mehr selbst herbeiführen kann.[327] Gleichermaßen hat das OLG Hamm entschieden, dass **trotz fehlender Abnahme** die **Werklohnfälligkeit** eintritt, wenn der Auftraggeber im Werklohnprozess keinen Klageabweisungsantrag stellt, sondern den Werklohnanspruch anerkennt Zug um Zug gegen Beseitigung bestimmter Mängel.[328] Zur ausnahmsweisen Entbehrlichkeit der Abnahme vgl. näher oben Rdn. 184.

---

322 Vgl. auch BGH, BauR 2004, 670.
323 Vgl. OLG Hamm, IBR 1992, 94; IBR 1993, 196 und 319; nach Auffassung des OLG München mindestens 1 Monat, OLG München, BauR 2005, 727.
324 BGH, BauR 1999, 1186; ebenso OLG Brandenburg, BauR 2006, 1472.
325 BGH, BauR 2004, 337.
326 So zutreffend BGH, BauR 1996, 386.
327 So auch BGH, BauR 2006, 1294, 1296; ebenso OLG München, BauR 2009, 1923.
328 OLG Hamm, BauR 2006, 1151, 1152, das aus dem »Zug um Zug-Antrag« die Fälligkeit gemäß § 641 Abs. 3 BGB ableitet; einfacher wäre gewesen, in dem Prozessantrag des Auftraggebers eine konkludente Abnahmeerklärung zu sehen.

2. Ausdrückliche, aber formlose Abnahme

192 Die VOB/B regelt in § 12 Abs. 1, dass der Auftraggeber auf Verlangen des Auftragnehmers nach der Fertigstellung verpflichtet ist, binnen 12 Werktagen eine formlose Abnahme durchzuführen.

Beispiel:

Der Auftragnehmer hat die Arbeiten fertiggestellt und teilt dies dem Auftraggeber mit der Bitte um Abnahme seiner Arbeiten mit. Die Parteien führen eine Abnahmebegehung durch, der Auftraggeber erklärt mündlich, er sei mit den Leistungen einverstanden.

Die (formlose) Abnahme ist in diesem Beispiel erfolgt, mangels Dokumentation in einem Abnahmeprotokoll lassen sich der genaue Inhalt der Erklärungen, etwaige Vorbehalte usw. aber im Streitfall schlecht nachweisen.

Die Abnahme des hergestellten Werks ist Hauptpflicht des Auftraggebers. Kommt er dieser Pflicht als Gläubiger der geschuldeten Leistung nicht nach, so gerät er in Gläubigerverzug. Gemäß § 644 Abs. 1 BGB führt dies dazu, dass die Gefahr des zufälligen Untergangs oder der zufälligen Verschlechterung des Werks auf den Gläubiger übergeht. Außerdem haftet der Auftragnehmer jetzt nur noch für Vorsatz und grobe Fahrlässigkeit, § 300 BGB.

3. Förmliche Abnahme

193 Insbesondere in gewerblichen Bauverträgen kommt es häufig vor, dass eine förmliche oder schriftliche Abnahme vereinbart ist.

Auch wenn eine solche Vereinbarung fehlt, aber die VOB/B Vertragsbestandteil ist, ist auf Verlangen einer Vertragspartei nach § 12 Abs. 4 die förmliche Abnahme durchzuführen. Jede Seite ist dann berechtigt, auf ihre Kosten einen Sachverständigen hinzuzuziehen. Über die Abnahme ist ein Protokoll zu fertigen. In dem Protokoll sind festgestellte Mängel aufzuführen, ebenso muss darin eine Vertragsstrafe vorbehalten werden, wenn sie nicht verfallen soll. Die Aufnahme von Mängeln oder der Vertragsstrafe in das Protokoll führt nicht zu einem Anerkenntnis der Mängel oder der Strafe durch den Auftragnehmer, selbst dann nicht, wenn der Auftragnehmer das Protokoll vorbehaltlos unterschreibt.[329]

Trotzdem sollte der Auftragnehmer, wenn er beispielsweise Mängel nicht akzeptiert, dies auch im Protokoll vermerken, § 12 Abs. 4 Nr. 1 Satz 4 VOB/B (oder sich zumindest eine Prüfung vorbehalten).

194 Häufig wird im Vertrag eine förmliche oder schriftliche Abnahme vereinbart und findet dennoch nicht statt, beispielsweise weil beide Seiten dies vergessen

---

329 Vgl. Ingenstau/Korbion/Oppler, VOB/B § 12 Abs. 4, Rdn. 16.

oder der Auftraggeber auf das Verlangen des Auftragnehmers, einen Abnahmetermin durchzuführen, nicht reagiert.

Lässt das Verhalten des Auftraggebers in solchen Fällen darauf schließen, dass
dieser kein ernsthaftes Interesse an der förmlichen Abnahme mehr hat, so kann
von einem **stillschweigenden Verzicht** auf die förmliche Abnahme ausgegangen werden,[330] und zwar selbst dann, wenn nach dem Vertrag jede Vertrags-
änderung der Schriftform bedarf.[331] Für den »Verzichtswillen« des Auftraggebers müssen jedoch konkrete Umstände vorliegen. Das bloße Verlangen an
den Auftragnehmer, die Schlussrechnung einzureichen, ist allein nicht als
Verzicht auf die förmliche Abnahme anzusehen.[332] Reicht der Auftragnehmer
allerdings die Schlussrechnung ein, wird diese vom Auftraggeber geprüft und
einschließlich Austausch der Sicherheiten bezahlt, so ist dies regelmäßig als
stillschweigender Verzicht auf die förmliche Abnahme i. V. m. einer konkludenten Abnahme zu verstehen.[333]

Je nach Einzelfall kann es aber auch als Verstoß gegen Treu und Glauben angesehen werden, wenn der Auftraggeber sich nach längerer Zeit noch auf die bis-
lang nicht durchgeführte förmliche Abnahme beruft.[334]

Auch wenn ein Objekt schon längere Zeit in Benutzung ist, kann sich der Bauherr unter Umständen nicht mehr auf die fehlende förmliche Abnahme berufen.[335]

Hinweis: **195**
Oft findet sich in Nachunternehmerverträgen eine Klausel, nach der der
Nachunternehmer die Abnahme erst verlangen kann, wenn das Gesamtbau-
vorhaben fertig gestellt ist oder der Nachunternehmer Mängelfreiheitsbe-
scheinigungen der Käufer oder Mieter beibringt; beide Klauseln sind als
Allgemeine Geschäftsbedingungen unwirksam.[336] Gleiches gilt für eine Klausel, wonach der Auftragnehmer Abnahme erst nach der behördlichen Ge-
samtabnahme fordern kann.[337]

---

330 OLG Düsseldorf, BauR 1999, 404; OLG Karlsruhe, BauR 2004, 518; OLG
   Hamm, BauR 2009, 1600; OLG München, BauR 2009, 1923; vgl. auch KG Berlin, BauR 2006, 1475, das in diesem Fall von einer fiktiven Abnahme gemäß
   § 12 Abs. 5 VOB/B ausgeht.
331 Ingenstau/Korbion/Oppler, VOB/B § 12 Abs. 4, Rdn. 5.
332 OLG Düsseldorf, BauR 1999, 404.
333 OLG Stuttgart, BauR 2010, 1083; ähnlich OLG Düsseldorf, BauR 2011, 119.
334 Vgl. OLG Düsseldorf, IBR 1993, 13; OLG Hamm, IBR 1993, 319.
335 BGH, NJW 1990, 43.
336 BGH, BauR 1989, 322; 1997, 302; OLG Hamm, IBR 1992, 148; OLG Düsseldorf, BauR 1999, 497; KG, BauR 2006, 386.
337 OLG Düsseldorf, BauR 2002, 482.

4. Fiktive Abnahme

196 Die in § 12 Abs. 5 VOB/B geregelte fiktive Abnahme ist eine Besonderheit der VOB.[338] Geregelt sind zwei Fälle:

aa) Wird keine Abnahme verlangt, so gilt die Leistung als abgenommen mit Ablauf von 12 Werktagen nach schriftlicher Mitteilung über die Fertigstellung der Leistung, § 12 Abs. 5 Nr. 1 VOB/B.

Voraussetzungen sind also: Kein Verlangen nach einer Abnahme im Sinne von § 12 Abs. 1, abnahmereife Fertigstellung der Leistung und schriftliche Mitteilung über die Fertigstellung.

Als konkludente Mitteilung der Fertigstellung wird insbesondere die **Zusendung der Schlussrechnung** angesehen.[339]

Sinnvoll ist es in jedem Fall aber, dem Auftraggeber neben der Schlussrechnung auch noch eine gesonderte Mitteilung über die Fertigstellung zuzuleiten.

197 bb) Hat der Auftraggeber die abnahmereife Leistung oder einen Teil davon in Benutzung genommen, so gilt die Abnahme nach Ablauf von 6 Werktagen nach Beginn der Benutzung als erfolgt, wenn nichts anderes vereinbart ist und wenn keine ausdrückliche Abnahme verlangt wird. Hat der Auftraggeber die Abnahme berechtigt verweigert, so liegt in der Inbenutzungnahme natürlich keine konkludente oder fiktive Abnahme.[340]

Die Benutzung von Teilen einer baulichen Anlage zur Weiterführung der Arbeiten gilt noch nicht als Abnahme, § 12 Abs. 5 Nr. 2 VOB/B.

Beispiel:

Der Generalunternehmer beginnt in dem fertiggestellten Rohbau mit den Innenausbauarbeiten. Hier findet eine »Benutzung« nur zum Zweck der Weiterführung der Arbeiten statt. Dies führt nicht zur Abnahmefiktion gemäß § 12 Abs. 5 Nr. 2 VOB/B.

198 cc) Gemäß § 12 Abs. 5 Nr. 3 VOB/B müssen auch bei der fiktiven Abnahme Vorbehalte wegen bekannter Mängel oder wegen Vertragsstrafen erklärt werden, und zwar spätestens zu den in § 12 Abs. 5 Nr. 1 und Nr. 2 bezeichneten Zeitpunkten (also spätestens 12 Werktage nach schriftlicher Fertigstellungsmitteilung oder 6 Werktage nach Inbenutzungnahme der Leistung).[341] Der Vorbehalt selbst ist an keine Form gebunden, es empfiehlt sich aber – wie immer – die Schriftform, schon aus Gründen der Klarheit und der Beweisbarkeit.

---

338 Zur AGB-rechtlichen Unwirksamkeit s. Rdn. 199 a. E.
339 Vgl. OLG Düsseldorf, BauR 1997, 842; ebenso BauR 2011, 118.
340 OLG Hamburg, BauR 2003, 1590; OLG Frankfurt am Main, BauR 2004, 1004; vgl. auch oben Rdn. 191.
341 Vgl. OLG Düsseldorf, IBR 1994, 154.

dd) Die Abnahmefiktion gemäß § 12 Abs. 5 VOB/B kann im Übrigen – auch **199**
durch AGB – abbedungen werden: z. B. durch die Regelung, dass die Abnahme
ausschließlich förmlich oder schriftlich stattzufinden habe. Solche Klauseln
sind zulässig.[342] Eine fiktive Abnahme gemäß § 12 Abs. 5 VOB/B scheidet in
diesen Fällen aus. Jedoch wird regelmäßig eine konkludente Abnahme unter
stillschweigendem Verzicht auf die vereinbarte förmliche Abnahme vorliegen
(näher dazu oben Rdn. 194).

Bei einem gekündigten VOB/B-Vertrag kommt eine fiktive Abnahme gemäß
§ 12 Abs. 5 VOB/B nicht in Betracht.[343]

Im Übrigen verstößt § 12 Abs. 5 VOB/B bei isolierter Betrachtung **gegen § 307
BGB (früher: § 9 AGB-Gesetz)**, d. h., die Abnahmefiktion tritt nur ein, wenn
die VOB/B ohne Einschränkung vereinbart ist, was in der Praxis selten vorkommt.[344] Zur gesetzlichen Neuregelung der AGB-Privilegierung der VOB/B
durch § 310 Abs. 1 Satz 3 BGB vgl. oben Rdn. 20 am Ende.

III. Die Teilabnahme

Unter einer Teilabnahme ist die rechtsgeschäftliche Abnahme eines bestimm- **200**
ten Teils der beauftragten Leistung zu verstehen. Ausschließlich diese rechtsgeschäftliche Teilabnahme ist in § 12 Abs. 2 VOB/B geregelt.

In der Praxis taucht auch der Begriff der »technischen Teilabnahme« auf, und
zwar angelehnt an die frühere Regelung von § 12 Nr. 2b VOB/B (2000). Aus
Gründen der sprachlichen und inhaltlichen Klarstellung hat der DVA diese
»technische Teilabnahme« schon seit einigen Jahren in § 4 Abs. 10 VOB/B »ver-
bannt« und stellt damit klar, dass die in § 4 Abs. 10 VOB/B geregelte technische
Prüfung von Teilen der Leistung mit der rechtsgeschäftlichen Teilabnahme im
Sinne von § 12 Abs. 2 VOB/B nichts zu tun hat.

1. Die echte Teilabnahme

Die echte Teilabnahme gemäß § 12 Abs. 2 VOB/B kann in allen, vorstehend zu **201**
Ziff. 2 besprochenen Formen der Abnahme auftreten, also z. B. als stillschweigende Teilabnahme, als formlose und auch förmliche Teilabnahme. Lediglich
die fiktive Abnahme ist nur in der Alternative des § 12 Abs. 5 Nr. 2 VOB/B
als Teilabnahme möglich, nicht jedoch in der Alternative des § 12 Abs. 5 Nr. 1
VOB/B, wie sich aus dem Wortlaut der Bestimmungen ergibt.[345]

---

342 Vgl. BGH, BauR 1997, 302 und OLG Düsseldorf, BauR 1999, 404; BauR 2011,
      118.
343 BGH, BauR 2003, 689.
344 Vgl. OLG München, IBR 1994, 361 und OLG Hamm, IBR 1995, 293.
345 Vgl. Ingenstau/Korbion/Oppler, VOB/B § 12 Abs. 2, Rdn. 4.

Die echte Teilabnahme führt grundsätzlich zu denselben Wirkungen wie eine »normale« Abnahme, allerdings mit der Besonderheit, dass eben nur ein Teil der beauftragten Leistung abgenommen wird. Dies ist nach dem Wortlaut des § 12 Abs. 2 VOB/B nur möglich bei »in sich abgeschlossenen Teilen der Leistung«, d. h., es muss sich um funktional abgrenzbare, eigenständige Leistungsteile handeln.[346]

Beispiel:

Der Auftrag umfasst die Arbeiten Heizung, Klima, Lüftung und Sanitär. Wenn beispielsweise die Heizungsarbeiten vollständig abgeschlossen sind und vor der Fertigstellung der übrigen Arbeiten in Benutzung gehen sollen, bietet sich eine (echte) Teilabnahme der Heizungsarbeiten an.

Die echte Teilabnahme ist aber nicht bei einem Teil einer insgesamt einheitlichen Leistung möglich. So können beispielsweise Betondecken für sich betrachtet nicht (echt) teilabgenommen werden, auch nicht einzelne Geschosse eines mehrgeschossigen Objektes; der Rohbau ist ein einheitliches Ganzes und kann grundsätzlich auch nur einheitlich abgenommen werden.[347] Es handelt sich um dieselbe Problematik wie bei der Teilkündigung (oben Rdn. 170).

2. Die technische »Abnahme« (Zustandsfeststellung)

202 § 4 Abs. 10 VOB/B regelt die technische »Abnahme« dahin, dass der Zustand von Teilen einer Leistung auf Verlangen gemeinsam von Auftraggeber und Auftragnehmer festzustellen ist, wenn diese Teile der Leistung durch die weitere Ausführung der Prüfung und Feststellung entzogen werden. Das Ergebnis ist schriftlich niederzulegen. § 4 Abs. 10 VOB/B geht damit inhaltlich über die frühere Regelung des § 12 Abs. 2b VOB/B hinaus. Zum einen muss die technische »Abnahme« auf Verlangen eines der Vertragspartner gemeinsam zwischen Auftraggeber und Auftragnehmer durchgeführt werden. Weigert sich also einer der Vertragspartner, dem Verlangen des anderen nach der technischen »Abnahme« nachzukommen, so stellt dies eine Pflichtverletzung im Sinne von § 280 BGB dar. Bei Verzug (nach Mahnung) kann Schadensersatz verlangt werden und z. B. auch eine Behinderung des Auftragnehmers mit den Rechtsfolgen von § 6 Abs. 2, Abs. 4 und Abs. 6 VOB/B eintreten. Zum anderen ist das Ergebnis der technischen »Abnahmebegehung« schriftlich niederzulegen, was unter dem Blickwinkel der Dokumentation ohnehin eine Selbstverständlichkeit sein sollte.

Die technische »Abnahme« kommt insbesondere bei Leistungen in Betracht, die (als Teilleistung) noch nicht endgültig in Benutzung gehen sollen, im weiteren Bauablauf jedoch einer Überprüfung entzogen sind oder bei denen eine Überprüfung zumindest erschwert ist (z. B. Installationsleitungen in Installa-

---

346 Kritisch dazu Kapellmann, in: FS Thode, 29 ff.
347 BGH, BauR 2009, 1736, 1738.

tionsschächten, Dichtigkeitsprüfung von Druckleitungen, Betonbewehrung usw.).

Die technische »Abnahme« als technische Prüfung ist sinnvoll im Rahmen einer baubegleitenden Qualitätskontrolle durch den Auftraggeber. Sie kann – anders als die eigentliche Abnahme oder die echte Teilabnahme – auch durch den bauüberwachenden Architekten wirksam durchgeführt werden. Ist es jedoch bereits zu einer rechtsgeschäftlichen Abnahme (oder echten Teilabnahme) gekommen, so kann der Auftraggeber für die bereits (rechtsgeschäftlich) abgenommenen Leistungen nicht noch einmal eine gesonderte technische »Abnahme« verlangen.[348] **203**

Die technische »Abnahme« führt nicht zu den nachstehend unter Ziff. 5 angesprochenen Abnahmewirkungen, mit einer Ausnahme: Nach zutreffender, wenngleich nicht unumstrittener Auffassung führt die technische »Teilabnahme« zu einer Beweislastumkehr für Mängel.[349]

IV. Abnahmeverweigerung und -verzug

Folgende Reaktionen des Auftraggebers auf das Abnahmeverlangen des Auftragnehmers sind denkbar: **204**

a) Der **Auftraggeber nimmt die Leistung ab**, ggf. unter Vorbehalt von Mängeln und der Vertragsstrafe. Dann treten die Wirkungen gemäß nachstehend Ziffer 5 ein.

b) Der **Auftraggeber reagiert auf die Aufforderung zur Abnahme nicht.** Hier ist zu unterscheiden:

aa) Hat der Auftragnehmer den Auftraggeber schlicht – **ohne Fristsetzung** – aufgefordert, die fertig gestellte Leistung abzunehmen, so gerät der Auftraggeber in Gläubigerverzug, also in »Abnahmeverzug«, wenn er – beim VOB-Vertrag – die Leistung nicht innerhalb der Frist von zwölf Werktagen gemäß § 12 Abs. 1 VOB/B abnimmt; beim BGB-Vertrag gilt insoweit eine »angemessene Frist«, die sich an der 12-Tages-Frist des § 12 Abs. 1 VOB/B orientieren dürfte. **205**

Der Gläubigerverzug des Auftraggebers führt dazu, dass ein Teil der Abnahmewirkungen bereits eintritt. Insbesondere geht gemäß § 644 Abs. 1 Satz 2 BGB die **Gefahr** bereits jetzt auf den Auftraggeber über. Außerdem haftet der Auftragnehmer gemäß § 300 Abs. 1 BGB nur noch für Vorsatz und grobe Fahrlässigkeit.

---

348 Vgl. OLG Düsseldorf, BauR 1996, 121.
349 Merkens, in: Kapellmann/Messerschmidt, B § 4, Rdn. 224; Grauvogl, BauR 2003, 1481, 1484 ff.

Allerdings kommt im Einzelfall eine Abnahmeverweigerung auch durch schlüssiges Verhalten in Betracht.[350]

206 bb) Hat der Auftragnehmer den Auftraggeber hingegen unter **Setzung einer angemessenen Frist** aufgefordert, die Abnahme zu erklären (was in der Praxis inzwischen der Regelfall ist), so ist die Bestimmung des § 640 Abs. 1 Satz 3 BGB zu beachten, die wie folgt lautet:

> »Der Abnahme steht es gleich, wenn der Besteller das Werk nicht innerhalb einer ihm vom Unternehmer bestimmten angemessenen Frist abnimmt, obwohl er dazu verpflichtet ist.«

Das Gesetz selbst regelt also in § 640 Abs. 1 Satz 3 BGB, dass der Auftraggeber nicht lediglich in »Abnahmeverzug« gerät, sondern die Abnahme eintritt, wenn der Auftraggeber trotz Fristsetzung die Abnahme nicht erklärt, obwohl die Leistung abnahmereif hergestellt worden ist. Als »angemessene Frist« i. S. d. Gesetzes dürfte wiederum die Frist von 12 Werktagen gemäß § 12 Abs. 1 VOB/B anzusehen sein.[351]

Aufgrund der gesetzlichen Regelung ist es für jeden Auftragnehmer also sinnvoll, den Auftraggeber nicht nur aufzufordern, die Abnahme zu erklären, sondern hierzu auch eine angemessene Frist zu setzen, nach deren fruchtlosem Ablauf die Abnahme als eingetreten gilt. Voraussetzung ist natürlich, dass der Auftraggeber auch nachweislich verpflichtet war, die Abnahme zu erklären. Die Abnahmereife zum Zeitpunkt der Abnahmeaufforderung muss der Auftragnehmer im Streitfall nachweisen.[352]

Die Regelung des § 640 Abs. 1 Satz 3 BGB gilt entsprechend auch für VOB-Verträge, da die Bestimmungen der VOB/B den Fall der Nichtreaktion des Auftraggebers auf eine Abnahmeaufforderung unter Fristsetzung nicht (ausdrücklich) regeln.

c) Dritte Möglichkeit: Der **Auftraggeber verweigert die Abnahme ausdrücklich**. In diesem Fall kommt es darauf an, ob der Auftraggeber zur Abnahmeverweigerung berechtigt war oder unberechtigt die Abnahme verweigert hat:

207 aa) Beim **BGB-Werkvertrag** war der Auftraggeber nach der früheren Fassung des § 640 Abs. 1 BGB nur dann zur Abnahme verpflichtet, wenn die Leistung vollständig und mängelfrei erbracht war. Eine Einschränkung nahm die Rechtsprechung nach Treu und Glauben nur dann vor, wenn die fehlenden Restleistungen oder Mängel so geringfügig waren, dass es dem Auftraggeber dennoch zumutbar war, die Abnahme zu erklären und die Leistung damit zu übernehmen.[353]

---

350 OLG Düsseldorf, BauR 2010, 480.
351 Vgl. Ingenstau/Korbion/Oppler, VOB/B § 12, Rdn. 27.
352 OLG Schleswig, BauR 2008, 360.
353 BGH, BauR 1996, 390, und OLG Hamm, BauR 1993, 604.

Die seit dem 01.05.2000 in Kraft befindliche Regelung des § 640 Abs. 1 Satz 2 BGB besagt aber:

> »*Wegen unwesentlicher Mängel kann die Abnahme nicht verweigert werden.*«

Inhaltlich entspricht die gesetzliche Regelung damit derjenigen aus § 12 Abs. 3 VOB/B (dazu Rdn. 208). Durch die doppelte Negation wollte der Gesetzgeber lediglich zum Ausdruck bringen, dass die Beweislast für die Abnahmereife und damit die Pflicht zur Abnahmeerklärung beim Auftragnehmer liegt.

Hat der Auftraggeber hiernach zu Unrecht die Abnahme verweigert, so bedarf es auch keiner gesonderten Fristsetzung zur Abnahme durch den Auftragnehmer gemäß § 640 Abs. 1 S. 2 BGB, d. h., die Abnahmewirkungen treten bei unberechtigter Abnahmeverweigerung ein.[354]

bb) Beim **VOB-Werkvertrag** kann die Abnahme gemäß § 12 Abs. 3 VOB/B **208** nur **wegen wesentlicher Mängel** verweigert werden.

Ein wesentlicher Mangel lag nach der früheren Definition des Mangelbegriffs in § 13 Nr. 1 VOB/B a. F. vor:

- wenn zugesicherte Eigenschaften des Werks fehlten;
- wenn das Werk nicht den anerkannten Regeln der Technik entsprach oder
- wenn die Gebrauchstauglichkeit **erheblich** eingeschränkt oder sogar aufgehoben war.[355]

Die weitere Entwicklung der Rechtsprechung zum neuen Mangelbegriff in § 13 Abs. 1 VOB/B bleibt insoweit abzuwarten.[356]

Es reicht bereits **ein wesentlicher Mangel** aus, um die Abnahme zu verwei- **209** gern.[357] Auch eine Vielzahl von kleineren Mängeln kann dazu führen, dass das Werk insgesamt als nicht im Wesentlichen mängelfrei anzusehen ist.[358]

---

354 BGH, BauR 2003, 236 für sog. Altfälle vor dem 01.05.2000, gilt aber auch für die Zeit danach.

355 Vgl. Ingenstau/Korbion/Oppler, VOB/B § 12 Abs. 3, Rdn. 2.

356 Z. B. fehlende Revisionspläne, OLG Hamm, BauR 2009, 1600.

357 Vgl. BGH, IBR 1992, 351.

358 Dazu LG Heidelberg, IBR 1995, 474: Beim Schlüsselfertigbau eines Wohn- und Geschäftshauses mit einem Volumen von 5,8 Mio. DM lagen bei der Abnahme mehr als 100 Mängel vor, mit denen ein Beseitigungsaufwand von etwa 200.000 DM verbunden war. Diese Mängel sah das LG Heidelberg in ihrer Gesamtheit nicht als wesentlich an, so dass es von einer unberechtigten Abnahmeverweigerung des Auftraggebers ausging.

Ebenfalls kann das von einem Mangel ausgehende Gefahrenpotenzial bei der Einstufung als »wesentlicher Mangel« eine Rolle spielen.[359]

Auch wesentliche Mängel an Änderungs- und Zusatzleistungen im Sinne von §§ 1 Abs. 3 und 4 sowie 2 Abs. 5 und 6 VOB/B können eine Abnahmeverweigerung rechtfertigen, nicht aber Mängel aus einem selbstständigen Zusatzauftrag die Abnahme des Hauptauftrages.[360]

Wie bereits erwähnt, ist die Abnahmeverweigerung auch dann berechtigt, wenn die Leistung noch nicht »im Wesentlichen fertiggestellt« ist.

Allgemein formuliert kommt es für die Frage, ob die Abnahmeverweigerung des Auftraggebers berechtigt oder unberechtigt war, darauf an, **ob dem Auftraggeber die Übernahme der Leistung zumutbar ist oder nicht.**[361] Bei lediglich optischen Mängeln, die nur einen Minderungsanspruch gemäß § 13 Abs. 6 VOB/B, aber keinen Nacherfüllungsanspruch gemäß § 13 Abs. 5 VOB/B begründen, darf der Auftraggeber die Abnahme nicht verweigern.[362]

Bei unberechtigter, endgültiger Abnahmeverweigerung treten die Abnahmewirkungen gleichwohl ein.[363]

210   d) Bis zum 31.12.2008 regelte § 641a BGB einen Sonderfall der Abnahme durch eine gutachterliche **Fertigstellungsbescheinigung.** Die Vorschrift war durch das Gesetz zur Beschleunigung fälliger Zahlungen am 01.05.2000 in Kraft gesetzt worden, hatte aber während ihrer rund 8 1/2jährigen Gültigkeit praktisch keinerlei Bedeutung erlangt. Die gesetzliche Regelung war viel zu kompliziert und vor allem für die Sachverständigen viel zu haftungsträchtig, um praktische Bedeutung erlangen zu können. Folgerichtig ist die Bestimmung durch das Forderungssicherungsgesetz vom 23.10.2008[364] mit Wirkung zum 01.01.2009 ersatzlos abgeschafft worden.

Für alle zwischen dem 01.05.2000 und dem 31.12.2008 abgeschlossenen Verträge gilt die frühere Regelung des § 641a BGB allerdings fort.[365]

211   e) Die **Abnahmeverweigerung** ist im Übrigen **zu unterscheiden** von der vorstehend unter a) bereits erwähnten **Abnahme unter Mängelvorbehalt:** Zieht der Bauherr z. B. in das fertiggestellte Haus ein und rügt er unmittelbar nach Einzug Mängel an den Fliesenarbeiten (also noch innerhalb der ihm zuzubilligenden Prüfungsfrist), so kommt es darauf an, ob es sich bei diesen

---

359 Fehlendes Geländer an der Rampe eines Supermarktes, OLG Hamm, BauR 2005, 731.

360 BGH, BauR 2002, 618.

361 BGH, BauR 1996, 390; OLG Hamm, IBR 1991, 532.

362 OLG Hamm, BauR 2003, 1403; auch OLG Koblenz, BauR 2003, 1728.

363 Vgl. OLG Frankfurt am Main, BauR 2008, 1628; Havers, in: Kapellmann/Messerschmidt, § 12 VOB/B Rdn. 89.

364 BGBl I 2022.

365 Zum Gesetzestext sei auf die 17. Aufl., Rdn. 197 verwiesen.

Mängeln an den Fliesenarbeiten um wesentliche Mängel (im Sinne von § 12 Abs. 3 VOB/B) bzw. nicht um unwesentliche Mängel (im Sinne von § 640 Abs. 1 Satz 2 BGB) handelt. Liegen also geringfügige Mängel vor, so stellt die Mängelrüge des Auftraggebers keine Abnahmeverweigerung, sondern lediglich einen Vorbehalt im Zusammenhang mit der Abnahmeerklärung dar.[366] Erklärt der Auftraggeber allerdings die Abnahme unter Vorbehalt von Mängeln, deren Schwere die Verweigerung der Abnahme gerechtfertigt hätte (dazu oben Rdn. 204), so liegt gleichwohl eine Abnahme mit Mängelvorbehalt vor.[367] Werden in einem Abnahmeprotokoll über das Gemeinschaftseigentum wesentliche Mängel aufgeführt und am Ende festgehalten, dass die Ausführung der Horizontalsperre im Kellerdeckenbereich einschließlich Hangfolien nicht abgenommen wird, so ist darin im Wege der Auslegung eine Abnahme des Gemeinschaftseigentums unter dem Vorbehalt der aufgeführten Mängel gemäß § 12 Abs. 5 Nr. 3 VOB/B zu sehen.[368]

Verweigert der Auftraggeber nach Meinung des Auftragnehmers **die Abnahme zu Unrecht**, so kann der Auftragnehmer auch auf Abnahme gegen den Auftraggeber klagen.[369] Eine solche **isolierte Klage** auf Erklärung der **Abnahme** ist jedoch i. d. R. nicht sinnvoll, wenn sie nicht gleichzeitig mit der Klage auf Zahlung des Restwerklohns verbunden wird. Ansonsten wird oft jahrelang darüber gestritten, ob die Bauleistung im Wesentlichen fertiggestellt und im Wesentlichen mängelfrei war, ohne dass die eigentliche Streitfrage (Fälligkeit und Höhe des Restwerklohns) gleichzeitig gerichtlich geklärt wird.

Im Übrigen kommt es für die Frage, ob die Abnahme zu Recht oder zu Unrecht verweigert wird, auf den Zeitpunkt der verlangten Abnahme an.[370]

V. Wirkungen der Abnahme

1. Werklohnfälligkeit

Der Werklohnanspruch wird – mit Ausnahme des Anspruchs auf Abschlags- **212** zahlungen – erst mit Abnahme fällig, § 641 BGB. Das gilt auch beim VOB-Vertrag. Mit Abnahme (und Stellung der Schlussrechnung) endet auch der Anspruch des Auftragnehmers auf Abschlagszahlungen.[371]

Wie bereits in Rdn. 184 ausführlich dargestellt, ist die Abnahme nach Auffassung des BGH auch bei einem **gekündigten Bauvertrag** Fälligkeitsvoraussetzung für den Werklohnanspruch des Auftragnehmers, d. h., ohne Abnahme

366 Vgl. OLG Hamm, IBR 1992, 94; OLG Düsseldorf, BauR 2001, 423; 2002, 963.
367 OLG Brandenburg, BauR 2003, 1054.
368 OLG Schleswig, BauR 2008, 360; ähnlich OLG Hamm, BauR 2008, 677.
369 Vgl. BGH, BauR 1996, 386.
370 Vgl. BGH, BauR 2004, 670.
371 BGH, BauR 2009, 1724; 2004, 1146.

(oder ausnahmsweise Entbehrlichkeit der Abnahme) wird der Werklohn – entgegen früherer Rechtsprechung[372] – nicht fällig.

Eine Abnahme ist nur dann für die Werklohnfälligkeit nicht erforderlich, wenn die Werkleistung zwar einen wesentlichen Mangel aufweist, der Auftraggeber jedoch nicht Nachbesserung, sondern Minderung oder Schadensersatz verlangt. In diesem Fall ist der Auftragnehmer ja selbst gar nicht mehr in der Lage, durch Mängelbeseitigung die Abnahmefähigkeit herbeizuführen.[373] Gleiches gilt im Fall einer vom Auftraggeber durchgeführten Selbstvornahme.[374]

2. Wegfall der Vorleistungspflicht des Auftragnehmers

213 Bis zur Abnahme ist der Auftragnehmer vorleistungspflichtig. Klagt er trotz fehlender Abnahme auf den Werklohn, wird die Klage allein wegen der fehlenden Abnahme abgewiesen, wenn der Auftraggeber die Abnahme z. B. wegen Mängeln zu Recht verweigert.

Ist das Werk hingegen abgenommen und wendet der Auftraggeber die gleichen Mängel ein, so wird die Klage nicht mehr abgewiesen, sondern der Klage wird stattgegeben Zug um Zug gegen Mängelbeseitigung, § 322 BGB.

3. Beschränkung des Erfüllungsanspruchs

214 Nach der Abnahme beschränkt sich der ursprüngliche Erfüllungsanspruch des Auftraggebers auf Mängelansprüche. Während der Auftragnehmer vor der Abnahme ein mängelfreies Werk zu erstellen hat, unterliegt er nach der Abnahme nur noch der Mängelhaftung. Im Übrigen ist diese Unterscheidung mehr akademischer Natur.

4. Gefahrübergang

215 Mit der Abnahme gehen die Leistungs- und die Vergütungsgefahr auf den Auftraggeber über.

Leistungsgefahr: Wird das Werk vor der Abnahme unverschuldet beschädigt oder zerstört, muss der Auftragnehmer es nochmals auf seine Kosten errichten.

Vergütungsgefahr: Wird das Werk nach der Abnahme unverschuldet zerstört, braucht der Auftragnehmer es nicht noch einmal zu errichten und kann trotzdem Bezahlung verlangen; **Ausnahmen: § 7 VOB/B** (näher dazu Arbeitsbeispiel 8 in Rdn. 182).

---

372 Zuletzt OLG Hamm, BauR 2002, 631.
373 So zutreffend BGH, BauR 2002, 1399; 2003, 88; OLG Düsseldorf, BauR 1999, 494.
374 OLG München, BauR 2009, 1923.

5. Beweislastumkehr bei Mängeln

Zunächst noch einmal zur Klarstellung: Dass der Auftragnehmer **immer** für **216** die Mängelfreiheit seiner Leistung einzustehen hat, ist selbstverständlich und wird durch die Abnahme nicht geändert. **Vor** der Abnahme haftet er gemäß § 4 Nr. 7 VOB/B, **nach** der Abnahme gemäß § 13 Abs. 5 VOB/B für die Mängelfreiheit.

Allerdings ändert sich durch die Abnahme die Beweislast (Nachweispflicht) für Mängel bzw. die Mängelfreiheit: **Vor** der Abnahme muss der Auftragnehmer die Mängelfreiheit seiner Leistung nachweisen. Verweigert der Auftraggeber die Abnahme wegen vorhandener Mängel, dann muss der Auftragnehmer also (nötigenfalls im Prozess) beweisen, dass jedenfalls keine wesentlichen, die Abnahmeverweigerung rechtfertigenden Mängel vorliegen.

Der Auftragnehmer bleibt auch dann beweispflichtig für die Mängelfreiheit seiner Leistung, wenn der Auftraggeber den Mangel im Wege der Selbstvornahme durch eine Drittfirma beseitigt hat. Zur Vermeidung einer Beweisvereitelung ist der Auftraggeber in diesem Fall allerdings gehalten, dem Auftragnehmer Feststellungen zur Mangelhaftigkeit bzw. Mangelfreiheit seiner Leistung vor bzw. während der Ersatzvornahme zu ermöglichen.[375]

Nach der Abnahme muss hingegen der Auftraggeber das Vorhandensein eines Mangels beweisen.

Der BGH hat schon vor einiger Zeit die früher umstrittene Frage entschieden, wer die **Beweislast** für **Mängel** hat, die der Auftraggeber sich bei der **Abnahme vorbehalten** hat. Diese Mängel sind nach Auffassung des BGH gewissermaßen von der Abnahme und damit auch von den Abnahmewirkungen ausgenommen, d. h., hinsichtlich vorbehaltener Mängel bleibt die Beweislast für die Mängelfreiheit beim Auftragnehmer.[376]

6. Verlust nicht vorbehaltener Ansprüche

Der Auftraggeber muss sich sowohl beim BGB- als auch beim VOB/B-Vertrag **217** **bekannte Mängel** bei der Abnahme vorbehalten, ansonsten verliert er einen Teil seiner Mängelansprüche, § 640 Abs. 2 BGB. Dieser »Rechtsverlust« ist in der Praxis aber bei weitem nicht so bedeutsam, wie oftmals angenommen:

Zum einen muss der Auftraggeber den Mangel positiv kennen, d. h. er muss wissen, welcher Mangel konkret vorliegt. Die bloße Erkennbarkeit eines Mangels reicht nicht, weil der Auftraggeber keine Pflicht (oder Obliegenheit) zur »Suche nach Mängeln« hat.[377] Selbst die Offenkundigkeit eines Mangels bedeutet nicht die Kenntnis des Auftraggebers, sondern führt allenfalls zu einem

---

375 BGH, BauR 2009, 237.
376 BGH, BauR 1997, 129.
377 Vgl. Havers, in: Kapellmann/Messerschmidt, § 12 VOB/B, Rdn. 48.

Anscheinsbeweis zulasten des Auftraggebers, den der Auftraggeber aber widerlegen kann.[378]

Zum anderen verliert der Auftraggeber selbst bei positiver Kenntnis eines bestimmten Mangels (und fehlendem Vorbehalt bei der Abnahme) nur die Mängelrechte gemäß § 634 Nr. 1–3 BGB, also den Nacherfüllungsanspruch, den Anspruch auf Selbstvornahme, das Rücktrittsrecht[379] und das Minderungsrecht, übertragen auf VOB/B-Verträge also die Ansprüche aus § 13 Abs. 5 und 6 VOB/B.[380] Der Schadensersatzanspruch gemäß § 634 Nr. 4 BGB i. V. m. §§ 280 ff. BGB bleibt dem Auftraggeber erhalten, ebenso der Schadensersatzanspruch aus § 13 Abs. 7 VOB/B beim VOB/B-Vertrag.[381]

Praktisch »verliert« der Auftraggeber beim fehlenden Vorbehalt eines bekannten Mangels also nur die verschuldensunabhängigen Mängelansprüche, nicht aber den verschuldensabhängigen Schadensersatzanspruch. Da der Auftragnehmer Mängel seiner Leistung fast immer zu vertreten hat, spielt der Vorbehalt bekannter Mängel in der Praxis also kaum eine Rolle.

218 Auch **Vertragsstrafenansprüche** muss der Auftraggeber sich grundsätzlich bei der Abnahme vorbehalten, weil sie ansonsten verfallen. (Ausnahme: In den Vertragsbedingungen ist vorgesehen, dass die Vertragsstrafe bis zur Schlusszahlung geltend gemacht werden darf; diese Klausel findet sich heute in den meisten Bauverträgen. In diesem Fall muss der Auftraggeber den Vertragsstrafenanspruch spätestens im Zusammenhang mit der Schlusszahlung geltend machen.)[382]

7. Verjährungsbeginn

219 Mit Abnahme – oder echter Teilabnahme – beginnt die Verjährung sowohl des Vergütungsanspruchs für den Auftragnehmer (weitere Voraussetzungen allerdings Rechnungserteilung und Rechnungsprüfung bzw. Ablauf der einmonatigen Prüfungsfrist; näher dazu Rdn. 337 ff.) als auch der Mängelansprüche des Auftraggebers.

Die Verjährung des Vergütungsanspruchs **beginnt** am 1. Januar des Jahres, das dem Fälligkeitsjahr folgt; die Verjährung der Mängelansprüche beginnt dagegen **sofort** ab Abnahme.

Die Voraussetzungen und Wirkungen der Abnahme sind in der nachstehenden Abbildung 6 noch einmal zusammengefasst.

---

378 Havers, in: Kapellmann/Messerschmidt, § 12 VOB/B, Rdn. 48.
379 Das beim VOB/B-Vertrag ohnehin ausgeschlossen ist.
380 Dazu Rdn. 261 ff.
381 Dazu näher Rdn. 284 ff.
382 Langen, in: Kapellmann/Messerschmidt, B § 11, Rdn. 115 ff.

Voraussetzungen der Abnahme
1. Im Wesentlichen fertiggestellte Leistung
2. Keine wesentlichen Mängel
   2.1 Kein Fehlen der vereinbarten
       Beschaffenheit
   2.2 Kein Verstoß gegen die anerkannten
       Regeln der Technik
   2.3 Keine wesentlichen gebrauchs-
       beeinträchtigenden Fehler

Formen der Abnahme
1. Stillschweigende Abnahme
2. Formlose Abnahme auf Verlangen
3. Förmliche Abnahme
4. Fiktive Abnahme

Echte **Teilabnahme** für in sich
abgeschlossene Teile der
Leistung möglich, echte Teilabnahme nicht zu verwechseln
mit der unechten (technischen)
Teilabnahme auf Verlangen

Reaktion des AG
1. Durchführung der Abnahme, Wirkungen
   s.u.
2. Keine Reaktion trotz Abnahmereife
   → Annahmeverzug
3. Berechtigte Weigerung → Herstellung
   der Abnahmereife durch AN
4. Unberechtigte Verweigerung → Abnahmewirkungen treten ein

Wirkungen der Abnahme
1. Übergang der Leistungs- und Preis-
   gefahr auf den AG
2. Beweislastumkehr für Mängel
3. Beginn der Verjährung der Mängelansprüche
4. Verlust nicht vorbehaltener Ansprüche
   wegen
   4.1 bekannter Mängel (ausgenommen
       Schadensersatz)
   4.2 Vertragsstrafe
5. Werklohnfälligkeit
6. Wegfall der Vorleistungspflicht des AN
7. Beschränkung des Erfüllungsanspruchs

Abbildung 6: Abnahme nach VOB/B

J. Mängelansprüche

I. Systematik – Mängelansprüche sowohl vor wie nach der Abnahme

220 Die Ansprüche des Auftraggebers wegen aufgetretener Mängel **vor** der Abnahme sind in § 4 VOB/B, insbesondere in § 4 Abs. 7, geregelt. **Nach** der Abnahme gilt § 13 VOB/B.

II. Mangeldefinition gemäß § 13 Abs. 1 VOB/B

221 Gemäß § 13 Abs. 1 VOB/B hat der Auftragnehmer dem Auftraggeber seine Leistung zum Zeitpunkt der Abnahme frei von Sachmängeln zu verschaffen. Die Leistung ist frei von Sachmängeln, wenn sie

- die vereinbarte Beschaffenheit hat und
- den anerkannten Regeln der Technik entspricht.

Ist keine Beschaffenheit vereinbart, so ist die Leistung frei von Sachmängeln,

- wenn sie sich für die nach dem Vertrag vorausgesetzte, ansonsten
- für die gewöhnliche Verwendung eignet und eine Beschaffenheit aufweist, die bei Werken der gleichen Art üblich ist und die der Besteller nach der Art der Leistung erwarten kann.

Die Neufassung von § 13 Abs. 1 VOB/B (2002) enthält eine Mangeldefinition, die im Wesentlichen mit der seit 01.01.2002 geltenden Fassung des § 633 Abs. 2 BGB übereinstimmt und die trotz des veränderten Wortlauts kaum eine inhaltliche Veränderung zum früheren Recht mit sich bringt.[383] Inzwischen hat der BGH durch Urt. v. 08.11.2007[384] klargestellt, dass der sog. **funktionale Mangelbegriff** auch im Geltungsbereich des Schuldrechtsmodernisierungsgesetzes unverändert Anwendung findet: Entspricht die Leistung also zwar der vereinbarten Beschaffenheit und auch den anerkannten Regeln der Technik, weist sie aber nicht die nach dem Vertrag vorausgesetzte oder die gewöhnliche Verwendungstauglichkeit auf, so ist die Leistung – nach altem wie nach neuem Recht – mangelhaft. Ein Werk ist also beispielsweise auch dann mangelhaft, wenn es die vereinbarte Funktion allein deshalb nicht erfüllt, weil die vom Auftraggeber zur Verfügung gestellten Leistungen von Vorunternehmern, von denen die Funktionsfähigkeit des Werkes des nachfolgenden Unternehmers abhängt, unzureichend sind.[385] Zu den einzelnen Merkmalen:

---

383 Ausführlich dazu Langen/Schiffers, Rdn. 1882 ff.
384 BGH, BauR 2008, 344.
385 OLG Celle, BauR 2011, 1015.

1. Vereinbarte Beschaffenheit

Über die Frage, ob die Leistung des Auftragnehmers mangelhaft ist, entschei- **222** det in erster Linie die Vereinbarung der Parteien und nicht die Verkehrsüblichkeit (**subjektiver Fehlerbegriff**). Die Abkehr vom früher in § 13 Nr. 1 VOB/B verwendeten Begriff der zugesicherten Eigenschaft führt zu einer deutlichen Vereinfachung und damit auch Klarstellung. Wurde nämlich früher danach differenziert, ob der Auftragnehmer bestimmte Eigenschaften seiner Leistung »zugesichert« oder lediglich mit dem Auftraggeber »vereinbart« hatte, so ist diese Differenzierung heute entbehrlich. Die Leistung ist bereits dann mangelhaft, wenn sie nicht die vereinbarten Beschaffenheitsmerkmale aufweist, unabhängig davon, ob ihre Gebrauchstauglichkeit dadurch vermindert oder sogar aufgehoben wird, und auch unabhängig davon, ob der Auftraggeber hierdurch Nachteile erleidet.[386]

Was unter »Beschaffenheit der Werkleistung« zu verstehen ist, ist weder im Gesetz noch in der VOB/B näher definiert und unterliegt damit letztlich wiederum der Parteivereinbarung und deren Auslegung.[387] Zur vereinbarten Beschaffenheit eines Werkes gehören alle Eigenschaften des Werkes, die nach der Vereinbarung der Parteien den vertraglich geschuldeten Erfolg herbeiführen sollen.[388] Die vereinbarte Beschaffenheit kann sich beispielsweise auf Form, Farbe, Fabrikat, Material, Maße, Festigkeit usw. beziehen. Enthält das dem Bauvertrag zugrunde liegende Leistungsverzeichnis also bestimmte Fabrikate für den Einbau von Materialien ohne den Zusatz »oder gleichwertig«, so stellt der Einbau anderer Fabrikate bereits als solcher einen Mangel dar.[389] Typischerweise erfolgt diese Festlegung der Parteien in der Leistungsbeschreibung, insbesondere im Leistungsverzeichnis. Zu beachten ist aber, dass sich die tatsächliche Bauausführung nicht allein nach der Leistungsbeschreibung, sondern auch nach den gemäß § 3 Nr. 3 VOB/B maßgebenden Ausführungsunterlagen, insbesondere den Ausführungsplänen, richtet. Die dortigen Festlegungen sind also für den Auftragnehmer ebenfalls i. S. d. »vereinbarten Beschaffenheit« verbindlich, auch wenn die Ausführungspläne dem Auftragnehmer – wie häufig – erst nach Vertragsabschluss zur Verfügung gestellt werden.[390] Soweit durch die Ausführungspläne das bisherige Bausoll des Auftrag-

---

386 Vgl. BGH, BauR 2002, 1536, und OLG Celle, BauR 2003, 1408 (jeweils noch zum alten Mangelbegriff); OLG Brandenburg, BauR 2006, 1472; OLG Düsseldorf, BauR 2007, 1254 bei abweichendem Material.

387 Näher dazu Langen/Schiffers, Rdn. 1889 ff.

388 OLG Stuttgart, BauR 2010, 98 unter Hinweis auf BGH, BauR 2008, 344 (Blockheizkraftwerk).

389 OLG Stuttgart, BauR 2007, 713; bei unbedeutender Abweichung des eingebauten Fabrikats zum vorgeschriebenen Fabrikat kann der Nacherfüllungsanspruch des Auftraggebers allerdings nach Treu und Glauben ausgeschlossen sein (BauR 2007, S. 715).

390 Näher Langen/Schiffers, Rdn. 1907 ff.

nehmers verändert wird, kann er dieserhalb natürlich eine geänderte Vergütung fordern.[391]

2. Anerkannte Regeln der Technik

223 § 13 Abs. 1 VOB/B bestimmt nach wie vor ausdrücklich, dass die Leistung des Auftragnehmers nur dann mangelfrei ist, wenn sie (zum Zeitpunkt der Abnahme) den anerkannten Regeln der Technik entspricht. Damit weicht § 13 Abs. 1 VOB/B zwar vom Wortlaut, nicht aber vom Inhalt der gesetzlichen Mangeldefinition in § 633 Abs. 2 BGB ab. Denn auch vom Gesetzgeber wurde anerkannt, dass die Beachtung der anerkannten Regeln der Technik jedenfalls zur üblichen und vom Besteller nach der Art des Werks zu erwartenden Eignung der Leistung gehört.[392]

Entspricht das vom Auftragnehmer hergestellte Werk also nicht den anerkannten Regeln der Technik, so ist die Leistung beim BGB-Bauvertrag wie auch beim VOB-Bauvertrag gleichermaßen als mangelhaft anzusehen, ohne dass es darauf ankommt, ob der Verstoß gegen die anerkannten Regeln der Technik auch zu einer Gebrauchsbeeinträchtigung oder -aufhebung oder sonstigen Nachteilen des Auftraggebers führt. Der Mangel besteht also bereits in der Nichteinhaltung der anerkannten Regeln der Technik als solcher.[393] Verstößt der Auftragnehmer während der Ausführung beharrlich gegen die anerkannten Regeln der Technik, so ist der Auftraggeber zur Kündigung des Vertrages aus wichtigem Grund berechtigt, da ihm dieses Verhalten des Auftragnehmers nicht zuzumuten ist.[394]

Die Verwendung einer Dachbahn, welche abweichend von der Forderung des LV keinen Gebrauchstauglichkeitsnachweis gemäß DIN 18 531 besitzt, ist also bereits deshalb mangelhaft.[395]

Nach Auffassung des OLG München gehört die Errichtung von zweischaligen Haustrennwänden bei Reihenhäusern zu den anerkannten Regeln der Technik, auch wenn die Zweischaligkeit von der DIN 4109 nicht ausdrücklich gefordert wird. Das Erfordernis der Zweischaligkeit gilt auch, wenn die Reihenhäuser ohne Realteilung als Wohnungseigentum errichtet werden.[396]

224 Als **anerkannte Regeln der Technik** sind sämtliche Vorschriften und Bestimmungen anzusehen, die sich in der Theorie als richtig erwiesen und in der Pra-

---

391 Näher dazu oben Rdn. 49 ff.
392 Vgl. Palandt/Sprau, § 633 BGB, Rdn. 6a.
393 BGH, NZBau 2006, 112 = BauR 2006, 375; OLG Köln, IBR 1994, 368; OLG Schleswig, BauR 2000, 1201 und BauR 2004, 1946; anderer Auffassung Jagenburg/Pohl, BauR 1998, 1075 ff.
394 OLG Schleswig, BauR 2011, 690.
395 OLG Düsseldorf, IBR 1995, 467.
396 OLG München, BauR 1999, 399; ebenso OLG Koblenz, BauR 2006, 843.

xis bewährt haben.[397] Der sog. **Stand der Technik** geht über deren allgemein anerkannte Regeln hinaus, weil er auch noch nicht allgemein beachtete und angewandte Erkenntnisse und Verfahren umfasst.[398]

Im Baubereich gehören zu den anerkannten Regeln der Technik in erster Linie die **DIN-Vorschriften**, aber auch z. B. die Einheitlichen Technischen Baubestimmungen (ETB), die Bestimmungen des Verbandes der Elektrotechniker (VDE-Vorschriften), die Unfallverhütungsvorschriften der Bauberufsgenossenschaften, auch die Bestimmungen der Arbeitsstätten-VO über die Beschaffenheit von Treppenanlagen,[399] u. U. auch Hersteller-Richtlinien.[400]

Klarstellend zu der Geltung von DIN-Normen im **Schallschutz** BGH, BauR 1998, 872, BauR 2007, 1570 und BauR 2009, 1288: Welche Leistung der Auftragnehmer konkret schuldet, ist zunächst durch Auslegung des Vertrages zu ermitteln.[401] Legt der Vertrag die Einhaltung bestimmter Schalldämm-Maße ausdrücklich fest, so schuldet der Auftragnehmer entsprechende Werte, unabhängig davon, welche Werte die einschlägige DIN hierzu regelt. Enthält der Vertrag im Einzelnen keine Regelung, so ist der Auftragnehmer zur Herstellung eines solchen Schallschutzes verpflichtet (auch über die Werte der DIN 4109 hinaus), der sich bei sorgfältiger Arbeit ergeben würde.[402] Ansonsten richtet sich das Bausoll des Auftragnehmers nach den anerkannten Regeln der Technik. Ob die einschlägige DIN (hier: DIN 4109) den anerkannten Regeln der Technik entspricht oder die anerkannten Regeln der Technik weitergehende Anforderungen stellen, muss im Einzelfall geklärt werden. Der Mindestschallschutz gemäß DIN 4109 entspricht jedenfalls nicht den anerkannten Regeln der Technik.[403]

Nach obergerichtlicher Rechtsprechung haben die DIN-Normen allerdings die widerlegbare **Vermutung** für sich, die anerkannten Regeln der Technik wiederzugeben.[404] Beachtet der Auftragnehmer bei der Ausführung also die einschlägigen DIN-Bestimmungen, so muss der Auftraggeber nachweisen, dass die Leistung des Auftragnehmers gleichwohl den anerkannten Regeln der Technik widerspricht.

Die anerkannten Regeln der Technik können sich weiterentwickelt haben, obwohl noch keine neue DIN-Norm existiert.

---

397 Vgl. ausführlich Ingenstau/Korbion/Oppler, VOB/B § 4 Abs. 2, Rdn. 39 ff., 48.
398 Vgl. Seibel, BauR 2004, 266 ff.
399 Vgl. Brandenburgisches OLG, BauR 2002, 1562.
400 Thüringisches OLG, BauR 2009, 669.
401 Ebenso OLG Koblenz, BauR 2006, 843, 844.
402 OLG Hamm, BauR 2001, 1262.
403 BGH, BauR 2009, 1288.
404 OLG Hamm, BauR 1994, 767; OLG Schleswig, BauR 2000, 1201, Brandenburgisches OLG, BauR 2010, 100; allgemein Ingenstau/Korbion/Oppler, VOB/B § 4 Abs. 2, Rdn. 59.

225 Auch außerhalb dieser »offiziellen« Regelwerke können sich selbstverständlich anerkannte Regeln der Technik entwickeln und anschließend schriftlich festgehalten werden, z. B. in Richtlinien von Fachverbänden, die allgemein als theoretisch richtig und in der Praxis bewährt angesehen werden.

Vorsicht ist für den Auftragnehmer jedoch geboten, wenn er sich bei der Ausführung der Leistung an die Hersteller-Richtlinien oder die Richtlinien seines Fachverbandes hält, diese Richtlinien jedoch von den anerkannten Regeln der Technik abweichen. In diesem Fall haben die anerkannten Regeln der Technik Vorrang, die Leistung ist trotz Einhaltung der Hersteller-Richtlinien mangelhaft.[405]

226 Frage: Was gilt, wenn sich die **anerkannten Regeln der Technik während der Auftragsdurchführung ändern**?

Beispiel: Im Zeitpunkt des Vertragsabschlusses war eine 8 cm starke Wärmedämmung für Außenwände vorgeschrieben. Während der zweijährigen Auftragsdurchführung werden die Anforderungen dahin verschärft, dass jetzt eine 12 cm starke Dämmung erforderlich ist.

227 Man muss unterscheiden: Für die **Mängelhaftung** des Auftragnehmers kommt es nach dem eindeutigen Wortlaut des § 13 Abs. 1 VOB/B auf die anerkannten Regeln der Technik im **Zeitpunkt der Abnahme** an. Das ist wörtlich zu verstehen.[406] Ändern sich also während der Ausführung die Regeln der Technik und passt der Auftragnehmer seine Leistung nicht diesen geänderten Regeln der Technik an, ist seine Leistung im Sinne von § 13 Abs. 1 VOB/B mangelhaft.

228 § 13 Abs. 1 VOB/B regelt jedoch **nur** die Mängelhaftung, nicht die **Vergütung**. Kann der Auftragnehmer die geänderten Regeln der Technik zum Zeitpunkt der Abnahme nur dadurch einhalten, dass er gegenüber den Festlegungen im Vertrag geänderte oder zusätzliche Leistungen erbringt, so ist der Auftraggeber gemäß § 2 Abs. 5 oder Abs. 6 VOB/B zur Vergütung dieser geänderten oder zusätzlichen Leistungen verpflichtet.[407] Rechtsdogmatisch ist in diesem Fall also zwischen dem **Bausoll** des Auftragnehmers (»alte« Regeln der Technik) und seinem **Erfolgssoll** gemäß § 13 Abs. 1 VOB/B (»neue« Regeln der Technik) zu unterscheiden. Die vereinbarte Vergütung deckt nur das Bausoll,[408] während der zur Erreichung des Erfolgssolls erforderliche Mehraufwand des Auftragnehmers gemäß § 2 Abs. 5 bzw. Abs. 6 VOB/B zu vergüten ist.

Es ist Nebenpflicht des Auftragnehmers, den Auftraggeber auf während der Auftragsdurchführung anstehende oder bereits eingetretene Änderungen der anerkannten Regeln der Technik hinzuweisen.[409] Weigert der Auftraggeber

---

405 Vgl. OLG Hamm, BauR 1997, 309.
406 Vgl. OLG Köln, Schäfer/Finnern/Hochstein, Nr. 62 zu § 635 BGB.
407 Vgl. näher Kapellmann, in: Kapellmann/Messerschmidt, B § 2, Rdn. 31.
408 Näher oben Rdn. 30 ff.
409 Kapellmann, in: Kapellmann/Messerschmidt, B § 2, Rdn. 32.

sich, die geänderte oder zusätzliche Leistung anzuordnen, die sich aus den geänderten anerkannten Regeln der Technik ergibt, dann ist der Auftragnehmer **nicht** verpflichtet, die entsprechenden Mehrleistungen auszuführen. Hinsichtlich der Mängelhaftung ist der Auftragnehmer dann gemäß § 13 Abs. 3 VOB/B frei.[410]

Das gilt auch für die Änderung der öffentlich-rechtlichen Bestimmungen während der Bauausführung.[411]

Vor allem bei Bauvorhaben, die sich über längere Zeit (z. B. mehrere Jahre) **229** erstrecken, ist der Auftragnehmer also gut beraten, wenn er sich nicht nur mit der »Abarbeitung« des Vertrages befasst, sondern auch die technische Entwicklung beobachtet. Auch wenn zweifelhaft ist, ob neue Erkenntnisse, Regelwerke, Empfehlungen usw. bereits als anerkannte Regeln der Technik anzusehen sind, sollte der Auftragnehmer den Auftraggeber unverzüglich schriftlich auf diese geänderten Vorschriften, Empfehlungen usw. hinweisen, gleichzeitig auf entsprechende Mehrkosten, falls diese mit der Änderung verbunden sind. Einen Fehler macht der Auftragnehmer mit dieser Vorgehensweise nie:

Ist der Auftraggeber einverstanden, wird es allenfalls zu Meinungsverschiedenheiten über die Höhe der geänderten oder zusätzlichen Vergütung kommen.

Lehnt der Auftraggeber die Änderung ab, dann ist dies entweder schon deshalb unbeachtlich, weil gar keine geänderten Regeln der Technik vorlagen. Oder aber der Auftragnehmer ist gemäß § 13 Abs. 3 VOB/B für die Nichteinhaltung der geänderten anerkannten Regeln der Technik nicht verantwortlich.

Übrigens können die Parteien im Vertrag auch eine von den anerkannten Regeln der Technik abweichende Ausführung vereinbaren. Ist der Auftraggeber **230** jedoch Laie, dann **muss** der Auftragnehmer ihn darauf hinweisen, dass die vereinbarte Ausführung von der den anerkannten Regeln der Technik entsprechenden Ausführung abweicht. Handelt es sich um einen »fachkundigen Bauherrn«, dann ist ein solcher Hinweis nicht erforderlich, vorsichtshalber sollte der Auftragnehmer jedoch auch dann darauf hinweisen.[412]

3. Eignung für die nach dem Vertrag vorausgesetzte, ansonsten für die gewöhnliche Verwendung – funktionaler Mangelbegriff

Haben die Parteien keine bestimmte Beschaffenheit der Leistung vereinbart, **231** dann ist die Leistung gemäß § 13 Abs. 1 Satz 3 VOB/B mängelfrei, wenn sie sich entweder für die nach dem Vertrag vorausgesetzte, ansonsten für die gewöhnliche Verwendung eignet und eine Beschaffenheit aufweist, die bei Wer-

---

410 Vgl. Kapellmann/Schiffers, Bd. 2, Rdn. 571.
411 Vgl. Kapellmann/Schiffers, Bd. 2, Rdn. 571.
412 Vgl. OLG Hamm, IBR 1994, 367.

ken der gleichen Art üblich ist und die der Auftraggeber nach der Art der Leistung erwarten konnte. Auch § 13 Abs. 1 Satz 3 VOB/B entspricht wortgleich der Regelung in § 633 Abs. 2 Satz 2 BGB.

Soweit die Parteien keine bestimmte Beschaffenheit der Leistung vereinbart haben, kommt es also darauf an, ob die Leistung zumindest für den konkreten Verwendungszweck laut Vertrag geeignet ist. Dies ist nicht der Fall, wenn die mit der vertraglich geschuldeten Ausführung erreichbaren technischen Eigenschaften, die für die Funktion des Werkes von Bedeutung sind, durch die vertragswidrige Ausführung nicht erreicht werden und damit die Funktion des Werkes gemindert wird.

Beispiel:

Verminderte Nutzlast einer Decke in Beton B 25 anstatt B 35.[413]

Ist im Vertrag kein konkreter Verwendungszweck vereinbart worden, dann kommt es auf den gewöhnlichen Verwendungszweck an.

232 Trotz des nicht eindeutigen Wortlauts von § 13 Abs. 1 VOB/B (und des ähnlich undeutlichen Wortlauts von § 633 Abs. 2 BGB) liegt der Mangeldefinition in VOB/B und BGB damit ein **funktionaler Mangelbegriff** zugrunde. Die Verwendungstauglichkeit der Leistung für den vertraglich vorausgesetzten, ansonsten den gewöhnlichen Zweck muss also auch dann gewährleistet sein, wenn die Beschaffenheitsvereinbarung keine, unzulängliche oder falsche Angaben enthält.[414] Ist die Funktionstauglichkeit für den vertraglich vorausgesetzten oder den gewöhnlichen Verwendungszweck also aufgrund der vereinbarten Beschaffenheit (oder aufgrund der Einhaltung der anerkannten Regeln der Technik) nicht zu erreichen, dann schuldet der Auftragnehmer im Rahmen seiner **Erfolgshaftung** gleichwohl die vereinbarte Funktionstauglichkeit. Der zur Erreichung der Mängelfreiheit erforderliche, durch die vereinbarte Vergütung jedoch nicht gedeckte Aufwand ist allerdings nachtragsfähig.[415] Der etwas komplizierte Wortlaut von § 13 Abs. 1 VOB/B sollte aber nicht darüber hinwegtäuschen, dass sich an der Einstufung von qualitativen Soll-Ist-Abweichungen gegenüber dem früheren Recht praktisch nichts geändert hat. Die Eignung für die nach dem Vertrag vorausgesetzte bzw. die gewöhnliche Verwendung der Leistung fehlt also z. B., wenn Keller-, Fassaden- oder Dachabdichtungen nicht funktionieren, wenn verarbeitete Spanplatten unzulässig hohe Formaldehydausgasungen herbeiführen[416] oder Kupfer- bzw. Kunststoffrohre undicht werden.[417] Algenbildung auf einem nach den anerkannten Re-

---

413 Vgl. BGH, BauR 2003, 533.
414 BGH, BauR 2008, 344 (Blockheizkraftwerk); OLG Stuttgart, BauR 2010, 98.
415 BGH und OLG Stuttgart, BauR 2010, 98.
416 Dazu OLG Köln, IBR 1991, 440; OLG Düsseldorf, NJW-RR 1991, 1495; OLG Nürnberg, IBR 1992, 100; OLG Brandenburg, BauR 2007, 1063.
417 Dazu OLG Köln, BauR 1997, 831.

geln der Technik hergestellten Wärmedämmverbundsystem ist hingegen nicht als (optischer) Mangel anerkannt worden.[418]

Auf eine sprachliche Ungenauigkeit von § 13 Abs. 1 VOB/B ist allerdings hinzuweisen: Auch wenn der Wortlaut von § 13 Abs. 1 Satz 3 VOB/B darauf hindeuten könnte, dass bei dieser Alternative (Eignung für die vertraglich vorausgesetzte bzw. die gewöhnliche Verwendung) die anerkannten Regeln der Technik nicht zu beachten sind, so ist das Gegenteil natürlich der Fall. Der Auftragnehmer muss also auch dann, wenn die Parteien keine bestimmte Beschaffenheit der Werkleistung vereinbart haben und damit § 13 Abs. 1 Satz 3 VOB/B zur Anwendung kommt, selbstverständlich die anerkannten Regeln der Technik beachten.

4. Mängelfreiheit zur Zeit der Abnahme

Anders als § 633 Abs. 2 BGB bestimmt § 13 Abs. 1 VOB/B ausdrücklich, dass **233** die vereinbarte Beschaffenheit, die Beachtung der anerkannten Regeln der Technik usw. **zum Zeitpunkt der Abnahme** vorliegen müssen. Damit enthält die VOB/B jedoch keine Abweichung gegenüber dem Gesetz, sondern nur eine Klarstellung. Denn auch beim BGB-Bauvertrag ergibt sich aus verschiedenen Anknüpfungen des gesetzlichen Wortlautes, dass der Auftragnehmer die Mängelfreiheit zum Zeitpunkt der Abnahme schuldet.[419]

5. Verschleiß und Abnutzung

In § 13 Abs. 1 Satz 4 des Entwurfs zur VOB 2002 war eine Regelung vorgese- **234** hen, wonach Verschleiß und Abnutzung durch vertragsgemäßen Gebrauch bei mangelfrei hergestellten Leistungen keinen Sachmangel darstellen. Hiermit beabsichtigte der DVA eine Klarstellung zur bisher schon geltenden und auch weiterhin gültigen Rechtslage. Diese Klarstellung sollte in erster Linie für maschinelle und elektrotechnische bzw. elektronische Anlagen gelten, die deutlich stärker als Leistungen des Roh- und Ausbaus bestimmungsgemäß einem Verschleiß und einer Abnutzung unterliegen. Allerdings hat der DVA letztlich auf diese klarstellende Regelung verzichtet. Der DVA befürchtete eine missverständliche Auslegung des § 13 Abs. 1 Satz 4 VOB/B dahin, dass auch Verschleiß und Abnutzung, die auf einen Mangel des Werks zurückzuführen seien, nicht nachbesserungspflichtig seien. Im Übrigen hat der DVA angeregt, gewerkespezifisch in den einzelnen DIN-Normen zu regeln, wann in den einzelnen Leistungsbereichen typischerweise Verschleiß und Abnutzung vorliegen, die keinen nachbesserungspflichtigen Mangel darstellen.

---

418 LG Darmstadt, BauR 2008, 695.
419 Weyer, in: Kapellmann/Messerschmidt, B § 13, Rdn. 43.

235 **Arbeitsbeispiel 9:** Falsche Regeln der Technik

Die Firma Mutig GmbH errichtet gemäß Bauvertrag eine Autobahnbrücke in Spannbetonweise nach einem bestimmten Spannverfahren. Die Herstellung der Brücke erfolgt entsprechend den anerkannten Regeln der Technik.

Ein Jahr nach Abnahme zeigen sich an vielen Stellen der Brücke Risse. Im Rahmen einer eingeleiteten Untersuchung stellt sich heraus, dass die Regeln der Technik zwar in vollem Umfang beachtet worden sind, diese Regeln aber offensichtlich in einem Punkt falsch waren, weil es sonst nicht zu den Rissen hätte kommen dürfen. Die aufgetretenen Schäden versetzen die Fachwelt in Erstaunen. Mit solchen Schäden hatte niemand gerechnet.

Haftet die Firma Mutig?

Lösung:

Es handelt sich um den berühmten »Blasbachtalbrückenfall«.[420]

Selbst wenn die Regeln der Technik im Zeitpunkt der Abnahme eingehalten sind, kann ein Werk mangelhaft sein, wenn es nicht zu dem nach dem Vertrag vorausgesetzten oder dem gewöhnlichen Gebrauch geeignet ist.[421] Eine Autobahnbrücke mit Rissen ist mangelhaft, auch wenn die Regeln der Technik eingehalten sind. Dann waren eben die Regeln der Technik falsch. Dieses Risiko trägt der Auftragnehmer. Hier zeigt sich besonders deutlich, dass die Mängelhaftung unabhängig vom Verschulden ist.

Im Übrigen lehnte das OLG Frankfurt auch den Haftungsausschluss gemäß § 13 Nr. 3 VOB/B ab, obwohl der Auftragnehmer exakt so gebaut hatte, wie dies in der Leistungsbeschreibung detailliert festgelegt war. Hierfür wolle der AG das Risiko nicht übernehmen. Der AN sicher auch nicht. Dieser Teil der Entscheidung ist sehr zweifelhaft.[422]

III. Mängelursachen aus dem Verantwortungsbereich des Auftraggebers, §§ 13 Abs. 3, 4 Abs. 3 VOB/B

1. Verschuldensunabhängige Mängelhaftung des Auftragnehmers

236 Wesentliches Merkmal der Mängelhaftung des Auftragnehmers ist, dass er auch **ohne Verschulden** haftet. Es kommt allein auf das Vorhandensein eines Mangels im vorbeschriebenen Sinn an.[423]

---

420 OLG Frankfurt, NJW 1983, 456.
421 BGH, NZBau 2006, 112 = BauR 2006, 375; BGH, NZBau 2002, 611.
422 Ähnlich: OLG Frankfurt, Schäfer/Finnern/Hochstein, Nr. 65 zu § 635 BGB und auch BGH, BauR 1995, 230.
423 BGH, NZBau 2002, 611; BauR 2006, 375.

Das gilt aber nicht immer, insbesondere dann nicht, wenn der Auftraggeber seinerseits für den Mangel verantwortlich ist. Hierzu bestimmt § 13 Abs. 3 VOB/B:

> »Ist ein Mangel zurückzuführen auf die Leistungsbeschreibung oder auf Anordnungen des Auftraggebers, auf die von diesem gelieferten oder vorgeschriebenen Stoffe oder Bauteile oder die Beschaffenheit der Vorleistung eines anderen Unternehmers, haftet der Auftragnehmer, es sei denn, er hat die ihm nach § 4 Abs. 3 obliegende Mitteilung gemacht.«

Hiermit korrespondierend bestimmt § 4 Abs. 3 VOB/B:

> »Hat der Auftragnehmer Bedenken gegen die vorgesehene Art der Ausführung (auch wegen der Sicherung gegen Unfallgefahren), gegen die Güte der vom Auftraggeber gelieferten Stoffe oder Bauteile oder gegen die Leistungen anderer Unternehmer, so hat er sie dem Auftraggeber unverzüglich – möglichst schon vor Beginn der Arbeiten – schriftlich mitzuteilen; der Auftraggeber bleibt jedoch für seine Angaben, Anordnungen oder Lieferungen verantwortlich.«

2. Haftungsbefreiung des Auftragnehmers gemäß § 13 Abs. 3 VOB/B

Nur unter den in § 13 Abs. 3 VOB/B geregelten, vom Auftragnehmer zu beweisenden[424] Voraussetzungen bestehen also **trotz Mangelhaftigkeit keine Mängelansprüche** des Auftraggebers gegen den Auftragnehmer, was sowohl für Ansprüche gemäß § 4 Nr. 7 VOB/B (dazu unten Rdn. 251 ff.) als auch gemäß § 13 Abs. 5 bis 7 VOB/B (dazu unten Rdn. 259 ff.) gilt,[425] schließlich auch für BGB-Mängelansprüche.[426] § 13 Abs. 3 VOB/B ist auch bei isolierter Inhaltskontrolle AGB-wirksam,[427] trotzdem aber kein Freifahrtschein: **237**

Heißt es im LV also beispielsweise, dass für zu errichtende Zwischenwände ein bestimmtes Material verwendet werden muss, dann liegt eine Anordnung des Auftraggebers im Sinne von § 13 Abs. 3 vor. Heißt es im LV jedoch, wie häufig, »oder gleichwertig«, dann fehlt eine solche bestimmte Anweisung des Auftraggebers. Ein **vorgeschriebener Baustoff** setzt also eine eindeutige Anordnung des Auftraggebers voraus, die dem **AN keine Wahl lässt**.[428]

---

424 BGH, BauR 2008, 344.
425 OLG Celle, BauR 2003, 912.
426 BGH, BauR 2008, 344, 348.
427 Dazu ausführlich Weyer, BauR 2009, 1204.
428 Vgl. OLG Hamm, IBR 1991, 530; OLG Jena, BauR 2011, 1173.

Dieser Fall liegt aber beispielsweise vor, wenn der Auftraggeber beim Hersteller einen bestimmten Verblendstein aussucht, den er als Restposten preiswert bekommen kann. Auch wenn der Auftragnehmer diesen Stein dann seinerseits beim Hersteller (oder beim Großhandel) einkauft, handelt es sich i. S. d. § 13 Abs. 3 VOB/B um einen vom Auftraggeber vorgeschriebenen Baustoff.

Weiteres Beispiel:

Die vom Auftragnehmer hergestellte Fassade ist mangelhaft. In das Gebäude dringt Wasser ein. Der Auftraggeber beauftragt einen Sachverständigen, der eine bestimmte Schadensursache feststellt. Unter Vorlage des Gutachtens fordert der Auftraggeber den Auftragnehmer zur Mängelbeseitigung auf. Der Auftragnehmer befolgt das Gutachten und saniert. Danach stellt sich heraus, dass das Gutachten falsch war.

Haftet der Auftragnehmer für die fehlgeschlagene Sanierung?

Ja. Der Auftraggeber war nicht verpflichtet, dem Auftragnehmer über die Mängelanzeige hinaus ein Sachverständigengutachten mit Benennung der Mängelursachen und der erforderlichen Mängelbeseitigungsmaßnahmen vorzulegen. Dementsprechend konnte der Auftragnehmer die Vorlage dieses Gutachtens auch nicht als kategorische Anordnung verstehen, exakt nach Vorgabe des Gutachtens zu sanieren. Ggf. kann der Auftragnehmer sich beim Sachverständigen schadlos halten.

a) Erste Voraussetzung: Ursächlichkeit des Planungsfehlers usw. für den Mangel

238 Die Befreiung von der Mängelhaftung gemäß § 13 Abs. 3 VOB/B setzt voraus, dass der Mangel auch konkret auf einen der Tatbestände des § 13 Abs. 3 VOB/B zurückzuführen ist, also z. B. die vom Auftraggeber vorgelegte, fehlerhafte Planung zum Mangel geführt hat oder der vom Auftraggeber konkret vorgegebene Baustoff wegen eines Materialfehlers den Sachmangel begründet. An dieser Ursächlichkeit fehlt es, wenn der Auftraggeber einen bestimmten, an sich geeigneten Baustoff bindend vorschreibt, der daraufhin seitens des Auftragnehmers eingekaufte Baustoff jedoch wegen eines Produktionsfehlers (Ausreißer) ungeeignet ist.[429] Legt der Auftraggeber eine mangelhafte Planung vor, weicht der Auftragnehmer jedoch von dieser Planung ab und beruht der tatsächlich vorliegende Mangel ausschließlich auf der Ausführung des Auftragnehmers, so ist der Planungsfehler des Auftraggebers nicht ursächlich für den Mangel, der Auftragnehmer mithin nicht von der Mängelhaftung befreit.

---

429 Vgl. BGH, BauR 1996, 702; OLG Jena, BauR 2011, 1173.

b) Zweite Voraussetzung: Der Auftragnehmer hat seiner Prüfungs- und Hinweispflicht genügt

Beruht der Mangel im Sinne von § 13 Abs. 3 VOB/B auf einer Anordnung des **239** Auftraggebers, einer fehlerhaften Vorleistung usw., dann wird der Auftragnehmer von seiner Haftung gleichwohl nur frei, wenn er seiner **Bedenkenhinweispflicht** gemäß § 4 Abs. 3 VOB/B genügt.

aa) Die Prüfungs- und Hinweispflicht des Auftragnehmers ist in erster Linie von Bedeutung für seine Haftungsbefreiung gemäß § 13 Abs. 3 VOB/B. Im Einzelfall kann die Verletzung der Prüfungs- und Hinweispflicht aber auch zu einem selbstständigen **Schadensersatzanspruch** des Auftraggebers aus **Nebenpflichtverletzung** führen. Ein (schlechtes) Beispiel dazu bietet die Entscheidung des OLG Düsseldorf vom 11.10.2007.[430] Der Auftragnehmer hatte Putz- und Trockenbauarbeiten auszuführen. Dabei prüfte er hinsichtlich der bereits eingebauten Kunststofffenster nicht den Einbau der erforderlichen Dampfdiffusionssperre. Das OLG Düsseldorf urteilte, zwar seien die Putz- und Trockenbauarbeiten für sich betrachtet mangelfrei. Der Auftragnehmer habe jedoch gegen seine Prüf- und Hinweispflicht hinsichtlich des Vorgewerks (Fensterarbeiten) verstoßen und hätte den Auftraggeber auf die fehlende Dampfdiffusionssperre hinweisen müssen. Er sei deshalb dem Auftraggeber zum Schadensersatz verpflichtet (wobei der Schaden in dem erneuten Vergütungsanspruch des Auftragnehmers für die wiederholte Erbringung der Putzarbeiten nach erfolgter Abdichtung bestehe). Einfacher wäre gewesen, die Putz- und Trockenbauarbeiten nicht »als für sich betrachtet mangelfrei« anzusehen, sondern i. S. d. funktionalen Mangelbegriffs im Hinblick auf die fehlende Dampfsperre als mangelhaft.[431]

bb) Die Prüfungs- und Hinweispflicht ist von einer im Einzelfall möglichen **Aufklärungspflicht** zu trennen, die ebenfalls zu einer Schadensersatzpflicht des Auftragnehmers führen kann. Der BGH hat dies in einem Fall angenommen, in dem der Auftragnehmer eine 350 m × 150 m große Bodenplatte nebst Auftriebssicherung erstellt hatte. Gemäß vereinbartem Bauzeitenplan ging der Auftragnehmer von einer rechtzeitigen Überbauung der Bodenplatte vor der Frostperiode aus. Es kam jedoch – für den Auftragnehmer erkennbar – zu Verzögerungen, so dass die Bodenplatte für den Lastfall 2 (jahreszeitlich bedingte, zentrische Abkühlung im Bauzustand) hätte ausgelegt werden müssen. Der Auftragnehmer unterließ den entsprechenden Warnhinweis an den Auftraggeber, so dass es zu erheblichen Schäden an der Bodenplatte kam.

Der BGH entschied im Urteil vom 19.05.2011[432], dass in diesem Fall kein vom Auftragnehmer zu vertretender Mangel der Bodenplatte vorliege, sondern der

---

430 OLG Düsseldorf, BauR 2008, 1005.
431 Dazu OLG Celle, BauR 2011, 1015; zum funktionalen Mangelbegriff vgl. oben Rdn. 221.
432 BGH, BauR 2011, 1494.

Auftragnehmer wegen schuldhafter Verletzung seiner Aufklärungspflicht gegenüber dem Auftraggeber zum Schadensersatz verpflichtet sei.

Der Auftragnehmer muss die auftraggeberseitigen Ausführungsunterlagen, die Vorgaben des Auftraggebers hinsichtlich Material sowie – insbesondere – die für seine Leistung wesentlichen Vorleistungen anderer Auftragnehmer prüfen und auf Bedenken schriftlich (!) hinweisen, ansonsten besteht trotz der auftraggeberseitigen Verantwortlichkeit zumindest eine Mithaftung des Auftragnehmers wegen Verletzung der Prüfungs- und Hinweispflicht.

cc) Beim **BGB-Werkvertrag** besteht ebenfalls eine Prüfungs- und Hinweispflicht des Auftragnehmers.[433] Es reicht aber ein **mündlicher Hinweis**, weil die Schriftform nur in § 4 Abs. 3 VOB/B für den VOB-Vertrag vorgeschrieben ist. Selbst beim VOB-Vertrag kann ausnahmsweise ein mündlicher Hinweis reichen, wenn der Auftragnehmer die Bedenken eindeutig, d. h. inhaltlich klar und vollständig, geäußert hat.[434] Sowohl beim VOB-Vertrag als auch beim BGB-Vertrag ist dem Auftragnehmer jedoch dringend anzuraten, jegliche Bedenken in schriftlicher Form zu erklären.

c) Anforderungen an die Prüfungs- und Hinweispflicht

240 aa) **Inhaltlich** muss der Auftragnehmer dem Auftraggeber durch die Bedenkenanzeige hinreichend deutlich vor Augen führen, wogegen sich seine Bedenken richten, damit der Auftraggeber eine entsprechende Überprüfung des beanstandeten Planungsfehlers, der mangelhaften Vorleistung usw. veranlassen kann.[435] Keinesfalls ist dem Auftragnehmer im Normalfall jedoch anzuraten, über den Bedenkenhinweis hinaus einen Lösungsvorschlag zu unterbreiten, weil er damit auch die Haftung für die Richtigkeit seines Vorschlages übernimmt.[436] Befolgt der Auftraggeber also den Lösungsvorschlag des Auftragnehmers und stellt sich anschließend der Lösungsvorschlag seinerseits als falsch heraus, so ist der Auftragnehmer für den Mangel allein verantwortlich, soweit er auf dem fehlerhaften Lösungsvorschlag beruht (Planungsverantwortung des Auftragnehmers).

241 bb) Der **Umfang der Prüfungs- und Hinweispflicht** hängt vom Einzelfall ab. Durch Urt. v. 10.06.2010[437] hat der BGH noch einmal allgemein die Grundsätze zusammengefasst, an denen sich der Umfang der auftragnehmerseitigen Prüfungs- und Hinweispflicht zur orientieren hat. Dort heißt es:

---

433 OLG Bremen, BauR 2001, 1559, und OLG Karlsruhe, BauR 2003, 1593.
434 Vgl. OLG Düsseldorf, BauR 1996, 260; BauR 1999, 498; OLG Koblenz, BauR 2003, 1728.
435 Ingenstau/Korbion/Oppler, VOB/B § 4 Abs. 3, Rdn. 62.
436 Zutreffend OLG Celle, BauR 2000, 1073.
437 BGH, BauR 2011, 517.

> *»Der Rahmen der Prüfungs- und Hinweispflicht und ihre Grenzen ergeben sich aus dem Grundsatz der Zumutbarkeit, wie sie sich nach den besonderen Umständen des Einzelfalls darstellt. Was hiernach zu fordern ist, bestimmt sich in erster Linie durch das vom Unternehmer zu erwartende Fachwissen und durch alle Umstände, die für den Unternehmer bei hinreichend sorgfältiger Überprüfung als bedeutsam erkennbar sind.«[438]*

Sehr anschaulich hat auch das OLG Jena in einem Urteil vom 02.04.2008 die Anforderungen an die Prüfungs- und Hinweispflicht des Auftragnehmers noch einmal wie folgt zusammengefasst:

> *»Der Umfang der Prüfungs- und damit letztlich auch der Hinweispflicht des Auftragnehmers hängt von dem beim Auftragnehmer zu erwartenden und branchenüblichen Wissen, von der Art der Leistungspflicht und von der Person des Auftraggebers oder seiner Vertreter ab.*
>
> *Vom Auftragnehmer kann das auf aktuellem Stand befindliche Normalwissen eines Handwerkers der betreffenden Branche erwartet werden. Er braucht nur solche Prüfmethoden anzuwenden, die ihm als ordentlichem Handwerker oder Techniker zugänglich und vertraut sein müssen. Er ist nicht verpflichtet, technische Versuche durchzuführen oder Sachverständige zu beauftragen.«[439]*

Je sachkundiger der Auftraggeber ist, desto geringere Prüfungspflichten hat der Auftragnehmer.[440] Die Sachkunde des Auftraggebers bzw. seines Bauleiters als solche führt aber nicht bereits zum Entfall der Prüfungs- und Hinweispflicht des Auftragnehmers, sondern nur die Kenntnis als solche.[441] Kennt der Auftraggeber also beispielsweise das mit der Verwendung eines noch nicht erprobten Baustoffs verbundene Risiko, so entfällt eine Hinweispflicht des Auftragnehmers.[442]

Der Umfang der Prüfungspflicht hängt aber auch von den einzelnen Tatbeständen der §§ 13 Abs. 3, 4 Abs. 3 VOB/B ab:

(1) Die Prüfungspflicht hinsichtlich der **vom Auftraggeber beigestellten oder** **242** **bindend vorgeschriebenen Stoffe und Bauteile** ist grundsätzlich am stärksten, weil der Auftragnehmer auf diesem Gebiet am ehesten die Sachkunde be-

---

438 BGH, BauR 2011, 519.
439 OLG Jena, BauR 2011, 1173.
440 Ingenstau/Korbion/Oppler, VOB/B § 4 Abs. 3, Rdn. 17 f.
441 BGH, BauR 2001, 622.
442 OLG Hamm, BauR 2003, 1570; ähnlich OLG Düsseldorf, BauR 2004, 99.

sitzt bzw. besitzen muss; immerhin hat im Regelfall **er** die entsprechenden Stoffe beizustellen.[443]

243 (2) Geringer ist der Umfang der Prüfungspflicht hinsichtlich der **Vorleistungen anderer Unternehmer**, da diese das eigentliche Fachgebiet des Auftragnehmers nur dort berühren, wo seine Leistung später unmittelbar darauf aufbaut. Anhaltspunkte für die Prüfungspflicht hinsichtlich der Vorleistungen anderer Gewerke finden sich **häufig** in **Abschnitt 3 der jeweiligen DIN**, z. B. DIN 18363 .Nr. 3.1.1. Die Hinweispflichten des Auftragnehmers sind im jeweiligen Abschnitt 3 der Fach-DIN aber nicht abschließend aufgezählt (»insbesondere«).[444]

Fälle, in denen bei aufeinander aufbauenden Leistungen Auftragnehmer allein deshalb haften, weil sie die Vorleistung eines anderen Unternehmers nicht geprüft und/oder Bedenken hiergegen schriftlich angemeldet haben, beschäftigen die Gerichte immer wieder.

Beispiele:

Der mit der Verfüllung eines Arbeitsraums beauftragte Auftragnehmer weist nicht (schriftlich) darauf hin, dass sich im Arbeitsraum bereits Bauschutt befindet, der die Kelleraußenisolierung beschädigen kann.[445]

Oder:

Der mit der Verlegung von Terrassenplatten beauftragte Auftragnehmer prüft nicht, ob der Untergrund ausreichend verdichtet ist.[446]

Allerdings ist kein Auftragnehmer verpflichtet, die Nachfolgeunternehmer anzuhalten, die anerkannten Regeln der Technik einzuhalten.[447] Ausnahmsweise kann der Auftragnehmer aber verpflichtet sein, den Auftraggeber darauf hinzuweisen, dass die beauftragte und ausgeführte Leistung für das Nachfolgewerk untauglich ist (fehlerhafter Aufbau der Balkonabdichtung).[448]

Prüfungs- und hinweispflichtig für den nachfolgenden Auftragnehmer sind auch vom Auftraggeber erbrachte Eigenleistungen.[449]

---

443 Dazu BGH, BauR 2000, 262; Brandenburgisches OLG, BauR 2002, 1709; zur Bedenkenhinweispflicht bei vom Auftraggeber beigestellter MV-Asche OLG Hamm, BauR 2003, 101; keine Hinweispflicht des Auftragnehmers auf eine mögliche Asbestbelastung bei einer Umbaumaßnahme, OLG Hamm, BauR 2003, 406.
444 BGH, BauR 2001, 1414.
445 OLG Düsseldorf, BauR 1995, 244.
446 OLG Köln, IBR 1995, 159.
447 Vgl. OLG Düsseldorf, IBR 1993, 457.
448 OLG Köln, IBR 1994, 285.
449 OLG Hamm, BauR 2011, 700. Nach Meinung des OLG Hamm soll die Prüfungs- und Hinweispflicht jedoch im Einzelfall entfallen, wenn der Auftragneh-

(3) Am geringsten ist die Prüfungspflicht hinsichtlich der **vorgesehenen Art** **244** **der Ausführung**, weil diese grundsätzlich dem Planungsbereich angehört, in dem der Auftraggeber regelmäßig einen eigenen Fachmann, nämlich einen bauplanenden Architekten oder Ingenieur, beschäftigt.[450] Bedenken gegen die der Ausführung zugrunde zu legende Planung muss der Auftragnehmer also nur bei offenkundigen Fehlern geltend machen.[451]

Zutreffend hat deshalb das OLG Düsseldorf die Haftung des Estrichlegers wegen eines unzulässigen Trittschallschutzmaßes verneint, weil dieser sich auf die Richtigkeit der Planung des hinzugezogenen Bauakustikers habe verlassen dürfen.[452]

Weiteres Beispiel:

Das vom Auftraggeber vorgeschriebene Mauerwerk weist unterschiedliches Verformungsverhalten bei eindringender Feuchtigkeit auf. Nach Austrocknen des Mauerwerks zeigen sich Risse.

Der Auftragnehmer kann sich auch hier grundsätzlich auf richtige Planung und Ausschreibung durch den Bauherrn bzw. dessen Architekten verlassen. Wenn das unterschiedliche Verformungsverhalten bestimmter Steine noch dazu physikalische Spezialkenntnisse erfordert, haftet der Auftragnehmer für die entstandenen Risse nicht.[453]

Erhält der Auftragnehmer vom Auftraggeber neben den Genehmigungsplänen im Maßstab 1:100 nur die Ausführungspläne des Statikers, nicht jedoch die Ausführungspläne des Architekten, dann darf der Auftragnehmer davon ausgehen, dass er nach diesen statischen Ausführungsplänen arbeiten soll. Er ist nicht zur Überprüfung der statischen Ausführungspläne auf Übereinstimmung mit den Genehmigungsplänen verpflichtet.[454]

---

mer den Auftraggeber mehrfach darauf hingewiesen hat, wie die Eigenleistung fachgerecht auszuführen ist. Dies überzeugt jedoch nicht, da der Sinn und Zweck der Prüfungs- und Hinweispflicht – eine funktionstaugliche Leistung – nur erfüllt werden kann, wenn die tatsächlich erbrachte Leistung, also auch die Eigenleistung, überprüft worden ist und nicht lediglich eindringliche Hinweise zur Ausführung erteilt worden sind.

450 Ingenstau/Korbion/Oppler, VOB/B § 4 Abs. 3, Rdn. 12.

451 OLG Celle, BauR 2002, 812; OLG Bamberg, BauR 2002, 1708; OLG Hamm, BauR 2003, 1052.

452 OLG Düsseldorf, IBR 1995, 110.

453 Vgl. auch OLG Düsseldorf, BauR 1994, 764: Sieht das von einem Fachingenieur im Auftrag des Bauherrn erstellte LV asbesthaltige Brandschutzklappen vor, so kann dem Auftragnehmer keine Verletzung der Prüfungs- und Hinweispflicht angelastet werden, wenn asbestfreie Klappen nicht auf dem Markt sind und eine mängelfreie Leistung deshalb nur nach einer teuren Umplanung möglich ist.

454 OLG Düsseldorf, BauR 2000, 1339.

Ist aber das der Ausführung des Auftragnehmers zugrunde liegende Leistungsverzeichnis erkennbar fehlerhaft, so muss der Auftragnehmer dies spätestens vor der Ausführung bemerken und dem Auftraggeber gemäß § 4 Abs. 3 VOB/B anzeigen.[455]

245 Richtschnur für den Praktiker:

Im Zweifel sollten **Bedenken** gegen Vorgewerke, gegen Anordnungen des Auftraggebers oder gegen die Eignung der vorgeschriebenen Baustoffe **immer schriftlich** angemeldet werden, ohne darauf zu vertrauen, dass im Einzelfall keine Prüfungs- und Hinweispflicht besteht.

d) Reaktion des Auftraggebers

246 Frage: Wie verhält der Auftragnehmer sich, wenn der Auftraggeber auf die Bedenken gar nicht reagiert oder diese »in den Wind schlägt«?

aa) Unternimmt der Auftraggeber auf die Bedenken des Auftragnehmers nichts, trägt er das Risiko für die daraus entstehenden Folgen grundsätzlich allein.[456] Der bloße schriftliche und konkrete Bedenkenhinweis des Auftragnehmers führt also zum Entfall der Mängelhaftung, soweit der Mangel auf der auftraggeberseitigen Mitwirkung beruht. Eine »Haftentlassungserklärung« des Auftraggebers ist nicht erforderlich.

bb) Teilt der Auftraggeber die Bedenken des Auftragnehmers und trifft er eine andere, nach seiner Auffassung sachgerechte Anordnung oder ordnet er eine Änderung des Bauentwurfs an bzw. verlangt er eine Zusatzleistung vom Auftragnehmer, so muss der Auftragnehmer prüfen, ob nicht neue Bedenken geltend gemacht werden müssen.[457]

cc) Prüft der Auftraggeber die mitgeteilten Bedenken, besteht er aber auf dem bisherigen Vertragsinhalt, so ist der Auftragnehmer von der Haftung frei, muss die Leistung aber in der vorgesehenen Form ausführen. Vorsorglich sollte der Auftragnehmer in diesem Fall seine Bedenken schriftlich wiederholen und darauf hinweisen, dass er für die ausgeführte Leistung keinerlei Haftung übernehme.

Wenn der Auftraggeber dann antwortet, selbstverständlich bleibe der Auftragnehmer in der Haftung, ist dies unbeachtlich. Der Auftragnehmer ist endgültig und definitiv von der Haftung frei, soweit sich seine Bedenken bestätigt haben.

Nur ausnahmsweise – z. B. bei Gefahr für Leib oder Leben – ist der Auftragnehmer zu einer Leistungsverweigerung berechtigt.[458]

---

455 OLG Dresden, BauR 2000, 1341, und auch schon OLG Köln, IBR 1995, 468, und OLG Stuttgart, BauR 2005, 878 zu einer offenkundig fehlerhaften Planung.
456 Ingenstau/Korbion/Oppler, VOB/B § 4 Abs. 3, Rdn. 76.
457 Ingenstau/Korbion/Oppler, VOB/B § 4 Abs. 3, Rdn. 77.
458 OLG Karlsruhe, BauR 2005, 729.

Nach einer älteren Entscheidung des OLG Düsseldorf[459] kann der Auftragnehmer in diesem Fall sogar den Vertrag nach § 9 Abs. 1a VOB/B kündigen, weil es ihm nicht zuzumuten sei, eine Leistung zu erbringen, die nach seiner Einschätzung mit Sicherheit mangelhaft ist. Dieser Weg ist jedoch konfliktträchtig: Hat der Auftragnehmer sich nämlich geirrt, waren seine Bedenken also ganz oder teilweise unberechtigt, dann hat er auch zu Unrecht den Vertrag gekündigt mit der Folge, dass der Auftraggeber seinerseits Schadensersatz verlangen könnte. Umgekehrt: Meldet der Auftragnehmer **zu Unrecht Bedenken** an, dann kann der Auftraggeber gleichwohl den Vertrag **nicht kündigen.**[460]

Abschließend: Die Bedenken sollten schriftlich sowohl gegenüber dem Auftraggeber als auch gegenüber dessen Architekten erklärt werden; der Hinweis **allein gegenüber dem Architekten reicht im Zweifel nicht**, insbesondere dann nicht, wenn der Architekt sich den Bedenken des Auftragnehmers verschließt[461] oder wenn der Fehler vom Architekten zu vertreten ist.[462]   **247**

Zusammenfassung: **248**

Ist das Werk deshalb mangelhaft, weil die Leistungsbeschreibung oder andere Anordnungen des Auftraggebers falsch waren, die vom Auftraggeber gelieferten oder bindend vorgeschriebenen Stoffe ungeeignet waren oder die Vorleistung eines anderen Gewerks nicht ordnungsgemäß war, dann haftet der Auftragnehmer für den darauf beruhenden Mangel seiner Leistung grundsätzlich trotzdem, **es sei denn**, er hat seiner Prüfungs- und (schriftlichen) Hinweispflicht gemäß § 4 Abs. 3 VOB/B genügt. Hat er diese Pflicht verletzt, dann bleibt seine Haftung bestehen.

Allerdings kann ein **auftraggeberseitiges Mitverschulden** zu einer reduzierten **249** Haftung des Auftragnehmers führen, wenn der Auftraggeber durch eigenes Verschulden oder Verschulden seiner Erfüllungsgehilfen[463] mitverantwortlich für den Mangel ist. In diesem Fall muss sich der Auftraggeber das eigene Verschulden oder das Verschulden seiner Erfüllungsgehilfen gemäß §§ 254, 278 BGB **anspruchskürzend** entgegenhalten lassen.[464] Dass der **planende Architekt** oder **Fachingenieur** als **Erfüllungsgehilfe** des Auftraggebers anzusehen ist, ist unstreitig.[465]

Beispiel:

Der Auftragnehmer meldet keine Bedenken gegen die erkennbar falsche Leistungsbeschreibung bezüglich der Beschichtung eines Stahldachs an. Der Auf-

---

459 OLG Düsseldorf, BauR 1988, 478.
460 Vgl. OLG Düsseldorf, IBR 1992, 5.
461 BGH, BauR 2001, 622; OLG Düsseldorf, BauR 1995, 244; 2001, 638.
462 BGH, BauR 1997, 301.
463 Dazu oben Rdn. 24.
464 Vgl. Werner/Pastor, Rdn. 2455 ff.
465 Zuletzt BGH, BauR 2005, 1016, 1018.

traggeber muss sich das Planungsverschulden zu 2/3 anrechnen lassen, der Auftragnehmer haftet nur zu 1/3.[466] Das anspruchskürzende Verschulden des Auftraggebers und seiner Erfüllungsgehilfen muss gegen das Verschulden des Auftragnehmers hinsichtlich des unterlassenen Hinweises abgewogen werden.[467] Im Einzelfall kann der Verstoß des Auftragnehmers gegen die Hinweispflicht – insbesondere bei vom Auftragnehmer positiv erkannten Planungsfehlern – aber so gravierend sein, dass das auftraggeberseitige Mitverschulden als unwesentlich einzustufen ist.[468] Durch Urt. v. 27.05.2010[469] hat der BGH entschieden, dass sich die Höhe der Zuschusspflicht des mitverantwortlichen Auftraggebers nach den zum Zeitpunkt der Nachbesserung tatsächlich entstehenden (Selbst-)Kosten des Auftragnehmers richtet und nicht nach der ursprünglich vereinbarten Vergütung oder nach »Marktpreisen«. Kostensteigerungen bis zur tatsächlich durchgeführten Nachbesserung gehen also in Höhe der Mithaftungsquote des Auftraggebers zu seinen Lasten und nicht zu Lasten des Auftragnehmers.

Den mangelhaft (oder verspätet) arbeitenden **Vorunternehmer** sieht der BGH hingegen nicht als Erfüllungsgehilfen des Auftraggebers an (dazu oben Rdn. 121) mit der Konsequenz, dass sich der Auftraggeber hinsichtlich der mangelhaften Vorleistung kein Mitverschulden gegenüber dem nachfolgenden Unternehmer anrechnen lassen muss, wenn dieser den Mangel der Vorleistung pflichtwidrig übersieht.[470] Anders (und richtig) hierzu aber das OLG Düsseldorf:[471] Auch der (mangelhaft arbeitende) Vorunternehmer ist Erfüllungsgehilfe des Auftraggebers im Verhältnis zum nachfolgenden Unternehmer mit der Konsequenz, dass der nachfolgende Unternehmer selbst dann nur anteilig haftet, wenn er die mangelhafte Vorleistung pflichtwidrig nicht erkannt oder auf seine Bedenken nicht (schriftlich) hingewiesen hat. Auftraggeberseitiges Mitverschulden kann jedoch nach Treu und Glauben entfallen, wenn der Auftragnehmer in grober Weise seine Bedenkenhinweispflicht verletzt hat.[472]

Nach der zutreffenden Entscheidung des OLG Frankfurt/Main[473] muss sich der Auftraggeber die Verletzung der Prüfungs- und Hinweispflicht durch

---

466 OLG Dresden, BauR 2001, 414; ähnlich OLG Düsseldorf, BauR 2001, 638, und OLG Celle, BauR 2003, 730; für eine hälftige Haftungsverteilung zwischen dem Planungsverschulden und dem Verstoß gegen die Prüfungs- und Hinweispflicht OLG München, BauR 2011, 1832.
467 BGH, BauR 2005, 1016.
468 OLG Bamberg, BauR 2002, 1708; OLG Karlsruhe, BauR 2003, 917; BauR 2005, 879.
469 BGH, BauR 2010, 1583.
470 Ähnlich OLG Hamm, BauR 2001, 1761.
471 BauR 1999, 1309.
472 OLG Düsseldorf, BauR 2000, 421, und auch schon OLG Köln, IBR 1995, 468.
473 OLG Frankfurt/Main, BauR 2011, 1506.

den nachfolgenden Unternehmer nicht anspruchskürzend gegenüber dem Vorunternehmer anrechnen lassen.

Beruht der Mangel darauf, dass der Auftragnehmer schuldhaft die Untauglich- **250** keit der Vorleistung nicht erkannt bzw. (schriftlich) angezeigt hat, so ist der Auftragnehmer dennoch nur für die eigene mangelhafte Leistung verantwortlich, nicht aber für die mangelhafte Vorleistung.[474] Eine **gesamtschuldnerische Haftung** zwischen Vor- und Nachunternehmer für die insgesamt mangelhafte (aus mehreren Gewerken bestehende) Bauleistung besteht grundsätzlich nicht.[475] Ausnahmsweise ist aber eine Gesamtschuld anzunehmen, wenn Mängel aus unterschiedlichen Gewerken nur einheitlich beseitigt werden können.[476]

Abschließendes Beispiel:

Der Auftragnehmer der Sanitärarbeiten verlegt die Abwasserleitungen von Wohnungen auf dem Rohbeton ohne ausreichende Befestigung und mit Kontergefälle. Der nachfolgende Estrichleger meldet gegen den für ihn erkennbaren Mangel aus Zeitgründen keine Bedenken an. Der wiederum nachfolgende Parkettleger verlegt nach der Austrocknung des Estrichs den Bodenbelag. Im Rahmen einer Kanalbefahrung werden die Mängel der Abwasserleitungen festgestellt. In allen Wohnungen müssen in den entsprechenden Bereichen die betroffenen Kanalleitungen ausgetauscht werden.

Der für die Sanitärarbeiten verantwortliche Auftragnehmer muss die betroffenen Kanäle austauschen und als Vorarbeit dazu das Parkett aufnehmen und den Estrich öffnen. Als Nacharbeit zu seiner Mängelbeseitigung muss er anschließend wieder den Estrich einbringen und das Parkett neu verlegen lassen. Im Innenverhältnis kann der Sanitärunternehmer den Estrichleger wegen der Entfernung und Erneuerung des Estrichs aus Geschäftsführung ohne Auftrag in Anspruch nehmen, weil der Estrichleger seinerseits Bedenken gegen die Kanalverlegung hätte erheben müssen.[477] Der Parkettleger haftet gar nicht, weil für ihn weder die mangelhafte Kanalverlegung noch die mangelhafte Estrichverlegung erkennbar waren.

IV. Mängelansprüche vor der Abnahme im Einzelnen

1. Anspruch auf Nacherfüllung (Mängelbeseitigung)

Gemäß § 4 Abs. 7 Satz 1 VOB/B ist der Auftragnehmer für die schon während **251** der Bauausführung auftretenden Mängel nachbesserungspflichtig. Diese Vor-

---

474 Vgl. OLG Düsseldorf, BauR 2000, 421, 423; Werner/Pastor, Rdn. 1528.
475 Werner/Pastor, Rdn. 1527.
476 BGH, BauR 2003, 1379; OLG Stuttgart, BauR 2009, 990.
477 Vgl. OLG Hamm, IBR 1992, 276.

schrift greift bis zur Abnahme. Ein Verschulden des Auftragnehmers ist nicht erforderlich (zum Inhalt vgl. näher unten Rdn. 261 ff.).

2. Schadensersatzanspruch

252 Nach § 4 Abs. 7 Satz 2 VOB/B schuldet der Auftragnehmer darüber hinaus Schadensersatz, wenn er den Mangel zu vertreten hat.

Beispiel:

Die vom Auftragnehmer unterhalb der Decke montierten Sprinklerleitungen sind undicht und führen zu Wasserschäden an der darunter montierten, abgehängten Decke. Der Auftragnehmer ist verpflichtet, seinen Mangel kostenfrei nachzubessern und den Folgeschaden an den abgehängten Decken (und sonstige Folgeschäden) zu ersetzen.

Zu den gemäß § 4 Abs. 7 Satz 2 VOB/B zu ersetzenden Folgeschäden gehören auch Verzugsschäden, die auf einer verzögerten oder gar unterlassenen Nacherfüllung des Auftragnehmers beruhen, z. B. Mietausfallschäden. Für diese mängelbedingten Verzögerungsschäden ist § 4 Abs. 7 Satz 2 VOB/B eine § 6 Abs. 6 VOB/B verdrängende Spezialnorm.[478] Der Schadensersatzanspruch aus § 4 Abs. 7 Satz 2 VOB/B umfasst allerdings nicht die Kosten einer ohne Kündigung durchgeführten Selbstvornahme.[479]

3. Selbstvornahme grundsätzlich nur nach Kündigung

253 **Arbeitsbeispiel 10:** Selbstvornahme vor der Abnahme?

Bauherr Peter Pech beauftragt die Firma Theodor Treulos mit der Ausführung der Rohbauarbeiten zu einem 8-Familien-Haus. Während der Ausführung der Arbeiten stellt Architekt Siegfried Sorgfalt fest, dass die Drainageleitung nicht an den Sickerschacht angeschlossen wird. Außerdem verwendet Treulos wasserundurchlässiges Material zur Verfüllung. Nachdem Theodor Treulos auf zwei Mängelrügen des Architekten Sorgfalt nicht reagiert hat, setzt Peter Pech selbst noch einmal eine letzte Frist mit der Androhung, dass bei fruchtlosem Ablauf die Nacherfüllungsarbeiten auf Kosten der Firma Treulos von einer Drittfirma ausgeführt würden. Gesagt, getan. Die restlichen Arbeiten erledigt Treulos zur Zufriedenheit von Pech und Sorgfalt. Bei der Schlussabrechnung schlägt Sorgfalt vor, die Nacherfüllungskosten i. H. v. 15.000 € von der Rechnung abzuziehen, zu Recht?

Lösung:

Nach VOB/B nein. Unstreitig war die Arbeit der Firma Theodor Treulos mangelhaft im Sinne von § 13 Abs. 1 VOB/B. Denn sie entsprach weder den anerkannten Regeln der Technik, noch war sie funktionstauglich. Gemäß § 4 Abs. 7 Satz 1

---

478 BGH, BauR 2000, 1189.
479 OLG Koblenz, BauR 2004, 1012; dazu näher unten Rdn. 253 ff.

VOB/B war Treulos auch schon während der Ausführung verpflichtet, den Mangel abzustellen. Nachdem dies trotz mehrerer Aufforderungen und Fristsetzungen nicht geschah, haben der Bauherr Pech und auch sein Architekt Sorgfalt jedoch einen entscheidenden Fehler gemacht: Eine »Ersatzvornahme« ist vor der Abnahme gemäß § 4 Abs. 7 Satz 3 i. V. m. § 8 Abs. 3 VOB/B nur möglich, wenn dem Auftragnehmer vorher der Auftrag entzogen wird. Dies wurde hier versäumt.

Das Arbeitsbeispiel 10 hat die Problematik des § 4 Abs. 7 Satz 3 VOB/B ver- **254** deutlicht. Die Vorschrift bestimmt, dass der Auftraggeber dem Auftragnehmer nach Ablauf der unter Kündigungsandrohung gesetzten Frist den Auftrag entziehen »kann«. Der BGH interpretiert das Wort »kann« in ständiger Rechtsprechung als »muss«, wenn der Auftraggeber vor der Abnahme eine Selbstvornahme tätigen will.[480]Eine Fristsetzung mit Kündigungsandrohung kann aber im Einzelfall entbehrlich sein, z. B. wenn der Auftragnehmer bei der Erbringung seiner Werkleistung beharrlich gegen die anerkannten Regeln der Technik verstößt.[481] Auch bei endgültiger und ernsthafter Erfüllungsverweigerung des Auftragnehmers ist gemäß § 323 Abs. 2 Nr. 1 BGB die Fristsetzung vor der Kündigung entbehrlich (dazu oben Rdn. 168). Nach Auffassung des BGH ist in diesem Fall sogar die Kündigungserklärung selbst überflüssig, da der Auftragnehmer durch seine endgültige und ernsthafte Erfüllungsverweigerung das Recht auf Fertigstellung (bzw. Mängelbeseitigung) verloren habe und deshalb eine (gesonderte) Kündigung keinen Sinn mehr mache.[482] Die Praxis sollte mit dieser Entscheidung jedoch aus zwei Gründen äußerst vorsichtig umgehen: Zum einen kann im Einzelfall zweifelhaft sein, ob tatsächlich eine »endgültige und ernsthafte« Erfüllungsverweigerung des Auftragnehmers vorliegt. Das bloße Bestreiten eines Mangels im Rahmen eines gerichtlichen Schriftsatzes reicht hierzu beispielsweise noch nicht aus.[483] Zum anderen bestimmt § 323 Abs. 2 Nr. 1 BGB zwar, dass eine *Fristsetzung* entbehrlich ist, wenn der Schuldner eine Leistung endgültig und ernsthaft verweigert. Die Entbehrlichkeit der Fristsetzung führt aber nicht gleichzeitig zur Entbehrlichkeit der Kündigungserklärung, wie sich jedenfalls für Dauerschuldverhältnisse aus § 314 Abs. 2 BGB ergibt (dazu oben Rdn. 168). Es ist also zweifelhaft, ob die genannte BGH-Entscheidung unter der Geltung des neuen BGB aufrechterhalten werden kann. Im Zweifel sollte der Auftraggeber also auch bei einer (scheinbar) endgültigen Erfüllungsverweigerung die Formalien des § 4 Abs. 7 Satz 3 VOB/B beachten.

Empfehlenswert und zulässig dürfte es allerdings sein, im VOB-Vertrag aus- **255** drücklich zu regeln, dass eine **Ersatzvornahme** nach Ablauf einer Nachfrist **auch ohne Kündigung** zulässig ist, insoweit also von § 4 Abs. 7 Satz 3 VOB/B (in der Auslegung des BGH) abgewichen wird. Allerdings stellt eine solche Ver-

---

480 Vgl. BGH, BauR 1986, 573; 1989, 462 und 1997, 1027.
481 OLG Schleswig, BauR 2011, 690.
482 BGH, BauR 2000, 1479, bestätigt durch BGH, BauR 2009, 99.
483 OLG Düsseldorf, BauR 1998, 1011; 1999, 1030 und 2001, 646; anders, wenn der Mangel »kategorisch« bestritten wird, vgl. BGH, BauR 2003, 386.

einbarung einen »Eingriff in die VOB/B« dar mit der Folge, dass die Regelungen der VOB/B dem Vertrag nicht mehr »als Ganzes« zugrunde liegen.[484]

256 Hat der Auftraggeber aufgrund nicht beseitigter Mängel den Vertrag berechtigt gekündigt, so kann er nach der Kündigung gemäß § 8 Abs. 3 Nr. 2 VOB/B Kostenerstattung hinsichtlich der Mängelbeseitigung und der Mehrkosten der Fertigstellung fordern und im Vorgriff auf diesen Erstattungsanspruch auch schon Kostenvorschuss.[485] Die Verjährung des Kostenvorschuss- und -erstattungsanspruchs beginnt nicht vor der Abnahme der Arbeiten.[486] Bei Verschulden des Auftragnehmers kann er anstatt Kostenerstattung auch Schadensersatz statt der Leistung fordern, § 8 Abs. 3 Nr. 2 Satz 2 VOB/B.

Im Übrigen sind gemäß § 4 Abs. 7 Satz 3 i. V. m. § 8 Abs. 3 Nr. 2 Satz 2 VOB/B **Teilkündigungen** möglich, allerdings nur bei funktional abgrenzbaren Teilleistungen.[487]

4. Aufwendungsersatz

257 Gemäß § 284 BGB kann der Auftraggeber anstelle von Schadensersatz statt der Leistung auch Ersatz der Aufwendungen verlangen, die er im Vertrauen auf den Erhalt der Leistung gemacht hat und billigerweise machen durfte. Dieser Aufwendungsersatzanspruch ist nach unserer Auffassung neben der VOB/B-Regelung anwendbar. Wegen der Einzelheiten wird auf Rdn. 286 verwiesen.

5. Minderung

258 Ausnahmsweise kann der Auftraggeber auch schon vor der Abnahme Wertminderung gemäß § 13 Abs. 6 VOB/B verlangen, wenn die Mängelbeseitigung entweder unmöglich ist, für den Auftraggeber unzumutbar oder aber vom Auftragnehmer wegen unverhältnismäßiger Kosten berechtigt abgelehnt wird.[488] Auch vor der Abnahme besteht der Mängelbeseitigungsanspruch (als Erfüllungsanspruch) nicht uneingeschränkt, sondern nur unter dem Gesichtspunkt der Verhältnismäßigkeit. Stehen die mit der Nachbesserung verbundenen Kosten also außer Verhältnis zu dem erreichbaren Erfolg, dann kann der Auftragnehmer analog § 635 Abs. 3 BGB die Nachbesserung verweigern und den Auftraggeber auf eine Wertminderung verweisen.[489]

---

484 Dazu näher oben Rdn. 9.
485 Vgl. auch § 637 Abs. 3 BGB und ergänzend OLG Schleswig, IBR 1995, 341.
486 BGH, BauR 2012, 643.
487 Dazu Ingenstau/Korbion/Vygen, VOB/B Vor §§ 8 und 9, Rdn. 7.
488 Zur Wertminderung näher unten Rdn. 280 ff.
489 So zutreffend Merkens, in: Kapellmann/Messerschmidt, § 4 VOB/B, Rdn. 157; anderer Auffassung OLG Celle, BauR 2008, 1637, das dem Auftraggeber selbst bei einem Mangel, der die objektive Gebrauchstauglichkeit in keinerlei Weise beeinflusst, einen uneingeschränkten Nachbesserungsanspruch zugebilligt hat.

V. Mängelansprüche nach der Abnahme im Einzelnen

Vorbemerkung 1: Unerledigte Ansprüche nach § 4 Abs. 7 VOB/B wandeln sich **259** nach der Abnahme in solche nach § 13 Abs. 5 bis 7 VOB/B um und unterliegen damit auch der Verjährung gemäß § 13 Abs. 4 VOB/B.[490]

Beispiel:

Der Auftrag ist überwiegend ausgeführt, ein Mangel ist berechtigt gerügt worden. Trotz Fristsetzung hat der Auftragnehmer den Mangel nicht beseitigt. Inzwischen erfolgt die Abnahme unter Vorbehalt des Mangels. Jetzt ist keine Kündigung (nach Fristsetzung mit Kündigungsandrohung) mehr erforderlich, sondern die Mängelansprüche des Auftraggebers ergeben sich aus § 13 Abs. 5 VOB/B.

Der BGH hat durch Urt. v. 08.07.2010[491] für gesetzliche Gewährleistungsansprüche nach § 638 Abs. 1 Satz 1 BGB a. F. entschieden, dass die Verjährung von Ansprüchen, die bereits vor der Abnahme entstanden sind, erst mit der Abnahme beginnt. Diese Entscheidung dürfte für die Mängelansprüche des Auftraggebers vor der Abnahme gemäß § 4 Abs. 7 VOB/B entsprechend gelten.[492]

Vorbemerkung 2: Die Mängelansprüche des Auftraggebers (Bestellers) beim **260** BGB-Werkvertrag sind durch das Schuldrechtsmodernisierungsgesetz umformuliert und neu geordnet worden. Der Auftraggeber eines BGB-Bauvertrages kann seitdem die Mängelbeseitigung als »Nacherfüllung« verlangen, § 635 BGB. Kommt der Auftragnehmer dem binnen der gesetzten, angemessenen Frist nicht nach, so steht dem Auftraggeber gemäß § 637 BGB das Recht zur »Selbstvornahme« (früher als Ersatzvornahme bezeichnet) zu. Die Minderung ist nunmehr in § 638 BGB als Gestaltungsrecht geregelt. Das Recht des Auftraggebers, Schadensersatz zu fordern, findet sich weitestgehend im allgemeinen Leistungsstörungsrecht des neuen BGB, und zwar in §§ 280, 281, 283 und 311a BGB i. V. m. der Sondervorschrift des § 636 BGB. Neu hinzugekommen ist das Recht des Auftraggebers, gemäß § 284 BGB Aufwendungsersatz anstatt Schadensersatz zu fordern. Sieht man von Letzterem ab, so sind die Mängelansprüche des Auftraggebers beim BGB-Bauvertrag inhaltlich im Wesentlichen unverändert geblieben. Dies hat den Deutschen Vergabe- und Vertragsausschuss für Bauleistungen (DVA) veranlasst, auch die Mängelansprüche gemäß § 13 Abs. 5 bis 7 VOB/B weitgehend unverändert zu belassen. Allerdings sind durch die VOB/B (2006) geringfügige Veränderungen der **Verjährungsregeln** vorgenommen worden.[493]

---

490 BGH, BauR 2003, 689.
491 BGH, BauR 2010, 1778.
492 Näher dazu Weyer, in: Kapellmann/Messerschmidt, § 13 VOB/B Rdn. 104; Motzke/Eichberger, in: Beck'scher VOB-Kommentar, § 13 Nr. 4 VOB/B Rdn. 11.
493 Näher dazu Rdn. 297 ff.

1. Der Nacherfüllungsanspruch gemäß § 13 Abs. 5 Nr. 1 VOB/B

a) Schriftliche Mängelrüge

261 Gemäß § 13 Abs. 5 Nr. 1 VOB/B ist der Auftragnehmer verpflichtet, alle während der Verjährungsfrist hervortretenden Mängel, die auf eine vertragswidrige Leistung zurückzuführen sind, auf seine Kosten zu beseitigen, wenn es der Auftraggeber vor Ablauf der Verjährungsfrist schriftlich verlangt.

Erforderlich und ausreichend i. R. d. schriftlichen Mängelrüge ist die Bezeichnung des Mangels seinem äußeren Erscheinungsbild nach. Die technischen Ursachen sind nicht maßgebend, »**Symptomtheorie**«.[494]

Beispiel:

Die Fassade ist insgesamt mangelhaft abgedichtet. Erst in drei von insgesamt 50 Büros zeigt sich Feuchtigkeit. Rügt der Auftraggeber Feuchtigkeit »im Bereich der Fassade« dieser drei Büros, dann gilt der Mangel insgesamt als gerügt, weil eine einheitliche Ursache vorliegt und der Mangel erst teilweise nach außen in Erscheinung getreten ist.

Liegt dem Auftragnehmer bereits ein Sachverständigengutachten über die Mängel vor, so reicht zur Mängelrüge die Bezugnahme auf dieses Gutachten (oder Teile davon) aus.[495]

Die Mängelrüge kann auch mündlich erfolgen (schriftliche Mängelrüge ist nur für den Neubeginn der Verjährung erforderlich[496]), sollte aber **immer** schriftlich erfolgen, im Zweifel auch als Einschreiben mit Rückschein/Telefax mit Zugangsnachweis.

Die Nacherfüllungspflicht umfasst neben der eigentlichen Mängelbeseitigung auch alle dazu erforderlichen Neben- und Zusatzarbeiten.[497]

Beispiel:

Nach Bezug des neuen Bürogebäudes muss die abgehängte Decke ausgetauscht werden. Die Nachbesserung erfasst nicht nur die eigentlichen Deckenarbeiten, sondern auch die notwendigen Renovierungsarbeiten an Teppich und Tapeten; der Produktionsausfall ist gemäß § 13 Abs. 7 VOB/B zu ersetzen.

---

494 Vgl. BGH, BauR 1997, 1029; 1998, 632; 1999, 391 und 899; 2000, 261; OLG München, BauR 2007, 2073.
495 BGH, BauR 2009, 99.
496 Näher unten Rdn. 299.
497 Vgl. OLG Karlsruhe, BauR 2003, 98.

b) Wahlrecht des Auftragnehmers: Nachbesserung oder Neuherstellung

Grundsätzlich steht dem **Auftragnehmer** das **Wahlrecht** zu, in welcher Weise er die Mängelbeseitigung durchführt, § 635 Abs. 1 BGB.[498] Ist der Mangel allerdings nur durch eine **Neuherstellung** zu beseitigen, so kann der Auftraggeber die entsprechende Neuherstellung der Bauleistung verlangen, soweit damit keine unverhältnismäßigen Kosten verbunden sind.[499] Bietet also der Auftragnehmer in solchen Fällen eine untaugliche Art der Nachbesserung an, so kann der Auftraggeber das untaugliche Angebot des Auftragnehmers zurückweisen und, falls der Auftragnehmer die gebotene Neuherstellung verweigert, eine Selbstvornahme durchführen.[500]

262

Gemäß § 635 Abs. 3 BGB kann der Auftragnehmer die Nacherfüllung unbeschadet der in § 275 Abs. 2 und 3 BGB genannten Gründe insbesondere verweigern, wenn sie nur mit unverhältnismäßigen Kosten möglich ist. Die Bestimmung entspricht beim VOB/B-Vertrag der zweiten Alternative des § 13 Abs. 6 VOB/B, sodass auf die dortigen Ausführungen verwiesen werden kann.[501]

Liegen an unterschiedlichen Gewerken unterschiedliche Mängel vor, so haftet jeder Auftragnehmer grundsätzlich nur für sein Gewerk. Sind die Mängel aber nur einheitlich durch ein Zusammenwirken aller Auftragnehmer zu beseitigen, so haften die Auftragnehmer (ausnahmsweise) als Gesamtschuldner.[502]

c) Unberechtigte Mängelrüge

Die **unberechtigte Mängelrüge** des Auftraggebers und die damit für den Auftragnehmer verbundenen Kosten (Fahrtkosten, Kosten der Mängelprüfung usw.) führt seit langem zu Diskussionen. Das OLG Düsseldorf hat in der Entscheidung vom 19.06.2007[503] eine weitgehend auftraggeberfreundliche Position vertreten: Der Auftraggeber sei nur verpflichtet, den Mangel seinem äußeren Erscheinungsbild nach zu rügen, ohne eine Untersuchung der Mängelursachen vornehmen zu müssen. Lasse die äußere Erscheinung also auf einen vom Auftragnehmer zu verantwortenden Mangel schließen, so liege keine Pflichtverletzung des Auftraggebers vor, die ihn zur Kostenerstattung gegenüber dem Auftragnehmer verpflichten würde, falls sich die Mängelrüge als unberechtigt herausstelle.

263

498 OLC Celle, BauR 2013, 614.
499 BGH, BauR 1986, 93.
500 BGH, BauR 2011, 1336.
501 Vgl. Ingenstau/Korbion-Wirth, § 13 Abs. 6 VOB/B, Rdn. 32 und näher Rdn. 280 ff.
502 BGH, BauR 2003, 1379.
503 OLG Düsseldorf, BauR 2007, 1902, 1905.

Inzwischen hat der BGH durch Urt. v. 23.01.2008[504] entschieden, ein unberechtigtes Mangelbeseitigungsverlangen des Käufers (Auftraggebers) stelle eine zum Schadensersatz verpflichtende schuldhafte Vertragsverletzung dar, wenn der Käufer (Auftraggeber) erkannt oder fahrlässig nicht erkannt habe, dass ein Mangel der Kaufsache nicht vorliege, sondern die Ursache für das Symptom, hinter dem er einen Mangel vermute, in seinem eigenen Verantwortungsbereich liege.

Bei Vorsatz, also Kenntnis des Nichtvorliegens eines Mangels, ist der Entscheidung natürlich uneingeschränkt zuzustimmen. Die für die Praxis entscheidende Frage lautet jedoch, wann von Fahrlässigkeit des Auftraggebers hinsichtlich der Nichtberechtigung einer Mängelrüge auszugehen ist. Der BGH hat diese Problematik erkannt und dazu ausgeführt: Der Käufer (Auftraggeber) brauche nicht vorab zu klären und festzustellen, ob die von ihm beanstandete Erscheinung Symptom eines Sachmangels sei. Er müsse lediglich im Rahmen seiner Möglichkeiten sorgfältig überprüfen, ob sie auf eine Ursache zurückzuführen sei, die nicht dem Verantwortungsbereich des Verkäufers (Auftragnehmers) zuzuordnen sei. Bleibe ungewiss, ob tatsächlich ein Mangel vorliege, dürfe der Käufer Mängelrechte geltend machen, ohne Schadensersatzpflichten wegen schuldhafter Vertragsverletzung befürchten zu müssen.[505] Mit dieser Klarstellung kann man leben.

Mitunter ist auch unklar, ob der Auftraggeber eine Mängelrüge ausgesprochen hat, die im Fall ihrer Berechtigung den Auftragnehmer zur kostenfreien Nachbesserung verpflichtet, oder ob ein – vergütungspflichtiger – Reparaturauftrag vorliegt. Das OLG Celle hat hierzu sehr praxisorientiert entschieden: Fordere der Auftraggeber den Auftragnehmer zwei Monate nach der Abnahme zur Beseitigung eines aufgetretenen Mangels auf, so müsse dem Auftragnehmer klar sein, dass der Auftraggeber diese Arbeiten nicht bezahlen wolle, falls er Anspruch auf die unentgeltliche Durchführung der Reparaturarbeiten habe.[506]

d) Zurückbehaltungsrecht des Auftraggebers

264   aa) Der Auftraggeber ist nicht darauf beschränkt, seinen Nacherfüllungsanspruch gegen den Auftragnehmer »aktiv« zu verfolgen. Er kann im Hinblick auf bestehende Nacherfüllungsansprüche auch die »Einrede des nicht erfüllten Vertrages« gemäß § 320 Abs. 1 BGB erheben.[507] Dem Auftraggeber steht die Einrede des nicht erfüllten Vertrages auch dann zu, wenn er seine Mängelansprüche bereits an einen Dritten – z. B. den Käufer – abgetreten hat.[508] Dieses

---

504 BGH, BauR 2008, 671; die Entscheidung ist zum Kaufrecht ergangen, unverändert aber auf das Werkvertragsrecht übertragbar.
505 BGH, BauR 2008, 671, 673.
506 OLG Celle, BauR 2012, 655.
507 Dazu ausführlich Kohler, BauR 2003, 1804.
508 BGH, BauR 2007, 1727.

Leistungsverweigerungsrecht (in der Baupraxis auch vereinfachend als »Zurückbehaltungsrecht« bezeichnet) führt allerdings im Bauprozess nicht dazu, dass die Werklohnklage des Auftragnehmers abgewiesen wird. Ihr wird vielmehr stattgegeben, allerdings nur **Zug um Zug** gegen die Beseitigung der entsprechenden Mängel, § 322 Abs. 1 BGB.

Zu beachten ist jedoch, dass es sich bei dem Leistungsverweigerungsrecht des Auftraggebers um eine echte Einrede handelt, die im Bauprozess vom Auftraggeber auch als solche erhoben werden muss und die das Gericht nicht von Amts wegen berücksichtigt, selbst wenn Mängel unstreitig vorhanden sind.[509] Das Leistungsverweigerungsrecht besteht auch bei nur schwierig und aufwendig aufzuklärenden Mängeln.[510] Das Bestehen eines Leistungsverweigerungsrechtes als solches führt aber bereits dazu, dass der Auftraggeber mit der Zahlung offenen Werklohns nicht in Zahlungsverzug gerät,[511] **wenn** der Auftraggeber später das Leistungsverweigerungsrecht geltend macht.

bb) Zur **Höhe des Leistungsverweigerungsrechtes:**

Es entsprach ständiger Gerichtspraxis, dass der Auftraggeber beim Einbehalt **265** von Werklohn aufgrund vorhandener Mängel einen sog. Druckzuschlag erheben konnte, um den Auftragnehmer zur Mängelbeseitigung zu veranlassen. Der **Druckzuschlag** betrug regelmäßig das Dreifache des geschätzten Mängelbeseitigungsaufwandes. Mit Wirkung zum 01.05.2000 stellte § 641 Abs. 3 BGB ausdrücklich klar, dass der Besteller die Zahlung eines angemessenen Teils der Vergütung verweigern durfte, mindestens in Höhe des Dreifachen der für die Beseitigung des Mangels erforderlichen Kosten. Diese gesetzliche Regelung ist für alle ab dem 01.01.2009 abgeschlossenen Bauverträge durch das Forderungssicherungsgesetz zugunsten des Auftragnehmers verändert worden. Die Neufassung von § 641 Abs. 3 BGB per 01.01.2009 bestimmt nun, dass der Auftraggeber nach der Fälligkeit nur noch die Zahlung eines angemessenen Teils der Vergütung verweigern darf. Angemessen ist i. d. R. das Doppelte der für die Beseitigung des Mangels erforderlichen Kosten.

Der Gesetzgeber hat den Druckzuschlag vom also »mindestens Dreifachen« auf »regelmäßig das Doppelte« der voraussichtlichen Mängelbeseitigungskosten ermäßigt und damit versucht, dem vielfach anzutreffenden Missbrauch des Mängeleinbehaltes Einhalt zu gebieten. Die gesetzliche Regelung gilt auch für VOB/B-Verträge, da die VOB/B das Leistungsverweigerungsrecht des Auftraggebers nicht abweichend regelt.

Nach der Rechtsprechung des BGH[512] ist der Auftraggeber im Übrigen nicht **266** einmal verpflichtet, selbst die Höhe der Mängelbeseitigungskosten zu ermit-

---

509 BGH, BauR 1999, 69.
510 BGH, BauR 2005, 1012.
511 BGH, BauR 1999, 1025.
512 BGH, BauR 1997, 133 und BauR 2008, 510.

teln und damit den Restwerklohn, der den zulässigen Einbehalt übersteigt, auszuzahlen. Der Auftraggeber kann vielmehr zunächst einmal den gesamten ausstehenden Werklohn unter Hinweis auf vorhandene Mängel einbehalten. Dies gilt auch nach der Neufassung des § 641 Abs. 3 BGB, wonach der Auftraggeber nach der Fälligkeit regelmäßig das Doppelte des erforderlichen Mängelbeseitigungsaufwands zurückhalten darf.[513] Glaubt der Auftragnehmer, dass trotz des doppelten Druckzuschlags noch Restwerklohn auszuzahlen sei, so muss **er** dies vortragen und notfalls beweisen.

Beispiel:

Der ausstehende Restwerklohn beträgt 50.000 €. Es sind Mängel vorhanden, deren Beseitigungsaufwand voraussichtlich 10.000 € beträgt. Der Auftraggeber kann zunächst einmal den gesamten Werklohn einbehalten. Der Auftragnehmer muss nun substantiiert vortragen (und notfalls beweisen), dass zumindest 30.000 € (50.000 € abzüglich zweimal 10.000 €) ausgezahlt werden müssen.

267 Interessant für Auftragnehmer ist in diesem Zusammenhang auch die Entscheidung des OLG Nürnberg vom 09.10.1998:[514] Stehen einem offenen Restwerklohn mehrere abgrenzbare Mängel gegenüber, so kann es angemessen sein, dem Auftraggeber (nur) für jeden einzelnen Mangel ein gesondertes Leistungsverweigerungsrecht zuzusprechen.

Beispiel:

Dem Auftragnehmer steht ein Restwerklohnanspruch i. H. v. 200.000 € zu. Für Mangel Nr. 1 erkennt das Gericht ein Zurückbehaltungsrecht i. H. v. 20.000 € an, für Mangel Nr. 2 ein solches i. H. v. 30.000 €. Der Auftraggeber wird zur Zahlung i. H. v. insgesamt 200.000 € verurteilt, davon 150.000 € unbedingt, 20.000 € Zug um Zug gegen Beseitigung des Mangels Nr. 1 und weitere 30.000 € Zug um Zug gegen Beseitigung des Mangels Nr. 2.

Auf diese Weise kann der Auftragnehmer zumindest versuchen, das Leistungsverweigerungsrecht des Auftraggebers »zu entflechten«.

Ähnlich OLG Dresden,[515] wonach sich das Leistungsverweigerungsrecht des Auftraggebers mit fortschreitender Nachbesserung sukzessive abbaut.

Das Recht des Auftraggebers auf den **Druckzuschlag entfällt**, wenn er sich bezüglich der angebotenen Nachbesserung in **Annahmeverzug** befindet.[516] Zum Fall, dass der Auftragnehmer gleichzeitig den Anspruch auf eine Erfüllungssicherheit gemäß § 648a BGB geltend macht, vgl. Rdn. 378 ff.

---

513 BGH, BauR 2008, 510; ausführlich dazu Oberhauser, BauR 2008, 421 ff.
514 BauR 2000, 273.
515 BauR 2001, 1261.
516 OLG Celle, BauR 2003, 106 und BauR 2006, 1316.

e) Sonderprobleme: Sowieso-Kosten, Abzug »neu für alt« und Vorteils-ausgleich[517]

aa) Sowieso-Kosten

Beispiel: **268**

Der Auftragnehmer stellt eine mangelhafte Leistung unter Verwendung der im LV vorgesehenen Materialien her. Es stellt sich heraus, dass eine Mängelbeseitigung nur möglich ist, wenn teurere Materialien eingesetzt und ein aufwendigeres Herstellungsverfahren angewendet werden.

In solchen Fällen muss der Auftraggeber sich an Mängelbeseitigungsaufwendungen in Höhe der **Sowieso-Kosten** beteiligen. Denn er hätte auch ursprünglich für diese teurere Ausführung mehr bezahlen müssen.[518] Maßgebend ist insoweit der **Preisstand einer seinerzeit ordnungsgemäßen Errichtung;** Mehrkosten aus späteren Preiserhöhungen muss der Auftragnehmer also selbst tragen.[519] In Höhe dieser Sowieso-Kosten kann der Auftragnehmer vor der Mängelbeseitigung eine Sicherheitsleistung, z. B. durch Bankbürgschaft, verlangen.

Allerdings steht dem Auftragnehmer kein Anspruch auf Erstattung der Sowieso-Kosten zu, wenn er die zusätzlich erforderlichen Maßnahmen von Anfang an schuldete.[520] Ob dies der Fall ist, richtet sich naturgemäß nach der vereinbarten Leistungsbeschreibung, also danach, ob die vom Auftragnehmer zu erbringenden Leistungen detailliert und differenziert beschrieben waren,[521] oder ob die vom Auftragnehmer geschuldete Leistung global, d. h. zielorientiert, formuliert war.[522]

Im ersten Fall schuldet der Auftragnehmer im Zweifel nur die Leistungen, die (detailliert) beschrieben sind. Lässt sich mittels dieser (detaillierten) Leistungsbeschreibung keine mängelfreie Leistung erstellen, so muss der Auftragnehmer die Fehlerhaftigkeit oder Unvollständigkeit der Leistungsbeschreibung zwar gemäß § 4 Abs. 3 VOB/B beanstanden. Die geänderten oder zusätzlichen Leistungen sind vom Auftraggeber jedoch als Sowieso-Kosten zu vergüten.[523]

---

517 Dazu ausführlich Berger, BauR 2013, 325 ff.
518 So zuletzt OLG Karlsruhe, BauR 2006, 2066.
519 Vgl. BGH, BauR 1993, 722; OLG Nürnberg, BauR 2001, 961; OLG Düsseldorf, BauR 2002, 802; anders jetzt BGH, BauR 2010, 1583 im Fall der Mithaftung des Auftraggebers aufgrund eines Planungsfehlers.
520 OLG Stuttgart, BauR 2010, 1599.
521 Vertragstypus Einheitspreisvertrag oder Detail-Pauschalvertrag, s. o. Rdn. 35 und 42.
522 Vertragstypus: Global-Pauschalvertrag, z. B. Schlüsselfertig-Bauvertrag, s. o. Rdn. 43.
523 BGH, BauR 1999, 37; OLG Karlsruhe, BauR 1999, 1032; OLG Celle, BauR 2003, 730.

Im zweiten Fall (globale Leistungsbeschreibung) schuldete der Auftragnehmer von Anfang an eine zielorientiert beschriebene, also funktionierende Leistung. Erreicht er dieses Ziel mit den von ihm eingesetzten Mitteln nicht, so ist der höhere Aufwand i. R. d. Nachbesserung von ihm selbst zu tragen, weil er den entsprechend höheren Aufwand auch von Anfang an geschuldet hat.

Für die Frage der Sowieso-Kosten kommt es deshalb nicht darauf an, ob die Parteien für die Leistung des Auftragnehmers einen Einheitspreis oder einen Pauschalpreis vereinbart haben.[524] Gleichermaßen kann der Auftragnehmer sich nicht darauf berufen, dass er ein »preisgünstiges« Angebot unterbreitet habe.[525] Auch ein »preisgünstiges Angebot« verpflichtet im Fall der Auftragserteilung – selbstverständlich – zu einer mängelfreien Leistung.

bb) Abzug »neu für alt«

269 Unabhängig hiervon kommt eine Beteiligung des Auftraggebers an den Mängelbeseitigungskosten des Auftragnehmers in Betracht, wenn der Auftraggeber durch den Zeitpunkt der Nachbesserung Renovierungskosten erspart oder die Lebensdauer der Werkleistung verlängert wird (z. B. Flachdacherneuerung).[526] Wird eine Leistung (hier: Asphaltdecke) mit einer üblichen Nutzungsdauer von 16 Jahren nach rund 8 Jahren im Rahmen einer Mängelbeseitigung vollständig erneuert, so muss sich der Auftraggeber einen 50 %igen Abzug »neu für alt« anrechnen lassen.[527]

Allerdings greift dieser **Abzug »neu für alt«** dann nicht, wenn der Auftragnehmer die Nachbesserung lediglich verzögert hat und dem Auftraggeber letztlich zu keinem Zeitpunkt eine uneingeschränkt nutzungsfähige Leistung zur Verfügung gestanden hat.[528]

cc) Vorteilsausgleich

270 Das im Schadensrecht entwickelte Institut des Vorteilsausgleichs besagt, dass unter bestimmten Voraussetzungen Vorteile, die aufgrund des schädigenden Ereignisses eingetreten sind, auf den Schadensersatzanspruch anzurechnen sind.[529] Im Rahmen der Mängelhaftung hat der BGH inzwischen mehrere Urteile gefällt, in denen er den Grundsatz des Vorteilsausgleichs im Rahmen sog. Leistungsketten angewendet hat:

---

524 OLG Schleswig, BauR 2000, 1201.
525 BGH, BauR 2000, 411.
526 OLG Düsseldorf, BauR 2002, 802.
527 OLG Dresden, BauR 2008, 693.
528 BGH, BauR 1984, 510; 1989, 606; OLG Karlsruhe, BauR 2002, 93; OLG Stuttgart, BauR 2010, 1599.
529 Palandt – Grüneberg, Vorb. § 249, Rdn. 67 ff.

Den beiden Urteilen des BGH vom 28.06.2007[530] lagen Leistungsketten zugrunde, in denen der jeweilige Auftraggeber gegenüber dem jeweiligen Auftragnehmer (Nachunternehmer) Nacherfüllungsansprüche geltend machte, die seitens seines eigenen Auftraggebers (Bauherr) entweder aufgrund Verjährung oder aufgrund einer zwischenzeitlich getroffenen Vereinbarung nicht mehr durchsetzbar waren. Der BGH hat in diesen beiden Entscheidungen seine bisherige Rechtsprechung zur **Eigenständigkeit der Vertragsverhältnisse aufgegeben** und entschieden: Steht im Rahmen einer werkvertraglichen Leistungskette fest, dass der Auftragnehmer von seinem Auftraggeber wegen Mängeln am Werk nicht mehr in Anspruch genommen wird, so kann er nach dem Rechtsgedanken der Vorteilsausgleichung gehindert sein, seinerseits Ansprüche wegen dieser Mängel gegen seinen Auftragnehmer (Nachunternehmer) geltend zu machen. Die Verjährung des Bauherrenanspruchs gegenüber dem Generalunternehmer hindert diesen also, gegenüber seinem Nachunternehmer den noch unverjährten Nacherfüllungsanspruch geltend zu machen.[531] Der zwischen dem Bauherrn und dem Hauptunternehmer getroffene Vergleich über die Mängelansprüche reduziert den Anspruch des Hauptunternehmers gegenüber dem Nachunternehmer auf den wirtschaftlichen Inhalt dieses Vergleichs.[532] Diese Rechtsprechung gilt nach dem Beschluss des BGH vom 20.12.2010[533] auch für einen Minderungsanspruch des Auftraggebers[534].

In einem Urteil vom 10.07.2008[535] hat der BGH entschieden:

Ein Bauträger, der vom Käufer Vorschuss auf Mängelbeseitigungskosten zurückfordern könne, müsse sich diesen Anspruch grundsätzlich nicht nach dem Rechtsgedanken der Vorteilsausgleichung auf seinen eigenen Schadensersatz gegen seinen Auftragnehmer wegen derselben Mängel anrechnen lassen. Eine Anrechnung komme erst in Betracht, wenn er den Rückzahlungsanspruch gegen den Käufer realisiert habe und gleichzeitig feststehe, dass er vom Erwerber künftig wegen dieser Mängel nicht mehr in Anspruch genommen werden könne.[536]

---

530 BGH, BauR 2007, 1564 und 1567.
531 BGH, BauR 2007, 1564.
532 BGH, BauR 2007, 1567; kritisch zu der neuen BGH-Rechtsprechung Aengenvoort, BauR 2008, 16.
533 BGH, BauR 2011, 683.
534 Näher dazu Entscheidung Nr. 4.
535 BGH, BauR 2008, 1877.
536 Zur Rückforderung eines unverbrauchten Kostenvorschusses vgl. näher Rdn. 260.

2. Selbstvornahme gemäß § 13 Abs. 5 Nr. 2 VOB/B

a) Selbstvornahme grundsätzlich erst nach fruchtlosem Fristablauf

271 Der Auftraggeber ist gemäß § 13 Abs. 5 Nr. 2 VOB/B zur Selbstvornahme berechtigt, wenn der Auftragnehmer der Aufforderung zur Mängelbeseitigung in einer vom Auftraggeber gesetzten, angemessenen Frist nicht nachgekommen ist. Die Aufforderung des Auftraggebers muss sich auf die Mängelbeseitigung als solche beziehen; die bloße Aufforderung, innerhalb einer bestimmten Frist die Bereitschaft zur Mängelbeseitigung zu erklären, reicht zur Selbstvornahme grundsätzlich nicht aus,[537] ebenso wenig die Aufforderung, binnen einer gesetzten Frist Lösungsvorschläge zu unterbreiten.[538] Bei umfangreichen, zeitlich schwer abzuschätzenden Mängelbeseitigungsmaßnahmen kann im Einzelfall aber eine Fristsetzung für den Nachbesserungsbeginn ausreichen.[539] Angemessen ist eine Frist, die dem Auftragnehmer unter Berücksichtigung von Art, Umfang und Schwierigkeit der Mängelbeseitigung bei zügiger Durchführung die ordnungsgemäße Mängelbeseitigung erlaubt.[540] Bei der Bemessung der Angemessenheit der Nachbesserungsfrist ist zu berücksichtigen, dass der Auftragnehmer, der mangelhaft geleistet hat, zu vermehrten Anstrengungen verpflichtet ist, um den Mangel kurzfristig zu beseitigen.[541] Hat der Auftraggeber sich mit der Entgegennahme angebotener Nachbesserungsleistungen des Auftragnehmers bereits in Annahmeverzug befunden, so wirkt sich dies auf die Angemessenheit der vom Auftraggeber gesetzten Nachbesserungsfrist aus. Denn dem Auftragnehmer ist es nicht zuzumuten, sich gegenüber dem in Annahmeverzug befindlichen Auftraggeber dauernd zur Erbringung der noch ausstehenden Leistung bereit zu halten.[542] Soweit zur Durchführung der Mängelbeseitigung eine Mitwirkungshandlung des Auftraggebers erforderlich ist, muss der Auftraggeber diese dem Auftragnehmer während des Fristablaufs zumindest anbieten.[543]

b) Kostenerstattung/Kostenvorschuss

272 Nach Ablauf der (angemessenen) Frist erlischt das Nacherfüllungs**recht** des Auftragnehmers[544] und der Auftraggeber kann entweder die Mängel durch eine Drittfirma beseitigen lassen und vom Auftragnehmer **Kostenerstattung**

537 BGH, BauR 2000, 98, und OLG Düsseldorf, BauR 1999, 1030; vgl. auch Harms, BauR 2004, 745.

538 OLG Düsseldorf, BauR 2001, 645.

539 OLG Stuttgart, BauR 2010, 1083.

540 Weyer, in: Kapellmann/Messerschmidt, B § 13, Rdn. 270.

541 OLG Düsseldorf, BauR 2007, 1254.

542 BGH, BauR 2007, 1410.

543 OLG Celle, BauR 2008, 2046.

544 BGH, BauR 2003, 693; 2004, 501, 503; a. A. OLG Hamm, BauR 2005, 1190 und dazu Jansen, BauR 2005, 1089.

verlangen oder aber vor der Mängelbeseitigung einen **Kostenvorschuss**.[545] Bei einem nicht zum Vorsteuerabzug berechtigten Auftraggeber umfasst der Vorschussanspruch, anders als der Schadensersatzanspruch,[546] auch die USt.[547]

In der Praxis wird häufig übersehen, dass es dem Auftraggeber nach Erhalt des Kostenvorschusses obliegt, in angemessener Frist die Mängelbeseitigung durchzuführen und dem Auftragnehmer eine Abrechnung der tatsächlichen Kosten vorzulegen, da sich hinsichtlich des nicht verbrauchten Vorschusses ein Rückzahlungsanspruch des Auftragnehmers und hinsichtlich zusätzlicher Kosten ein Nachschussanspruch des Auftraggebers ergibt. Die angemessene Frist zur Durchführung der Mängelbeseitigungsarbeiten wird von der Rechtsprechung mit einem halben Jahr, ausnahmsweise auch mit einem ganzen Jahr bemessen.[548] Im Einzelfall, z. B. bei besonderer Schwierigkeit der Mängelbeseitigung oder erheblicher Unerfahrenheit des Auftraggebers, kann auch bei einer nach 1,5 Jahren zwar begonnenen, aber noch nicht abgeschlossenen Mängelbeseitigung ein Rückforderungsanspruch des Auftragnehmers ausgeschlossen sein.[549] Selbst bei Bejahung eines Rückzahlungsanspruchs des Auftragnehmers verbleibt dem Auftraggeber jedoch ein »Rettungsanker«: Denn er kann gegen den Rückzahlungsanspruch des Auftragnehmers mit einem Schadensersatzanspruch wegen der Mängel aufrechnen, soweit die Voraussetzungen des Schadensersatzanspruchs gegeben sind.[550] Der Rückzahlungsanspruch des Auftragnehmers hinsichtlich des unverbrauchten Kostenvorschusses unterliegt der üblichen 3-jährigen Verjährungsfrist gemäß §§ 195, 199 Abs. 1 BGB. Unterlässt also der Auftraggeber die Mängelbeseitigung und der Auftragnehmer seinerseits anschließend mehrere Jahre die Rückforderung des (zu Unrecht gezahlten) Kostenvorschusses, so verjährt der Rückzahlungsanspruch und das Geld bleibt beim Auftraggeber.[551]

Stellt sich nach durchgeführter Selbstvornahme heraus, dass der vom Auftragnehmer gezahlte Kostenvorschuss unzureichend war (häufiger Fall), dann kann der Auftraggeber bis zur Höhe der nachgewiesenen Selbstvornahmekosten einen Nachschuss fordern. In einem für die Praxis sehr wichtigen Urt. v. 25.09.2008[552] hat der BGH entschieden, dass ein Urteil, mit dem dem Auftraggeber Vorschuss auf Mängelbeseitigungskosten zugesprochen wird, regelmäßig die Feststellung enthalte, dass der Auftragnehmer zur Tragung der gesamten Mängelbeseitigungskosten verpflichtet sei. Einer gesonderten Fest-

---

545 Vgl. § 637 Abs. 3 BGB und BGH, BauR 1993, 96.
546 Dazu näher unten Rdn. 286.
547 BGH, BauR 2010, 1752, 1754.
548 Vgl. zuletzt OLG Oldenburg, BauR 2008, 1641.
549 BGH, BauR 2010, 614.
550 BGH, BauR 2010, S. 616.
551 So zutreffend OLG Oldenburg, BauR 2008, 2051.
552 BGH, BauR 2008, 2041.

stellungsklage insoweit bedarf es nicht, weshalb der Nachschussanspruch nicht in der ursprünglichen Gewährleistungsfrist verjährt.

273 Der Kostenerstattungsanspruch umfasst den tatsächlichen Mängelbeseitigungsaufwand auch insoweit, als die Mängelbeseitigung hätte preiswerter ausgeführt werden können.[553] Der Auftragnehmer trägt auch das Prognoserisiko der Selbstvornahme, also das Risiko, dass im Rahmen der durch den Auftraggeber veranlassten Mängelbeseitigung auch Maßnahmen getroffen werden, die sich bei nachträglicher Betrachtung als nicht erforderlich erweisen. Erstattungsfähig sind hiernach auch diejenigen Kosten, die für eine erfolglose oder sich später als unverhältnismäßig teuer herausstellende Mängelbeseitigung aufgewendet worden sind.[554] Ist eine Mängelbeseitigung nur durch eine **Komplettsanierung** möglich, so ist der für die Mängel verantwortliche Auftragnehmer auch verpflichtet, die mit der Vergabe und Bauüberwachung der Sanierungsarbeiten verbundenen Kosten zu erstatten.[555]

c) Selbstvornahme ausnahmsweise ohne Fristsetzung

274 Von der Pflicht zur Fristsetzung gibt es **Ausnahmen**, die nunmehr – auch für VOB-Verträge – in § 637 Abs. 2 BGB geregelt sind. Hiernach ist eine Fristsetzung zur Mängelbeseitigung entbehrlich, wenn

- der Schuldner die Leistung ernsthaft und endgültig verweigert, § 323 Abs. 2 Nr. 1 BGB;
- der Schuldner die Leistung zu einem im Vertrag bestimmten Termin oder innerhalb einer bestimmten Frist nicht bewirkt und der Gläubiger im Vertrag den Fortbestand seines Leistungsinteresses an die Rechtzeitigkeit der Leistung gebunden hat, § 323 Abs. 2 Nr. 2 BGB;
- besondere Umstände vorliegen, die unter Abwägung der beiderseitigen Interessen den sofortigen Rücktritt (Selbstvornahme) rechtfertigen, § 323 Abs. 2 Nr. 3 BGB;
- die Nacherfüllung fehlgeschlagen oder dem Besteller unzumutbar ist, § 637 Abs. 2 Satz 2 BGB.

275 Die Entbehrlichkeit der Fristsetzung bei **endgültiger und ernsthafter Erfüllungsverweigerung** war immer schon in der Rechtsprechung anerkannt, wobei im Einzelfall sehr zweifelhaft sein kann, ob ein bestimmtes Verhalten bzw. Erklärungen des Auftragnehmers tatsächlich als ›endgültige und ernsthafte‹ Erfüllungsverweigerung anzusehen sind. (Selbstverständliche) Voraussetzung ist zunächst, dass der Auftragnehmer die Mängelbeseitigung bereits **vor** der Selbstvornahme (endgültig und ernsthaft) verweigert hat und nicht erst da-

---

553 Näher OLG Celle, BauR 2004, 1018, und OLG Karlsruhe, BauR 2005, 879.
554 OLG Düsseldorf, BauR 2012, 960; BauR 2013, 262.
555 OLG Düsseldorf, BauR 2012, 960.

nach.[556] Wird ein Mangel in einem anwaltlichen Schriftsatz kategorisch bestritten, so ist eine (nochmalige) Fristsetzung entbehrlich.[557] Das Gleiche gilt, wenn der Auftragnehmer gegenüber dem Mängelanspruch die Einrede der Verjährung erhebt.[558] Klagt der Auftragnehmer in Kenntnis der Mängelrüge des Auftraggebers gleichwohl unbedingt (und nicht Zug um Zug gegen Mängelbeseitigung) auf Zahlung, so kann darin ebenfalls eine endgültige und ernsthafte Erfüllungsverweigerung gesehen werden.[559] Das bloße Bestreiten behaupteter Mängel im Prozess reicht hingegen nicht für eine endgültige und ernsthafte Erfüllungsverweigerung.[560] Unzumutbarkeit im Sinne von § 637 Abs. 2 Satz 2 BGB liegt beispielsweise dann vor, wenn die behördliche Schließung des Geschäftslokals droht[561] oder wenn der Auftraggeber das Vertrauen in die ordnungsgemäße Vertragserfüllung des Auftragnehmers berechtigt verloren hat;[562] in solchen Fällen kann ausnahmsweise sogar die Erhebung einer Mängelrüge selbst entbehrlich sein.[563]

Nach dem analog anwendbaren Rechtsgedanken des § 323 Abs. 4 BGB kann auch schon **vor Fristablauf** die Selbstvornahme durchgeführt bzw. Schadensersatz verlangt werden, wenn feststeht, dass der Auftragnehmer die Frist nicht einhalten wird.[564]

Eine (weitere) scheinbare Ausnahme von der Pflicht zur Fristsetzung liegt dann vor, wenn eine Nachbesserung objektiv gar nicht möglich ist. In diesem Fall wäre es sinnlose Förmelei, eine nicht mögliche Leistung unter Fristsetzung anzumahnen. Beispiel: Der Auftragnehmer erhält den Auftrag, einen dampfdichten Bodenbelag auf einer ohne ausreichende Dampfsperre ausgeführten, nicht unterkellerten Betonsohle aufzubringen. In diesem Fall kann der Auftraggeber auch ohne Fristsetzung Minderung oder Schadensersatz verlangen.[565]

Auf solche **Ausnahmefälle**, in denen eine Nachfristsetzung entbehrlich sein **276** kann, sollte der Auftraggeber sich nach Möglichkeit aber nicht verlassen, sondern die Formalien einhalten, also eine schriftliche Mängelrüge mit angemessener Frist zur Mängelbeseitigung durch Einschreiben mit Rückschein/Telefax mit Zugangsbestätigung erklären.

---

556 BGH, BauR 2009, 976.
557 BGH, BauR 2003, 386; anderer Auffassung OLG Düsseldorf, BauR 1999, 1030 und BauR 2001, 646.
558 OLG Celle, BauR 1999, 763.
559 OLG Rostock, BauR 2006, 1481.
560 BGH, BauR 2009, 976.
561 BGH, BauR 2002, 940.
562 Beispiele: ungeeigneter Sanierungsvorschlag des Auftragnehmers; OLG Celle, BauR 1994, 250; explodierter Kachelofen, OLG Koblenz, BauR 1995, 395.
563 OLG Stuttgart, BauR 1996, 717.
564 So schon zum alten Recht BGH, BauR 2002, 1847.
565 So auch OLG Düsseldorf, BauR 1995, 849 sowie BauR 1997, 312; ähnlich OLG Rostock, BauR 1997, 654.

Der BGH hat in einem Grundsatzurteil vom 23.02.2005[566] auch für die Rechtslage nach Inkrafttreten des Schuldrechtsmodernisierungsgesetzes noch einmal klargestellt, dass ein Kostenerstattungsanspruch (bzw. Minderungsanspruch oder Schadensersatzanspruch) erst nach Ablauf einer angemessenen Frist (bzw. bei ausnahmsweiser Entbehrlichkeit der Fristsetzung gemäß den vorstehenden Voraussetzungen) geltend gemacht werden kann, die Nichteinhaltung der »Formalien« also den entsprechenden Anspruch ausschließt.[567]

d) Streitige Mängel

277 Häufig ist zwischen Auftraggeber und Auftragnehmer streitig, wer in welchem Umfang für einen Mangel verantwortlich ist. Weigert der Auftragnehmer sich in solchen Fällen, eine Nacherfüllung ohne einen (entgeltlichen) »Reparaturauftrag« durchzuführen, dann bestehen folgende Möglichkeiten:

(1) Der Auftraggeber kann die Forderung des Auftragnehmers nach einem »Reparaturauftrag« ablehnen und (nach Ablauf der Mängelbeseitigungsfrist) die Selbstvornahme veranlassen.

(2) Der Auftraggeber kann mit dem Auftragnehmer vereinbaren, dass der Auftragnehmer zunächst die Nacherfüllung vornimmt und nachträglich geklärt wird, wer für die Kosten aufkommt. In diesem Fall steht dem Auftragnehmer aus dieser Absprache ein Vergütungsanspruch für die Mängelbeseitigungskosten zu, wenn und soweit der Auftragnehmer für den Mangel nicht verantwortlich war.[568] Die Absprache über den »bedingten« Vergütungsanspruch des Auftragnehmers muss jedoch unmissverständlich getroffen werden. Liegt kein konkreter Hinweis darauf vor, dass der Auftraggeber in die Übernahme der Kosten für den Fall eingewilligt hat, dass sich später die fehlende Verantwortlichkeit des Auftragnehmers für Mängel oder Schäden herausstellen sollte, kann ein entsprechender Vertragsabschluss der Parteien nicht angenommen werden.[569]

(3) Der Auftraggeber kann dem Auftragnehmer einen »Reparaturauftrag« erteilen, jedoch unter dem Vorbehalt der Rückforderung für den Fall, dass sich später (nötigenfalls gerichtlich) herausstellt, dass der Auftragnehmer doch für den Mangel verantwortlich war. Diese Lösung ähnelt Lösung 2, jedoch mit dem Unterschied, dass der Auftragnehmer zunächst die vollständige Vergütung beanspruchen kann und der Auftraggeber nachweisen muss, in welchem Umfang der Auftragnehmer für den Mangel verantwortlich war, wenn er die gezahlte Vergütung ganz oder teilweise zurückfordert.

---

566 BGH, BauR 2005, 1021.
567 Dies gilt auch für infrage kommende Ansprüche gemäß § 326 Abs. 2 Satz 2 BGB. Die genannte BGH-Entscheidung ist zwar zum Kaufvertrag ergangen, gilt aber gleichermaßen für Werkverträge, vgl. Kniffka, BauR 2005, 1024.
568 BGH, BauR 1999, 252.
569 OLG Düsseldorf, BauR 2007, 1902.

In diesem Fall ist der Auftraggeber auch nicht berechtigt, gegen den Vergütungsanspruch des Auftragnehmers aus dem Reparaturauftrag mit einem gleich hohen Mängelhaftungsanspruch aufzurechnen.[570] Der Auftraggeber muss also zunächst an den Auftragnehmer zahlen und kann anschließend den Auftragnehmer allenfalls auf Rückzahlung des zu Unrecht gezahlten Werklohns verklagen.

(4) Der Auftragnehmer kann dem Nachbesserungsverlangen des Auftraggebers auch unter dem Vorbehalt der Werklohnberechnung nachkommen.[571]

(5) Hat der Auftraggeber seinerseits ohne weiteres einen »Reparaturauftrag« erteilt, stellt sich aber im Nachhinein heraus, dass es sich in Wahrheit um Mängelbeseitigungsarbeiten handelte, dann kann der Auftragnehmer den vereinbarten Werklohn nur beanspruchen bzw. behalten, wenn die Vereinbarung der Parteien als Vergleich im Sinne von § 779 BGB anzusehen ist oder der Auftraggeber seine Vergütungspflicht in Kenntnis der Streitfrage anerkannt hat.[572]

Die in Rdn. 166 bereits angesprochene Rechtsprechung des BGH zur **Kooperationspflicht** der Bauvertragsparteien kann auch bei streitigen Mängeln eine Rolle spielen: Rügt der Auftraggeber beispielsweise zu Recht den unzureichenden Schallschutz der auftragnehmerseitigen Leistung, ist die konkrete Nachbesserungsmaßnahme unter Berücksichtigung der Vorgaben des Denkmalschutzes jedoch streitig, so muss der Auftraggeber dies mit dem Auftragnehmer erörtern und den Versuch einer gütlichen Einigung unternehmen, wenn der Auftragnehmer generell nachbesserungsbereit ist. Eine ohne diesen Einigungsversuch erklärte Kündigung ist unberechtigt, auch wenn die formalen Voraussetzungen einer Kündigung gemäß § 4 Nr. 7 Abs. 3 i. V. m. § 8 Nr. 3 VOB/B vorlagen.[573]

e) Mängelrechte bei Insolvenz des Auftragnehmers

Die Insolvenz des Auftragnehmers führt, wie in Rdn. 161 bereits dargestellt, **278** nicht zur Auflösung des Vertrages. Auch an der Mängelverantwortlichkeit ändert sich durch die Insolvenz nichts.

Der Auftraggeber muss hier **den Insolvenzverwalter** (anstelle des Auftragnehmers) schriftlich zur Mängelbeseitigung unter Fristsetzung auffordern.[574] Möglicherweise beseitigt der Insolvenzverwalter mit noch vorhandenen Arbeitskräften oder durch Beauftragung eines Drittunternehmers die Mängel.

Kommt der Insolvenzverwalter der Pflicht zur Mängelbeseitigung innerhalb **279** der gesetzten Frist nicht nach, so kann der Auftraggeber die Mängelrechte

---

570 Vgl. OLG Düsseldorf, NJW-RR 1995, 402, und OLG-Report 1995, 65.
571 OLG Celle, BauR 2003, 265.
572 OLG Dresden, BauR 1999, 1454; OLG Celle, BauR 2005, 106.
573 So zutreffend OLG Rostock, BauR 2007, 1260.
574 Vgl. z. B. OLG Düsseldorf, IBR 1993, 377, und OLG Celle, BauR 1995, 856.

(Kostenvorschuss bzw. -erstattung, Minderung oder Schadensersatz) gegenüber dem Insolvenzverwalter geltend machen. Er kann mit diesen Ansprüchen insbesondere auch gegen einen bereits vorher fälligen Werklohnanspruch des Insolvenzverwalters **aufrechnen**; § 95 Abs. 1 Satz 3 InsO steht dieser Aufrechnung nicht entgegen.[575] Soweit der Auftraggeber sich nicht durch Aufrechnung gegen eine verbleibende Restwerklohnforderung befriedigen kann, kann er wegen des (überschießenden) Anspruchs auch eine vorhandene Mängelhaftungsbürgschaft in Anspruch nehmen.

Übrigens ist der Auftraggeber entgegen landläufiger Meinung und gängiger Praxis bei Insolvenz des Auftragnehmers **nicht** berechtigt, eine »Sondersicherheit«, also einen über den vereinbarten Sicherheitseinbehalt hinausgehenden Betrag, einzubehalten.[576]

3. Minderung gemäß § 13 Abs. 6 VOB/B

280 Ist die Beseitigung des Mangels unmöglich[577] oder würde sie einen unverhältnismäßig hohen Aufwand erfordern **und** wird sie deshalb vom Auftragnehmer verweigert, so kann der Auftraggeber anstatt der Nacherfüllung (nur) eine Wertminderung verlangen. In Anlehnung an § 638 BGB regelt nunmehr auch § 13 Abs. 6 VOB/B, dass die Wertminderung durch **Gestaltungserklärung** des Auftraggebers geltend gemacht wird. Einer Zustimmung des Auftragnehmers zur Wertminderung bedarf es also nicht, wenn und soweit der Auftraggeber berechtigt eine Wertminderung gemäß § 13 Abs. 6 VOB/B verlangt.

281 Für die Frage der Unverhältnismäßigkeit der Nachbesserungskosten kommt es nicht auf das Verhältnis dieser Kosten zu dem ursprünglichen Herstellungsaufwand an, sondern auf das Wertverhältnis zwischen dem zur Beseitigung erforderlichen Aufwand und dem **Vorteil**, den die **Mängelbeseitigung** dem Auftraggeber gewährt.[578] Hinsichtlich des zur Beseitigung erforderlichen Aufwandes kommt es wiederum auf den Zeitpunkt an, in dem die vertragsgemäße Erfüllung geschuldet war. Eine in späteren Jahren eintretende Erhöhung dieses Aufwandes ist unerheblich, weil der Auftragnehmer in diesem Fall für die Nichtbeseitigung des Mangels belohnt würde.[579]

---

575 So ausdrücklich BGH, BauR 2005, 1913 unter Hinweis auf Sinn und Zweck des Aufrechnungsverbotes, eine »Hinauszögerung« der Zahlung bis zur Schaffung der Aufrechnungslage zu verhindern, was bei einem bestehenden Zurückbehaltungsrecht aufgrund von Mängeln generell nicht der Fall sei.

576 Vgl. BGH, IBR 1994, 408.

577 Die Insolvenz des Generalunternehmers führt nicht zur (rechtlichen) Unmöglichkeit der Nachbesserung durch den Nachunternehmer, vgl. OLG Düsseldorf, BauR 2005, 1342.

578 Vgl. BGH, BauR 1997, 638; 2002, 613; OLG Düsseldorf, BauR 1993, 82; OLG Köln, BauR 2002, 801.

579 Vgl. BGH, BauR 1995, 541 und 1996, 858.

Beispiel:

Der Werklohn für die Fliesenarbeiten betrug 10.000 €. Es treten großflächig Risse auf. Die Mängelbeseitigung ist nur durch komplette Neuherstellung möglich. Einschließlich der Abbruchkosten und sonstiger Nebenkosten hätten sich die Mängelbeseitigungskosten im Zeitpunkt der Mängelfeststellung auf 15.000 € belaufen. Fünf Jahre später, als es zum Rechtsstreit gekommen ist, belaufen sich die Kosten auf 22.000 €.

In diesem Fall kommt es nicht auf das Verhältnis der Nachbesserungskosten zu dem ursprünglichen Herstellungsaufwand an und auch nicht auf die zwischenzeitliche Kostensteigerung von 7.000 €, sondern allein darauf, ob der maßgebende Aufwand der »zeitgerechten« Mängelbeseitigung (15.000 €) in einem vernünftigen Verhältnis zu dem Vorteil steht, der dem Bauherrn aus einem mängelfreien Fliesenbelag erwächst. Zur Beurteilung der Frage, ob der Unternehmer zu Recht den Einwand des unverhältnismäßig hohen Mängelbeseitigungsaufwands erhoben hat, ist der Grad des Verschuldens des Unternehmers an der Entstehung des Mangels in die Gesamtabwägung einzubeziehen. Ein vorsätzlich oder grob fahrlässig herbeigeführter Mangel kann im Ausnahmefall also gleichwohl den Einwand der Unverhältnismäßigkeit der Mängelbeseitigung rechtfertigen.[580]

Vor diesem Hintergrund kann eine Mängelbeseitigung mit unverhältnismäßigem Kostenaufwand verbunden sein, wenn durch die Nachbesserung zwar eine technische und optische Verbesserung erreicht wird, jedoch nach wie vor sichtbare Mängel (z. B. Unebenheiten) verbleiben.[581]

Der Auftraggeber muss bei der Nachbesserung einer Asphaltdecke auf einer Bundesstraße auch keinen »Flickenteppich« durch die bloße Erneuerung der schadhaften Felder hinnehmen, sondern kann eine vollständige Erneuerung der Asphaltdecke verlangen.[582]

In einer wichtigen Grundsatzentscheidung vom 10.04.2008[583] hat der BGH noch einmal klargestellt, dass bei der Beurteilung der Unverhältnismäßigkeit der Mängelbeseitigung das Interesse des Auftraggebers an der vertraglich vereinbarten höherwertigen und risikoärmeren Art der Ausführung nicht deshalb als gering bewertet werden dürfe, weil die tatsächlich erbrachte Leistung den anerkannten Regeln der Technik entspreche. Im konkreten Falle hatte der Auftraggeber den Auftragnehmer mit der Herstellung doppelt beplankter, imprägnierter Trennwände beauftragt. Nach einem Wasserschaden wurde festgestellt, dass der Auftragnehmer vertragswidrig jeweils eine imprägnierte und eine nicht imprägnierte Platte angebracht hatte. Richtigerweise hielt der BGH

580 BGH, BauR 2009, 1151; ergänzend OLG Koblenz, BauR 2009, 1761.
581 OLG Düsseldorf, BauR 1999, 404.
582 OLG Dresden, BauR 2008, 693.
583 BGH, BauR 2008, 1140.

den Auftragnehmer für verpflichtet, die Trennwände mit jeweils zwei imprägnierten Platten neu herzustellen, auch wenn die Verwendung jeweils einer nicht imprägnierten Platte den anerkannten Regeln der Technik entsprochen habe. Das auf der vertraglichen Vereinbarung der Parteien beruhende Erfüllungsinteresse des Auftraggebers habe Vorrang vor dem Interesse des Auftragnehmers an der Geringhaltung der Sanierungskosten.

Auch bei Schallschutzmängeln im Wohnungsbau kann der Auftraggeber/Käufer grundsätzlich immer die Maßnahmen verlangen, die zur Herstellung eines ordnungsgemäßen Schallschutzes erforderlich sind, auch wenn diese mit einem hohen Aufwand verbunden sind.[584] Ähnliches gilt bei mangelhafter Wärmedämmung und ähnlichen technischen Mängeln.[585]

Im Übrigen ist es dem Auftragnehmer in solchen Fällen selbstverständlich freigestellt, den Einwand der Unverhältnismäßigkeit nicht zu erheben. Der Auftragnehmer kann auch völlig unverhältnismäßige Mängelbeseitigungsmaßnahmen durchführen, z. B. aus Imagegründen.

282 Der Minderwert selbst ist regelmäßig nach den Kosten zu berechnen, die an sich für die Mängelbeseitigung erforderlich wären. Ist aber die Nachbesserung unmöglich oder wird sie wegen unverhältnismäßig hoher Kosten verweigert, so würde der Auftragnehmer in diesem Fall Steine statt Brot erhalten. Nach zutreffender Auffassung berechnet sich in solchen Fällen deshalb der Minderwert nur danach, in welcher Höhe die Gesamtleistung durch den Mangel tatsächlich gemindert ist. Nötigenfalls muss dieser Minderwert von einem Sachverständigen geschätzt werden.[586]

Ausnahmsweise besteht eine **Minderungsmöglichkeit** gemäß § 13 Abs. 6 VOB/B auch dann, wenn die **Mängelbeseitigung für den Auftraggeber unzumutbar** ist.[587]

Beispiel:

Der Fehler ist nur zu beseitigen durch eine doppelt so teure Ausführung wie ursprünglich vorgesehen. Der Auftraggeber müsste also in erheblichem Umfang Sowieso-Kosten zusätzlich zahlen (dazu oben Rdn. 268 ff.). Dann kann er auch mit einer Minderung vorliebnehmen.

283 Zum Sonderfall der **Insolvenz des Hauptunternehmers** hat der BGH über § 13 Abs. 6 VOB/B hinaus einen Minderungsanspruch des Hauptunternehmers gegenüber dem Nachunternehmer auch in folgender Konstellation anerkannt: Der Bauherr macht gegenüber dem insolventen Hauptunternehmer

---

584 OLG Hamm, BauR 2001, 1757 m. w. N.
585 OLG Düsseldorf, BauR 2001, 1922.
586 BGH, BauR 2003, 533; auch OLG Düsseldorf, BauR 1993, 733 und 1999, 498; zur Nutzwertanalyse für die Minderwertberechnung bei Mängeln vgl. OLG Zweibrücken, BauR 2006, 690.
587 Dazu OLG Dresden, BauR 2003, 262.

einen Nachbesserungsanspruch geltend, der aufgrund der Insolvenz jedoch nur eine (meist wertlose) Insolvenzforderung darstellt. Der Hauptunternehmer könnte hingegen vom Nachunternehmer Nacherfüllung verlangen. Würde er dies tun, so käme die Nacherfüllung dem Bauherrn zugute, der auf diese Weise also seine (wertlose) Insolvenzforderung realisieren würde. Um hier eine Besserstellung des Bauherrn gegenüber anderen Gläubigern des Hauptunternehmers zu vermeiden, billigt der BGH dem Insolvenzverwalter des Hauptunternehmers einen Minderungsanspruch anstatt eines Nacherfüllungsanspruchs gegenüber dem Nachunternehmer zu, der als Geldanspruch (anstatt als Nachbesserungsleistung) der Insolvenzmasse zufließt und damit allen Gläubigern (und nicht nur dem Bauherrn) zugute kommt.[588]

4. Schadensersatzanspruch gemäß § 13 Abs. 7 VOB/B

Der durch die VOB/B 2002 in wesentlichen Teilen neu gefasste § 13 Abs. 7 re- **284** gelt den **Schadensersatzanspruch** des Auftraggebers. Dieser setzt in allen Fällen ein **Verschulden** (Vorsatz oder Fahrlässigkeit) des Auftragnehmers oder dessen Erfüllungsgehilfen voraus. Je nach der Schwere des Verschuldens einerseits und nach der eingetretenen Rechtsgutverletzung andererseits differenziert § 13 Abs. 7 VOB/B allerdings:

Soweit es durch einen schuldhaft (Vorsatz oder jede Form der Fahrlässigkeit) verursachten Mangel zu einer Verletzung des Lebens, des Körpers oder der Gesundheit des Auftraggebers gekommen ist, ist der Auftragnehmer uneingeschränkt schadensersatzpflichtig, § 13 Abs. 7 Nr. 1 VOB/B. Ebenso uneingeschränkt schadensersatzpflichtig ist der Auftragnehmer, wenn er einen Mangel vorsätzlich oder grob fahrlässig verursacht hat, § 13 Abs. 7 Nr. 2 VOB/B.

Mit den Abs. 1 und 2 trägt § 13 Abs. 7 VOB/B der neu gefassten AGB-Regelung in § 309 Nr. 7 BGB Rechnung, wonach eine Haftungsbeschränkung (oder gar ein Haftungsausschluss) in solchen Fällen durch AGB unzulässig ist. Bemerkenswert ist dabei, dass der DVA mit § 13 Abs. 7 Nr. 1 und Nr. 2 VOB/B auch bei isolierter Betrachtungsweise eine AGB-konforme Regelung geschaffen hat, seiner These einer AGB-Privilegierung der VOB/B ›als Ganzes‹ also selbst offenbar nicht recht traut.

Die früher zweigeteilte Schadensersatzverpflichtung des Auftragnehmers aus **285** § 13 Abs. 7 Nr. 1 und Nr. 2 VOB/B a. F. findet sich nun einheitlich in § 13 Abs. 7 Nr. 3 VOB/B. Hiernach ist der Auftragnehmer dem Auftraggeber ›im Übrigen‹ zum Ersatz des Schadens an der baulichen Anlage verpflichtet, wenn ein wesentlicher Mangel[589] vorliegt, der die Gebrauchsfähigkeit erheblich beeinträchtigt und auf ein Verschulden des Auftragnehmers zurückzuführen ist. Die Worte »im Übrigen« ersetzen das Wort »außerdem« in der früheren

---

588 BGH, BauR 2006, 1884.
589 Zum Begriff des wesentlichen Mangels vgl. OLG Düsseldorf, BauR 2009, 1317.

Fassung von § 13 Abs. 7 Nr. 1 VOB/B, womit die VOB zum Ausdruck brachte, dass der Auftraggeber Schadensersatz nicht anstelle der Nachbesserung fordern konnte, sondern nur, soweit die Nachbesserung die Mängelansprüche des Auftraggebers nicht abdeckte.[590] Bei dieser Systematik ist es trotz des veränderten Wortlauts geblieben.

286 Der Schadensersatzanspruch umfasst alle Aufwendungen, die für die ordnungsgemäße Herstellung des vom Auftragnehmer vertraglich geschuldeten Werks erforderlich sind. Er beschränkt sich nicht auf die geringeren Kosten einer Ersatzlösung, die den vertraglich geschuldeten Erfolg nicht herbeiführt.[591]

Auch ein anlässlich der Mängelbeseitigung erforderlicher Hotelaufenthalt des Auftraggebers ist als Schaden zu ersetzen,[592] gleichermaßen eine Mietminderung, die der Auftraggeber aufgrund eines Mangels hinnehmen muss.[593]

Die **Umsatzsteuer** gehört zum ersatzpflichtigen Schaden, soweit der Auftraggeber i. R. d. Schadensbeseitigung tatsächlich Umsatzsteuer gezahlt hat und nicht zum Vorsteuerabzug berechtigt ist. Vor der Mängelbeseitigung steht dem Auftraggeber hingegen kein Anspruch auf Zahlung von USt zu.[594] Will der nicht vorsteuerabzugsberechtigte Auftraggeber die Vorfinanzierung der USt vermeiden, so muss er einen Kostenvorschussanspruch gemäß § 637 Abs. 3 BGB bzw. § 13 Abs. 5 Nr. 2 VOB/B geltend machen, der sich auch auf die noch zu zahlende USt erstreckt.[595]

Den über den Schaden an der baulichen Anlage hinausgehenden Schaden hat der Auftragnehmer gemäß § 13 Abs. 7 Nr. 3 Satz 2 VOB/B zu ersetzen, wenn der Mangel auf einem Verstoß gegen die anerkannten Regeln der Technik beruht, im Fehlen der vertraglich vereinbarten Beschaffenheit besteht oder durch eine Versicherung nach näherer Maßgabe von Buchst. c) hätte versichert werden können. Die aktuelle Fassung der VOB/B beruht hier zum einen darauf, dass der Begriff der »zugesicherten Eigenschaften« durch denjenigen der »vereinbarten Beschaffenheit« ersetzt worden ist (dazu oben Rdn. 221) und dass aufgrund einer Gesetzesänderung die Allgemeinen Versicherungsbedingungen (Buchst. c), bisher Buchst. d)) nicht mehr genehmigt werden müssen, insoweit also eine Anpassung der Vorschrift erforderlich war. Inhaltlich hat sich an der Zweiteilung des Schadensersatzanspruchs ansonsten nichts geändert.

---

590 Vgl. dazu im Einzelnen die 10. Aufl., Rdn. 244.
591 BGH, BauR 2003, 1209.
592 BGH, BauR 2003, 1211.
593 BGH, BauR 2003, 1900, und OLG Hamm, BauR 2003, 1417.
594 BGH, BauR 2010, 1752. Nach Auffassung des OLG Düsseldorf (BauR 2012, 516) gilt dies jedoch nicht für Schäden, die vor dem 01.08.2002 eingetreten seien, da die entsprechende Bestimmung des § 249 Abs. 2 Satz 2 BGB erst am 01.08.2002 in Kraft getreten sei.
595 BGH, BauR 2010, 1754.

Weiterhin gilt: **287**

Wenn bekannte Mängel bei der **Abnahme nicht vorbehalten** werden, erlischt der Nachbesserungs- und Minderungsanspruch. Der **Schadensersatzanspruch bleibt aber erhalten.** Ist der Mangel – wie meist – vom Auftragnehmer verschuldet, dann kann der Auftraggeber also trotz fehlenden Vorbehaltes Schadensersatz im Hinblick auf die Mängelbeseitigungskosten sowie mögliche Folgeschäden verlangen.[596]

5. Aufwendungsersatz gemäß § 284 BGB

Das Schuldrechtsmodernisierungsgesetz hat mit § 284 BGB eine Vorschrift ge- **288** schaffen, die bei den Mängelansprüchen des Bestellers in § 634 Abs. 4 BGB ausdrücklich erwähnt ist, in der VOB/B aber keine Parallele hat. Da § 13 Abs. 5 bis 7 VOB/B keinen ausdrücklichen oder konkludenten Ausschluss dieser Bestimmung beinhaltet, gilt § 284 BGB damit auch für VOB-Verträge.

Inhaltlich regelt § 284 BGB, dass der Gläubiger anstelle des Schadensersatzes statt der Leistung auch Ersatz seiner Aufwendungen verlangen kann, die er im Vertrauen auf den Erhalt der Leistung gemacht hat und billigerweise machen durfte, es sei denn, deren Zweck wäre auch ohne die Pflichtverletzung des Schuldners nicht erreicht worden. Bei solchen vergeblichen Aufwendungen des Gläubigers (z. B. Kosten einer Werbeaktion) behalf die Rechtsprechung sich bisher mit der Rentabilitätsvermutung solcher Aufwendungen, um diese als Schadensersatz erstatten zu können. Solcher Behelfe bedarf es künftig nicht mehr.

VI. Verjährungsprobleme

1. Gesetzliche Regelung

Durch das Schuldrechtsmodernisierungsgesetz ist das Verjährungsrecht mit **289** Wirkung zum 01.01.2002 erheblich verändert worden. Wir beschränken uns hier auf die wichtigsten, für Bauverträge relevanten Regelungen:

a) Regelfrist

Die **regelmäßige Verjährungsfrist** beträgt nicht mehr, wie früher, 30 Jahre, **290** sondern gemäß § 195 BGB nur noch 3 Jahre. Gemäß § 199 Abs. 1 BGB beginnt die Dreijahresfrist mit dem Schluss des Jahres, in dem einerseits der entsprechende Anspruch entstanden (d. h. fällig geworden) ist, andererseits der Gläubiger von den den Anspruch begründenden Umständen und der Person des

---

596 Vgl. OLG Köln, NJW-RR 1993, 211 und näher oben Rdn. 217.

Schuldners Kenntnis erlangt hat oder ohne grobe Fahrlässigkeit hätte erlangen müssen.

Diese gesetzliche Regelverjährung gilt für alle Fälle, in denen nicht ausdrücklich eine andere Verjährungsregelung eingreift.

b) Verjährung von Mängelansprüchen

291 Die werkvertragliche **Mängelhaftungsfrist** ist in § 634a BGB geregelt. Sie beträgt für Planungs- und Überwachungsleistungen zu Bauwerken sowie Bauleistungen selbst nach wie vor 5 Jahre und beginnt gemäß § 634a Abs. 2 BGB nach wie vor mit der Abnahme. Zum bis 31.12.2001 gültigen (alten) Recht hat der BGH durch Urt. v. 08.07.2010[597] klargestellt, dass werkvertragliche Gewährleistungsansprüche des Bestellers auch dann der Verjährungsregelung des § 638 Abs. 1 Satz 1 BGB a. F. unterliegen, wenn sie bereits *vor* der Abnahme entstanden sind. Die Verjährungsfrist beginnt also erst zu laufen, wenn die Abnahme erfolgt oder endgültig verweigert wird. Das dürfte gleichermaßen für die derzeitig gültige Verjährungsregelung des § 634a BGB gelten und im Übrigen auch für die VOB-Verjährung.[598] Seit dem Jahr 2002 gilt auch die gemäß § 438 Abs. 1 Nr. 2b BGB auf 5 Jahre verlängerte Mängelhaftungsfrist des Baustofflieferanten, die gemäß § 438 Abs. 2 BGB allerdings bereits mit der Ablieferung der Baustoffe und nicht erst mit der Abnahme der eigentlichen Bauleistung beginnt. Dieser unterschiedliche Fristbeginn ändert aber nichts daran, dass die Rückgriffsmöglichkeiten des Auftragnehmers gegen seinen Baustofflieferanten massiv verbessert worden sind.

c) Arglistiges Verschweigen von Mängeln

292 Verschweigt der Auftragnehmer **Mängel arglistig**, so beträgt die Verjährungsfrist nicht mehr, wie früher, 30 Jahre. Es gilt vielmehr die unter a) erläuterte Regelfrist von 3 Jahren, mindestens aber die fünfjährige Frist, § 634a Abs. 3 Satz 2 BGB, und höchstens eine zehnjährige Frist gemäß § 199 Abs. 3 und 4 BGB.

Beispiel:

Die Abnahme findet am 15.03.2002 statt. Am 17.05.2002 stellt der Auftraggeber fest, dass der Auftragnehmer einen Mangel arglistig verschwiegen hat. Die dreijährige Regelfrist würde am 31.12.2005 enden. Aufgrund der gesetzlichen Regelung endet die Verjährung jedoch frühestens mit Ablauf der »üblichen« Frist von 5 Jahren, also am 15.03.2007.

---

597 BGH, BauR 2010, 1778.
598 Dazu näher Rdn. 297 ff.

Aber: Stellt der Auftraggeber den Mangel erst am 16.03.2010 fest und konnte er ihn trotz größter Sorgfalt vorher nicht erkennen, so beträgt die Verjährungsfrist gemäß § 199 Abs. 3 Nr. 1 BGB 10 Jahre, die erst am 15.03.2012 ablaufen.

Das arglistige Verschweigen eines Mangels ist vom BGH beispielsweise in dem Fall angenommen worden, in dem der Auftragnehmer unabgestimmt und in bewusster Abweichung vom Vertrag einen nicht erprobten Baustoff verwendet und den Auftraggeber nicht auf die damit verbundenen Risiken hingewiesen hatte.[599] Auch die Herstellung einer »schwarzen Wanne« anstatt der vereinbarten »weißen Wanne« stellt einen arglistig verschwiegenen Mangel dar, wenn der Auftragnehmer den Auftraggeber hierauf nicht spätestens bei der Abnahme hinweist.[600] Nach der Entscheidung des OLG Köln vom 23.03.2007[601] legt die Verwendung eines von den vertraglichen Vereinbarungen im LV abweichenden Materials zur Betonsanierung ohne entsprechende Vereinbarung ein arglistiges Verschweigen des Mangels durch den Auftragnehmer zumindest nahe.

d) Hemmung und Neubeginn der Verjährung

Hemmung und **Unterbrechung der Verjährung** sind ebenfalls seit dem Jahr 2002 erheblich verändert worden. **293**

aa) **Hemmung** bedeutet, dass die Frist, während derer die Verjährung des Anspruchs ausgesetzt ist, der Verjährungsfrist hinzugerechnet wird. § 203 BGB bestimmt generell, dass schwebende Verhandlungen zwischen dem Gläubiger und dem Schuldner über den Anspruch oder die den Anspruch begründenden Umstände zu einer Hemmung der Verjährung führen. Die Verjährung tritt in diesem Fall frühestens 3 Monate nach dem Ende der Hemmung ein. Eine Verhandlung in diesem Sinne kann natürlich nur dann angenommen werden, wenn beiderseits ein Meinungsaustausch über den geltend gemachten Anspruch stattfindet, nicht jedoch, wenn der Gläubiger (Auftraggeber) einseitig Ansprüche stellt, der Schuldner (Auftragnehmer) aber nicht oder ablehnend reagiert.[602] Die Verjährungshemmung tritt bereits bei Verhandlungen der Parteien über die (äußeren) Mangelerscheinungen ein, ohne dass die Verhandlungen sich auch auf die Mängelursachen oder -beseitigungsmaßnahmen beziehen müssen.[603]

---

599 Verwendung neuartigen Faserspachtels, BGH, BauR 2002, 1401; näher unten Rdn. 304 ff.
600 OLG Celle, BauR 2009, 667.
601 OLG Köln, BauR 2008, 526.
602 BGH, BauR 2007, 380, wonach zu Zweifelsfällen auch auf die Rechtsprechung zu § 639 Abs. 2 BGB a. F. zurückgegriffen werden kann.
603 BGH, BauR 2008, 514.

294 Über diese Regelung hinaus hat das Schuldrechtsmodernisierungsgesetz praktisch alle Tatbestände, die nach früherem Recht zu einer Unterbrechung der Verjährung führten, nur noch als Hemmung geregelt. Das gilt z. B.

- für einen Rechtsstreit (Klage auf Nachbesserung, auf Kostenerstattung wegen durchgeführter Selbstvornahme usw.), § 204 Abs. 1 Nr. 1 BGB;
- den gerichtlichen Mahnbescheid (§ 204 Abs. 1 Nr. 3 BGB);
- die Streitverkündung in einem Gerichtsverfahren (§ 204 Abs. 1 Nr. 6 BGB);
- die Zustellung des Antrags auf Durchführung eines selbstständigen Beweisverfahrens (§ 204 Abs. 1 Nr. 7 BGB).

Wichtig ist in diesem Zusammenhang auch die Bestimmung des § 204 Abs. 2 BGB, wonach die Hemmung in den vorgenannten Fällen 6 Monate nach der rechtskräftigen Entscheidung oder anderweitigen Beendigung des eingeleiteten Verfahrens endet. Gerät das Verfahren allerdings dadurch in Stillstand, dass die Parteien es nicht betreiben, so tritt an die Stelle der Beendigung des Verfahrens die letzte Verfahrenshandlung der Parteien, des Gerichts oder der sonst mit dem Verfahren befassten Stelle. Wird das Verfahren dann erneut betrieben, so tritt die Hemmung auch erneut ein.

295 bb) Die **Unterbrechung der Verjährung** wird seit dem Schuldrechtsmodernisierungsgesetz etwas plastischer als **Neubeginn der Verjährung** bezeichnet und tritt nach der gesetzlichen Regelung nur noch ausnahmsweise ein. Ein für Bauverträge wichtiger Fall ist in § 212 Abs. 1 Nr. 1 BGB geregelt. Die **Anerkennung des Anspruchs durch den Schuldner**[604] führt nicht nur zu einer Hemmung, sondern zu einem Neubeginn der Verjährung. Will ein Auftragnehmer vermeiden, dass der Auftraggeber die von ihm durchgeführten Nachbesserungsarbeiten als verjährungsrechtlich relevantes Anerkenntnis bewertet, so muss er anlässlich der Arbeiten hinreichend klar zum Ausdruck bringen, dass er sie ausschließlich aus Kulanz und unter Ablehnung seiner Gewährleistungsverpflichtung übernimmt.[605] Beim VOB-Vertrag führt der Neubeginn der Verjährung nach Anerkenntnis durch den Auftragnehmer zum erneuten Beginn der vereinbarten Frist (z. B. von 5 Jahren) und nicht nur der Regelfrist des § 13 Abs. 4 VOB/B.[606]

2. Verjährung der Ansprüche nach § 13 VOB/B

296 Im Sog der Schuldrechtsmodernisierung sah sich auch der DVA in der VOB/B 2002 zu einer Anpassung der Verjährungsregelungen in der VOB/B veranlasst, die durch die VOB/B 2006 noch einmal geringfügig geändert worden sind:

---

604 Z. B. durch Abschlagszahlung oder in sonstiger Weise; zur Anerkennung von Mängelansprüchen vgl. BGH, BauR 2005, 710, OLG Celle, BauR 2003, 403 und OLG Frankfurt am Main, BauR 2009, 1315.
605 BGH, BauR 2012, 1889; ebenso OLG Naumburg, BauR 2011, 1655.
606 So ausdrücklich BGH, BauR 2005, 710.

a) Regelverjährung

§ 13 Abs. 4 VOB/B bestimmt folgende **Regelverjährungsfristen:**   **297**

- 4 Jahre für Bauwerke;
- 2 Jahre für sonstige Werkleistungen (z. B. Arbeiten an einem Grundstück) und für die vom Feuer berührten Teile von Feuerungsanlagen;
- 2 Jahre für die Teile von maschinellen und elektrotechnischen/elektronischen Anlagen, bei denen die Wartung Einfluss auf die Sicherheit und Funktionsfähigkeit hat, wenn der Auftraggeber dem Auftragnehmer während der Verjährungsfrist nicht die Wartung übertragen hat;[607]
- 1 Jahr für feuerberührte und abgasdämmende Teile von industriellen Feuerungsanlagen.

Für den Schadensersatzanspruch gemäß § 13 Abs. 7 Nr. 3 VOB/B bestimmt § 13 Abs. 7 Nr. 4 VOB/B unter den dort genannten Voraussetzungen die Geltung der gesetzlichen Verjährungsfrist von 5 Jahren.

Die Frist beginnt mit der Abnahme, bei einer rechtsgeschäftlichen Teilabnahme gemäß § 12 Abs. 2 VOB/B mit dieser Teilabnahme, § 13 Abs. 4 Nr. 3 VOB/B.

Für »normale Bauleistungen« ist die Verjährungsfrist seit der VOB/B 2002 gegenüber der früheren Rechtslage also verdoppelt und damit der gesetzlichen Verjährungsfrist von 5 Jahren angenähert worden. Das Zurückbleiben der VOB/B gegenüber dem Gesetz um ein einziges Jahr erscheint jedoch wenig überzeugend. Wie sich aus der Begründung des DVA zur VOB 2002 ergibt, sah sich der DVA einerseits gezwungen, dem Drängen nach einer längeren VOB/B-Verjährung nachzugeben, andererseits aber auch von dem Spielraum Gebrauch zu machen, den die gesetzliche Privilegierung der VOB/B-Verjährung in § 309 Nr. 8b ff. BGB erhalten hat. Diese Begründung ist nun entfallen, da die Bestimmungen der VOB/B gemäß § 310 Abs. 1 Satz 3 BGB bei der Verwendung gegenüber Unternehmern, der öffentlichen Hand usw. insgesamt privilegiert sind, wenn sie dem Vertrag uneingeschränkt zugrunde liegen. Es bleibt also abzuwarten, ob der DVA die Sonderregelung einer auf 4 Jahre verkürzten Regelverjährungsfrist für VOB/B-Verträge aufrechterhält.   **298**

Da in der Praxis bisher schon bei vielen VOB-Verträgen eine fünfjährige Verjährungsfrist vereinbart worden ist, dürfte der Verlängerung der Frist auf 4 Jahre keine allzu große Bedeutung zukommen.

b) »Quasi-Neubeginn« der Verjährung bei schriftlicher Mängelrüge

Auch die früher als »**Quasi-Verjährungsunterbrechung**« bezeichnete Regelung in § 13 Abs. 5 Nr. 1 Satz 2 und 3 VOB/B ist im Jahr 2002 verändert worden. Der   **299**

---

607 Zur nachträglichen Verkürzung der Verjährungsfrist, wenn der Wartungsvertrag vorzeitig gekündigt wird, vgl. OLG Düsseldorf, BauR 2004, 97.

Anspruch auf Beseitigung der gerügten Mängel verjährt hiernach in 2 Jahren, gerechnet vom Zugang des **schriftlichen Verlangens** an, jedoch nicht vor Ablauf der Regelfristen nach Nr. 4 oder der an ihrer Stelle vereinbarten Frist. Diese verjährungsverlängernde Wirkung der Mängelrüge (»Quasi-Neubeginn«) setzt die Schriftform voraus, greift also nicht bei einer lediglich mündlichen Mängelrüge.[608] Die Mängelrüge per e-mail genügt gemäß § 127 Abs. 2 BGB der Schriftform. Wird ein Mangel also beispielsweise 3,5 Jahre nach der Abnahme schriftlich gerügt, so endet die Verjährungsfrist für die Mängelansprüche bezüglich dieses Mangels erst zwei Jahre später und ist damit länger als die gesetzliche Verjährungsfrist von 5 Jahren gemäß § 634a Abs. 1 Nr. 2 BGB. Vereinbaren die Parteien gemäß § 13 Abs. 4 Nr. 1 VOB/B eine Verjährungsfrist von 5 Jahren für die Mängelansprüche des Auftraggebers, so kann über § 13 Abs. 5 Nr. 1 VOB/B eine Verjährungsfrist von bis zu 7 Jahren – je nach dem Zeitpunkt der schriftlichen Mängelrüge – eintreten. Die Verjährungsverlängerung gemäß § 13 Abs. 5 Nr. 1 Satz 2 VOB/B hält auch bei isolierter Inhaltskontrolle den Anforderungen des AGB-Rechts stand.[609] Auch die Regelung in § 13 Abs. 5 Nr. 1 Satz 3 VOB/B hält einer AGB-rechtlichen Inhaltskontrolle stand.[610]

Oft wird verkannt, dass nur die **erste** schriftliche Rüge zum Neubeginn der Verjährungsfrist führt.[611] Zu Beweiszwecken sollte die erste schriftliche Mängelrüge deshalb als Einschreiben mit Rückschein/Telefax mit Zugangsnachweis erfolgen.

Beispiel:

Die ersten zwei Mängelrügen erfolgen als einfache Schreiben, die dritte Rüge mit Nachfristsetzung einige Monate später als Einschreiben mit Rückschein.

Man weiß nie, ob die beiden ersten Schreiben dem Auftragnehmer überhaupt zugegangen sind bzw. dieser im Prozess den Zugang bestreiten wird. In solchen Fällen ist die Fristberechnung deshalb sehr unsicher.

300 Außerdem: Die Mängelrüge muss **gegenüber dem Auftragnehmer** selbst erfolgen.

Beispiel:

Der Auftragnehmer befindet sich in Insolvenz; glücklicherweise verfügt der Auftraggeber über eine Mängelhaftungsbürgschaft. Vor Ablauf der Mängelhaftungsfrist rügt der Auftraggeber Mängel gegenüber der Bank und fordert diese zur Zahlung auf. Die Mängelrüge gegenüber der Bank hat keine Wirkungen. Insbesondere führt diese Mängelrüge nicht zu einer Hemmung oder zu einem

---

608 OLG Schleswig, BauR 2012, 815.
609 Vgl. OLG Naumburg, BauR 2007, 551; OLG Celle, BauR 2008, 353; OLG Hamm, BauR 2009, 1913.
610 OLG Düsseldorf, BauR 2011, 834.
611 Zuletzt wieder OLG Düsseldorf, BauR 1998, 549.

Neubeginn der Verjährung. Die Bank kann also getrost den Ablauf der Verjährungsfrist abwarten.[612]

Hat der Auftraggeber hingegen rechtzeitig vor Ablauf der Frist Mängel gegenüber dem Auftragnehmer gerügt, dann bleibt ihm die **Mängeleinrede** auch nach eingetretener Verjährung gegenüber dem Restzahlungsanspruch des Auftragnehmers erhalten.[613] In diesem Fall kann der Auftraggeber sich aus einer noch vorhandenen Mängelhaftungsbürgschaft befriedigen, obwohl seine Mängelansprüche an sich verjährt sind.[614] Zur Aufrechterhaltung der Mängeleinrede reicht auch beim VOB/B-Bauvertrag eine **mündliche Mängelrüge**.[615]

c) Verjährung bei Nachbesserungsarbeiten

Die Nachbesserungsarbeiten unterliegen gemäß § 13 Abs. 5 Nr. 1 Satz 3 **301** VOB/B ihrerseits einer eigenständigen, zweijährigen Verjährungsfrist, die mit der Abnahme der Nachbesserungsleistungen beginnt.[616] I. d. R. werden Nachbesserungsarbeiten stillschweigend abgenommen.[617] Ist jedoch im Bauvertrag auch für die Nachbesserungsarbeiten eine förmliche Abnahme vereinbart oder wird diese vom Auftragnehmer verlangt, so beginnt die neue Verjährungsfrist erst mit dieser förmlichen Abnahme.[618]

Während der Nachbesserungsarbeiten ist die Verjährungsfrist gehemmt. Die Hemmung endet erst mit der Abnahme oder der endgültigen Abnahmeverweigerung durch den Auftraggeber.[619] Die neue Zweijahresfrist nach Abnahme bzw. Abnahmeverweigerung kann ihrerseits durch erneute schriftliche Mängelrüge unterbrochen werden.[620]

Das OLG Hamm hat die Bestimmung des § 13 Abs. 5 Nr. 1 Satz 3 VOB/B für AGB-unwirksam gehalten, wenn die VOB/B dem Vertrag nicht als Ganzes zugrunde liege.[621] Der BGH teilt diese Bedenken offenbar nicht, denn er hält die Bestimmung des § 13 Abs. 5 Satz 3 VOB/B für eine »besonders sachgerechte Regelung« im Interesse des Auftraggebers[622] und damit gerade nicht für eine unangemessene Benachteiligung des Auftragnehmers i. S. d. AGB-Rechts.

---

612 BGH, NJW 1986, 310.
613 Vgl. BGH, BauR 1991, 460.
614 Vgl. BGH, BauR 1993, 335 und 337.
615 BGH, BauR 2007, 700.
616 BGH, BauR 2008, 2039.
617 Dazu oben Rdn. 189.
618 Vgl. OLG Düsseldorf, IBR 1994, 13.
619 BGH, BauR 2008, 2039.
620 Vgl. OLG Hamm, BauR 1993, 86.
621 Vgl. OLG Hamm, IBR 1994, 316.
622 BGH, BauR 2008, 2039, 2040.

§ 13 Abs. 5 Nr. 1 Satz 3 VOB/B bestimmt klarstellend, dass die zweijährige Verjährungsfrist für Nachbesserungsleistungen nicht vor Ablauf der Regelfrist von 4 Jahren endet, was eine Selbstverständlichkeit ist und in dem Fall relevant wird, in dem in den ersten beiden Jahren nach der Abnahme Mängelbeseitigungsarbeiten ausgeführt werden.

3. BGB-Werkvertrag

302 Beim BGB-Werkvertrag beträgt die Mängelhaftungsfrist, wie in Buchst. a) schon erwähnt, nach wie vor 5 Jahre. Eine schriftliche Mängelrüge führt weder zu einem Neubeginn noch zu einer Hemmung der Verjährung, wenn nicht im Sinne von § 203 BGB Verhandlungen der Parteien über den geltend gemachten Anspruch stattfinden.

Nachbesserungsarbeiten unterliegen beim BGB-Bauvertrag keiner gesonderten Verjährung. Ausnahme: Der Auftragnehmer hat den geltend gemachten Nachbesserungsanspruch des Auftraggebers im Sinne von § 212 Abs. 1 Nr. 1 BGB anerkannt, was dann zum Neubeginn der Verjährung führt.

4. Verlängerung der VOB/B-Fristen durch Vertrag

303 Die »reine VOB-Mängelhaftung«, also die früher lediglich zweijährige und jetzt vierjährige Verjährungsfrist für Baumängel, wird in der Praxis regelmäßig durch längere Fristvereinbarungen im Vertrag verdrängt.

Wie sich unmittelbar aus § 13 Nr. 4 Satz 1 VOB/B ergibt, ist es auch ohne Weiteres zulässig, die 4-jährige Regelfrist der VOB zu verlängern, z. B. auf die fünfjährige Verjährungsfrist gemäß § 634a BGB[623] oder auf eine Frist von 5 Jahren und 4 Wochen.[624] Allerdings muss im Einzelfall darauf geachtet werden, ob tatsächlich eine »VOB-Mängelhaftung« mit entsprechend verlängerter Frist vereinbart wurde oder, was auch nicht selten vorkommt, eine ›BGB-Mängelhaftung‹, bei der sich die Mängelansprüche des Auftraggebers nach den Regeln des BGB und nicht der VOB/B richten. Im Rahmen der VOB-Mängelhaftung ist die Bestimmung des § 13 Abs. 4 Nr. 2, Halbs. 1. zu beachten, wonach die 2-jährige Verjährungsfrist für Teile von maschinellen und elektrotechnischen/ elektronischen Anlagen unter den dort genannten Voraussetzungen auch dann gilt, wenn im Übrigen eine verlängerte Verjährungsfrist vereinbart ist. Für diese Anlagenteile muss also ausdrücklich und gesondert eine längere Frist vereinbart werden, falls das gewünscht ist.

---

623 Vgl. BGH, BauR 1987, 445.
624 Vgl. OLG Düsseldorf, BauR 1995, 111.

Nach streitiger, aber wohl zutreffender Auffassung stellt eine Verlängerung der VOB-Gewährleistungsfrist **keinen Eingriff in die VOB/B** dar.[625]

5. Verlängerte Haftung für Organisationsverschulden

Vor Inkrafttreten des Schuldrechtsmodernisierungsgesetzes betrug die Haf- **304** tung des Auftragnehmers für arglistig verschwiegene Mängel 30 Jahre.[626] Arglist setzt grundsätzlich vorsätzliches Handeln des Auftragnehmers voraus. Allerdings hat der BGH die verlängerte Haftung für Arglist auch dann angewendet, wenn der Auftragnehmer in seinem Betrieb nicht organisatorisch sichergestellt hatte, dass im Rahmen einer **Qualitätskontrolle** vor der Abnahme Mängel festgestellt wurden. Konkreter Fall: Der Auftragnehmer errichtete 1968 eine Scheune aus Spannbeton-Fertigteilen, die 1988 teilweise einstürzte. Der Grund lag darin, dass die Pfetten des Flachdachs nicht ausreichend auf den Konsolen auflagen, was vor oder bei der Abnahme niemand vom Auftragnehmer kontrolliert hatte, aber ohne Weiteres erkennbar gewesen war. Der BGH verneinte die Verjährung.[627]

Inzwischen haben sich zahlreiche Obergerichte mit ähnlichen Fallgestaltungen **305** befasst und dabei teilweise einen groben Organisationsmangel mit der Folge 30-jähriger Haftung bejaht, teilweise aber auch verneint: Das OLG Köln[628] hat sich mit der mangelhaften Organisation des Herstellprozesses befasst, das OLG Oldenburg[629] mit der mangelhaften Betriebsorganisation unter besonderer Berücksichtigung der Überwachung des Herstellprozesses und der Qualitätsüberprüfung vor Abnahme. Das OLG Stuttgart hat im Urteil[630] die 30-jährige Haftung eines Auftragnehmers bestätigt, der keine ausreichende Qualitätskontrolle bei der Herstellung von Spannbetonplatten sichergestellt hatte, sodass offenkundige Mängel unentdeckt blieben. Weitere Fälle aus der neueren Rechtsprechung: OLG Düsseldorf, BauR 1999, 1021; OLG Hamm, BauR 1999, 767; OLG Brandenburg, BauR 1999, 1191; OLG Jena, BauR 2001, 1124 (30-jährige Haftung auch bei einem VOB-Vertrag möglich, im konkreten Fall aber verneint); OLG Hamm, BauR 2001, 1126 (keine Anwendung der verlängerten Haftung für Organisationsverschulden bei einem Kaufvertrag über eine gebrauchte Eigentumswohnung); auch der BGH hat in einem weiteren Urt. v. 30.11.2004[631] nochmals festgestellt, dass der Werkunternehmer, der das Werk arbeitsteilig herstellen lässt, die organisatorischen Voraussetzungen

---

625 So richtig OLG Düsseldorf, BauR 1995, 111; a. A., aber wenig überzeugend, OLG München, IBR 1994, 361; OLG Hamm, IBR 1995, 293 und BauR 2009, 1913; OLG Frankfurt am Main, BauR 2005, 1939 i. V. m. weiteren Klauseln.

626 Beispielsfall dazu: OLG München, BauR 1998, 129.

627 BauR 1992, 500.

628 BauR 1995, 107.

629 BauR 1995, 105.

630 BauR 1997, 317.

631 BGH, BauR 2005, 550.

schaffen muss, um sachgerecht beurteilen zu können, ob das Werk bei Ablieferung mangelfrei ist. Unterlässt er dies und wäre der Mangel bei richtiger Organisation entdeckt worden, verjähren die Gewährleistungsansprüche des Bestellers wie bei arglistigem Verschweigen eines Mangels.

In einem weiteren wichtigen Urteil zur verlängerten Haftung bei Organisationsverschulden hat der BGH festgehalten: Die Organisationspflicht des Auftragnehmers ist keine vertragliche Verbindlichkeit gegenüber dem Auftraggeber, sondern (lediglich) eine Obliegenheit. Eine Obliegenheitsverletzung kann dem Unternehmer nicht allein deshalb angelastet werden, weil sein Nachunternehmer die Herstellung des ihm übertragenen Werks seinerseits nicht richtig organisiert. Eine Verschuldenszurechnung des Nachunternehmers über § 278 BGB scheidet aus, eben weil die Organisations»pflicht« lediglich eine Obliegenheit ist.[632] Beim Nachunternehmereinsatz genügt der Hauptunternehmer seiner Organisationsobliegenheit also bereits dann, wenn er den Nachunternehmer sorgfältig aussucht. Ein Organisationsverschulden des Nachunternehmers ist dem Hauptunternehmer hingegen nicht zuzurechnen.[633]

Wie unter Buchst. a) bereits erwähnt, beträgt die Haftung bei arglistigem Verhalten des Auftragnehmers nach dem Schuldrechtsmodernisierungsgesetz nicht mehr 30 Jahre, sondern 3 Jahre ab Kenntnis vom Anspruch und vom Anspruchsgegner, § 634a Abs. 3 BGB, mindestens 4 Jahre (VOB-Vertrag) bzw. 5 Jahre (BGB-Vertrag), max. 10 Jahre ab Entstehung des Anspruchs, § 199 Abs. 3 Nr. 1 BGB. Folglich ist auch die obergerichtliche Rechtsprechung dahin zu modifizieren, dass das grobe Organisationsverschulden des Auftragnehmers nur noch zum Eintritt der regelmäßigen Verjährungsfrist anstatt der (starren) 5-jährigen Verjährungsfrist führt.

306 Für **Übergangsfälle** aus der Zeit vor dem 31.12.2001 ist die Rechtslage noch etwas komplizierter. Art. 229 § 6 Abs. 3 und Abs. 4 EGBGB bestimmt, dass bei konkurrierenden Verjährungsvorschriften nach altem und neuem Recht die jeweils kürzere Frist gilt, was natürlich vom Einzelfall abhängt.

Beispiel 1:

Dem Auftragnehmer ist grobes Organisationsverschulden anzulasten, die Abnahme hat am 01.03.1992 stattgefunden. Der Auftraggeber ist über den Anspruch und den Schuldner des Anspruchs seit dem 01.01.1998 informiert.

Nach altem Recht wäre die Verjährung erst im Jahr 2022 eingetreten. Nach neuem Recht hat die 3-jährige Verjährung am 01.01.2002 begonnen und ist am 31.12.2004 geendet. Die neue, kürzere Frist verdrängt also die alte, längere Frist.

---

632 BGH, BauR 2008, 87.
633 BGH, BauR 2008, 87.

Beispiel 2:

Wie Beispiel 1, allerdings hat die Abnahme am 30.09.1972 stattgefunden. Anspruch und Anspruchsgegner sind dem Auftraggeber seit dem 15.12.1995 bekannt.

Hier wäre die Verjährung nach altem Recht am 30.9.2002 eingetreten, nach neuem Recht am 31.12.2004. Hier bleibt es bei der alten Verjährung, weil diese früher eintritt als die Verjährung nach neuem Recht.

6. Verzicht auf die Einrede der Verjährung

Der Verzicht auf die Einrede der Verjährung führt dazu, dass die Verjährung **307** zwar möglicherweise eintritt, der Auftragnehmer sich hierauf aber nicht berufen darf, weil er auf die Erhebung der Verjährungseinrede verzichtet hat. Der Sinn und Zweck besteht regelmäßig darin, dass die Geltendmachung von Mängelhaftungsansprüchen kurz vor Fristablauf und ggf. Verhandlungen der Parteien hierüber nicht unter Zeitdruck geraten im Hinblick auf den kurz bevorstehenden Verjährungseintritt. Ein Rechtsstreit oder ein Beweissicherungsverfahren kann dann häufig zunächst vermieden werden. Der Auftragnehmer sollte einen Verzicht auf die Einrede der Verjährung aber niemals voreilig oder gar unbefristet abgeben, sondern allenfalls befristet auf eine solche Zeit, innerhalb derer normalerweise eine Klärung herbeigeführt werden kann. Sind die Verhandlungen dann immer noch nicht abgeschlossen, kann der Verzicht nötigenfalls auch verlängert werden.

Die wichtigsten Voraussetzungen und Rechtsfragen der Mängelansprüche sind in der nachstehenden Abbildung 7 zusammengefasst.

Mangel liegt vor bei
- Fehlen der vereinbarten Beschaffenheit oder
- Verstoß gegen die anerkannten Regeln der Technik oder
- fehlender Eignung für die nach dem Vertrag vorausgesetzte oder die gewöhnliche Verwendung des Werks

Trotz des Vorliegens eines Mangels keine Mängelansprüche, wenn
1. der Mangel beruht auf
   – auftraggeberseitiger Leistungsbeschreibung oder sonstigen Anordnungen des AG **oder**
   – vom AG gelieferten oder bindend vorgeschriebenen Stoffen **oder**
   – mangelhaften Vorleistungen anderer Unternehmer **und**
2. der AN seiner Prüfungs- und (schriftlichen) Hinweispflicht genügt hat

Mängelansprüche **vor** der Abnahme:
1. Nacherfüllungspflicht gemäß § 4 Abs. 7 Satz 1
2. Schadensersatzpflicht, soweit der Mangel verschuldet wurde, § 4 Abs. 7 Satz 2
3. Minderung analog § 13 Abs. 6, wenn Mängelbeseitigung unmöglich, unverhältnismäßig oder unzumutbar
4. Selbstvornahme gemäß § 4 Abs. 7 Satz 3, wenn der Mangel trotz
   – Rüge
   – Fristsetzung mit Kündigungsandrohung und
   – anschließender schriftlicher Kündigungserklärung nicht beseitigt worden ist.
   Achtung:
   Teilkündigung nur begrenzt zulässig.
5. Aufwendungsersatz gemäß § 284 BGB

Mängelansprüche **nach** der Abnahme:
1. Nacherfüllungspflicht gemäß § 13 Abs. 5 Nr. 1
2. Selbstvornahme, wenn der Mangel trotz Fristsetzung nicht beseitigt wurde. Kündigung nach Abnahme nicht erforderlich.
3. Minderung gemäß § 13 Abs. 6, wenn Mängelbeseitigung unmöglich, unverhältnismäßig oder unzumutbar
4. Schadensersatzpflicht, soweit der Mangel verschuldet wurde **und** die sonstigen Voraussetzungen des § 13 Abs. 7 erfüllt sind.
5. Aufwendungsersatz gemäß § 284 BGB

Abbildung 7: Mängelansprüche nach VOB/B vor und nach der Abnahme

K. Die Zahlung des Werklohns

Vorbemerkung 308

Die VOB (2012) hat in Teil B lediglich zu Änderungen in § 16 geführt, die nachstehend im Zusammenhang erläutert werden. Diese Änderungen in § 16 gehen wiederum zurück auf die sog. **Zahlungsverzugsrichtlinie** der Europäischen Union vom 16.02.2011.[634] Zusammengefasst bestehen die Änderungen in § 16 VOB/B darin, dass die Fristenregelungen im Sinne einer Harmonisierung von Werktagen auf Kalendertage umgestellt worden sind. Der Schlusszahlungsanspruch des Auftragnehmers ist grundsätzlich bereits nach 30 Kalendertagen (und nicht mehr nach zwei Monaten) fällig. Schließlich kommt der Auftraggeber entgegen der bisherigen »Tradition« der VOB und analog der gesetzlichen Bestimmung des § 286 Abs. 3 BGB auch ohne Mahnung und Nachfristsetzung 30 Tage nach Fälligkeit und Rechnungszugang in Zahlungsverzug.

I. Die Abschlagszahlung gemäß § 16 Abs. 1 VOB/B – Besonderheiten beim BGB-Vertrag

1. Grundsätzliches

a) BGB-Werkvertrag

aa) Früher enthielt das BGB keinerlei Regelung über Abschlagszahlungen beim 309 Werkvertrag, d. h., der Auftragnehmer war in vollem Umfang vorleistungspflichtig, da sein Werklohnanspruch insgesamt erst mit der Abnahme fällig wurde, § 641 Abs. 1 BGB. Per 01.05.2000 wurde durch das Gesetz zur Beschleunigung fälliger Zahlungen die Bestimmung des § 632a BGB eingeführt, wonach dem Auftragnehmer eines BGB-Werkvertrages erstmals unter bestimmten Voraussetzungen ein Anspruch auf Abschlagszahlungen zugebilligt wurde. Die gesetzlichen Voraussetzungen waren jedoch in der Praxis kaum zu erfüllen, so dass der Anspruch weitgehend leer lief. Dies hat den Gesetzgeber veranlasst, durch das Forderungssicherungsgesetz per 01.01.2009 eine Neufassung des § 632a BGB vorzulegen, die für alle ab 01.01.2009 abgeschlossenen Verträge Folgendes bestimmt:

> »1) Der Unternehmer kann von dem Besteller für eine vertragsgemäß erbrachte Leistung eine Abschlagszahlung in der Höhe verlangen, in der der Besteller durch die Leistung einen Wertzuwachs erlangt hat. Wegen unwesentlicher Mängel kann die Abschlagszahlung nicht verweigert werden. § 641 Abs. 3 gilt entsprechend. Die Leistungen sind durch eine Aufstellung

---

634 Richtlinie 2011/7/EU des Europäischen Parlaments und des Rats vom 16.02.2011 zur Bekämpfung von Zahlungsverzug im Geschäftsverkehr.

nachzuweisen, die eine rasche und sichere Beurteilung der Leistungen ermöglichen muss. Die Sätze 1 bis 4 gelten auch für erforderliche Stoffe oder Bauteile, die angeliefert oder eigens angefertigt oder bereitgestellt sind, wenn dem Besteller nach seiner Wahl Eigentum an den Stoffen oder Bauteilen übertragen oder entsprechende Sicherheit hierfür geleistet wird.

2) ...

3) Ist der Besteller ein Verbraucher und hat der Vertrag die Errichtung oder den Umbau eines Hauses oder eines vergleichbaren Bauwerks zum Gegenstand, ist dem Besteller bei der ersten Abschlagszahlung eine Sicherheit für die rechtzeitige Herstellung des Werks ohne wesentliche Mängel in Höhe von 5 vom 100 des Vergütungsanspruchs zu leisten. Erhöht sich der Vergütungsanspruch infolge von Änderungen oder Ergänzungen des Vertrages um mehr als 10 vom 100, ist dem Besteller bei der nächsten Abschlagszahlung eine weitere Sicherheit in Höhe von 5 vom 100 des zusätzlichen Vergütungsanspruchs zu leisten. Auf Verlangen des Unternehmers ist die Sicherheitsleistung durch Einbehalt dergestalt zu erbringen, dass der Besteller die Abschlagszahlungen bis zu dem Gesamtbetrag der geschuldeten Sicherheit zurückhält.

4) ...«

310   bb) Die aktuelle Fassung von § 632a BGB stellt eine deutliche Verbesserung gegenüber der früheren Regelung dar, wonach der Auftragnehmer nur für in sich abgeschlossene Teilleistungen eine Abschlagszahlung verlangen konnte und auch nur dann, wenn der Auftraggeber Eigentum an den erbrachten Teilleistungen erhielt oder aber zumindest eine entsprechende Sicherheit (z. B. Bürgschaft). Die aktuelle Fassung des Gesetzes orientiert sich nunmehr an der praxisbewährten Bestimmung des § 16 Abs. 1 VOB/B, ohne ihr allerdings in vollem Umfang zu entsprechen. Voraussetzung des gesetzlichen Anspruchs auf eine Abschlagszahlung ist eine vertragsgemäß erbrachte Leistung des Auftragnehmers, durch die der Besteller einen entsprechenden Wertzuwachs erlangt hat. Für die Höhe der Abschlagsforderung kommt es insoweit natürlich auf die anteilige vereinbarte Vergütung und nicht auf einen objektiven Wertzuwachs des Grundstücks an. Insoweit entspricht die Bestimmung also letztlich der VOB/B-Regelung des § 16 Abs. 1 Nr. 1 VOB/B (dazu sogleich Rdn. 312).

cc) Eine deutliche Abweichung zwischen der gesetzlichen Neuregelung und der Regelung in § 16 Abs. 1 VOB/B besteht jedoch hinsichtlich vorhandener **Mängel der abgerechneten Teilleistung**. Das Gesetz bestimmt hierzu in § 632a Abs. 1 Satz 2, dass wegen unwesentlicher Mängel die Abschlagszahlung nicht verweigert werden darf, was im – naheliegenden – Umkehrschluss bedeutet, dass bei wesentlichen Mängeln die Abschlagszahlung also verweigert werden darf. Gemäß § 632a Abs. 1 Satz 3 BGB gilt jedoch in diesem Zusammenhang § 641 Abs. 3 BGB entsprechend. Gemäß § 641 Abs. 3 BGB kann der Auftraggeber bei vorhandenen Mängeln nach der Fälligkeit des Werklohns die Zahlung eines angemessenen Teils der Vergütung, regelmäßig das Zweifache des Mängelbeseitigungsaufwandes, verweigern (dazu oben Rdn. 265). Bedeutet der etwas missverständliche Text des § 632a Abs. 1 BGB also, dass der Auftraggeber bei wesentlichen Mängeln überhaupt keine Abschlagszahlungen leisten muss und bei unwesentlichen Mängeln auf den doppelten Einbehalt beschränkt ist?

Die klare Antwort lautet: Ja. Aus den Gesetzesmaterialien ergibt sich der eindeutige Wille des Gesetzgebers, dass der Auftraggeber eines BGB-Werkvertrages bei wesentlichen Mängeln keine Abschlagszahlung leisten und (nur) bei unwesentlichen Mängeln auf den doppelten Einbehalt beschränkt ist.[635] Bei Vorliegen eines wesentlichen Mangels (dazu oben Rdn. 204 ff.) ist der Auftraggeber eines BGB-Werkvertrages also nicht zur Abschlagszahlung verpflichtet. Bei lediglich unwesentlichen Mängeln kann er einen doppelten Mängeleinbehalt vornehmen, der Rest muss als Abschlagszahlung ausgezahlt werden.[636]

Auch zu der bisherigen Fassung von § 632a BGB wurde übrigens vereinzelt die Auffassung vertreten, »vertragsgemäße Leistung« setze die Mängelfreiheit voraus.[637]

dd) Neu ist der gesetzliche Sicherungsanspruch zugunsten des Auftraggebers **311** in § 632a Abs. 3 BGB. Soweit der Auftraggeber Verbraucher ist und der Vertrag die Errichtung oder den Umbau eines Hauses oder eines vergleichbaren Bauwerks (z. B. Eigentumswohnung) zum Inhalt hat und der Auftraggeber eine Abschlagszahlung leisten soll, muss der Auftragnehmer dem Auftraggeber bei der ersten Abschlagszahlung Sicherheit i. H. v. 5 % des Vergütungsanspruchs stellen. Sieht eine Klausel in einem Bauvertrag mit einem Verbraucher die Fälligkeit der ersten Abschlagszahlung zu Gunsten des Auftragnehmers vor, ohne auf die gesetzliche Sicherheit gemäß § 632a Abs. 3 BGB einzugehen, so ist die Klausel unwirksam, weil sie den Verbraucher von der Geltendmachung seiner Rechte gemäß Abs. 3 abhalten könnte.[638] Erhöht sich der Vergütungsanspruch aufgrund von Nachträgen um mehr als 10 % der ursprünglichen Summe, so muss auch i. H. v. 5 % des Nachtragsvolumens eine weitere Sicherheit gestellt werden. Die Bestimmung enthält Verbraucherschutz reinsten Wassers, könnte sich als gesetzliche Regelung einer Auftraggebersicherheit aber langfristig auch auf gewerbliche Bauverträge und auch auf die Regelung der VOB/B auswirken.

---

635 Vgl. dazu Kaiser, Das neue Forderungssicherungsgesetz, 2009, Rdn. 84; ebenso Pause, BauR 2009, 898, 899.
636 So zutreffend Kaiser, Das neue Forderungssicherungsgesetz, 2009, Rdn. 98; Hildebrandt, BauR 2009, 1, 7; Palandt/Sprau, BGB, § 632a Rdn. 7.
637 Vgl. ausdrücklich OLG Schleswig, BauR 2007, 1579.
638 BGH, BauR 2013, 228.

ee) Wie alle Bestimmungen, die durch das Forderungssicherungsgesetz per 01.01.2009 eingeführt worden sind, gilt auch die Neuregelung des § 632a BGB nur für Verträge, die ab dem 01.01.2009 abgeschlossen worden sind. Für alle vorher abgeschlossenen Verträge gilt das alte Recht weiter.[639]

b) VOB-Vertrag

312 aa) Gemäß § 16 Abs. 1 Nr. 1 Satz 1 VOB/B (2012) kann der Auftragnehmer Abschlagszahlungen in Höhe des Wertes der jeweils nachgewiesenen vertragsgemäßen Leistungen einschließlich der anteiligen USt entweder in möglichst kurzen Zeitabständen (1. Alternative) oder zu den vereinbarten Zeitpunkten (2. Alternative) verlangen. Im ersten Fall erfolgt die Abschlagszahlung also »nach Baufortschritt«, im zweiten Fall »nach Zahlungsplan«. Die 2. Alternative ist durch die VOB/B (2006) neu eingefügt worden und stellt zweierlei klar: Zum einen ist die Vereinbarung von Zahlungsplänen VOB/B-konform und stellt insbesondere keinen Eingriff in die VOB/B dar, der zur AGB-Kontrolle aller VOB/B-Vorschriften führen würde.[640] Zum anderen können Zahlungspläne entweder nach bestimmten Leistungsmerkmalen (z. B. Zahlungsrate nach Fertigstellung Rohbau) oder nach zeitlichen Merkmalen (z. B. Abschlagszahlungen zum 15. jedes Monats) aufgestellt sein. § 16 Abs. 1 Nr. 1 Satz 1 VOB/B (2006) stellt klar, dass der Auftragnehmer auch im zweiten Fall die Abschlagszahlung nur für die bis dahin vertragsgemäß erbrachte Leistung verlangen kann und nicht losgelöst hiervon. Selbstverständlich können die Parteien etwas anderes vereinbaren, z. B. die Zahlung einer bestimmten Zahlungsrate zum 15. eines jeden Monats, die dann unabhängig vom entsprechenden Leistungsstand zum Fälligkeitstermin zu zahlen ist.

313 bb) Gemäß § 16 Abs. 1 Nr. 1 Satz 2 VOB/B muss der Auftragnehmer seine Leistungen durch eine **prüfbare Aufstellung** nachweisen, die eine rasche und sichere Beurteilung der Leistungen ermöglichen muss. Die gleiche Anforderung stellt auch § 632a Abs. 1 Satz 4 BGB im Fall einer gesetzlichen Abschlagszahlung an die Prüfbarkeit der Aufstellung. Die Abschlagsforderung ist grundsätzlich aus der Differenz zwischen der Vergütung für die erbrachten, nachgewiesenen Leistungen und bereits geleisteten Zahlungen zu berechnen.[641] Aus dem Zweck der Abschlagszahlung, dem Auftragnehmer entsprechend dem Baufortschritt Liquidität zu verschaffen, ergibt sich, dass an die Prüffähigkeit von Abschlagsrechnungen geringere Anforderungen zu stellen sind als an die Prüffähigkeit von Schlussrechnungen.[642] Dieser Zweck verbietet auch, die Fälligkeit einer VOB/B-Abschlagszahlung im Bauvertrag von Fakto-

---

639 Dazu Rdn. 292 bis 294 der 17. Aufl.
640 Dazu näher oben Rdn. 9 ff.
641 BGH, BauR 2009, 1724.
642 Zuletzt BGH, BauR 1997, 468.

ren abhängig zu machen, auf deren Eintritt der Auftragnehmer keinen Einfluss hat.[643]

Die Vorlage einer prüfbaren Aufstellung zum »Wert« der erbrachten Leistung ist bei Einheitspreisverträgen verhältnismäßig einfach und bereitet in der Praxis keine allzu großen Probleme. Eine isolierte Durchsetzung der Vergütung für einzelne Positionen des LVs kommt jedoch nur in Betracht, wenn in deren Höhe ein positiver Saldo festgestellt werden kann.[644] Eine Nachtragsforderung gemäß § 2 Abs. 5 VOB/B kann jedoch nicht in der Form im Wege als Abschlagsrechnung berechnet werden, dass lediglich bestimmte Mehrkosten geltend gemacht werden, ohne den sich aus einer Änderung des Bauentwurfs oder einer anderen Anordnung des Auftraggebers ergebenden neuen Preis darzulegen, der unter Berücksichtigung sämtlicher Mehr- und Minderkosten zu ermitteln ist.[645] Der Auftragnehmer kann auch für bereits (teilweise) ausgeführte Nachtragsleistungen im Sinne von § 2 Abs. 5 oder Abs. 6 VOB/B Abschlagszahlungen fordern, unabhängig davon, ob er sich mit dem Auftraggeber bereits über die Höhe der Nachtragsvergütung geeinigt hat.[646] Das Recht auf Abschlagszahlungen steht dem Auftragnehmer auch bei allen Formen des Pauschalvertrages zu,[647] damit auch bei einem (komplexen) Global-Pauschalvertrag, dem typischerweise kein Leistungsverzeichnis mit Mengenvorgaben und Einzelpreisen zugrunde liegt.[648] Es versteht sich von selbst, dass in diesem Fall eine »prüfbare Aufstellung« über den Wert der erbrachten Teilleistung im Sinne von § 16 Abs. 1 Nr. 1 Satz 2 VOB/B schwieriger ist als beim Einheitspreisvertrag. In der Praxis hatte sich hier schon vor der Ergänzung der VOB/B 2006 weitgehend die Vereinbarung von Zahlungsplänen durchgesetzt, die an bestimmte, klar fassbare Zahlungsmerkmale anknüpfen.[649]

Im Rahmen von Treu und Glauben kann auch vereinbart werden, dass der Auftragnehmer Abschlagsforderungen erst ab einer bestimmten Höhe (z. B. einer gewissen Mindestsumme der Rechnung) stellen kann.

cc) Der Anspruch auf Abschlagszahlung kann dann nicht mehr geltend gemacht werden, wenn die Bauleistung abgenommen ist und der Auftragnehmer die Schlussrechnung gestellt hat.[650] Das Gleiche gilt, wenn **Schlussrechnungsreife** eingetreten ist, also wenn die Abnahme erfolgt ist, die Leistung des Auf- **314**

---

643 So zutreffend LG Frankfurt am Main, BauR 2008, 842. Im konkreten Fall ging es um Auftragsbedingungen der Deutschen Bahn, wonach Abschlagszahlungen u. a. die Angabe einer SAP-Bestellung, des Streckenabschnitts und der Projekt- bzw. Vorhabennummer voraussetzten.
644 BGH, BauR 2009, 1724 und BauR 1997, 468.
645 BGH, BauR 2009, 1724.
646 BGH, BauR 2012, 1395.
647 Zu den unterschiedlichen Typen von Pauschalverträgen vgl. oben Rdn. 42 ff.
648 BGH, BauR 1991, 81.
649 Näher dazu Langen/Schiffers, Rdn. 2407 und 2467.
650 BGH, BauR 2009, 1724; 2004, 1146.

tragnehmers fertiggestellt und die Frist abgelaufen ist, binnen derer der Auftragnehmer gemäß § 14 Abs. 3 VOB/B die Schlussrechnung einzureichen hatte. Eine bereits eingereichte Klage auf Abschlagszahlung ändert daran nichts, da diese Klage nunmehr auf die Schlussrechnung umgestellt werden kann (und muss).[651] Die zur fristgerechten Vorlage einer Schlussrechnung verpflichtende Fertigstellung im Sinne von § 14 Abs. 3 VOB/B liegt nach Auffassung des BGH vor, wenn der Auftragnehmer die vertraglichen Leistungen erbracht hat. Die Abnahme indiziert insoweit die Fertigstellung auch dann, wenn noch Restleistungen fehlen. Bei Fehlen wesentlicher Restleistungen kann sich aus deren Gewicht und den Gesamtumständen jedoch ergeben, dass die Leistung trotz Abnahme noch nicht fertiggestellt ist.[652] Kann der Auftragnehmer die Abnahme oder deren unberechtigte Verweigerung durch den Auftraggeber nicht nachweisen, so kann er selbst im Bauprozess zumindest hilfsweise noch anstelle der Schlusszahlung eine entsprechende Abschlagszahlung verlangen.[653]

> **Praxishinweis:**
>
> Hat der Auftragnehmer eine fällige Abschlagsforderung eingeklagt und verzögert sich der Rechtsstreit über die Abnahme und Erteilung der Schlussrechnung hinaus, so muss der Auftragnehmer also seine Klage fortan auf die Schlussrechnung stützen und im Normalfall auch neu berechnen. Nach der eindeutigen Aussage des BGH im Urt. v. 20.08.2009[654] kann der Auftragnehmer diesen Nachteil nicht dadurch vermeiden, dass er trotz Fertigstellung und Abnahme die Schlussrechnung zunächst nicht erstellt, sondern die Klage weiterhin auf die Abschlagsrechnung stützt. In diesem Fall wird seine Klage abgewiesen. Bei der Umstellung der Klage von der Abschlagsrechnung auf die Schlussrechnung ist die zweimonatige Prüfungsfrist gemäß § 16 Abs. 3 VOB/B problematisch. Hierzu weist der BGH allerdings darauf hin, dass der Grundsatz des fairen Verfahrens es für den Richter gebietet, das Gerichtsverfahren so zu terminieren, dass zum Zeitpunkt der mündlichen Verhandlung die zweimonatige Prüfungsfrist gemäß § 16 Abs. 3 VOB/B bereits abgelaufen ist, sodass nunmehr die Schlussrechnungsforderung fällig ist.[655]

---

651 BGH, BauR 2009, 1724. Die Auffassung des OLG Köln, der Auftragnehmer könne eine bereits eingeklagte Abschlagsforderung trotz zwischenzeitlicher Erteilung der Schlussrechnung weiterverfolgen (BauR 2000, 1482, 1484), dürfte nach der neuen BGH-Rechtsprechung nicht aufrechtzuerhalten sein.
652 BGH, BauR 2009, 1724.
653 BGH, BauR 2000, 1482, 1484.
654 BGH, BauR 2009, 1724.
655 BGH, BauR 2009, 1724, 1729.

2. Fälligkeit

a) BGB-Werkvertrag

aa) Für BGB-Werkverträge bestimmt § 632a BGB nicht, wann der Anspruch **315** des Auftragnehmers auf die Abschlagszahlung fällig wird. § 286 Abs. 3 BGB (dazu nachstehend Rdn. 334) sowie der allgemeinen Bestimmung des § 271 Abs. 1 BGB ist jedoch zu entnehmen, dass die Abschlagsforderung des Auftragnehmers **sofort** und ohne Abschlagsrechnung **fällig** wird,[656] was jedoch den praktischen Bedürfnissen nicht gerecht wird. Denn auch der Auftraggeber eines BGB-Werkvertrages muss ja zumindest wissen, für welche Leistungen und in welcher Höhe der Auftragnehmer eine Abschlagsforderung gemäß § 632a BGB geltend macht. Für diese Prüfung benötigt er eine angemessene Prüfungsfrist.

bb) Durch das Forderungssicherungsgesetz ist mit Wirkung zum 01.01.2009 **316** auch die **Durchgriffsfälligkeit** in § 641 Abs. 2 BGB neu geregelt worden. Die Vorschrift lautet:

> »Die Vergütung des Unternehmers für ein Werk, dessen Herstellung der Besteller einem Dritten versprochen hat, wird spätestens fällig,
>
> 1. soweit der Besteller von dem Dritten für das versprochene Werk wegen dessen Herstellung seine Vergütung oder Teile davon erhalten hat,
>
> 2. soweit das Werk des Bestellers von dem Dritten abgenommen worden ist oder als abgenommen gilt oder
>
> 3. wenn der Unternehmer dem Besteller erfolglos eine angemessene Frist zur Auskunft über die in den Nrn. 1 und 2 bezeichneten Umstände bestimmt hat.
>
> Hat der Besteller dem Dritten wegen möglicher Mängel des Werks Sicherheit geleistet, gilt Satz 1 nur, wenn der Unternehmer dem Besteller entsprechende Sicherheit leistet.«

An der früheren Regelung der Durchgriffsfälligkeit in § 641 Abs. 2 BGB, die für **317** alle bis zum 31.12.2008 abgeschlossenen Bauverträge weiterhin anwendbar ist, wurde vor allem kritisiert, dass die Bestimmung *nur* die (Durchgriffs-)Fälligkeit des Vergütungsanspruchs des Nachunternehmers regelte, sonstige Einwendungen des Auftraggebers, insbesondere Leistungsverweigerungsrechte aus §§ 641 Abs. 3, 320 BGB, aber nicht ausschloss.[657] Auch die gesetzliche Neu-

---

656 So z. B. Kniffka, ZfBR 2000, 227, 229; Messerschmidt, in: Kapellmann/Messerschmidt, B § 16, Rdn. 24.

657 So ausdrücklich OLG Nürnberg, OLGR 2003, 336; OLG Bamberg, BauR 2009, 113.

fassung regelt »nur« die (Durchgriffs-)Fälligkeit und nicht den Ausschluss sonstiger Einwendungen des Auftraggebers. Über die frühere Regelung hinaus wird der Werklohnanspruch des Nachunternehmers aber nicht nur dann fällig, wenn sein Auftraggeber (Generalunternehmer oder Hauptunternehmer) von dessen Auftraggeber den entsprechenden Werklohn (oder Teile davon) erhalten hat (§ 641 Abs. 2 Nr. 1 BGB), sondern auch dann, wenn die Leistung des Haupt- oder Generalunternehmers abgenommen worden ist oder als abgenommen gilt (§ 641 Abs. 2 Nr. 2 BGB), oder sogar dann, wenn der Nachunternehmer dem Hauptunternehmer/Generalunternehmer erfolglos eine angemessene Frist zur Auskunft über die Zahlung/Abnahme des »Hauptauftraggebers« gesetzt hat. Vor allem von der Auskunftspflicht und der daran geknüpften Durchgriffsfälligkeit hat sich der Gesetzgeber eine deutlich erhöhte Effektivität der neuen Bestimmung versprochen, was in der Praxis natürlich abzuwarten bleibt.[658]

b) VOB-Vertrag

318 Anders als beim BGB-Werkvertrag ist die Abschlagsforderung beim VOB-Vertrag nicht sofort fällig, sondern erst 21 Kalendertag (bisher: 18 Werktage) nach Vorlage einer prüfbaren Aufstellung über die Abschlagsforderung, § 16 Abs. 1 Nr. 1 Satz 2 i. V. m. Nr. 3 VOB/B (2012). Zutreffend trägt die VOB/B damit dem Umstand Rechnung, dass kein Auftraggeber – auch bei verminderten Anforderungen an die Prüfbarkeit der Abschlagsrechnung – diese »sofort« prüfen und »sofort« die Zahlung veranlassen kann.

Mangels abweichender Regelung gelten auch beim VOB-Vertrag die Bestimmungen des § 641 Abs. 2 BGB zur »Durchgriffsfälligkeit« bei nachgeschalteten Vertragsverhältnissen. Hierzu darf auf die vorstehenden Erläuterungen unter Rdn. 300 f. verwiesen werden.

3. Einwendungen und Abzüge des Auftraggebers

a) Skonto

319 **Skontoabzug** ist gemäß § 16 Abs. 5 Nr. 2 VOB/B nur zulässig, wenn

- ein Skonto überhaupt im Vertrag vereinbart ist und
- wenn die Voraussetzungen des Skontoabzuges vorliegen.

Unterschiede zwischen einem BGB-Werkvertrag und einem VOB-Vertrag bestehen hier nicht, so dass die nachstehenden Ausführungen für beide Verträge gelten:

aa) Eine wirksame Skontoabrede setzt zunächst voraus, dass die zulässige **Höhe des Skonto** und eine entsprechende **Skontofrist** vereinbart worden

---

658 Vgl. die kritischen Äußerungen von Hildebrandt, BauR 2009, 1, 8 f.

sind.[659] Handelt es sich bei der Skontovereinbarung um eine Individualabrede, so reicht als Skontofrist die Bezugnahme auf die Zahlungsfristen gemäß § 16 VOB/B aus.[660] Handelt es sich bei der Skontoklausel hingegen um eine AGB-Klausel, so bestehen gegen eine Skontofrist von 18 Werktagen bzw. 2 Monaten (für die Schlusszahlung) erhebliche Wirksamkeitsbedenken.

bb) Häufig ist bei Skontoklauseln unklar, ob es für die Wahrung der Skontofrist auf die rechtzeitige Absendung des Geldes per Überweisungsauftrag oder per Scheck ankommt oder auf den rechtzeitigen Eingang. Heißt es in der Skonto-klausel beispielsweise, dass 3 % Skonto gewährt werden bei »Zahlung binnen sechs Werktagen«, dann reichte nach bisheriger Auffassung die rechtzeitige Absendung des Geldbetrages aus, da es sich nach herrschender Auffassung bei Geldschulden gemäß § 270 Abs. 1 BGB um Schickschulden und nicht um Bringschulden handelte.[661] Gemäß Urteil des EuGH vom 03.04.2008[662] ist Art. 3 Abs. 1c Ziff. ii der Zahlungsverzugsrichtlinie 00/35/EG zur Bekämpfung von Zahlungsverzug im Geschäftsverkehr jedoch dahin auszulegen, dass bei einer Zahlung durch Banküberweisung der geschuldete Betrag dem Konto des Gläubigers rechtzeitig gutgeschrieben sein muss, wenn das Entstehen von Verzugszinsen vermieden oder beendet werden soll. Daraus ergibt sich nach herrschender Auffassung, dass Geldschulden nunmehr als Bringschulden anzusehen sind.[663] Lässt die Skontoklausel also nicht ausdrücklich die rechtzeitige Absendung des Geldes innerhalb der Skontofrist zu, dann ist die Skonto-frist nur gewahrt, wenn der Zahlungserfolg (also der Eingang des Geldbetrages beim Auftragnehmer) innerhalb der Skontofrist erfolgt ist.[664]

Die Skontofrist beginnt erst ab Eingang einer prüfbaren (Abschlags- oder Schluss-) Rechnung, wobei der Auftraggeber die mangelnde Prüfbarkeit unverzüglich und innerhalb der Skontofrist rügen muss, wenn er das Recht auf den Skontoabzug behalten will.[665]

cc) Im Übrigen ist bei Skontoklauseln in Bauverträgen häufig streitig, ob **320** Skonto nur abgezogen werden darf, wenn **sämtliche Zahlungen** (einschließlich der Schlusszahlung) in der vereinbarten Skontofrist geleistet werden, oder ob jede Zahlung selbstständig skontierfähig ist.

Letztlich kommt es hierzu auf die genaue Formulierung der Skontoklausel an.[666] Die Parteien können – selbstverständlich – wirksam vereinbaren, dass

659 Beck'scher VOB-Kommentar/Motzke, § 16 Nr. 5, Rdn. 16.
660 OLG Karlsruhe, BauR 1999, 1028; anderer Auffassung Werner/Pastor, Rdn. 1278.
661 BGH, BauR 1998, 398.
662 EuGH, NJW 2008, 1935.
663 Dazu Palandt/Grüneberg, § 270 BGB Rdn. 1.
664 A. A. bei Scheckzahlungen OLG Stuttgart, BauR 2012, 1104, 1108.
665 Näher Messerschmidt, in: Kapellmann/Messerschmidt, B § 16, Rdn. 296 ff.
666 Dazu OLG Karlsruhe, BauR 1999, 1028.

der Auftraggeber hinsichtlich jeder einzelnen Zahlung, die innerhalb der Skontofrist erfolgt, Skonto abziehen darf, unabhängig davon, ob die Skontovoraussetzungen auch hinsichtlich der anderen Zahlungen vorliegen.[667] Lautet die Skontoklausel aber undifferenziert »Zahlung innerhalb 8 Tagen – 2 % Skonto«, dann ergibt die Auslegung dieser Skonto-Vereinbarung regelmäßig, dass der Auftraggeber zu einem Skontoabzug nur berechtigt sein soll, wenn er **alle Zahlungen** innerhalb der vereinbarten Skontofrist vornimmt. Nach Auffassung des OLG Düsseldorf[668] setzt der Skontoabzug überdies voraus, dass der Auftraggeber keine unberechtigten Zahlungskürzungen vornimmt.

Darlegungs- und beweispflichtig für die Berechtigung des Skontoabzugs ist im Übrigen der Auftraggeber.[669]

b) Mängel

321 Häufig lasten der Teilleistung, wegen derer der Auftragnehmer eine Abschlagszahlung fordert, in mehr oder weniger großem Umfang Mängel an. Hinsichtlich der Mängelrechte klaffen die VOB/B-Regelung und die gesetzliche Regelung nun auseinander:

Wie in Rdn. 307 f. erläutert, ergibt sich aus der Regelung des § 632a Abs. 1 Satz 2 BGB, dass der BGB-Auftraggeber bei wesentlichen Mängeln keine Abschlagszahlung leisten muss, während er bei unwesentlichen Mängeln einen doppelten Mängeleinbehalt vornehmen kann. Beim VOB-Vertrag entspricht es demgegenüber der ständigen Rechtsprechung und der herrschenden Literaturauffassung, dass der VOB-Auftraggeber auch bei wesentlichen Mängeln nur zu einem – früher dreifachen und jetzt doppelten, vgl. § 641 Abs. 3 BGB – Mängeleinbehalt berechtigt ist.[670] Im Vergleich zur gesetzlichen Regelung wird der Auftragnehmer eines VOB/B-Bauvertrages gegenüber dem Auftragnehmer eines BGB-Vertrages also deutlich privilegiert. Da die gesetzliche Regelung gleichzeitig das »gesetzliche Leitbild« i. S. d. AGB-Rechts darstellt, könnte § 16 Abs. 1 VOB/B bei »isolierter Prüfung« damit gesetzeswidrig und somit unwirksam sein.[671] Selbst wenn man dieser Auffassung folgt, wird sich die praktische Auswirkung aber in Grenzen halten. Denn typischerweise ist AGB-Verwender beim Bauvertrag der Auftraggeber, der jedoch keinen Schutz gegen seine eigenen, gesetzeswidrigen Klauseln erhält. Da durch § 16 Abs. 1 VOB/B der Auftragnehmer und nicht der Auftraggeber begünstigt wird, kann der Auftraggeber sich also nicht auf die Unwirksamkeit von § 16 Abs. 1 VOB/B berufen.

---

667 BGH, BauR 2000, 1754.
668 BauR 2000, 729.
669 OLG Düsseldorf, BauR 2001, 1268.
670 Vgl. z. B. BGH, BauR 1991, 81; ergänzend Hildebrandt, BauR 2009, 1, 7 m. w. N.
671 So ausdrücklich Hildebrandt, BauR 2009, 1, 7.

4. Bauabzugsteuer und sonstige Abzüge

Gemäß § 48 EStG ist ein Auftraggeber von Bauleistungen, der entweder eine **322** juristische Person des öffentlichen Rechts oder Unternehmer i. S. v. § 3 UStG ist, verpflichtet, für Zahlungen nach dem 31.12.2001 anteiligen Werklohn i. H. v. 15 % einzubehalten und an das FA des Auftragnehmers abzuführen, wenn der Auftragnehmer keine sog. Freistellungsbescheinigung vorlegt.[672]

Für sonstige Abzüge des Auftraggebers bestimmt § 16 Abs. 1 Nr. 2 Satz 1 VOB/B, dass Gegenforderungen einbehalten werden können. Als entsprechende Gegenforderung kommt beispielsweise eine bereits während des Bauablaufs verwirkte Vertragsstrafe infrage – vorausgesetzt natürlich, die Vertragsstrafe ist für einen überschrittenen Zwischentermin wirksam vereinbart und die Voraussetzungen der Vertragsstrafe (Terminverzug des Auftragnehmers hinsichtlich eines Zwischentermins) liegen tatsächlich vor.[673]

Auch sonstige Gegenforderungen wie beispielsweise Schadensersatzansprüche für mängelbedingte Mietausfälle gemäß § 4 Abs. 7 Satz 2 VOB/B können von der Abschlagsforderung des Auftragnehmers abgezogen werden.

Nachweispflichtig dem Grunde wie der Höhe nach für solche Gegenforderungen ist jeweils der Auftraggeber.

5. Rechte des Auftragnehmers bei gekürzten oder verweigerten Abschlagszahlungen

a) Zinsen

aa) BGB-Werkvertrag

Wie schon in Rdn. 114 ff. ausgeführt, beträgt der gesetzliche Zinssatz gemäß **323** § 288 BGB bei Verträgen mit Verbrauchern 5 %-Punkte und ansonsten 8 %-Punkte über dem Basiszinssatz, der gemäß § 247 Abs. 1 BGB seit dem 01.01.2002 3,62 % beträgt. Der Basiszinssatz wird zum 1.1. und 1.7. eines jeden Jahres neu festgesetzt. Seit dem 01.01.2013 beträgt der Basiszinssatz - 0,13 %.

Ist der Auftraggeber also Verbraucher, dann beträgt der gesetzliche Verzugszins derzeit 4,87 %. Ist der Auftraggeber kein Verbraucher, dann beträgt der gesetzliche Verzugszins derzeit 7,87 %.

Ob der Auftraggeber sich in Zahlungsverzug befindet, richtet sich nach § 286 BGB, wobei § 286 Abs. 1 BGB und Abs. 3 BGB nebeneinander stehen. Das bedeutet:

---

672 Dazu LG Cottbus, BauR 2002, 1703.
673 Näher dazu Langen, in: Kapellmann/Messerschmidt, B § 11, Rdn. 67 ff.

Im Normalfall setzt der Verzug Fälligkeit (dazu oben Rdn. 315 ff.) sowie eine Mahnung des Auftragnehmers **nach** Fälligkeit voraus, schließlich Verschulden des Auftraggebers, das gemäß § 286 Abs. 4 BGB aber vermutet wird.

Alternativ kommt der Auftraggeber gemäß § 286 Abs. 3 BGB spätestens in Verzug, wenn er nicht innerhalb von 30 Tagen nach Fälligkeit und Zugang einer Rechnung oder einer gleichwertigen Zahlungsaufstellung leistet.[674] Dies gilt gegenüber einem Schuldner, der Verbraucher ist, nur, wenn auf diese Folgen in der Rechnung oder Zahlungsaufstellung besonders hingewiesen worden ist.

Der Auftragnehmer eines BGB-Bauvertrages hat also die Wahl zwischen der Begründung des Verzuges durch Mahnung (§ 286 Abs. 1 BGB) oder durch Ablauf der 30-Tages-Frist gemäß § 286 Abs. 3 BGB.

bb) VOB-Vertrag

324 Die Neufassung von § 16 Abs. 5 Nr. 3 VOB/B (2012) hat eine deutliche Verbesserung der Rechtsposition des Auftragnehmers bei Zahlungsrückständen des Auftraggebers herbeigeführt:

(1) **Altes Recht**: Bisher geriet der VOB-Auftraggeber erst in Zahlungsverzug, wenn der Auftragnehmer den rückständigen Betrag nach Fälligkeit anmahnte und dem Auftraggeber eine angemessene Nachfrist zur Zahlung setzte. Erst nach Ablauf der Nachfrist trat Verzug des Auftraggebers ein, sodass der Auftraggeber in vielen Fällen davon profitierte, dass der Auftragnehmer gar nicht mahnte, ohne Nachfrist mahnte usw. Abhilfe schaffte insoweit lediglich die Rechtsprechung des BGH, wonach § 16 Abs. 5 Nr. 3 Satz 1 VOB/B bei »isolierter Betrachtung« gegen § 307 BGB verstieß und damit unwirksam war, wenn der Auftraggeber AGB-Verwender der VOB/B war.[675] Diese AGB-Unwirksamkeit half dem Auftragnehmer natürlich nur, wenn die Klauseln der VOB/B überhaupt der AGB-Kontrolle unterlagen (näher dazu oben Rdn. 10).

(2) **Neues Recht**: Nach der Neufassung der VOB/B (2012) kann der Auftraggeber auf zweierlei Weise in Zahlungsverzug geraten: Entweder in der vorstehend zum »alten Recht« geschilderten Form, also durch Mahnung und Nachfristsetzung nach eingetretener Fälligkeit der Abschlagsrechnung. Oder aber, dies stellt § 16 Abs. 5 Nr. 3 Satz 2 VOB/B nun klar, auch ohne Nachfristsetzung spätestens 30 Tage nach Zugang der Rechnung oder – bei Abschlagszahlungen – der prüfbaren Aufstellung über die bisherigen Leistungen. Voraussetzung dieses »automatischen Zahlungsverzugs« nach 30 Tagen ist lediglich, dass der Auftragnehmer seine vertraglichen und gesetzlichen Verpflichtungen erfüllt und den fälligen Zahlungsbetrag nicht rechtzeitig erhalten hat, es sei

---

674 Die Verlängerung dieser Frist auf 90 Tage in AGB ist unwirksam, OLG Köln, BauR 2006, 1477.

675 BGH, BauR 2009, 1736, 1741.

denn, der Auftraggeber ist für den Zahlungsverzug nicht verantwortlich. Aufgrund der Zahlungsverzugsrichtlinie hat sich die VOB/B (2012) damit von der jahrzehntealten Tradition eines Zahlungsverzuges erst nach Mahnung und Ablauf einer gesetzten Nachfrist verabschiedet und sich im Wesentlichen der schon seit langem geltenden Bestimmung des § 286 Abs. 3 BGB angenähert.

(3) Die **Zinshöhe** beim Zahlungsverzug im VOB/B-Vertrag entspricht ebenfalls dem Gesetz. Gemäß § 16 Abs. 5 Nr. 3 Satz 2 VOB/B kann der Auftragnehmer den gesetzlichen Zinsanspruch gemäß § 288 Abs. 2 BGB geltend machen. Hierzu kann auf die Erläuterungen in Rdn. 323 verwiesen werden.

b) Arbeitseinstellung

aa) BGB-Werkvertrag

Das Recht des Auftragnehmers eines BGB-Werkvertrages, die Arbeiten bis zur **325** Zahlung durch den Auftraggeber einzustellen, ist nicht ausdrücklich gesetzlich geregelt. Dazu besteht auch kein Anlass: Wenn und soweit der Auftragnehmer gemäß § 632a BGB berechtigt eine Abschlagsforderung stellt, kann der Auftragnehmer bei unberechtigter Zahlungsverweigerung des Auftraggebers das allgemeine Leistungsverweigerungsrecht gemäß § 320 BGB ausüben.[676] In jedem Fall zu empfehlen ist dem Auftragnehmer jedoch, die Ausübung des Leistungsverweigerungsrechtes vorher anzudrohen.

bb) VOB-Vertrag

Beim VOB-Vertrag ist das Leistungsverweigerungsrecht des Auftragnehmers in **326** § 16 Abs. 5 Nr. 4 VOB/B (2012) ausdrücklich geregelt. Hiernach darf der Auftragnehmer die Arbeiten bei Zahlungsverzug bis zur Zahlung einstellen, sofern eine dem Auftraggeber zuvor gesetzte angemessene Frist erfolglos verstrichen ist. Zu den Voraussetzungen des Zahlungsverzuges darf auf die Erläuterungen in Rdn. 324 verwiesen werden.

Der Zahlungsverzug des Auftraggebers allein reicht jedoch nicht aus für die Arbeitseinstellung des Auftragnehmers. Auch dann, wenn der Auftraggeber nach der Neufassung der VOB/B 2012 automatisch nach 30 Tagen in Verzug gerät, ist für die Arbeitseinstellung des Auftragnehmers der Ablauf einer vorher gesetzten Frist erforderlich. Darüber hinaus ist dem Auftragnehmer anzuraten, die Arbeitseinstellung nach Fristablauf anzukündigen, weil er ansonsten gegen das Kooperationsgebot verstoßen könnte.[677]

---

676 Peters, NZBau 2000, 169.
677 Kapellmann/Messerschmidt, § 16 VOB/B, Rdn. 331 f.

Bei **unberechtigten Kürzungen** der Abschlagsrechnung hängt das Recht zur Arbeitseinstellung davon ab, ob das eingesetzte Druckmittel (Arbeitseinstellung) außer Verhältnis zu der Rechnungskürzung steht.[678]

c) Kündigung

aa) BGB-Werkvertrag

327 Die unberechtigte Zahlungsverweigerung des Auftraggebers kann den Auftragnehmer auch beim BGB-Werkvertrag zu einer Kündigung aus wichtigem Grund berechtigen, wenn der Auftragnehmer dem Auftraggeber vorher eine angemessene Nachfrist unter Kündigungsandrohung gesetzt hat.[679] Wegen der Einzelheiten sei auf die Erläuterungen in Rdn. 176 ff. verwiesen.

bb) VOB-Vertrag

328 Der VOB-Auftragnehmer kann den Bauvertrag gemäß § 9 Abs. 1b VOB/B unter den dortigen Voraussetzungen aus wichtigem Grund kündigen. Auf die Ausführungen in Rdn. 178 ff. darf verwiesen werden.

Die wichtigsten Regelungen zur Abschlagszahlung sind in der Abbildung 8 noch einmal zusammengefasst.

---

678 Kapellmann/Messerschmidt, § 16 VOB/B, Rdn. 329.
679 BGH, NJW 2000, 1114.

Abbildung 8: Abschlagszahlungen

II. Die Vorauszahlung gemäß § 16 Abs. 2 VOB/B

Die in § 16 Abs. 2 VOB/B geregelte Vorauszahlung ist relativ selten. Sie muss **329** ausdrücklich vereinbart werden. Der Auftragnehmer erhält Werklohn, ohne bis dahin eine entsprechende Gegenleistung erbracht zu haben. Die Vorauszahlung wird, wenn nichts anderes vereinbart ist, seit der Neufassung der VOB 2002 mit 3 %-Punkten über dem Basiszinssatz (also keine Anknüpfung an den SRF-Zinssatz mehr) des § 247 BGB (dazu vorstehend Rdn. 323) verzinst. Die Vorauszahlung ist nach § 16 Abs. 2 Nr. 2 VOB/B auf die Leistung zu verrechnen, für die sie erbracht worden ist.

III. Die Schlusszahlung gemäß § 16 Abs. 3 VOB/B – Besonderheiten beim BGB-Vertrag

1. Erteilung einer prüfbaren Schlussrechnung

a) BGB-Bauvertrag

330 Beim BGB-Bauvertrag ist die Vorlage einer (prüffähigen) Schlussrechnung kraft Gesetzes an sich nicht erforderlich, um die Fälligkeit der Werklohnforderung herbeizuführen.[680] Auch beim BGB-Bauvertrag kann sich die Rechtsprechung jedoch nicht dem praktischen Bedürfnis verschließen, dass der Auftraggeber erst im Anschluss an eine (prüfbare) Aufstellung des Auftragnehmers feststellen kann, für welche Leistungen er welchen Werklohn zahlen soll. Es entspricht deshalb auch beim BGB-Bauvertrag der inzwischen herrschenden obergerichtlichen Rechtsprechung, dass der Auftragnehmer eine Aufstellung (Rechnung) nebst prüfbaren Belegen über den Werklohnanspruch vorlegen muss, um die Fälligkeit seines Werklohnanspruchs herbeizuführen.[681]

Welche Anforderungen an die Prüfbarkeit einer solchen Rechnung zu stellen sind, ist noch weitgehend ungeklärt. Letztlich wird man sich hier an den Vorgaben von § 14 Abs. 1 VOB/B orientieren können.[682]

331 Die Pflicht des BGB-Auftragnehmers, nach Fertigstellung der Arbeiten eine prüfbare Aufstellung (Rechnung) über die geleisteten Arbeiten vorzulegen, wird auch durch die zum 01.05.2000 in Kraft getretene Bestimmung des § 286 Abs. 3 BGB bestätigt. Hiernach gerät der Auftraggeber 30 Tage nach Fälligkeit **und** Zugang einer Rechnung oder einer gleichwertigen Zahlungsaufforderung (automatisch) in Zahlungsverzug (dazu schon oben Rdn. 322).

Hat der Auftragnehmer eines BGB-Bauvertrages sich zur Erteilung einer prüfbaren Schlussrechnung verpflichtet, was auch stillschweigend geschehen kann,[683] so gilt auch in diesem Fall die zu § 16 Abs. 3 Nr. 1 VOB/B entwickelte Rechtsprechung, wonach der Auftraggeber Einwendungen gegen die Prüfbarkeit binnen 2 Monaten erheben muss, anderenfalls die Rechnung fällig wird.[684]

---

680 BGH, BauR 1981, 199; 1982, 377.
681 OLG Hamm, BauR 1997, 656; OLG Frankfurt, BauR 1997, 856; OLG Celle, BauR 1997, 1052, und 1999, 486; offen gelassen von OLG Düsseldorf, BauR 2011, 1829, das im konkreten Fall eine stillschweigende Vereinbarung der Parteien über die Erteilung einer prüfbaren Schlussrechnung als Fälligkeitsvoraussetzung angenommen hat; anderer Auffassung OLG Bamberg, BauR 2003, 1227; ausführlich dazu Eydner, BauR 2007, 1806 ff.
682 Indirekt bestätigt durch die Entscheidung OLG Düsseldorf, BauR 1999, 655, wonach der Auftraggeber analog § 14 Nr. 4 VOB/B unter den dortigen Voraussetzungen berechtigt ist, anstelle des Auftragnehmers die (Schluss-)Rechnung selbst aufzustellen.
683 OLG Düsseldorf, BauR 2011, 1829.
684 BGH, BauR 2007, 110 und näher dazu unten Rdn. 339.

b) VOB-Vertrag

aa) Beim VOB-Vertrag ist der Auftragnehmer gemäß § 14 Abs. 1 VOB/B ver- **332** pflichtet, seine Leistungen prüfbar abzurechnen. Hierzu hat er die Rechnung übersichtlich aufzustellen und dabei die Reihenfolge der Posten einzuhalten sowie die in den Vertragsbestandteilen enthaltenen Bezeichnungen zu verwenden. Wenn dies die Überprüfung der Rechnung nicht wesentlich erschwert, kann es – abweichend von § 14 Abs. 1 Satz 2 VOB/B – im Einzelfall auch zulässig sein, von der Reihenfolge der Positionen im Leistungsverzeichnis abzuweichen.[685] Auch die Bezugnahme auf frühere Abschlagsrechnungen kann ausreichen, wenn in diesen Abschlagsrechnungen die Leistungen jeweils abschließend und prüfbar dargestellt waren.[686] Die zum Nachweis von Art und Umfang der Leistung erforderlichen Mengenberechnungen, Zeichnungen sowie andere Belege sind beizufügen. Änderungen und Ergänzungen des Vertrages sind in der Rechnung besonders kenntlich zu machen und auf Verlangen getrennt abzurechnen.

Beachtet der Auftragnehmer diese bzw. sonstige im Vertrag enthaltene Festlegungen zur Aufstellung der Schlussrechnung nicht, so ist seine Rechnung nicht prüfbar. Allerdings ist die Prüfbarkeit einer Schlussrechnung kein Selbstzweck. Welche Anforderungen im Einzelfall an die Prüfbarkeit zu stellen sind, ergibt sich vielmehr aus den konkreten Informations- und Kontrollinteressen des Auftraggebers.[687] Dabei muss sich der Auftraggeber die Kenntnisse seines Architekten zurechnen lassen.[688] Hat der Architekt des Auftraggebers die Rechnung als prüfbar bezeichnet und geprüft, so greift der Einwand des Auftraggebers mangelnder Prüfbarkeit nicht.[689] An das Prüfergebnis des Architekten ist der Auftraggeber allerdings nicht gebunden.[690]

Bestehen in einem Rechtsstreit Zweifel hinsichtlich der Prüfbarkeit der Schlussrechnung, muss das Gericht den Auftragnehmer ausdrücklich und konkret auf diese Zweifel hinweisen und ihm Gelegenheit geben, den Prozessvortrag zu ergänzen.[691]

bb) § 14 Abs. 2 Satz 1 VOB/B sieht im Übrigen möglichst »gemeinsame Fest- **333** stellungen« der Parteien zum Umfang der Leistungen vor. Eine Pflicht zu einem **gemeinsamen Aufmaß** besteht damit grundsätzlich nicht, es sei denn, im Vertrag ist die Erstellung eines gemeinsamen Aufmaßes vereinbart. Wird das Aufmaß allerdings gemeinsam genommen (wobei der bauleitende Archi-

---

685 OLG Brandenburg, BauR 2000, 583.
686 BGH, BauR 1999, 1185.
687 BGH, BauR 2000, 1485.
688 OLG München, BauR 1993, 346.
689 BGH, BauR 2002, 468.
690 BGH, BauR 2002, 613; 2005, 94.
691 BGH, BauR 2007, 110.

tekt des Auftraggebers hierzu grundsätzlich bevollmächtigt ist),[692] so sind die gemeinsamen Feststellungen grundsätzlich verbindlich.[693]

Allerdings besteht eine Bindungswirkung nur in tatsächlicher, nicht in rechtlicher Hinsicht. Dem Auftraggeber ist also beispielsweise nicht der Einwand abgeschnitten, die gemeinsam aufgemessene Position sei von einer anderen Leistungsposition umfasst, sie sei in einer vereinbarten Pauschale enthalten oder die aufgemessene Leistung sei vertraglich nicht vereinbart gewesen.[694]

Im Übrigen verweist § 14 Abs. 2 Satz 2 VOB/B auf die Abrechnungsbestimmungen in den Technischen Vertragsbedingungen und den anderen Vertragsunterlagen. Wenn also im Einzelvertrag nichts anderes vereinbart ist, muss der Auftragnehmer die jeweiligen Abrechnungsbestimmungen in Abschnitt 5 der einschlägigen Fach-DIN beachten.

334 Legt der Auftragnehmer keine prüfbare Rechnung (in dem vorbeschriebenen Sinne) vor, so wird sein Anspruch auf Schlusszahlung nicht fällig, so dass der Auftraggeber weder gemäß § 286 Abs. 1 oder 3 BGB noch gemäß § 16 Abs. 5 Nr. 3 VOB/B (2012) in Verzug geraten kann. Fälligkeit tritt aber auch bei nicht prüfbaren Rechnungen ein, wenn der Auftraggeber nicht binnen der Prüfungsfrist des § 16 Abs. 3 Nr. 2 VOB/B Einwendungen gegen die Prüfbarkeit erhebt (näher unten Rdn. 325).

335 cc) § 14 Abs. 3 VOB/B bestimmt, **wann** der Auftragnehmer die (prüfbare) Schlussrechnung vorlegen muss. Wie sich bereits aus dem Text des § 14 Abs. 3 VOB/B ergibt, geschieht dies **nach Fertigstellung** der Leistung, und zwar gestaffelt nach der jeweils vertraglich vereinbarten Ausführungsfrist. Eine Fertigstellung im Sinne von § 14 Abs. 3 VOB/B liegt vor, wenn der Auftragnehmer die vertraglichen Leistungen erbracht hat. Eine erfolgte Abnahme indiziert die Fertigstellung regelmäßig auch dann, wenn noch Restleistungen fehlen. Fehlen jedoch wesentliche Restleistungen, kann sich aus deren Gewicht sowie aus den gesamten Umständen ergeben, dass die Leistung trotz Abnahme noch nicht fertig gestellt ist und folglich auch (noch) keine Pflicht zur Erteilung der Schlussrechnung besteht.[695]

336 dd) Kommt der Auftragnehmer seiner Pflicht zur Vorlage einer (prüfbaren) Schlussrechnung nicht oder nicht rechtzeitig nach, so kann der Auftraggeber unter den Voraussetzungen von § 14 Abs. 4 VOB/B die Schlussrechnung anstelle des Auftragnehmers und auf dessen Kosten aufstellen. Der Auftraggeber muss diese Schlussrechnung natürlich nach Maßgabe der vertraglichen Vereinbarungen aufstellen und dazu ggf. auch ein Aufmaß fertigen, dessen

---

692 OLG Hamm, BauR 1992, 242.

693 Ingenstau/Korbion/U. Locher, VOB/B § 14 Abs. 2, Rdn. 9.

694 BGH, NJW-RR 1992, 727.

695 BGH, BauR 2009, 1724; zur Auswirkung auf die Abschlagsforderung des Auftragnehmers näher oben Rdn. 314.

Kosten allerdings zulasten des Auftragnehmers gehen.[696] Da durch eine solche Schlussrechnung jedoch keine Bindungswirkung zulasten des Auftragnehmers eintritt, spielt § 14 Abs. 4 VOB/B in der Praxis keine allzu große Rolle.

2. Fälligkeit der Schlusszahlung

a) BGB-Bauvertrag

§ 641 Abs. 1 Satz 1 BGB geht von der (sofortigen) **Fälligkeit** des Vergütungs- **337** anspruchs **bei der Abnahme** aus.

Der Auftragnehmer ist, wie schon dargelegt (oben Rdn. 330), im Regelfall auch beim BGB-Bauvertrag verpflichtet, eine prüfbare Aufstellung bzw. Rechnung nach Abschluss der Arbeiten vorzulegen. Eine besondere Prüfungsfrist für diese Aufstellung bzw. Rechnung sieht das Gesetz nicht vor. Der BGB-Auftragnehmer muss also die ihm vorgelegte Rechnung/prüfbare Aufstellung unverzüglich nach ihrer Vorlage ausgleichen, was lebensfremd erscheint.

Mit **Fälligkeit** ist der Werklohnanspruch gemäß § 641 Abs. 4 BGB zu verzinsen, allerdings nur in Höhe des Basiszinssatzes gemäß § 247 Abs. 1 BGB (dazu oben Rdn. 323).

In Verzug gerät der Auftraggeber nach Fälligkeit entweder gemäß § 286 Abs. 1 BGB durch eine Mahnung des Auftragnehmers oder aber gemäß § 286 Abs. 3 BGB spätestens 30 Tage nach Fälligkeit automatisch. Zur Höhe des Zinsanspruchs bei Zahlungsverzug darf auf die Erläuterungen in Rdn. 323 verwiesen werden.

b) VOB-Vertrag

aa) Durch die VOB/B (2012) ist auch die jahrzehntelang tradierte Fälligkeit des **338** VOB-Schlusszahlungsanspruchs geändert worden:

Altes Recht: Nach der bisherigen Fassung des § 16 Abs. 3 Nr. 1 VOB/B war die Schlusszahlung alsbald nach Prüfung und Feststellung der Schlussrechnung zu leisten, spätestens innerhalb von zwei Monaten nach deren Zugang.

Neues Recht: Nach der auf der Zahlungsverzugsrichtlinie der Europäischen Union[697] beruhenden Neufassung wird der Anspruch auf die Schlusszahlung nun alsbald nach Prüfung und Feststellung fällig, spätestens innerhalb von 30 Tagen nach Zugang der Schlussrechnung. Die Frist verlängert sich auf höchstens 60 Tage, wenn dies aufgrund der besonderen Natur oder Merkmale der Vereinbarung sachlich gerechtfertigt ist und ausdrücklich vereinbart wurde.

---

696 BGH, BauR 2002, 313.
697 Richtlinie 2011/7/EU des Europäischen Parlaments und des Rates vom 26.02.2011 zur Bekämpfung von Zahlungsverzug im Geschäftsverkehr.

Nach der Neufassung ist die Fälligkeitsfrist und damit auch die Frist zur Prüfung und Feststellung der Schlussrechnung also halbiert, sie beträgt nur noch 30 Tage und nicht mehr zwei Monate. Etwas unglücklich formuliert ist die Verlängerungsmöglichkeit auf 60 Tage: Diese Verlängerung soll nach dem Text der VOB/B (2012) möglich sein, wenn dies aufgrund der besonderen Natur oder Merkmale der *Vereinbarung* sachlich gerechtfertigt ist und ausdrücklich vereinbart wurde. Gemeint sein dürften aber nicht die besondere Natur oder die Merkmale der Vereinbarung, sondern z. B. die Schwierigkeit der Abrechnung bei umfänglichen Bauleistungen, bei deren Rechnungsprüfung überdurchschnittlicher Sachverstand eingesetzt werden muss.[698] Wann eine entsprechende Fristverlängerung von 30 auf 60 Tagen zulässig ist, wird die weitere Praxis zeigen. Zu beachten ist im Übrigen, dass eine solche Fristverlängerung auf bis zu 60 Tage ausdrücklich vereinbart werden muss, also nicht automatisch bei entsprechend umfänglichen Abrechnungen gilt.

Wie bisher gilt: Hat der Auftraggeber die Schlussrechnung schon vor Ablauf der Fälligkeitsfrist von 30 (oder ausnahmsweise 60) Tagen geprüft und festgestellt, so tritt damit die Fälligkeit des Zahlungsanspruchs des Auftragnehmers ein,[699] und zwar auch hinsichtlich zu Unrecht gestrichener oder gekürzter Rechnungspositionen.[700] Die Prüfung und Abzeichnung der Schlussrechnung durch den Architekten bindet den Auftraggeber aber selbst dann nicht, wenn er das geprüfte Rechnungsexemplar selbst an den Auftragnehmer weitergeleitet hat.[701]

339 bb) Häufig sieht sich der Auftragnehmer nach Ablauf der **Prüfungsfrist** und mehrfacher Anmahnung des Werklohns oder sogar erst im Rechtsstreit mit dem Einwand des Auftraggebers konfrontiert, die Rechnung sei nicht prüffähig und damit nicht fällig, es würden beispielsweise Unterlagen wie Stahllisten, Lieferscheine usw. fehlen.

Im Anschluss an mehrere BGH-Entscheidungen[702] bestimmt § 16 Abs. 3 Nr. 1 Satz 3 VOB/B (2012), dass Einwendungen gegen die Prüfbarkeit der Schlussrechnung innerhalb der Prüfungsfrist vom Auftraggeber erhoben werden müssen. Anderenfalls wird der Werklohnanspruch auch dann fällig, wenn die Rechnung objektiv nicht prüfbar ist. Verspätete Einwendungen des Auftraggebers gegen die Prüfbarkeit sind dann nur noch als inhaltliche Einwendungen gegen Grund oder Höhe des Werklohnanspruchs zu berücksichtigen, führen aber nicht mehr zur mangelnden Fälligkeit des Werklohnanspruchs als solchen. Das gilt auch dann, wenn der Auftragnehmer nach Ablauf der Prüfungsfrist (und damit nach Eintritt der Fälligkeit) weitere, wiederum nicht prüfbare

---

698 Kapellmann/Messerschmidt, § 16 VOB/B (2012), Rdn. 6.
699 BGH, BauR 2006, 993.
700 OLG Brandenburg, BauR 2003, 1229.
701 BGH, BauR 2005, 94.
702 BGH, BauR 2004, 1937; 2006, 517 und 678.

Schlussrechnungen erteilt.[703] Die einmal eingetretene Fälligkeit bleibt also erhalten, auch wenn der Auftragnehmer im Nachhinein weitere, wiederum nicht prüfbare Schlussrechnungen vorlegt.

Diese auftragnehmerfreundliche Rechtslage nach der VOB/B wird allerdings durch eine andere Entscheidung des BGH[704] erheblich relativiert. Hiernach kann der Auftraggeber beim VOB-Bauvertrag auch nach Ablauf der Prüfungs- und Feststellungsfrist nahezu beliebig Einwendungen gegen die Richtigkeit der Schlussrechnung nachschieben. Nur ausnahmsweise kommt nach Auffassung des BGH die Verwirkung solcher »verspäteter« Einwendungen in Betracht.

cc) Die Bestimmung von § 16 Abs. 3 Nr. 1 Satz 5 VOB/B (2012), wonach ein **340** »unbestrittenes Guthaben« sofort als Abschlagszahlung zu zahlen ist, läuft in der Praxis meist leer. Ein solches »unbestrittenes Guthaben« liegt beispielsweise dann nicht vor, wenn lediglich einzelne Positionen der Schlussrechnung als solche unstreitig sind.[705]

dd) Die 30- bzw. 60-tägige Frist zur Prüfung und Feststellung der Schlussrech- **341** nung gilt auch beim Pauschalpreisvertrag, auch wenn beim Pauschalpreisvertrag eigentlich kein Bedürfnis für eine zweimonatige Prüfungsmöglichkeit besteht.[706] Daneben darf die Fälligkeit des Werklohnanspruchs in Zusätzlichen Vertragsbedingungen nicht von Umständen abhängig gemacht werden, auf die der Auftragnehmer keinen Einfluss hat, z. B. Vorlage einer Mängelfreiheitsbescheinigung des Erwerbers. Solche Klauseln verstoßen gegen § 307 BGB (früher: § 9 AGBG) und sind unwirksam.

ee) Für Fälle, die nach der bisherigen Fassung der VOB/B zu beurteilen sind, ist **342** fraglich, ob die (bisherige) **zweimonatige Prüfungs- und Feststellungsfrist** gemäß § 16 Abs. 3 Nr. 1 VOB/B (2009) bei isolierter Vereinbarung der VOB-Vorschriften **AGB-wirksam** ist. Dagegen spricht, dass nach dem gesetzlichen Leitbild des § 286 Abs. 3 BGB (auch) die Schlusszahlung spätestens binnen 30 Tagen nach Fälligkeit und Vorlage einer Rechnung bzw. prüfbaren Aufstellung erfolgen muss, andernfalls der Auftraggeber automatisch in Zahlungsverzug gerät. Die Regelung in § 16 Nr. 3 Abs. 1 VOB/B a. F. führt also (mindestens) zu einer Verdoppelung der gesetzlichen Zahlungsfrist, ganz abgesehen davon, dass der VOB-Auftragnehmer nach eingetretener Fälligkeit eine Mahnung mit Nachfrist aussprechen muss, um Verzug des Auftraggebers herbeizuführen (dazu schon oben Rdn. 324).

Das OLG Celle hält § 16 Abs. 3 Nr. 1 Satz 1 VOB/B a. F. für AGB-widrig und damit unwirksam, wenn der Auftragnehmer als Verwender die Bestimmungen der VOB/B dem Vertrag nicht insgesamt zugrunde gelegt habe. Denn in diesem

---

703 BGH, BauR 2011, 831.
704 BauR 2001, 784.
705 Vgl. BGH, BauR 1997, 468.
706 Vgl. Ingenstau/Korbion/U. Locher, VOB/B § 16 Abs. 3, Rdn. 8.

Fall könne der Auftraggeber (!) durch die Verschiebung der Fälligkeit unangemessen benachteiligt werden, weil dadurch die Werklohnforderung möglicherweise erst im Folgejahr fällig werde und als Folge der Werklohnanspruch des Auftragnehmers gemäß § 199 Abs. 1 Nr. 1 BGB ein Jahr später verjähre.[707] Die Argumentation greift aber auch umgekehrt, wenn der Auftraggeber dem Vertrag »isoliert« die Bestimmung des § 16 Abs. 3 Nr. 1 Satz 1 VOB/B zugrunde legt.[708]

3. Die Schlusszahlung

343 Eine besondere Regelung für die Schlusszahlung bei VOB-Verträgen enthält § 16 Abs. 3 Nr. 5 VOB/B (2012). Hiernach muss der Auftragnehmer binnen 28 Tagen den Vorbehalt erklären und diesen binnen 28 weiterer Tage begründen, wenn der Auftraggeber entweder eine zu geringe Schlusszahlung leistet oder weitere Zahlungen im Hinblick auf bereits geleistete Zahlungen verweigert.

Reagiert der Auftragnehmer also auf eine als solche gekennzeichnete Schlusszahlung oder die Verweigerung weiterer Zahlungen nicht, dann kann dies für ihn erhebliche Rechtsnachteile bedeuten:

a) Begriff der Schlusszahlung

344 Die Zahlung des Auftraggebers kann auf dem jeweiligen Zahlungsträger (Überweisungsträger, Scheck) wörtlich oder sinngemäß als Schlusszahlung (Restzahlung, Abschlusszahlung, Restbetrag, Ausgleich der Rechnung vom ... usw.) bezeichnet sein. Entscheidend ist, dass für den Auftragnehmer eindeutig erkennbar zum Ausdruck kommt, dass damit der Anspruch aus der Schlussrechnung abgegolten sein soll; die Schlusszahlung muss eben »als solche gekennzeichnet« sein.

Das gilt beispielsweise auch, wenn dem geprüften Rechnungsexemplar ein Abrechnungsblatt beigefügt ist, aus dem sich weitere Abzüge (Bauwesenversicherung usw.) ergeben und eventuelle Gegenansprüche verrechnet sind. Ist diesem geprüften Rechnungsexemplar samt Abrechnungsblatt dann ein Scheck über die ausstehende Summe beigefügt, dann genügt dies normalerweise als hinreichende Kennzeichnung einer Schlusszahlung. Der Auftragnehmer muss dann reagieren.

---

707 OLG Celle, BauR 2010, 1764.
708 Das OLG Düsseldorf hält § 16 Abs. 3 Nr. 1 Satz 1 VOB/B jedenfalls i. V. m. der nach VOB erforderlichen Mahnung und Nachfristsetzung für AGB-unwirksam (OLG Düsseldorf, BauR 2006, 120, 122); ebenso OLG Naumburg, BauR 2006, 849; Kniffka, ZfBR 2000, 227, 228. Zur »AGB-Kontrollfähigkeit« der VOB generell s. o. Rdn. 9.

b) Die endgültige Zahlungsverweigerung unter Hinweis auf geleistete Zahlungen steht der Schlusszahlung gleich

Voraussetzung ist, dass der Auftraggeber den Auftragnehmer eindeutig darauf **345** hinweist, dass er z. B. wegen der schon geleisteten Zahlungen jede weitere Zahlung ablehnt.[709]

Beispiel aus der Rechtsprechung:[710]

Der mit der Rechnungsprüfung und Feststellung betraute Architekt nimmt die Rechnungsprüfung vor und gelangt zu einem Restguthaben des Auftraggebers. Das geprüfte Rechnungsexemplar wird dem Auftragnehmer mit dem Hinweis zugeleitet, dass keine weiteren Zahlungen in Betracht kämen.

Weiteres Beispiel:

Der Auftragnehmer reicht eine nicht prüfbare Schlussrechnung ein, die vom Auftraggeber jedoch geprüft und gekürzt wird. Der Auftraggeber verweigert weitere Zahlungen im Hinblick auf die erfolgten Kürzungen. Hier war die Werklohnforderung mangels prüfbarer Rechnung an sich nicht fällig, trotzdem greift § 16 Abs. 3 Nr. 2 VOB/B ein.[711]

Aber: Die bloße Zahlungsverweigerung unter Hinweis auf ein Zurückbehaltungsrecht ist nicht als endgültige Zahlungsverweigerung anzusehen.[712]

c) Vorbehalt

Leistet der Auftraggeber die Schlusszahlung oder verweigert er weitere Zahlun- **346** gen, so muss der Auftragnehmer binnen 28 Tagen erklären, dass er sich weitere Ansprüche vorbehalte. Diese Frist beginnt gemäß § 16 Abs. 3 Nr. 5 VOB/B, nachdem der Auftraggeber den Auftragnehmer schriftlich auf die Schlusszahlung bzw. die Zahlungsverweigerung (§ 16 Abs. 3 Nr. 3) **und** die Wirkungen der Fristversäumnis (§ 16 Abs. 3 Nr. 2) hingewiesen hat.

Ist die Werklohnforderung wirksam abgetreten, so muss die Schlusszahlung oder die Zahlungsverweigerung gegenüber dem Abtretungsempfänger erfolgen; diesem obliegt es dann auch, den Vorbehalt zu erklären.[713]

Wichtig ist, dass der Vorbehalt erst **nach** der Schlusszahlung oder der Ablehnung weiterer Zahlungen erklärt wird. Solange der Auftraggeber also untätig ist und nicht zahlt, jedenfalls keine Zahlung verweigert, nutzen noch so viele Mahnungen nichts.

---

709 OLG Köln, BauR 1997, 320.
710 BGH, NJW 1987, 775.
711 BGH, WM 1987, 76.
712 Vgl. BGH, BauR 1991, 84.
713 Vgl. BGH, IBR 1994, 8.

Sobald der Auftraggeber dann die Schlusszahlung vornimmt oder weitere Zahlungen verweigert und auf die Ausschlusswirkung hinweist – auch wenn dies beispielsweise ein Jahr nach Rechnungserteilung erfolgt –, muss der Auftragnehmer innerhalb der 28-Tages-Frist den Vorbehalt erklären.

Der Vorbehalt sollte **immer** schriftlich und durch Einschreiben mit Rückschein/Telefax mit Zugangsnachweis erklärt werden.

Eine Klage auf Werklohn bzw. Beantragung eines Mahnbescheides innerhalb der 28-Tages-Frist reichen ebenfalls aus.

Die 28-Tages-Frist beginnt mit dem Erhalt des Schreibens über die Schlusszahlung und die Wirkungen der Fristversäumnis bzw. die Ablehnung weiterer Zahlungen, § 16 Abs. 3 Nr. 5 i. V. m. Nr. 2 und 3 VOB/B.

Die Vorbehaltserklärung sollte **immer** gegenüber dem Auftraggeber selbst erfolgen, zusätzlich auch gegenüber dem Architekten, der die Rechnungsprüfung vorgenommen hat.

d) Vorbehaltsbegründung

347 Der erklärte Vorbehalt muss binnen weiterer 28 Tage begründet werden. § 16 Abs. 3 Nr. 5 Satz 2 VOB/B (2012) stellt klar, dass die Frist von 28 Tagen zur Vorbehaltsbegründung erst mit Ablauf der Frist von 28 Tagen zur Erklärung des Vorbehaltes selbst beginnt. Auch bei einer »vorzeitigen« Erklärung des Vorbehalts (z. B. 10 Tage nach Erhalt der Schlusszahlung) verbleiben dem Auftragnehmer insgesamt 56 Tage zur Begründung des Vorbehalts.

Hat der Auftragnehmer dem Auftraggeber eine prüfbare Abrechnung erteilt, die dieser – unberechtigt – gekürzt hat, so ist eine Vorbehaltsbegründung ausnahmsweise entbehrlich.[714]

348 Sinnvoll ist es, in ein und demselben Schreiben sowohl den Vorbehalt zu erklären als auch diesen zu begründen, jedenfalls auf die bereits vorliegende prüfbare Schlussrechnung hinzuweisen, um nicht Gefahr zu laufen, zwar die Frist für die Vorbehaltserklärung einzuhalten, nicht aber die Frist für die Begründung des Vorbehaltes. Eine Vorbehaltsbegründung ist auch dann zwingend erforderlich, wenn der Auftraggeber selbst gemäß § 14 Abs. 4 VOB/B die Schlussrechnung aufgestellt und anschließend die Schlusszahlung geleistet hat. Denn aus dem Vorbehalt gegen seine eigene Schlussrechnung wird für den Auftraggeber nicht deutlich, welche Einwendungen der Auftragnehmer gegen die Schlusszahlung erheben will.[715]

---

714 Vgl. BGH, BauR 1998, 613; OLG München, BauR 1996, 871.
715 OLG Oldenburg, BauR 1992, 83.

e) Wirkungen der Fristversäumung

Wird der Vorbehalt gar nicht, zu früh oder zu spät erklärt oder begründet, so **349** sind weitere Ansprüche des Auftragnehmers grundsätzlich ausgeschlossen. Der Auftraggeber kann die »Einrede der vorbehaltlosen Annahme der Schlusszahlung« erheben.

Voraussetzung ist, dass der Auftraggeber den Auftragnehmer gemäß § 16 Abs. 3 Nr. 2 VOB/B **über die Schlusszahlung schriftlich unterrichtet** und auf die **Ausschlusswirkung hingewiesen hat.** Auch der Hinweis auf die Ausschlusswirkung muss nach herrschender Auffassung schriftlich erfolgen.[716]

Noch nicht endgültig geklärt ist, wie detailliert der Auftraggeber den Auftrag- **350** nehmer über die Ausschlusswirkung informieren muss.[717] Immerhin hat der BGH aber klargestellt, dass der bloße Hinweis auf die schlusszahlungsgleiche Zahlungsverweigerung nebst Hinweis auf die Ausschlusswirkung in einem prozessualen Schriftverkehr der **Warnfunktion** des § 16 Abs. 3 Nr. 2–5 VOB/B nicht genügt.[718] Auch der bloße »Hinweis auf die Ausschlusswirkung gemäß § 16 Abs. 3 Nr. 2 VOB/B« reicht nicht aus.[719] **Dem Auftraggeber ist hier der »sichere Weg« anzuraten.** Der Auftraggeber sollte den Auftragnehmer also darauf hinweisen, dass Nachforderungen des Auftragnehmers ausgeschlossen sind, wenn der Auftragnehmer nicht innerhalb von 28 Tagen nach Empfang der Schlusszahlung bzw. der endgültigen Zahlungsverweigerung den Vorbehalt erklärt und diesen binnen weiterer 28 Tage begründet.

Nach dem eindeutigen Wortlaut von § 16 Abs. 3 Nr. 5 VOB/B müssen die Mitteilung über die Schlusszahlung und die Belehrung über die Ausschlusswirkung in einem **gesonderten Schreiben** erfolgen.[720] Ein Hinweis z. B. auf dem Überweisungsträger oder Scheck ist nicht ausreichend.[721]

Von der Ausschlusswirkung erfasst sind auch in der Abrechnung **vergessene 351** Positionen des LV. Dagegen gelten die Ausschlussfristen gemäß § 16 Abs. 3 Nr. 6 VOB nicht für ein Verlangen nach Richtigstellung der Schlussrechnung wegen Aufmaß-, Rechen- und Übertragungsfehlern.

Beispiel:

Der Auftragnehmer erteilt eine Schlussrechnung über 150.000,– €, gezahlt sind 100.000,– €. Der Auftraggeber prüft die Rechnung und kürzt diese auf 140.000,– €. Die Restzahlung i. H. v. 40.000,– € leistet er als Schlusszahlung an den Auftragnehmer und weist diesen auf die Ausschlusswirkung hin. Drei Monate später stellt der Auftragnehmer fest, dass er eine Position des

---

716 Vgl. BGH, BauR 1999, 396 m. w. N.
717 Vgl. dazu Beck'scher Kommentar/Motzke, § 16 Nr. 3 VOB/B, Rdn. 68 m. w. N.
718 BGH, BauR 1999, 396.
719 KG, BauR 2000, 575.
720 Vgl. OLG Köln, IBR 1994, 364; OLG Dresden, BauR 2000, 279.
721 Ingenstau/Korbion/U. Locher, VOB/B § 16 Abs. 3, Rdn. 104.

LV vollständig vergessen hat und erteilt eine weitere Rechnung über 20.000,– €
für diese Position.

Die Nachforderung ist **ausgeschlossen. Aber:** Erteilt der Auftragnehmer dem
Auftraggeber berechtigtermaßen mehrere Schlussrechnungen (z. B. für die Gewerke Heizung und Sanitär getrennt), dann treten die Wirkungen des § 16
Abs. 3 Nr. 2 VOB/B nur hinsichtlich der Schlussrechnung ein, auf die sich
die Schlusszahlung bezieht.

Außerdem: Der von § 16 Abs. 3 VOB/B erfasste Anspruch kann vom Auftragnehmer zwar nicht mehr klageweise durchgesetzt werden, weil ihm die
Einrede der vorbehaltlosen Annahme der Schlusszahlung entgegensteht. Die
Aufrechnung gegen sonstige Forderungen des Auftraggebers bleibt aber möglich.[722]

f) AGB-Unwirksamkeit von § 16 Abs. 3 Nr. 2–5 VOB/B

352 Die Schlusszahlungseinrede des Auftraggebers stellt eine so schwerwiegende
Einschränkung der Auftragnehmerrechte dar, dass § 16 Abs. 3 Nr. 2–5 VOB/B
trotz der vorstehend erläuterten Einschränkungen (schriftliche Unterrichtung
des Auftragnehmers über die Schlusszahlung und Hinweis auf die Ausschlusswirkung) eine erhebliche Benachteiligung des Auftragnehmers gegenüber dem
gesetzlichen Leitbild darstellt und damit gemäß § 307 BGB AGB-unwirksam
ist, soweit die Bestimmungen der VOB/B dem Vertrag nicht insgesamt und uneingeschränkt zugrunde liegen.[723] An dieser Rechtsfolge gibt es bei »isolierter
Betrachtung« des § 16 Abs. 3 Nr. 2–5 VOB/B auch nichts zu deuten, da der
Gläubiger einer Geldforderung nach keiner gesetzlichen Bestimmung die
Durchsetzbarkeit seiner Forderung binnen 28 oder 56 Tagen riskiert, wenn
er sich seine Ansprüche nicht vorbehält. Die vergleichbare gesetzliche Bestimmung besteht in §§ 195, 199 Abs. 1 BGB, wonach der Anspruch frühestens
nach drei Jahren wegen eingetretener Verjährung nicht mehr durchsetzbar
ist. Die Bestimmung des § 16 Abs. 3 Nr. 2–5 VOB/B sollte deshalb nach unserer Auffassung ersatzlos abgeschafft werden.

Da die meisten Bauverträge Eingriffe in die VOB/B beinhalten, läuft die Einrede der vorbehaltlosen Annahme der Schlusszahlung in der Praxis damit
meist leer.

Zulässig und im Sinne einer auch von § 16 Abs. 3 VOB/B beabsichtigten,
schnellen Klärung der wechselseitigen Ansprüche aus einem Bauvorhaben
ist eine **Schlusszahlungsvereinbarung** der Parteien. Wenn und soweit die Parteien im Sinne wechselseitigen Nachgebens – § 779 BGB – eine endgültige Klärung ihrer wechselseitigen Ansprüche aus dem Bauvorhaben erzielt haben,

---

722 Vgl. Messerschmidt, in: Kapellmann/Messerschmidt, B § 16, Rdn. 224 ff.
723 BGH, BauR 1998, 614; 2002, 775.

sind wechselseitig Nach- oder Rückforderungen unabhängig von den Voraussetzungen des § 16 Abs. 3 Nr. 2 VOB/B ausgeschlossen.[724]

Zur »AGB-Kontrollfähigkeit« der VOB generell s. o. Rdn. 9.

Voraussetzungen und Rechtsfolgen der Schlusszahlung sind in der nachstehenden Abbildung 9 noch einmal zusammengefasst.

VOB-Schlusszahlung – § 16 Abs. 3 VOB/B (2012)

Schlussrechnungserteilung nach
- Fertigstellung und Abnahme
- binnen Frist gemäß § 14 Abs. 3 VOB/B
- andernfalls durch AG selbst, § 14 Abs. 4 VOB/B

↓

Fälligkeit
- Erteilung prüfbarer Schlussrechnung gemäß § 14 Abs. 1 VOB/B
- Prüfung und Feststellung der Schlussrechnung durch AG
- oder Ablauf der 30-tägigen, ausnahmsweise 60-tägigen Prüfungsfrist
- fehlende Prüfbarkeit muss binnen der Prüfungsfrist gerügt werden, ansonsten tritt trotzdem Fälligkeit ein

↓

Verzug
- nach Fälligkeit und Mahnung durch AN
- sowie Ablauf einer gesetzten Nachfrist
- alternativ: automatischer Verzug nach 30 Tagen

↓

Schlusszahlungseinrede
- nach als solcher gekennzeichneten Schlusszahlung
- oder Verweigerung weiterer Zahlungen
- und Hinweis durch AG auf die Ausschlusswirkung
- wenn AN nicht
  – binnen 28 Tagen den Vorbehalt erklärt
  – und diesen binnen weiterer 28 Tage begründet
- Regelung AGB-unwirksam, wenn die VOB/B dem Vertrag nicht als Ganzes zugrunde liegt

Abbildung 9: VOB-Schlusszahlung

---

724 So ausdrücklich und zutreffend KG Berlin, BauR 2007, 1585.

IV. Teilschlusszahlung gemäß § 16 Abs. 4 VOB/B

353 Im Fall der rechtsgeschäftlichen Teilabnahme nach § 12 Abs. 2 VOB/B können auch Teilschlussrechnungen mit den gleichen Voraussetzungen und Folgen wie die normale Schlussrechnung nach § 16 Abs. 4 VOB/B gestellt werden. Besonderheiten gelten hier nicht.

V. Verjährungsprobleme

1. Regelfrist drei Jahre

354 Das Schuldrechtsmodernisierungsgesetz hat auch hinsichtlich der Verjährung von Werklohnansprüchen deutliche Veränderungen herbeigeführt. Während die Verjährungsfrist bis zum 31.12.2001 entweder 2 Jahre oder 4 Jahre (bei Leistungen für den Gewerbebetrieb des Auftraggebers) betrug, so beläuft sich die Verjährungsfrist gemäß § 195 BGB seit dem 01.01.2002 einheitlich auf 3 Jahre. Die Frist beginnt gemäß § 199 Abs. 1 BGB mit dem Schluss des Jahres, in dem der Anspruch entstanden ist **und** der Gläubiger von den den Anspruch begründenden Umständen und der Person des Schuldners Kenntnis erlangt oder ohne grobe Fahrlässigkeit erlangen müsste. Letzteres ist bei Werklohnansprüchen in aller Regel unproblematisch.

Entstanden im Sinne von § 199 Abs. 1 Nr. 1 BGB bedeutet nach herrschender Auffassung (nach wie vor) **Fälligkeit des Anspruchs**. Hierzu darf auf die Erläuterungen in Rdn. 315 ff. bzw. 337 ff. verwiesen werden.

Für die Verjährung von Werklohnansprüchen wichtig ist folgender Hinweis: Wenn der Auftragnehmer in der Schlussrechnung einzelne Positionen vergisst oder falsch berechnet, verjährt dieser vergessene/falsch berechnete Teil der Werklohnforderung einheitlich mit in der Schlussrechnung enthaltenen Positionen.[725] Wird also z. B. in einer Jahre später durchgeführten Rechnungsprüfung festgestellt, dass der Auftragnehmer zu geringe Mengen abgerechnet oder verschiedene Positionen ganz »vergessen« hat, dann ist eine Nachberechnung nur möglich, wenn der Werklohnanspruch »an sich« nicht bereits verjährt ist.

2. Hemmung der Verjährung

355 Für Werklohnansprüche wichtig sind darüber hinaus die Bestimmungen der §§ 203, 204 und 212 Abs. 1 Nr. 1 BGB:

---

725 OLG Hamm, BauR 2012, 1948.

a) Hemmung bei Verhandlungen über den Anspruch

Gemäß § 203 BGB führt eine **Verhandlung** zwischen Gläubiger und Schuldner **356** über den Anspruch oder die den Anspruch begründenden Umstände zu einer **Hemmung der Verjährung**, wobei die Verjährung in diesem Fall frühestens 3 Monate nach Ende der Hemmung eintritt. Eine Verhandlung in diesem Sinne setzt aber voraus, dass tatsächlich ein Meinungsaustausch über Grund oder Höhe der Forderung stattfindet und nicht nur eine einseitige Geltendmachung durch den Gläubiger ohne Reaktion des Schuldners oder ein abgelehntes Gesprächsangebot.

b) Hemmung bei Mahnbescheid oder Klage

Anders als nach früherem Recht führt die Geltendmachung der Forderung **357** durch **Mahnbescheid** oder **Klage** nicht mehr zur Unterbrechung der Verjährung (Unterbrechung bedeutete Neubeginn der Verjährung), sondern gemäß § 204 Abs. 1 Nr. 1 und Nr. 3 BGB »nur noch« zu einer **Hemmung**, also zu einer Aussetzung der Verjährungsfrist für den Hemmungszeitraum. Allerdings endet die Hemmung bei gerichtlicher Geltendmachung gemäß § 204 Abs. 2 BGB erst 6 Monate nach der rechtskräftigen Entscheidung oder anderweitigen Beendigung des eingeleiteten Verfahrens, sodass im Regelfall ausreichende Reaktionsmöglichkeiten nach Beendigung der Hemmung vorhanden sind.

Im **Mahnbescheid** muss der Anspruch so konkret beschrieben werden, dass er **358** von anderen Ansprüchen hinreichend unterschieden werden kann und dem Schuldner eine Verteidigung gegen die Forderung ermöglicht wird.[726] Wird der Anspruch lediglich als »Schadensersatzanspruch« gekennzeichnet, handelt es sich jedoch in Wahrheit um einen Vergütungsanspruch gemäß § 649 BGB (oder § 8 Abs. 1 Nr. 2 VOB/B), so verjährt dieser Vergütungsanspruch, da er nicht Gegenstand des Mahnbescheides ist.[727]

Ähnlich auch BGH BauR 1993, 225: Werden in einem Mahnbescheid **mehrere Rechnungen** geltend gemacht, dann muss aus dem Mahnbescheid erkennbar werden, **welche Rechnung in welcher Höhe** geltend gemacht wird.

Erfolgt die Spezifikation der Einzelforderungen nicht im Mahnbescheid selbst, sondern in einer Anlage zum Mahnbescheid, die aufgrund eines gerichtlichen Versehens aber nicht zusammen mit dem Mahnbescheid zugestellt worden ist, so hat der BGH in einem weiteren Urteil die Unterbrechung (bzw. heute Hemmung) der Verjährung des Anspruchs ausgeschlossen, wodurch das hohe Risiko noch einmal verdeutlicht wird, das mit der verjährungshemmenden Geltendmachung von Werklohnansprüchen per Mahnbescheid verbunden ist.[728]

---

726 BGH, BauR 2002, 469.
727 Vgl. BGH, BauR 1992, 229.
728 BGH, BauR 1995, 694.

359 Ein weiteres Risiko wird durch die Entscheidung des BGH[729] deutlich. Dort hatte der Gläubiger die Forderung im Mahnbescheid wie folgt bezeichnet: »Werkvertrag/Werklieferungsvertrag gemäß Rechnung vom 23.09.1996.« Der Schuldner bestritt später, diese Rechnung erhalten zu haben. Der BGH gab der Verjährungseinrede nur deshalb nicht statt, weil zwischen den Parteien nur ein einziger Werkvertrag zustande gekommen war und der Schuldner deshalb wusste oder wissen musste, welche Forderung gegen ihn geltend gemacht wurde.

Dem Praktiker muss also angesichts dieser Rechtsprechung abgeraten werden, in kritischen Fällen die drohende Verjährung lediglich durch einen gerichtlichen Mahnbescheid hemmen zu wollen. »Sicherer« ist in solchen Fällen eine normale Werklohnklage.

c) Hemmung bei selbständigem Beweisverfahren

360 Nicht selten tritt folgende Situation ein: Der Auftragnehmer beantragt die Abnahme, der Auftraggeber verweigert sie wegen (angeblich) wesentlicher Mängel. Da die Beweislast für die Abnahmereife und damit das Fehlen wesentlicher Mängel beim Auftragnehmer liegt (vgl. oben Rdn. 207), leiten manche Auftragnehmer in dieser Situation ein gerichtliches Beweisverfahren ein, um die Mängelfreiheit (oder jedenfalls das Fehlen wesentlicher, der Abnahme entgegenstehender) Mängel durch einen gerichtlichen Sachverständigen nachzuweisen. Für *diese Konstellation* hat der BGH nun festgestellt, dass durch ein solches gerichtliches Beweisverfahren die Verjährung des Vergütungsanspruchs des Auftragnehmers gemäß § 204 Abs. 1 Nr. 7 BGB gehemmt wird, da es in einem solchen gerichtlichen Beweisverfahren letztlich um die Fälligkeit des Werklohnanspruchs des Auftragnehmers gehe.[730] In dieser Konstellation ist der Auftragnehmer also nicht gehalten, neben dem gerichtlichen Beweisverfahren auch noch eine (kostenriskante) Klage gegen den Auftraggeber einzureichen, falls sich z. B. das gerichtliche Beweisverfahren über mehrere Jahre hinzieht und Verjährungseintritt drohen würde.

3. Neubeginn der Verjährung

361 § 212 Abs. 1 Nr. 1 BGB bestimmt schließlich, dass die **Anerkennung** des Anspruchs durch den Schuldner zu einem Neubeginn der Verjährung (früher: Unterbrechung der Verjährung) führt. Ein solches Anerkenntnis nimmt das Gesetz beispielsweise bei der Vornahme von Abschlagszahlungen, Zinszahlungen oder Sicherheitsleistungen an, was bei Werklohnforderungen häufig der

---

729 BGH, BauR 2002, 469.
730 BGH, BauR 2012, 803.

Fall sein dürfte. Auch eine Saldenbestätigung kann als Anerkenntnis anzusehen sein.[731]

Wichtig aber: Die bloße Anmahnung der fälligen Forderung durch den Auftragnehmer führt weder zu einem Neubeginn noch zu einer Hemmung der Verjährung. Um der Verjährungseinrede des Auftraggebers auszuweichen, muss der Auftragnehmer also über kurz oder lang und noch innerhalb der laufenden Verjährungsfrist seine Forderung entweder durch Klage oder zumindest durch Mahnbescheid geltend machen oder eine verjährungsverlängernde Vereinbarung mit dem Auftraggeber treffen.

L. Sicherheiten

I. Sicherheiten zu Gunsten des Auftraggebers

Der Auftraggeber hat gegenüber dem Auftragnehmer nur dann einen Anspruch auf Sicherheit, wenn dies (wirksam) vereinbart ist. Dies ergibt sich beim BGB-Bauvertrag aus § 232 Abs. 1 BGB, beim VOB-Bauvertrag aus § 17 Abs. 1 Nr. 1 VOB/B. Es gibt also auch beim VOB-Bauvertrag kein »automatisches« Recht des Auftraggebers, Abschlagsrechnungen des Auftragnehmers nur in bestimmter Höhe (typischerweise in Höhe von 90 %) auszubezahlen und den Restbetrag als Sicherheit einzubehalten. Eine Ausnahme von diesem Grundsatz enthält für ab dem 01.01.2009 abgeschlossene Bauverträge nunmehr § 632a Abs. 3 BGB. Für bestimmte Auftraggeber (Verbraucher) und Bauvorhaben (Einfamilienhäuser und Eigentumswohnungen) billigt das Gesetz dem Auftraggeber nun einen generellen Anspruch auf eine Erfüllungssicherheit in Höhe von 5 % der Auftragssumme zu, wenn der Auftragnehmer eine Abschlagszahlung verlangt. Soweit sich das Auftragsvolumen durch Nachträge um mindestens 10 % erhöht, muss auch hinsichtlich der Nachträge eine Sicherheit i. H. v. 5 % gestellt werden. Die Sicherheit kann durch Bankbürgschaft oder durch Zahlungseinbehalt vorgenommen werden. Wegen der Einzelheiten wird auf die Darstellung in Rdn. 309 ff. verwiesen.

362

- Die **Höhe** der vom Auftragnehmer zu stellenden Sicherheit richtet sich ansonsten nach der Vereinbarung der Parteien. Wird die Sicherungsabrede – wie meist – formularmäßig getroffen, handelt es sich also um eine kontrollfähige AGB-Klausel, so besteht hinsichtlich der Erfüllungssicherheit eine Obergrenze von 10 %.[732] Eine **unzulässige Übersicherung** liegt vor, wenn der Auftraggeber vom Auftragnehmer kumulativ eine 10 %ige Erfüllungsbürgschaft fordert und gleichzeitig Abschlagszahlungen nur i. H. v. 90 % leistet;[733]

---

731 OLG Düsseldorf, BauR 1999, 176.
732 OLG München, BauR 2010, 1230.
733 BGH, BauR 2011, 677.

- hinsichtlich der Mängelsicherheit (Gewährleistungseinbehalt) eine Obergrenze von 5 % der Auftrags- oder Abrechnungssumme als bauübliche Sicherheit.[734] Die Pflicht zur Gestellung einer Gewährleistungsbürgschaft i. H. v. 10 % der Auftrags- oder Abrechnungssumme führt zu einer unangemessenen Benachteiligung des Auftragnehmers und ist deshalb unwirksam.[735]

Individualvertraglich können im Einzelfall höhere Sicherheiten vereinbart werden.

Lässt die Vereinbarung offen, ob sich die Sicherheit auf die Brutto- oder Nettosumme bezieht, so gilt im Zweifel die **Bruttosumme**. § 17 Abs. 6 Nr. 1 Satz 2 VOB/B (2006) stellt allerdings klar, dass bei Nettorechnungen gemäß § 13b UStG[736] die **Nettosumme** für die Bemessung der Sicherheit maßgebend ist.[737]

Soweit die Parteien wirksam die Gestellung einer Sicherheit durch den Auftragnehmer vereinbart haben, regelt § 17 VOB/B ausführlich die **Arten der Sicherheiten** und deren Handhabung. Die wichtigsten Regelungen:

1. Bareinbehalt

a) 10 % Bareinbehalt

363 In vielen Bauverträgen vereinbaren die Parteien, dass Abschlagsrechnungen des Auftragnehmers nur i. H. v. 90 % ausbezahlt werden. Die restlichen 10 % dürfen vom Auftraggeber als Sicherheit einbehalten werden. Eine Variante besteht darin, dass der Auftragnehmer primär eine Erfüllungssicherheit durch die Bürgschaft eines Bankinstituts oder eines Kreditversicherers stellen soll (dazu nachfolgend Rdn. 369 ff.). Kommt er dieser Verpflichtung nicht nach, so soll der Auftraggeber berechtigt sein, in Höhe der vereinbarten Summe einen Bareinbehalt vorzunehmen.

---

734 Vgl. OLG Celle, BauR 2013, 480; näher dazu Thierau, in: Kapellmann/Messerschmidt, B § 17, Rdn. 85 ff.

735 BGH, BauR 2011, 1324, 1327; differenzierend OLG Stuttgart, BauR 2012, 87 für eine »vorübergehende« Übersicherung des Auftraggebers durch eine noch vorhandene Erfüllungsbürgschaft i. H. v. 5 % sowie eine schon vorhandene Gewährleistungsbürgschaft über weitere 5 %.

736 Gemäß § 13b UStG ist ausnahmsweise der Leistungsempfänger (und nicht der Leistungserbringer) Schuldner der Umsatzsteuer, falls eine Bauleistung für einen Leistungsempfänger erbracht wird, der seinerseits Bauleistungen erbringt (Beispiel: Nachunternehmerleistung gegenüber dem Generalunternehmer).

737 A. A. vor der VOB-Änderung Groß, BauR 2005, 1084.

b) Sperrkonto

aa) Die VOB/B regelt die Sicherheit durch Bareinbehalt in § 17 Abs. 5 und **364** Abs. 6 VOB/B. Der in § 17 Abs. 5 VOB/B geregelte **Grundsatz** besagt, dass der Auftragnehmer die Barsicherheit bei einem mit dem Auftraggeber zu vereinbarenden Geldinstitut auf einem so genannten **Sperrkonto** einzuzahlen hat, über das beide Parteien nur gemeinsam verfügen können; etwaige Zinsen stehen dem Auftragnehmer zu. § 17 Abs. 5 Satz 1 VOB/B (2006) stellt hierzu klar, dass ein taugliches Sperrkonto voraussetzt, dass der Auftraggeber und der Auftragnehmer nur **gemeinsam** über das Konto **verfügungsbefugt** sind (sog. »**Und-Konto**«), während es nicht ausreicht, wenn der Auftraggeber allein Kontoinhaber ist und mit der Bank vereinbart, dass intern die Zustimmung des Auftragnehmers für Verfügungen erforderlich ist.

bb) Typischerweise wird in der Praxis jedoch nicht dieser Weg gewählt, **365** sondern der in § 17 Abs. 6 Nr. 1 VOB/B geregelte, wonach der Auftraggeber Bareinbehalte z. B. i. H. v. 10 % von den Abschlagsrechnungen des Auftragnehmers vornimmt. Viele Auftraggeber übersehen jedoch, dass sie diesen Bareinbehalt nicht auf eigenem Konto behalten dürfen, sondern gemäß § 17 Abs. 6 Nr. 1 Satz 2 VOB/B binnen 18 Werktagen nach der Mitteilung über die Höhe des jeweiligen Einbehaltes auf das in § 17 Abs. 5 VOB/B genannte Sperrkonto bei dem vereinbarten Geldinstitut einzahlen müssen. Kommt der Auftraggeber dieser Verpflichtung nicht nach, so kann der Auftragnehmer ihm gemäß § 17 Abs. 6 Nr. 3 Satz 1 VOB/B eine angemessene Nachfrist[738] setzen. Zahlt der Auftraggeber den Bareinbehalt auch innerhalb der Nachfrist nicht auf das Sperrkonto beim vereinbarten (oder noch zu vereinbarenden) Geldinstitut ein, so **erlischt das Recht des Auftraggebers auf Sicherheitsleistung**.[739] Die Nachfrist ist entbehrlich, wenn der Auftraggeber die Einzahlung auf ein Sperrkonto endgültig verweigert hat.[740] Dem Auftragnehmer steht in diesem Fall ein unbedingter Auszahlungsanspruch hinsichtlich des Bareinbehaltes zu, § 17 Abs. 6 Nr. 3 Satz 2 VOB/B. Allerdings kann der Auftraggeber gegen den Auszahlungsanspruch des Auftragnehmers mit Schadensersatzansprüchen aus durchgeführten Mängelbeseitigungsarbeiten aufrechnen.[741]

Streitig ist, ob dem Auftraggeber ein Leistungsverweigerungsrecht gegen den Auszahlungsanspruch des Auftragnehmers im Hinblick auf aktuell vorhandene Mängel zusteht.[742]

In der Praxis »vergessen« viele Auftragnehmer, vom Auftraggeber die Einzahlung des Bareinbehaltes auf ein insolvenzsicheres Sperrkonto zu verlangen

---

738 7 Werktage, vgl. KG BauR 2003, 727.
739 Dazu Thüringer OLG, BauR 2004, 1456.
740 BGH, BauR 2003, 1559.
741 OLG Karlsruhe, BauR 2008, 114.
742 Bejahend KG, BauR 2003, 728, verneinend OLG Celle, BauR 2003, 906, das dem Auftraggeber aber zumindest eine Aufrechnungsbefugnis zugesteht.

oder zumindest die in § 17 Abs. 6 Nr. 3 VOB/B vorgesehene Nachfrist zu setzen. In diesem Fall verhält der Auftraggeber sich zwar vertragswidrig, wenn er den Bareinbehalt auf seinem Konto behält. Sein Sicherungsanspruch als solcher bleibt aber trotzdem erhalten.[743]

c) Öffentliche Auftraggeber

366 Eine Besonderheit gilt gemäß § 17 Abs. 6 Nr. 4 VOB/B für **öffentliche Auftraggeber**, was allerdings eine öffentlich-rechtliche Rechtsform des Auftraggebers voraussetzt. Eine juristische Person des Privatrechts ist selbst dann nicht öffentlicher Auftraggeber im Sinne von § 17 Abs. 6 Nr. 4 VOB/B, wenn sämtliche Anteile einer Körperschaft des öffentlichen Rechts gehören.[744] Der öffentliche Auftraggeber ist hiernach berechtigt, den Bareinbehalt unverzinst auf eigenem Verwahrgeldkonto zu behalten. Er unterliegt also nicht der Verpflichtung, den Bareinbehalt auf ein Sperrkonto bei einem vereinbarten Kreditinstitut einzuzahlen und dort erzielte Zinsen an den Auftragnehmer auszukehren.[745]

d) Wahl- und Austauschrecht: Unzulässige Sicherungsklauseln

367 aa) Wichtig ist noch das in § 17 Abs. 3 VOB/B geregelte Wahl- und Austauschrecht des Auftragnehmers: Sein **Wahlrecht** unter den verschiedenen Arten der Sicherheiten wird regelmäßig durch die Vertragsregelung eingeschränkt, wonach er eine bestimmte Art der Sicherheit (z. B. Barsicherheit) schuldet.

Das **Austauschrecht** des Auftragnehmers, eine bereits geleistete Sicherheit (z. B. Bareinbehalt) gegen eine andere Sicherheit (z. B. Gestellung einer Bankbürgschaft) auszutauschen, darf durch Allgemeine Geschäftsbedingungen, die in der Praxis meist vorliegen, nicht unangemessen eingeschränkt werden. Eine **unangemessene Benachteiligung** des Auftragnehmers, die zur Unwirksamkeit der entsprechenden Vertragsklausel führt, liegt z. B. vor, wenn der Auftragnehmer den Bareinbehalt nur durch eine **Mängelhaftungsbürgschaft auf erstes schriftliches Anfordern**[746] oder durch eine **Bürgschaft nach Muster des Auftraggebers**[747] ablösen darf.[748] **Zulässig** ist demgegenüber eine AGB-Klausel, wonach ein Sicherheitseinbehalt i. H. v. 5 % der Bausumme für die Dauer

---

743 Allerdings sieht das OLG München, BauR 2007, 130 in der Nichteinzahlung der Sicherheit auf ein Sperrkonto u. U. eine strafbare Untreue, gegenteilig jetzt entschieden vom BGH, BauR 2010, 1579, s. Rdn. 1 Entscheidung Nr. 8; dazu Pauly, BauR 2010, 1837.

744 BGH, BauR 2007, 1403, näher zum Begriff des öffentlichen Auftraggebers Joussen, BauR 2002, 371.

745 Dazu OLG Naumburg, BauR 2003, 909.

746 BGH, BauR 1997, 829; 2005, 539; 2005, 1154; 2006, 106; 2006, 374.

747 BGH, BauR 2000, 1052.

748 Zu weiteren Beispielen vgl. Thierau, in: Kapellmann/Messerschmidt, B § 17, Rdn. 109 ff.

der fünfjährigen Gewährleistungsfrist (nur) durch eine **selbstschuldnerische unbefristete Bürgschaft** abgelöst werden kann.[749]

Ist der Auftragnehmer formularmäßig verpflichtet, zur Ablösung des Bareinbehalts eine Bürgschaft zu stellen, die den **Ausschluss des § 768 BGB** enthalten muss, so ist das Austauschrecht des Auftragnehmers nach inzwischen herrschender Rechtsprechung ebenfalls unangemessen eingeschränkt.[750] Für den Fall einer **Gewährleistungsbürgschaft** führt dies nach der Rechtsprechung des BGH und der Oberlandesgerichte zur Unwirksamkeit der Sicherungsvereinbarung insgesamt, da der geforderte Verzicht auf sämtliche Einreden des § 768 BGB eine »untrennbare Einheit« mit der geregelten Ablösungsmöglichkeit darstelle.[751] Die Gesamtunwirksamkeit der Sicherungsklausel gilt auch dann, wenn die Klausel das Austauschrecht des Auftragnehmers gemäß § 17 Abs. 3 VOB/B unberührt lässt und der Auftragnehmer vom Auftraggeber die Auszahlung des Bareinbehalts auf ein Sperrkonto fordern könnte. Auch in diesem Fall sei das Recht des Auftragnehmers, den Bareinbehalt durch die Gestellung einer Bürgschaft abzulösen und damit Liquidität zu erhalten, unangemessen eingeschränkt.[752] Im Fall einer **Erfüllungsbürgschaft** hält der BGH den geforderten Ausschluss der Einreden nach § 768 BGB ebenfalls für AGB-unwirksam. Dies führe aber nicht zur Gesamtunwirksamkeit der Sicherungsabrede, sondern wegen einer Teilbarkeit des geforderten Ausschlusses nur zur Teilunwirksamkeit hinsichtlich der ausgeschlossenen Einrede aus § 768 BGB.[753]

Ebenfalls AGB-unwirksam ist der **formularmäßige Ausschluss des § 770 Abs. 2 BGB** durch den Auftraggeber.[754] Im Gegensatz zum Ausschluss von § 768 BGB ist zu § 770 Abs. 2 BGB allerdings noch nicht höchstrichterlich entschieden, ob die Teilunwirksamkeit der Sicherungsklausel zu deren Gesamtunwirksamkeit führt oder ob der Auftragnehmer in diesem Fall lediglich gehalten ist, dem Auftraggeber eine normale Bürgschaft ohne Ausschluss des § 770 Abs. 2 BGB vorzulegen.[755]

bb) Fraglich ist, ob das Ablösungsrecht des Auftragnehmers in solchen Fällen **368** sein Austauschrecht gemäß § 17 Abs. 3 VOB/B abschließend regelt oder ob der

749 BGH, BauR 2004, 325; 2004, 841; 2006, 379; OLG Frankfurt/Main, BauR 2005, 1939.
750 BGH, BauR 2005, 539 = NZBau 2005, 219; BGH, BauR 2009, 1742 sowie BauR 2011, 1809.
751 BGH, BauR 2009, 1742; ebenso OLG München, BauR 2008, 1646 und BauR 2010, 787; KG, BauR 2009, 512.
752 BGH, BauR 2011, 1809, 1811.
753 BGH, BauR 2009, 809.
754 BGH, NZBau 2003, 377.
755 Für bloße Teilunwirksamkeit z. B. OLG Hamburg, IBR 2011, 701 sowie OLG Düsseldorf, IBR 2008, 442; für Gesamtunwirksamkeit OLG Jena, IBR 2010, 82 – jeweils für den Fall, dass auch die Aufrechnung mit unbestrittenen oder rechtskräftig festgestellten Forderungen ausgeschlossen sein soll.

Auftragnehmer die Einzahlung des Bareinbehalts auf Sperrkonto gemäß § 17 Abs. 6 VOB/B auch dann fordern kann, wenn er **keine Bürgschaft vorlegt.** Zu der Sicherungsabrede, dass der Bareinbehalt (nur) durch Bürgschaft auf erstes schriftliches Anfordern ablösbar sei, hatte der BGH die Auffassung vertreten, diese Abrede sei abschließend und schließe auch die Einzahlung des Bareinbehalts auf Sperrkonto aus (woraus sich ja gerade die unbillige Benachteiligung des Auftragnehmers ergab).[756] Ist der Bareinbehalt hingegen generell durch eine selbstschuldnerische unbefristete Bürgschaft (ohne erstes schriftliches Anfordern) austauschbar, so ist dieses Austauschrecht nach Auffassung des BGH nicht abschließend. Legt der Auftragnehmer also keine Bankbürgschaft vor, so bleibt der Auftraggeber verpflichtet, den Bareinbehalt auf Sperrkonto einzuzahlen.[757]

Macht der Auftragnehmer von seinem Austauschrecht Gebrauch, so ist der Auftraggeber uneingeschränkt zur Herausgabe der abgelösten Sicherheit (z. B. Auszahlung des Bareinbehaltes oder Freigabe des auf Sperrkonto hinterlegten Betrages) **Zug um Zug** gegen die neue Sicherheit (z. B. Bankbürgschaft) verpflichtet.[758] Er kann insbesondere nicht die Aufrechnung mit streitigen Gegenansprüchen erklären oder ein Zurückbehaltungsrecht wegen angeblicher Mängel geltend machen.[759]

2. Erfüllungs- und Mängelsicherheitsbürgschaft

a) Anforderungen an die Bürgschaft

369 Die Gestellung einer Erfüllungs- oder Mängelsicherheit in Form einer Bürgschaft ist durch § 17 Abs. 2 und Abs. 4 VOB/B geregelt.

Als Bürge tauglich sind gemäß § 17 Abs. 2 VOB/B Kreditinstitute und Kreditversicherer, sofern diese in der Europäischen Gemeinschaft oder in einem Staat der Vertragsparteien des Abkommens über den europäischen Wirtschaftsraum oder in einem Staat der Vertragsparteien des WTO-Übereinkommens über das öffentliche Beschaffungswesen zugelassen sind.

Gemäß § 17 Abs. 4 VOB/B muss die Bürgschaftserklärung **schriftlich** und unter Verzicht auf die Einrede der Vorausklage gemäß § 771 BGB erteilt werden. Daneben muss die Bürgschaftserklärung **unbefristet** abgegeben werden, was in der Praxis oftmals nicht beachtet und vom Auftraggeber übersehen wird. Akzeptiert der Auftraggeber gleichwohl eine solche **befristete Bürgschaft** und will er den Bürgen nach Ablauf der Bürgschaftsfrist in Anspruch nehmen,

---

756 BGH, BauR 2002, 1392; 2006, 106.
757 So ausdrücklich BGH, BauR 2006, 379, und ebenso OLG Frankfurt am Main, BauR 2005, 1939.
758 Streitig; wie hier Rodemann, BauR 2004, 1539 m. w. N.
759 BGH, BauR 1998, 544; 2000, 1501; 2001, 1893; OLG München, BauR 2006, 2071.

so kann sich der Bürge auf den Fristablauf auch dann berufen, wenn der zugrunde liegende Mängelanspruch des Auftraggebers noch nicht verjährt ist.[760] Der Auftraggeber ist also gut beraten, eine solche vertragswidrige Erfüllungs- oder Mängelsicherheitsbürgschaft zurückzuweisen und auf einer vertragsgemäßen unbefristeten Bürgschaft zu bestehen.

b) Verjährung des Bürgschaftsanspruchs

Die **Verjährung des Bürgschaftsanspruchs** ist für den Auftraggeber in doppelter Hinsicht problematisch. **370**

aa) Zum einen kann der Bürge gemäß § 768 Abs. 1 Satz 1 BGB die dem Hauptschuldner (Auftragnehmer) zustehenden Einreden geltend machen.[761] Ist also der Anspruch (Erfüllungs- oder Mängelanspruch) gegenüber dem Auftragnehmer verjährt, so kann sich auch der Bürge auf die Einrede der Verjährung berufen, selbst wenn der Anspruch aus der Bürgschaft noch nicht verjährt ist.[762] Eine durch ernsthafte Verhandlungen zwischen Auftraggeber und Auftragnehmer gemäß § 203 Satz 1 BGB bewirkte Hemmung der Verjährung ist auch gegenüber dem Bürgen wirksam.[763] Allerdings bleiben dem Auftraggeber nach ständiger Rechtsprechung des BGH die Rechte aus einer Gewährleistungsbürgschaft auch im Verhältnis zum Bürgen erhalten, wenn er den Mängelanspruch in unverjährter Zeit gegenüber dem Auftragnehmer geltend gemacht hat.[764] Der »sichere« Weg besteht für den Auftraggeber aber darin, in unverjährter Zeit die Verjährungshemmung seiner Ansprüche gegen den Bürgen **und** gegen den Auftragnehmer selbst herbeizuführen, auch wenn der Auftragnehmer zwischenzeitlich vermögenslos sein sollte.[765]

bb) Zum anderen muss der Auftraggeber beachten, dass sein Anspruch gegen den Bürgen in anderer Frist verjährt als sein Gewährleistungsanspruch gegenüber dem Auftragnehmer. Während für den Gewährleistungsanspruch regelmäßig eine »starre Frist« von 4 Jahren (nach VOB/B, wenn nichts anderes vereinbart ist) oder von 5 Jahren (nach BGB) besteht, verjährt der Anspruch gegen den Bürgen nach »neuem Verjährungsrecht« des Schuldrechtsmodernisierungsgesetzes[766] binnen 3 Jahren, § 195 BGB. Die Frist beginnt gemäß § 199 Abs. 1 BGB mit dem Schluss des Jahres, in dem der Anspruch entstanden ist

---

760 Dazu Thierau, in: Kapellmann/Messerschmidt, B § 17, Rdn. 140.
761 Zur Unwirksamkeit des formularmäßigen Ausschlusses von § 768 BGB vgl. oben Rdn. 366.
762 Zuletzt BGH, BauR 2003, 697; allgemein dazu Kapellmann/Messerschmidt-Thierau, § 17 VOB/B, Rdn. 193.
763 OLG Celle, BauR 2009, 839.
764 BGH, BauR 1993, 337, 338.
765 So zutreffend Kapellmann/Messerschmidt-Thierau, § 17 VOB/B, Rdn. 193.
766 Dazu näher oben Rdn. 354.

und der Gläubiger von den den Anspruch begründenden Umständen und der Person des Schuldners Kenntnis erlangt oder ohne grobe Fahrlässigkeit erlangen musste.

cc) Da der Bürge nicht auf Nachbesserung, sondern nur auf Geldzahlung in Anspruch genommen werden kann, wird der Anspruch gegen den Bürgen erst fällig, wenn der Auftraggeber gegenüber dem Auftragnehmer einen auf Geldzahlung gerichteten Anspruch (Kostenvorschussanspruch, Kostenerstattungsanspruch, Schadensersatzanspruch usw.) geltend machen kann, also regelmäßig nach Mängelrüge und Ablauf einer zur Mängelbeseitigung gesetzten Frist. Es war lange streitig, ob der Zahlungsanspruch gegenüber dem Auftragnehmer automatisch auch zur Fälligkeit des Zahlungsanspruchs gegenüber dem Bürgen führt oder ob die Verjährung des Anspruchs gegen den Bürgen erst beginnt, wenn der Auftraggeber den Bürgen – zusätzlich – in Anspruch genommen hat.[767] Der BGH hat durch zwei Urteile[768] zwischenzeitlich die Auffassung verschiedener Oberlandesgerichte[769] bestätigt, wonach mangels abweichender Vereinbarung die Fälligkeit des Zahlungsanspruchs gegen den Auftragnehmer gleichzeitig auch zur Fälligkeit (und damit zum Verjährungsbeginn) des Zahlungsanspruchs gegenüber dem Bürgen führt, eine gesonderte Zahlungsaufforderung gegenüber dem Bürgen also nicht erforderlich ist. Erhält der Bürge vom Auftraggeber allerdings nicht die zur Prüfung der Zahlungspflicht erforderlichen Informationen, so gerät er nur in Zahlungsverzug, wenn er die ihm zumutbaren Anstrengungen unternommen hat, die Unterlagen zu erhalten.[770]

dd) In der Praxis kann man mit dieser Rechtsprechung leben, weil der Auftraggeber ab diesem Zeitpunkt immerhin (mindestens) 3 Jahre Zeit hat, den Bürgen in Anspruch zu nehmen. Wenn der Auftraggeber »auf Nummer sicher« gehen will, sollte in der vertraglichen Sicherungsabrede **und** in der Bürgschaft vereinbart werden, dass die Zahlungspflicht des Bürgen die ausdrückliche Inanspruchnahme durch den Auftraggeber voraussetzt, so dass eine »unbemerkte« Verjährung der Bürgenhaftung ausgeschlossen ist. Das gilt auch für die Fälligkeit einer Bürgschaft auf erstes Anfordern.[771] Gebräuchlich sind in der Praxis auch Vereinbarungen, wonach der Bürgschaftsanspruch nicht vor dem Hauptanspruch verjährt, was qua Vereinbarung zu einem Gleichlauf der entsprechenden Verjährungen führt.

---

767 Zum Meinungsstand vgl. Kapellmann/Messerschmidt-Thierau, § 17 VOB/B, Rdn. 193.
768 BGH, BauR 2008, 986 und BauR 2013, 230.
769 KG, BauR 2007, 1058; OLG Hamm, BauR 2007, 1265; OLG Frankfurt am Main, BauR 2009, 840.
770 BGH, BauR 2011, 828.
771 BGH, BauR 2008, 1885.

c) Keine Bürgschaft auf erstes Anfordern

aa) Seit dem Jahr 2002 enthält § 17 Abs. 4 Satz 3 VOB/B die Regelung, wonach **371** der Auftraggeber als Sicherheit keine **Bürgschaft** fordern kann, die den Bürgen zur Zahlung **auf erstes Anfordern** verpflichtet. Die Regelung der VOB/B trägt einerseits der zwischenzeitlich herausgebildeten Rechtsprechung des BGH (dazu nachstehend), andererseits aber auch der dieser Rechtsprechung zugrunde liegenden Gefahr Rechnung, die mit Bürgschaften auf erstes Anfordern verbunden ist. Denn bei dieser besonderen Form der Sicherheit verpflichtet sich der Bürge, auf erstes schriftliches Anfordern des Gläubigers den verbürgten Betrag auszuzahlen, ohne prüfen zu können, ob der der Bürgschaft zugrunde liegende Erfüllungs- oder Mängelhaftungsanspruch überhaupt besteht. Die Frage, ob die Bürgschaft zu Recht in Anspruch genommen wird, wird also auf den Rückforderungsprozess zwischen dem Bürgen bzw. dem Hauptschuldner und dem Gläubiger verlagert[772] und bei zwischenzeitlicher Insolvenz des Gläubigers häufig obsolet. Da an einer solchen bargeldgleichen Sicherheit kein redliches Interesse des Auftraggebers besteht, hat die VOB/B diese besonders gefährliche Form der Bürgschaft zu Recht eliminiert.

bb) Für Altfälle bzw. von § 17 Abs. 4 Satz 3 VOB/B **abweichende Vertrags-** **372** **klauseln** ist die ständige Rechtsprechung des BGH zu beachten. Hiernach benachteiligen formularmäßige, vom Auftraggeber gestellte (Regelfall!) Sicherungsabreden den Auftragnehmer entgegen den Geboten von Treu und Glauben unangemessen, wenn der Auftragnehmer zur Stellung einer **Erfüllungs-** **bürgschaft**[773] oder **Mängelsicherheitsbürgschaft**[774] auf erstes schriftliches Anfordern verpflichtet ist. Dies gilt auch für **öffentliche Auftraggeber**,[775] auch dann, wenn der öffentliche Auftraggeber sich zur Einzahlung auf ein Verwahrgeldkonto verpflichtet.[776] Im Geltungsbereich der VOB/B ist es dem öffentlichen Auftraggeber ohnehin verwehrt, Klauseln zu verwenden, die von § 17 Abs. 4 Satz 3 VOB/B abweichen, § 10 Abs. 2 Nr. 1 Satz 1 VOB/A.

cc) Da eine geltungserhaltende Reduktion unwirksamer AGB-Klauseln grund- **373** sätzlich unzulässig ist, führt die AGB-rechtliche Unwirksamkeit der entsprechenden Sicherungsabreden an sich dazu, dass der Auftraggeber gar keine Sicherheit fordern kann bzw. eine einbehaltene Barsicherheit auszahlen muss, ohne im Gegenzug eine Erfüllungs- oder Mängelsicherheitsbürgschaft zu erhalten. Eine Ausnahme hat der BGH für bis zum 31.12.2002 abgeschlossene »Altverträge« zugelassen.[777] In diesen Altfällen sei die **unwirksame Siche-** **rungsabrede, eine Vertragserfüllungsbürgschaft auf erstes schriftliches An-** **fordern** zu stellen, ergänzend dahin auszulegen, dass der Auftraggeber eine

---

772 Vgl. BGH, BauR 2003, 246.
773 BGH, BauR 2002, 1239 und 1533; BauR 2008, 995.
774 BGH, BauR 1997, 829; 2000, 1052; 2005, 1154.
775 BGH, BauR 2004, 1143; 2005, 539.
776 BGH, BauR 2006, 374.
777 BGH, BauR 2002, 1533; 2004, 1143.

»normale«, § 17 Abs. 2 und Abs. 4 VOB/B entsprechende Bürgschaft fordern könne. Liegt dem Auftraggeber in solchen Altfällen bereits eine auf erste Anforderung zahlbare Bürgschaft vor, so muss er diese Bürgschaft nicht Zug um Zug gegen eine »normale« Bürgschaft herausgeben, sondern sich lediglich schriftlich gegenüber dem Bürgen verpflichten, die Bürgschaft nicht auf erstes Anfordern geltend zu machen.[778] Eine solche Umdeutung AGB-widriger Sicherungsvereinbarungen gilt aber nicht für **Mängelsicherheitsbürgschaften.** Hierfür hatte der BGH bereits durch Urt. v. 05.06.1997[779] entschieden, dass solche formularmäßigen Sicherungsvereinbarungen unwirksam seien. Die Umdeutung einer solchen AGB-unwirksamen Sicherungsvereinbarung, dass der Auftraggeber eine nicht auf erstes Anfordern zahlbare Mängelsicherheitsbürgschaft fordern kann, scheidet sowohl beim privaten Auftraggeber[780] als auch beim öffentlichen Auftraggeber[781] aus.

374   dd) Die formularmäßige Vereinbarung einer **Vorauszahlungsbürgschaft auf erstes Anfordern** ist aufgrund des besonderen Sicherungsinteresses des Auftraggebers hingegen zulässig.[782] Die zur Erlangung der Vorauszahlung nach dem Vertrag beizubringende Bürgschaft auf erstes Anfordern ist allerdings dann keine reine Vorauszahlungsbürgschaft (mehr), wenn sie auch noch nach Arbeitsbeginn und bis zur Verrechnung mit fälligen Abschlagsforderungen beim Auftraggeber verbleiben soll. In diesem Fall ist die formularmäßige Sicherungsabrede unwirksam, kann jedoch in Anlehnung an die vorstehend zitierte BGH-Rechtsprechung dahin umgedeutet werden, dass der Auftraggeber eine »normale« Vorauszahlungsbürgschaft fordern kann.[783]

3. Rückgabe der nicht verwerteten Sicherheit

375   Gemäß § 17 Abs. 8 VOB/B hat der Auftraggeber eine nicht verwertete Sicherheit (Bareinbehalt, Bürgschaft) zum vereinbarten Zeitpunkt zurückzugeben, eine **Erfüllungssicherheit** also nach Abnahme und Stellung der Sicherheit für Mängelansprüche und eine **Mängelsicherheit** nach Ablauf der hierfür vereinbarten Frist. Nach nicht allzu praxisrelevanter Auffassung des OLG Celle muss der Auftraggeber eine Gewährleistungsbürgschaft nach Ablauf der Gewährleistungsfrist nicht zurücksenden, sondern diese lediglich zur Abholung bereithalten und im Rahmen der Abholung herausgeben.[784] § 17 Abs. 8 Nr. 2 Satz 1 VOB/B enthält für VOB-Verträge die Besonderheit, dass die Mängelsicherheit trotz der in § 13 Abs. 4 Nr. 1 VOB/B auf 4 Jahre verlängerten Ver-

778 BGH, BauR 2003, 1385; 2004, 500.
779 BauR 1997, 829; bestätigt durch BGH, BauR 2002, 1392.
780 BGH, BauR 2002, 463; 2005, 1154; ebenso OLG Düsseldorf, BauR 2003, 1585; OLG München, BauR 2004, 1466; OLG Hamm, BauR 2004, 1790.
781 BGH, BauR 2005, 539.
782 OLG Düsseldorf, BauR 2004, 1319.
783 OLG Düsseldorf, BauR 2004, 1319.
784 OLG Celle, BauR 2010, 1079.

jährungsfrist bereits nach 2 Jahren zurückzugeben ist, wenn im Vertrag nichts anderes vereinbart ist. Zulässig ist also die in den meisten Bauverträgen getroffene Regelung, wonach die Mängelsicherheit erst nach Ablauf der Verjährungsfrist zurückzugeben ist.

Soweit zu diesem Zeitpunkt noch unerledigte Ansprüche vorhanden sind (z. B. noch laufende Mängeluntersuchungen im Rahmen eines gerichtlichen Beweisverfahrens), darf der Auftraggeber einen Teil der Sicherheit einbehalten. Die Höhe des Einbehalts bestimmt sich nach der Höhe seines Leistungsverweigerungsrechts gemäß §§ 320, 641 Abs. 3 BGB (regelmäßig doppelter Mängeleinbehalt).[785] Mit wenig überzeugender Begründung hat das OLG Dresden die entsprechende Bestimmung aus § 17 Abs. 8 Nr. 2 Satz 2 VOB/B (2006) bei »isolierter Inhaltskontrolle« für AGB-unwirksam erklärt.[786]

Die Herausgabepflicht bezüglich der Bürgschaft besteht gegenüber dem Auftragnehmer selbst und nicht gegenüber dem Bürgen.[787] Die Klausel Nr. 109.2 in den ZVB-E-StB 95,[788] wonach der Austausch einer Vertragserfüllungsbürgschaft (5 % der Auftragssumme) gegen eine Gewährleistungsbürgschaft (2 % der Auftragssumme) von der vorbehaltlosen Annahme der Schlusszahlung abhängig gemacht wird, stellt nach zutreffender Auffassung des OLG Hamm[789] eine unangemessene Benachteiligung des Auftragnehmers dar und ist damit unwirksam.

II. Sicherheiten zu Gunsten des Auftragnehmers

1. Vereinbarte Sicherheit

Häufig vereinbaren die Bauvertragsparteien nicht nur eine Sicherheit zu Gunsten des Auftraggebers, sondern auch eine solche zu Gunsten des Auftragnehmers, z. B. die wechselseitige Gestellung von Erfüllungsbürgschaften bzw. Zahlungsbürgschaften i. H. v. 10 % der Auftragssumme. In diesem Fall ergibt sich der Sicherungsanspruch des Auftragnehmers nach Art und Umfang aus der vertraglichen Absprache. Da § 17 VOB/B nur Sicherheiten zu Gunsten, nicht jedoch zu Lasten des Auftraggebers regelt,[790] kommt bei Sicherheitsleistungen zu Gunsten des Auftragnehmers allenfalls eine analoge Anwendung von § 17 VOB/B infrage. Soweit der vom Auftraggeber vorformulierte Bauvertrag aber beispielsweise vorsieht, dass Auftraggeber und Auftragnehmer sich wech-

376

---

785 BGH, BauR 2008, 510.

786 OLG Dresden, BauR 2008, 848.

787 So zutreffend BGH, BauR 2009, 97; KG, BauR 2006, 386 und OLG Bamberg, BauR 2006, 2072; a. A. OLG Düsseldorf, NJW-RR 2003, 668.

788 Zusätzliche Vertragsbedingungen für die Ausführung von Bauleistungen im Straßen- und Brückenbau, Ausgabe 1995 (ZVB-E-StB 95).

789 OLG Hamm, BauR 2010, 1946.

790 Vgl. Thierau, in: Kapellmann/Messerschmidt, B § 17, Rdn. 16.

selseitig **Erfüllungsbürgschaften auf erstes Anfordern** i. H. v. 10 % der Auftragssumme gewähren, ist die entsprechende Sicherungsabrede AGB-unwirksam, soweit sie die Verpflichtung des Auftragnehmers betrifft.[791] Da der Auftraggeber jedoch nicht gegen seine eigenen AGB geschützt wird, ist er in diesem Fall seinerseits verpflichtet, dem Auftragnehmer eine auf erste schriftliche Anforderung zahlbare Erfüllungsbürgschaft auszuhändigen. Die Regelung in AGB des Auftragnehmers, wonach der Bauherr verpflichtet ist, dem Auftragnehmer spätestens 8 Wochen vor vereinbartem Baubeginn eine unbefristete und selbstschuldnerische Bankbürgschaft in Höhe des vereinbarten Vergütungsanspruchs zur Absicherung aller sich aus dem Vertrag ergebenden Zahlungsverpflichtungen vorzulegen, ist AGB-wirksam, da sie im Wesentlichen mit dem gleichlaufenden Anspruch des Auftragnehmers aus § 648a BGB übereinstimmt.[792]

Wichtig zum Deckungsumfang einer vereinbarten Zahlungsbürgschaft ist die Entscheidung des BGH vom 15.12.2009, deren Leitsatz lautet: »Eine Bürgschaft, die für Werklohnforderungen aus einem Bauvertrag übernommen worden ist, erstreckt sich gemäß § 767 Abs. 1 Satz 3 BGB auch dann nicht auf Entgeltforderungen aus später vom Auftraggeber verlangten Auftragserweiterungen nach § 1 Nr. 3, § 1 Nr. 4 Satz 1 oder § 1 Nr. 4 Satz 2 VOB/B, wenn für den Bürgen bei Abschluss des Bürgschaftsvertrages erkennbar war, dass der Bauvertrag der VOB/B unterliegt.«[793] Im konkreten Fall hatte der Auftraggeber dem Auftragnehmer vereinbarungsgemäß zwei Bürgschaften in Höhe von jeweils 50.000,– € gestellt. Während der Auftragsdurchführung hatte der zwischenzeitlich insolvente Auftraggeber Nachtragsaufträge in Höhe von ~ 250.000 € erteilt. Die auf diese Nachträge gestützte Klage des Auftragnehmers gegen den Bürgen scheiterte, weil die Bürgschaft gemäß § 767 Abs. 1 Satz 3 BGB auf Ansprüche aus dem Hauptvertrag beschränkt sei. Soll die vom Auftraggeber gestellte Zahlungsbürgschaft also auch Nachtragsansprüche erfassen, so ist hierzu entweder eine entsprechende Regelung sowohl in der Sicherungsabrede des Bauvertrages als auch in der Bürgschaftsvereinbarung selbst erforderlich, **oder** der Auftragnehmer verlangt hinsichtlich der Nachtragsansprüche eine zusätzliche Sicherheit gemäß § 648a Abs. 1 Satz 1 BGB.«[794]

Soweit der Auftraggeber bezweckt, durch die Vereinbarung einer Erfüllungsbürgschaft (z. B. i. H. v. 10 % der Auftragssumme) weitergehende Sicherungsansprüche des Auftragnehmers ausdrücklich oder inzident auszuschließen, scheitert dieses Unterfangen an § 648a Abs. 7 BGB (dazu nachstehend Rdn. 388). Der Auftragnehmer kann in diesem Fall die vertraglich vereinbarte Zahlungsbürgschaft verlangen und darüber hinausgehend Sicherheit gemäß § 648a BGB.

---

791 BGH, BauR 2002, 1239 und 1533.
792 OLG Celle, BauR 2010, 91; bestätigt durch BGH, BauR 2010, 1219.
793 BGH, BauR 2010, 609.
794 S. a. Rdn. 380.

2. Die Bauhandwerkersicherungshypothek – § 648 BGB

Gemäß § 648 BGB kann der Unternehmer eines Bauwerks oder eines einzelnen **377** Teils eines Bauwerks für seine Forderungen aus dem Vertrag die Einräumung einer Sicherungshypothek an dem Baugrundstück des Bestellers verlangen. Ist das Werk noch nicht vollendet, so ist er berechtigt, die Einräumung der Sicherungshypothek für einen der geleisteten Arbeit entsprechenden Teil der Vergütung und für die in der Vergütung nicht inbegriffenen Auslagen zu verlangen. § 648 BGB gilt sowohl für den BGB- als auch für den VOB-Bauvertrag.[795]

Sicherungsberechtigt ist jeder Auftragnehmer eines Bauvertrages, also der Fachunternehmer eines bestimmten Fachgewerks gleichermaßen wie der Generalüber- oder -unternehmer im Schlüsselfertigbau, auch der Architekt oder Ingenieur, vorausgesetzt, sein Auftraggeber ist auch (Allein- oder Mit-)Eigentümer des Baugrundstücks und die Leistungen, deren Werklohn gesichert werden soll, haben bereits zu einer Werterhöhung des zu bebauenden Grundstücks geführt.[796] Die bloße wirtschaftliche Identität zwischen Auftraggeber und Grundstückseigentümer reicht nur unter besonderen, für den Auftragnehmer schwierig zu beweisenden Umständen aus.[797]

Die Praktikabilität des Sicherungsanspruchs gemäß § 648 BGB leidet nicht nur daran, dass der Auftraggeber oftmals nicht (z. B. bei nachgeschalteten Vertragsverhältnissen) oder nicht mehr (z. B. beim Bauträger) Eigentümer des bebauten Grundstücks ist, sondern auch daran, dass im Grundbuch eingetragene Belastungen die Werthaltigkeit der Sicherungshypothek infrage stellen. § 648 BGB kommt deshalb in der Baupraxis keine allzu große Bedeutung zu.

Macht der Auftragnehmer den Sicherungsanspruch gemäß § 648 BGB berechtigt geltend, so kann er gemäß §§ 648, 885 BGB die Eintragung einer Rang sichernden Vormerkung verlangen, die gemäß §§ 935, 941 ZPO regelmäßig im Wege der einstweiligen Verfügung erwirkt wird.[798]

Soweit der Auftragnehmer eine Sicherungshypothek gemäß § 648 BGB erlangt hat, kann der Auftraggeber diese Sicherungshypothek durch die Gestellung einer Bürgschaft gemäß § 648a BGB ablösen, § 648a Abs. 4 BGB. Umgekehrt: Anspruch aus § 648a BGB entfällt, soweit der Auftragnehmer eine Vormerkung bzw. eine Sicherungshypothek erlangt hat, die mündelsicher oder jedenfalls entsprechend der Rangstelle (und Grundstücksbelastung) gleichwertig einer Zahlungsbürgschaft ist.[799]

---

795 Werner/Pastor, Rdn. 182.

796 Beim Architekten setzt dies den Beginn der Bauarbeiten voraus, zuletzt OLG Hamburg, BauR 2009, 1452; ergänzend ausführlich Krause-Allenstein, BauR 2010, 857.

797 Dazu OLG Hamm, BauR 2007, 721; OLG Düsseldorf, BauR 2007, 1590; Werner/Pastor, Rdn. 257 ff. m. w. N.

798 Zu den Einzelheiten vgl. Werner/Pastor, Rdn. 261 ff.

799 OLG Dresden, BauR 2008, 1161.

3. Die Bauhandwerkersicherung – § 648a BGB

378 Mit dem am 01.05.1993 in Kraft getretenen Bauhandwerkersicherungsgesetz (§ 648a BGB) hat der Gesetzgeber versucht, die vorstehend aufgezeigten Unzulänglichkeiten des § 648 BGB praxisgerecht auszugleichen. Die Vorschrift hat sich in der Praxis ausgesprochen bewährt. Sie ist durch das Beschleunigungsgesetz vom 01.05.2000 erweitert und durch das Forderungssicherungsgesetz mit Wirkung zum 01.01.2009 noch einmal wesentlich – zugunsten des Auftragnehmers – verändert worden.[800]

Zusammengefasst bestimmt die Vorschrift:

- Der Auftragnehmer eines Bauvertrages kann vom Auftraggeber in Höhe der **vollen Auftragssumme einschließlich Nachträgen und Nebenforderungen** Sicherheit verlangen, soweit noch keine Zahlungen oder anderweitige Sicherheiten (z. B. aufgrund vertraglicher Vereinbarung) geleistet worden sind. Dies gilt **auch nach der Abnahme.**
- Leistet der Auftraggeber die Sicherheit trotz angemessener Fristsetzung nicht, so kann der Auftragnehmer entweder die Leistung verweigern, den Vertrag kündigen oder Klage auf Gestellung der Sicherheit erheben.
- Mängeleinbehalte des Auftraggebers bleiben unberücksichtigt, ebenso kann der Auftraggeber nur mit unbestrittenen oder rechtskräftig festgestellten Forderungen aufrechnen.
- Öffentliche Auftraggeber sowie private Bauherren von Einfamilienhäusern sind von der Pflicht zur Sicherheitsleistung befreit.
- Vereinbarungen (auch Individualvereinbarungen), die zum Nachteil des Auftragnehmers von § 648a Abs. 1–5 BGB abweichen, sind einschränkungslos unwirksam.

a) Anspruchsberechtigter

379 Anspruchsberechtigt sind **alle Bauhandwerker** im herkömmlichen Sinn einschließlich Generalüber- oder -unternehmer,[801] aber auch Architekten,[802] Ingenieure usw., **nicht** jedoch Baustofflieferanten, obwohl auch bei diesen ähnliche Sicherungsbedürfnisse auftreten können.[803] Erfasst werden vor allem auch **Nachunternehmer**, die ihre Vorleistungen früher praktisch ungeschützt erbringen mussten, da ihr Auftraggeber in aller Regel nicht Grundstückseigentümer war, somit eine Sicherungshypothek von vornherein nicht verlangt werden konnte. § 648a BGB gilt auch im Rahmen des zwischen einer Dach-ARGE und einem ihrer Mitglieder abgeschlossenen Nachunternehmervertrages.[804]

---

800 Näher dazu Schmitz, BauR 2009, 714.
801 Vgl. OLG Dresden, BauR 2006, 1318.
802 OLG Düsseldorf, BauR 2005, 416.
803 Vgl. Ingenstau/Korbion/Joussen, Anhang 1 BGB, Rdn. 142.
804 KG, BauR 2005, 1035.

b) Art und Höhe der Sicherheit

aa) Der Auftragnehmer kann Sicherheit **in voller Höhe** des ihm zustehenden **380** Werklohnanspruchs **einschließlich** der **Nachträge und Nebenforderungen** verlangen, wobei die Nebenforderungen pauschal mit 10 % des zu sichernden Vergütungsanspruchs anzusetzen sind. Wichtig in diesem Zusammenhang ist die BGH-Entscheidung vom 15.12.2009.[805] Hiernach sichert eine vom Auftraggeber gestellte Zahlungsbürgschaft nur Ansprüche aus dem Hauptvertrag ab, es sei denn, die Bürgschaft erstreckt sich gemäß Sicherungsabrede und Text der Bürgschaftsurkunde auch auf Ansprüche aus geänderten oder zusätzlichen Leistungen. Ist dies nicht der Fall, ist der Auftragnehmer also gehalten, hinsichtlich seines Werklohnanspruchs aus Zusatzleistungen auch zusätzliche Sicherheiten gemäß § 648a Abs. 1 BGB zu fordern, ggf. auch mehrfach, wenn es mehrfach zu Nachtragsvereinbarungen kommt. Einbehalte wegen – behaupteter oder tatsächlich vorhandener – Mängel sind unzulässig, ebenso kann der Auftraggeber mit einer Gegenforderung nur aufrechnen, soweit diese unstreitig oder rechtskräftig festgestellt ist. Abzuziehen sind also lediglich bereits geleistete Zahlungen und bereits geleistete Sicherheiten.

Berechnungsbeispiel:

Die Auftragssumme beträgt 650.000 €. Auftraggeber und Auftragnehmer haben sich wechselseitig Bürgschaften i. H. v. 10 % der Auftragssumme als Erfüllungssicherheit zur Verfügung gestellt. Gezahlt hat der Auftraggeber bereits zwei Abschläge i. H. v. je 100.000 €. Darüber hinaus macht der Auftraggeber einen berechtigten Nachtrag i. H. v. 50.000 € geltend. Er kann gemäß § 648a BGB folgende Sicherheit verlangen:

Auftragssumme	650.000 €
abzgl. gestellter Erfüllungssicherheit	65.000 €
abzgl. Abschlagszahlungen	200.000 €
zzgl. berechtigter Nachtrag	50.000 €
Zwischensumme	435.000 €
zzgl. 10 % Nebenkosten	43.500 €
Sicherungsanspruch gesamt	**478.500 €**

bb) Abzusichern ist grundsätzlich die **Bruttoforderung**, also die Forderung einschließlich Umsatzsteuer. Soweit allerdings der Auftraggeber als Leistungsempfänger Schuldner der Umsatzsteuerforderung gemäß § 13b UStG ist (z. B. bei Leistungen des Nachunternehmers an den Generalunternehmer),[806] besteht in Höhe der unmittelbar und nur vom Auftraggeber geschuldeten USt von vornherein kein entsprechender Werklohnanspruch des Auftragnehmers. In diesem Fall kann der Auftragnehmer Sicherheit also nur in Höhe seiner **Nettoforderung** (ohne Umsatzsteuer) verlangen.

---

805 BGH, BauR 2010, 609 und näher dazu bereits Rdn. 376.
806 Näher dazu Groß, BauR 2005, 1084 ff.

381 cc) Die Art der vom Auftraggeber zu stellenden Sicherheit bestimmt sich nach §§ 232 ff. BGB, wobei in der Praxis meistens Zahlungsbürgschaften oder -garantien eines Kreditinstituts oder Kreditversicherers gestellt werden. § 648a Abs. 2 BGB regelt hierzu, dass die Bürgschaft oder Garantie bestimmen darf, dass Zahlungen nur (und erst) geleistet werden, soweit der Besteller entweder den Vergütungsanspruch des Unternehmers anerkannt hat oder durch vorläufig vollstreckbares Urteil zur Zahlung der Vergütung verurteilt worden ist und die Vollstreckungsvoraussetzungen gegeben sind. **Nicht tauglich** als Sicherheit ist die Abtretung der eigenen Werklohnforderung des **Auftraggebers** gegen seinen eigenen Auftraggeber, auch wenn diese Werklohnforderung ihrerseits durch Bürgschaft abgesichert ist.[807] Die Bürgschaft oder Garantie muss im Übrigen unbefristet sein.[808]

Die **Kosten der Sicherheit** (z. B. Bürgschaftskosten) muss der Auftragnehmer in der üblichen Höhe tragen, maximal jedoch bis zu 2 % p. a., § 648a Abs. 3 BGB.

c) Sicherheit auch nach der Abnahme

382 Der Gesetzgeber hat die Neufassung vom 01.01.2009 genutzt, durch § 648a Abs. 1 Satz 2 und Satz 4 BGB zwei Klarstellungen wie folgt vorzunehmen:

aa) Gemäß § 648a Abs. 1 Satz 2 BGB gilt der Sicherungsanspruch in demselben Umfang auch für Ansprüche, die an die Stelle der Vergütung treten. Der Auftragnehmer kann Sicherheit also nicht nur für seinen originären Vergütungsanspruch (einschließlich Nachträgen und Nebenforderungen) verlangen, sondern beispielsweise auch für einen Schadensersatzanspruch, der nach dem Rücktritt vom Vertrag an die Stelle des Vergütungsanspruchs tritt, oder auch für einen Entschädigungsanspruch gemäß § 642 BGB.[809]

bb) Durch den neu eingefügten § 648a Abs. 1 Satz 4 BGB hat der Gesetzgeber außerdem die inzwischen ständige Rechtsprechung des BGH kodifiziert, wonach der Sicherungsanspruch gemäß § 648a BGB **auch nach der Abnahme** besteht.[810] Auch nach einer Vertragskündigung durch den Auftraggeber, z. B. bei Insolvenz des Auftragnehmers, bleibt der Sicherungsanspruch des Auftragnehmers gemäß § 648a BGB erhalten.[811]

Im geradezu typischen Fall, in dem der Auftraggeber nach Abnahme und Prüfung der Schlussrechnung Restwerklohn aufgrund vorhandener Mängel einbehält, kann also der Auftragnehmer seinerseits die Gestellung einer Sicherheit in

---

807 BGH, BauR 2005, 1926.
808 OLG Frankfurt am Main, BauR 2003, 412.
809 Vgl. Hildebrandt, BauR 2009, 1, 11; Palandt/Sprau, § 648a Rdn. 15.
810 So bereits BGH, BauR 2004, 826; 2004, 830; 2004, 834; 2004, 1453; 2005, 548; 2005, 555; 2007, 2052; 2007, 2056.
811 OLG Celle, BauR 2012, 1808.

Höhe des offenen Werklohns verlangen, bevor er die Mängelbeseitigung durchführt.[812] Kommt der Auftraggeber seiner Verpflichtung zur Stellung der entsprechenden Sicherheit nicht nach, so besteht ein Leistungsverweigerungsrecht nicht nur auf Seiten des Auftraggebers (§§ 320, 641 Abs. 3 BGB, dazu oben Rdn. 264 ff.), sondern auch auf Seiten des Auftragnehmers gemäß § 648a Abs. 5 BGB. Diese **Pattsituation** hatte der BGH schon nach der bisherigen Fassung des § 648a BGB wie folgt aufgelöst: Der Auftragnehmer könne gemäß § 648a Abs. 5 BGB den Vertrag kündigen, damit entfalle der Mängelbeseitigungsanspruch des Auftraggebers und damit auch sein Leistungsverweigerungsrecht. Gleichzeitig sei »automatisch« der Werklohnanspruch des Auftragnehmers um den mangelbedingten Minderwert zu kürzen, d. h., die Mängelbeseitigungskosten sind zulasten des Auftragnehmers vom Werklohn abzuziehen. Der Restbetrag muss ausbezahlt werden.

cc) Bei dieser Lösungsmöglichkeit verbleibt es auch in der Neufassung des § 648a BGB. Allerdings muss der Auftragnehmer den Weg der Kündigung nicht beschreiten. Er kann es auch bei der Pattsituation belassen. Klagt der Auftragnehmer in diesem Fall seinen Werklohn aus der Schlussrechnung (oder der Abschlagsrechnung) ein, so behält der Auftraggeber ein Leistungsverweigerungsrecht im Hinblick auf die vorhandenen Mängel. Bei der Höhe des Leistungsverweigerungsrechts ist nach der Rechtsprechung des BGH[813] allerdings zu berücksichtigen, dass der Auftraggeber trotz Aufforderung keine Sicherheit gestellt hat. Im Klartext bedeutet dies wohl, dass dem Auftraggeber in diesem Fall kein doppeltes, sondern ein nur einfaches Zurückbehaltungsrecht im Hinblick auf die vorhandenen Mängel zusteht.

dd) Da der Auftragnehmer aufgrund fehlender Sicherheit berechtigt ist und bleibt, die Mängelbeseitigung zu verweigern, kann er trotz Fristsetzung nicht in Verzug geraten. Lässt der Auftraggeber die Mängel nach Fristablauf gleichwohl durch eine Drittfirma beseitigen, so kann der Auftraggeber keine Kostenerstattung verlangen.[814] Das Leistungsverweigerungsrecht des Auftragnehmers setzt jedoch voraus, dass er seinerseits (noch) bereit und in der Lage ist, die geltend gemachten Mängel zu beseitigen. Hat der Auftragnehmer die Mängelbeseitigung also z. B. endgültig verweigert, so steht fest, dass er eine abzusichernde Vorleistung nicht erbringen wird. In diesem Fall entfällt sein Leistungsverweigerungsrecht aus § 648a BGB. Maßgeblich ist dabei der Zeitpunkt, in dem er in Verzug geraten ist.[815]

---

812 BGH, BauR 2009, 1152. Im Einzelfall kann das Sicherungsverlangen des Auftragnehmers gemäß § 648a BGB bei Streit der Parteien über Mängel unzulässig sein, wenn der Auftragnehmer den Sicherungsanspruch gemäß § 648a BGB lediglich als »Vehikel« zur Abwehr berechtigter Mängelansprüche des Auftraggebers verwendet, OLG Hamm, BauR 2009, 833.

813 BGH, BauR 2005, 548, 549.

814 BGH, BauR 2007, 2057, 2056; OLG Düsseldorf, BauR 2005, 572.

815 BGH, BauR 2007, 2052, 2056 f.

d) Durchsetzung des Sicherungsanspruchs

383 Soweit der Auftraggeber seiner Pflicht zur Gestellung einer Sicherheit nicht nachkommt, sind die Rechte des Auftragnehmers durch die gesetzliche Neufassung erheblich verbessert worden. Der Auftragnehmer hat das **Wahlrecht,** ob er

- seinen Anspruch auf Gestellung der Sicherheit gemäß § 648a Abs. 1 BGB gerichtlich geltend macht, also Klage auf Gestellung der Sicherheit erhebt, oder
- die Arbeiten einstellt, nachdem eine dem Auftraggeber gesetzte, angemessene Frist zur Stellung der Sicherheit abgelaufen ist oder
- den Vertrag gemäß § 648a Abs. 5 BGB kündigt.

384 aa) Nach der früheren Fassung des § 648a BGB war der Sicherungsanspruch des Auftragnehmers nicht einklagbar, sondern er konnte nur durch Leistungsverweigerung und nötigenfalls durch Kündigung indirekt durchgesetzt werden. Die fehlende Klagbarkeit des Sicherungsanspruchs war jedoch nur ein scheinbares Manko, da die Arbeitseinstellung und ggf. die anschließende Vertragskündigung durch den Auftragnehmer bei laufender Baustelle ein scharfes und deshalb effektives Schwert des Auftragnehmers darstellten.

Gleichwohl hat der Gesetzgeber sich dazu entschieden, den Sicherungsanspruch aus § 648a BGB seit 1.1.2009 nur als einklagbaren Anspruch zu gestalten.[816]

385 bb) Wie schon nach bisherigem Recht kann der Auftragnehmer die Leistung verweigern, d. h. die Arbeiten einstellen (oder den Ausführungsbeginn unterlassen), wenn er dem Auftraggeber erfolglos eine angemessene Frist zur Leistung der Sicherheit nach § 648a Abs. 1 BGB gesetzt hat.

Das Leistungsverweigerungsrecht des Auftragnehmers aufgrund nicht oder unzureichend gestellter Sicherheit setzt voraus, dass der Auftragnehmer seinerseits zur Erbringung der geschuldeten Leistung bereit und in der Lage ist. Hat der Auftragnehmer also beispielsweise die Leistung endgültig und ernsthaft verweigert, so ist sein Recht zur Leistungserbringung und damit auch sein Leistungsverweigerungsrecht entfallen.[817] Hat der Auftraggeber dem Auftragnehmer bereits erfolglos eine Frist zur Mängelbeseitigung gemäß § 4 Abs. 7 Satz 3 VOB/B gesetzt und ist damit sein Kündigungsrecht bereits entstanden, so kann der Auftragnehmer dieses Kündigungsrecht nicht durch die nachträgliche Forderung einer Sicherheit gemäß § 648a BGB vereiteln.[818]

---

816 Dazu näher Hildebrandt, BauR 2009, 1, 11; Leinemann, NJW 2008, 3745, 3758.
817 So ausdrücklich für den Fall der verweigerten Mängelbeseitigung, aber generell gültig: BGH, BauR 2007, 2052, 2056.
818 OLG Brandenburg, BauR 2008, 93.

Kritisch ist das Leistungsverweigerungsrecht, wenn der vom Auftragnehmer geltend gemachte Sicherungsanspruch teilweise streitig ist und der Auftraggeber in der unstreitigen Höhe Sicherheit geleistet hat. Insbesondere bei **streitigen Nachträgen** sollte der Auftragnehmer also sorgfältig abwägen, wie »sicher« der von ihm geltend gemachte Nachtragsanspruch nach Grund und Höhe ist. Denn stellt sich im Nachhinein heraus, dass die Nachtragsforderung unbegründet war, sodass der Auftragnehmer insoweit aus der fehlenden Gestellung der Sicherheit auch kein Leistungsverweigerungsrecht ableiten konnte, so kann dies unter Umständen zu einer berechtigten Kündigung des Auftraggebers gemäß § 5 Abs. 4 in Verbindung mit § 8 Abs. 3 VOB/B führen. Allerdings wird der Auftragnehmer durch die Rechtsprechung geschützt: Verlangt der Auftragnehmer eine **überhöhte Sicherheit**, so ist sein Sicherungsverlangen nicht unwirksam, sondern verpflichtet den Auftraggeber, fristgerecht eine Sicherheit in der gerechtfertigten Höhe anzubieten.[819] Nach Auffassung des OLG Hamm gilt das bei überhöhtem Sicherungsverlangen aber nicht, wenn der Auftraggeber die berechtigte Höhe der Sicherheit nur mit unzumutbarem Aufwand ermitteln kann.[820]

Das Leistungsverweigerungsrecht entsteht grundsätzlich erst, wenn die dem Auftraggeber gesetzte, **angemessene Frist** erfolglos abgelaufen ist. Eine Frist von 10 Tagen dürfte in aller Regel ausreichen.[821] Unter den Voraussetzungen von § 323 Abs. 2 BGB bedarf es keiner Fristsetzung seitens des Auftragnehmers, insbesondere, wenn der Auftraggeber bereits endgültig und ernsthaft die Gestellung einer Sicherheit abgelehnt hat.

Auch wenn § 648a Abs. 5 BGB i. R. d. Fristsetzung keine Androhung der Arbeitseinstellung fordert, ist dem Auftragnehmer i. S. d. Klarheit (und i. S. d. Kooperationspflicht) gleichwohl anzuraten, die Fristsetzung mit der Androhung zu verbinden, bei fruchtlosem Fristablauf die Arbeiten einzustellen.

Ist die vom Auftragnehmer gesetzte, angemessene Frist abgelaufen, so kann der Auftragnehmer auch doppelt vorgehen: Er kann zum einen die Arbeiten einstellen und zum anderen den Anspruch auf Gestellung der Sicherheit einklagen.[822]

cc) Hat der Auftragnehmer dem Auftraggeber erfolglos eine angemessene Frist **386** zur Gestellung der Sicherheit gesetzt, so kann der Auftragnehmer gemäß § 648a Abs. 5 BGB auch den Vertrag kündigen. Entgegen der früheren Regelung in §§ 648a Abs. 5 und 643 BGB greift insoweit nicht mehr die »automatische Kündigung« nach Ablauf der Nachfrist. Der Auftragnehmer kann also

819 BGH, NZBau 2001, 129, 132; OLG Düsseldorf, BauR 1999, 47; OLG Dresden, BauR 2006, 1318.
820 OLG Hamm, BauR 2004, 868.
821 BGH, BauR 2005, 1009; Kapellmann/Schiffers, Bd. 2, Rdn. 1143; 7 Tage können zu kurz sein, OLG Naumburg, BauR 2003, 556.
822 Hildebrandt, BauR 2009, 1f. m. w. N.

nach fruchtlosem Ablauf der Frist frei entscheiden, ob er trotz fehlender Sicherheit weiterarbeitet, die Arbeiten einstellt oder den Vertrag kündigt. Der Auftragnehmer kann es auch zunächst bei der Arbeitseinstellung belassen und später kündigen. In diesem Fall ist dem Auftragnehmer allerdings anzuraten, vor der Kündigung eine (weitere) Nachfrist zu setzen, um sein bereits entstandenes Kündigungsrecht nicht zu verwirken. Nach der bis zum 31.12.2008 gültigen Fassung des § 648a BGB waren zwei Fristsetzungen seitens des Auftragnehmers erforderlich, um den Vertrag wirksam aus wichtigem Grund zu kündigen. Zunächst musste der Auftragnehmer dem Auftraggeber eine angemessene Frist zur Stellung der Sicherheit setzen. Nach Fristablauf war der Auftragnehmer zur Leistungsverweigerung berechtigt. Danach konnte der Auftragnehmer dem Auftraggeber eine zweite Frist mit Kündigungsandrohung setzen, nach deren fruchtlosem Ablauf die Kündigung automatisch eintrat. Eine einzige Fristsetzung reichte also zur Kündigung nach altem Recht nicht aus.[823]

Aufgrund des eindeutigen Wortlauts von § 648a Abs. 5 BGB ist auch im Fall der **Kündigung** deren vorherige **Androhung nicht erforderlich,**[824] dem vorsichtigen und kooperativen Auftragnehmer allerdings anzuraten. Die Praxis lehrt, dass die Kündigungsandrohung deutlich größere Wirkung entfaltet als eine bloße Fristsetzung, in deren Anschluss – überraschend – gekündigt wird.

Entschließt der Auftragnehmer sich nach fruchtlosem Fristablauf zur Kündigung, so kann er in gleicher Weise abrechnen, als hätte der Auftraggeber ohne Grund gekündigt (dazu oben Rdn. 135 ff.). Der Auftragnehmer kann also für die bis zur Kündigung erbrachten Leistungen die anteilige vertragsgemäße Vergütung fordern und für die kündigungsbedingt nicht mehr erbrachten Leistungen die Restvergütung abzüglich der ersparten Aufwendungen. Entsprechend der Neuregelung in § 649 Satz 3 BGB kann der Auftragnehmer auch bei der Kündigung gemäß § 648a Abs. 5 BGB die Restvergütung mit 5 % pauschalieren (dazu oben Rdn. 138).

e) Kein Sicherungsanspruch gegenüber dem öffentlichen Auftraggeber

387 »Öffentliche Auftraggeber«, also juristische Personen des öffentlichen Rechts und öffentlich-rechtliche Sondervermögen (z. B. Bund, Länder, Gemeinden, Zweckverbände usw.), sind von der Pflicht zur Sicherheitsleistung ausgenommen, weil hier von genereller Zahlungsfähigkeit ausgegangen wird.[825] Aufgrund des Ausnahmecharakters gilt § 648a Abs. 6 Nr. 1 BGB nicht für juristische Personen des Privatrechts, die sich vollständig oder mehrheitlich im

---

823 BGH, BauR 2011, 514.

824 So zutreffend Hildebrandt, BauR 2009, 1, 12; Leinemann, NJW 2008, 3745, 3759; zum Erfordernis der Kündigungsandrohung nach § 648a BGB a. F. vgl. OLG Bamberg, BauR 2010, 13.

825 Vgl. Ingenstau/Korbion/Joussen, Anhang 1, Rdn. 226.

Besitz einer juristischen Person des öffentlichen Rechts befinden. Solche öffentlich beherrschten, jedoch privatrechtlich organisierten Auftraggeber unterliegen damit ebenfalls der Verpflichtung aus § 648a BGB.[826] Problematisch sind diese Auftraggeber jedoch insofern, als z. B. bei schlüsselfertiger Vergabe durch einen öffentlichen Auftraggeber der Nachunternehmer des Haupt-Auftragnehmers Sicherheit verlangen kann, obwohl der Haupt-Auftragnehmer seinerseits keine Sicherheit erhält.

Weiter ausgenommen sind natürliche Personen als Auftraggeber von Einfamilienhäusern (mit oder ohne Einliegerwohnung) oder von Eigentumswohnungen.[827]

f) § 648a BGB grundsätzlich unabdingbar

In Kenntnis der Machtverhältnisse zwischen Auftraggeber und Auftragnehmer **388** hat der Gesetzgeber schließlich angeordnet, dass alle für den Auftragnehmer nachteiligen Abweichungen von den vorgenannten Bestimmungen unwirksam sind, § 648a Abs. 7 BGB.

Die Unwirksamkeit erfasst also nicht nur formularmäßige Abweichungen in ZVB usw., sondern auch echte Individualabsprachen.

Der BGH hat im Urt. v. 09.11.2000 klargestellt, dass der Sicherungsanspruch des Auftragnehmers gemäß § 648a BGB selbst dann unverzichtbar ist, wenn die Parteien im Werkvertrag individualvertraglich wechselseitige Sicherheiten vereinbart haben. Selbst dann kann der Auftragnehmer also im Nachhinein noch eine »Auffüllung« bis zur Höhe des vereinbarten Werklohns (einschließlich Nachträgen und Nebenforderungen) verlangen.[828] Dem Auftragnehmer steht es also vom Vertragsabschluss an bis zur (vollständigen) Zahlung durch den Auftraggeber frei, ob, wann und in welchem Umfang (bis zur Höhe noch ausstehender Zahlungen) er Sicherheit fordert.

Zweifelhaft erscheint in diesem Zusammenhang die Entscheidung des OLG Celle:[829] Erteile der Auftraggeber den Auftrag unter ausdrücklichem Ausschluss des § 648a BGB, dem der Auftragnehmer widerspreche, so komme kein Werkvertrag zustande, folglich könne der Auftragnehmer auch keine Sicherheit gemäß § 648a BGB fordern. In solchen Fällen kann dem Auftragnehmer nur angeraten werden, den gemäß § 648a Abs. 7 BGB unwirksamen Ausschluss zu akzeptieren und sich dann im Nachhinein auf die Unwirksamkeit eben dieses Ausschlusses zu berufen.

---

826 So zutreffend ThürOLG, BauR 2008, 536.
827 OLG München, BauR 2008, 1163.
828 BGH, NZBau 2001, 129, 130.
829 BauR 2001, 101.

Anhang

Inhaltsverzeichnis des Anhangs

Vergabe- und Vertragsordnung (VOB) – Teil A

**Allgemeine Bestimmungen für die Vergabe von Bauaufträgen –
Entwurf Ausgabe 2012**

Abschnitt 1 Basisparagrafen

§ 1 Bauleistungen

Bauleistungen sind Arbeiten jeder Art, durch die eine bauliche Anlage hergestellt, instand gehalten, geändert oder beseitigt wird.

§ 2 Grundsätze

(1) 1. Bauleistungen werden an fachkundige, leistungsfähige und zuverlässige Unternehmen zu angemessenen Preisen in transparenten Vergabeverfahren vergeben.

2. Der Wettbewerb soll die Regel sein. Wettbewerbsbeschränkende und unlautere Verhaltensweisen sind zu bekämpfen.

(2) Bei der Vergabe von Bauleistungen darf kein Unternehmen diskriminiert werden.

(3) Es ist anzustreben, die Aufträge so zu erteilen, dass die ganzjährige Bautätigkeit gefördert wird.

(4) Die Durchführung von Vergabeverfahren zum Zwecke der Markterkundung ist unzulässig.

(5) Der Auftraggeber soll erst dann ausschreiben, wenn alle Vergabeunterlagen fertig gestellt sind und wenn innerhalb der angegebenen Fristen mit der Ausführung begonnen werden kann.

§ 3 Arten der Vergabe

(1) Bei Öffentlicher Ausschreibung werden Bauleistungen im vorgeschriebenen Verfahren nach öffentlicher Aufforderung einer unbeschränkten Zahl von Unternehmen zur Einreichung von Angeboten vergeben. Bei Beschränkter Ausschreibung werden Bauleistungen im vorgeschriebenen Verfahren nach Aufforderung einer beschränkten Zahl von Unternehmen zur Einreichung von Angeboten vergeben, gegebenenfalls nach öffentlicher Aufforderung, Teilnahmeanträge zu stellen (Beschränkte Ausschreibung nach Öffentlichem Teilnahmewettbewerb). Bei Freihändiger Vergabe werden Bauleistungen ohne ein förmliches Verfahren vergeben.

(2) Öffentliche Ausschreibung muss stattfinden, soweit nicht die Eigenart der Leistung oder besondere Umstände eine Abweichung rechtfertigen.

(3) Beschränkte Ausschreibung kann erfolgen,

1. bis zu folgendem Auftragswert der Bauleistung ohne Umsatzsteuer:

a) 50.000 € für Ausbaugewerke (ohne Energie- und Gebäudetechnik), Landschaftsbau und Straßenausstattung,

b) 150.000 € für Tief-, Verkehrswege- und Ingenieurbau,

c) 100.000 € für alle übrigen Gewerke,

2. wenn eine Öffentliche Ausschreibung kein annehmbares Ergebnis gehabt hat,

3. wenn die Öffentliche Ausschreibung aus anderen Gründen (z. B. Dringlichkeit, Geheimhaltung) unzweckmäßig ist.

(4) Beschränkte Ausschreibung nach Öffentlichem Teilnahmewettbewerb ist zulässig,

1. wenn die Leistung nach ihrer Eigenart nur von einem beschränkten Kreis von Unternehmen in geeigneter Weise ausgeführt werden kann, besonders wenn außergewöhnliche Zuverlässigkeit oder Leistungsfähigkeit (z. B. Erfahrung, technische Einrichtungen oder fachkundige Arbeitskräfte) erforderlich ist,

2. wenn die Bearbeitung des Angebots wegen der Eigenart der Leistung einen außergewöhnlich hohen Aufwand erfordert.

(5) Freihändige Vergabe ist zulässig, wenn die Öffentliche Ausschreibung oder Beschränkte Ausschreibung unzweckmäßig ist, besonders

1. wenn für die Leistung aus besonderen Gründen (z. B. Patentschutz, besondere Erfahrung oder Geräte) nur ein bestimmtes Unternehmen in Betracht kommt,

2. wenn die Leistung besonders dringlich ist,

3. wenn die Leistung nach Art und Umfang vor der Vergabe nicht so eindeutig und erschöpfend festgelegt werden kann, dass hinreichend vergleichbare Angebote erwartet werden können,

4. wenn nach Aufhebung einer Öffentlichen Ausschreibung oder Beschränkten Ausschreibung eine erneute Ausschreibung kein annehmbares Ergebnis verspricht,

5. wenn es aus Gründen der Geheimhaltung erforderlich ist,

6. wenn sich eine kleine Leistung von einer vergebenen größeren Leistung nicht ohne Nachteil trennen lässt.

Freihändige Vergabe kann außerdem bis zu einem Auftragswert von 10.000 € ohne Umsatzsteuer erfolgen.

§ 4 Vertragsarten

(1) Bauleistungen sind so zu vergeben, dass die Vergütung nach Leistung bemessen wird (Leistungsvertrag), und zwar:

1. in der Regel zu Einheitspreisen für technisch und wirtschaftlich einheitliche Teilleistungen, deren Menge nach Maß, Gewicht oder Stückzahl vom Auftraggeber in den Vertragsunterlagen anzugeben ist (Einheitspreisvertrag),

2. in geeigneten Fällen für eine Pauschalsumme, wenn die Leistung nach Ausführungsart und Umfang genau bestimmt ist und mit einer

Änderung bei der Ausführung nicht zu rechnen ist (Pauschalvertrag).

(2) Abweichend von Absatz 1 können Bauleistungen geringeren Umfangs, die überwiegend Lohnkosten verursachen, im Stundenlohn vergeben werden (Stundenlohnvertrag).

(3) Das Angebotsverfahren ist darauf abzustellen, dass der Bieter die Preise, die er für seine Leistungen fordert, in die Leistungsbeschreibung einzusetzen oder in anderer Weise im Angebot anzugeben hat.

(4) Das Auf- und Abgebotsverfahren, bei dem vom Auftraggeber angegebene Preise dem Auf- und Abgebot der Bieter unterstellt werden, soll nur ausnahmsweise bei regelmäßig wiederkehrenden Unterhaltungsarbeiten, deren Umfang möglichst zu umgrenzen ist, angewandt werden.

§ 5 Vergabe nach Losen, Einheitliche Vergabe

(1) Bauleistungen sollen so vergeben werden, dass eine einheitliche Ausführung und zweifelsfreie umfassende Haftung für Mängelansprüche erreicht wird; sie sollen daher in der Regel mit den zur Leistung gehörigen Lieferungen vergeben werden.

(2) Bauleistungen sind in der Menge aufgeteilt (Teillose) und getrennt nach Art oder Fachgebiet (Fachlose) zu vergeben. Bei der Vergabe kann aus wirtschaftlichen oder technischen Gründen auf eine Aufteilung oder Trennung verzichtet werden.

§ 6 Teilnehmer am Wettbewerb

(1) 1. Der Wettbewerb darf nicht auf Unternehmen beschränkt werden, die in bestimmten Regionen oder Orten ansässig sind.

    2. Bietergemeinschaften sind Einzelbietern gleichzusetzen, wenn sie die Arbeiten im eigenen Betrieb oder in den Betrieben der Mitglieder ausführen.

    3. Justizvollzugsanstalten, Einrichtungen der Jugendhilfe, Aus- und Fortbildungsstätten und ähnliche Einrichtungen sowie Betriebe der öffentlichen Hand und Verwaltungen sind zum Wettbewerb mit gewerblichen Unternehmen nicht zuzulassen.

(2) 1. Bei Öffentlicher Ausschreibung sind die Unterlagen an alle Bewerber abzugeben, die sich gewerbsmäßig mit der Ausführung von Leistungen der ausgeschriebenen Art befassen.

    2. Bei Beschränkter Ausschreibung sollen mehrere, im Allgemeinen mindestens 3 geeignete Bewerber aufgefordert werden.

    3. Bei Beschränkter Ausschreibung und Freihändiger Vergabe soll unter den Bewerbern möglichst gewechselt werden.

(3) 1. Zum Nachweis ihrer Eignung ist die Fachkunde, Leistungsfähigkeit und Zuverlässigkeit der Bewerber oder Bieter zu prüfen.

2. Dieser Nachweis kann mit der vom Auftraggeber direkt abrufbaren Eintragung in die allgemein zugängliche Liste des Vereins für die Präqualifikation von Bauunternehmen e. V. (Präqualifikationsverzeichnis) erfolgen und umfasst die folgenden Angaben:

   a) den Umsatz des Unternehmens jeweils bezogen auf die letzten drei abgeschlossenen Geschäftsjahre, soweit er Bauleistungen und andere Leistungen betrifft, die mit der zu vergebenden Leistung vergleichbar sind, unter Einschluss des Anteils bei gemeinsam mit anderen Unternehmen ausgeführten Aufträgen,

   b) die Ausführung von Leistungen in den letzten drei abgeschlossenen Geschäftsjahren, die mit der zu vergebenden Leistung vergleichbar sind,

   c) die Zahl der in den letzten drei abgeschlossenen Geschäftsjahren jahresdurchschnittlich beschäftigten Arbeitskräfte, gegliedert nach Lohngruppen mit gesondert ausgewiesenem technischen Leitungspersonal,

   d) die Eintragung in das Berufsregister ihres Sitzes oder Wohnsitzes, sowie Angaben,

   e) ob ein Insolvenzverfahren oder ein vergleichbares gesetzlich geregeltes Verfahren eröffnet oder die Eröffnung beantragt worden ist oder der Antrag mangels Masse abgelehnt wurde oder ein Insolvenzplan rechtskräftig bestätigt wurde,

   f) ob sich das Unternehmen in Liquidation befindet,

   g) dass nachweislich keine schwere Verfehlung begangen wurde, die die Zuverlässigkeit als Bewerber in Frage stellt,

   h) dass die Verpflichtung zur Zahlung von Steuern und Abgaben sowie der Beiträge zur gesetzlichen Sozialversicherung ordnungsgemäß erfüllt wurde,

   i) dass sich das Unternehmen bei der Berufsgenossenschaft angemeldet hat.

   Diese Angaben können die Bewerber oder Bieter auch durch Einzelnachweise erbringen. Der Auftraggeber kann dabei vorsehen, dass für einzelne Angaben Eigenerklärungen ausreichend sind. Diese sind von den Bietern, deren Angebote in die engere Wahl kommen, durch entsprechende Bescheinigungen der zuständigen Stellen zu bestätigen.

3. Andere, auf den konkreten Auftrag bezogene zusätzliche, insbesondere für die Prüfung der Fachkunde geeignete Angaben können verlangt werden.

4. Der Auftraggeber wird andere ihm geeignet erscheinende Nachweise der wirtschaftlichen und finanziellen Leistungsfähigkeit zulassen, wenn er feststellt, dass stichhaltige Gründe dafür bestehen.

5. Bei Öffentlicher Ausschreibung sind in der Aufforderung zur Angebotsabgabe die Nachweise zu bezeichnen, deren Vorlage mit dem Angebot verlangt oder deren spätere Anforderung vorbehalten wird.

Bei Beschränkter Ausschreibung nach Öffentlichem Teilnahmewettbewerb ist zu verlangen, dass die Nachweise bereits mit dem Teilnahmeantrag vorgelegt werden.

6. Bei Beschränkter Ausschreibung und Freihändiger Vergabe ist vor der Aufforderung zur Angebotsabgabe die Eignung der Bewerber zu prüfen. Dabei sind die Bewerber auszuwählen, deren Eignung die für die Erfüllung der vertraglichen Verpflichtungen notwendige Sicherheit bietet; dies bedeutet, dass sie die erforderliche Fachkunde, Leistungsfähigkeit und Zuverlässigkeit besitzen und über ausreichende technische und wirtschaftliche Mittel verfügen.

§ 7 Leistungsbeschreibung

Allgemeines

(1) 1. Die Leistung ist eindeutig und so erschöpfend zu beschreiben, dass alle Bewerber die Beschreibung im gleichen Sinne verstehen müssen und ihre Preise sicher und ohne umfangreiche Vorarbeiten berechnen können.

2. Um eine einwandfreie Preisermittlung zu ermöglichen, sind alle sie beeinflussenden Umstände festzustellen und in den Vergabeunterlagen anzugeben.

3. Dem Auftragnehmer darf kein ungewöhnliches Wagnis aufgebürdet werden für Umstände und Ereignisse, auf die er keinen Einfluss hat und deren Einwirkung auf die Preise und Fristen er nicht im Voraus schätzen kann.

4. Bedarfspositionen sind grundsätzlich nicht in die Leistungsbeschreibung aufzunehmen. Angehängte Stundenlohnarbeiten dürfen nur in dem unbedingt erforderlichen Umfang in die Leistungsbeschreibung aufgenommen werden.

5. Erforderlichenfalls sind auch der Zweck und die vorgesehene Beanspruchung der fertigen Leistung anzugeben.

6. Die für die Ausführung der Leistung wesentlichen Verhältnisse der Baustelle, z. B. Boden- und Wasserverhältnisse, sind so zu beschreiben, dass der Bewerber ihre Auswirkungen auf die bauliche Anlage und die Bauausführung hinreichend beurteilen kann.

7. Die »Hinweise für das Aufstellen der Leistungsbeschreibung« in Abschnitt 0 der Allgemeinen Technischen Vertragsbedingungen für Bauleistungen, DIN 18299 ff., sind zu beachten.

(2) Bei der Beschreibung der Leistung sind die verkehrsüblichen Bezeichnungen zu beachten.

Technische Spezifikationen

(3) Die technischen Anforderungen (Spezifikationen – siehe Anhang TS Nummer 1) an den Auftragsgegenstand müssen allen Bewerbern gleichermaßen zugänglich sein.

(4) Die technischen Spezifikationen sind in den Vergabeunterlagen zu formulieren:

1. entweder unter Bezugnahme auf die in Anhang TS definierten technischen Spezifikationen in der Rangfolge

    a) nationale Normen, mit denen europäische Normen umgesetzt werden,

    b) europäische technische Zulassungen,

    c) gemeinsame technische Spezifikationen,

    d) internationale Normen und andere technische Bezugsysteme, die von den europäischen Normungsgremien erarbeitet wurden oder,

    e) falls solche Normen und Spezifikationen fehlen, nationale Normen, nationale technische Zulassungen oder nationale technische Spezifikationen für die Planung, Berechnung und Ausführung von Bauwerken und den Einsatz von Produkten.

    Jede Bezugnahme ist mit dem Zusatz »oder gleichwertig« zu versehen;

2. oder in Form von Leistungs- oder Funktionsanforderungen, die so genau zu fassen sind, dass sie den Unternehmen ein klares Bild vom Auftragsgegenstand vermitteln und dem Auftraggeber die Erteilung des Zuschlags ermöglichen;

3. oder in Kombination von Nummer 1 und Nummer 2, d. h.

    a) in Form von Leistungs- oder Funktionsanforderungen unter Bezugnahme auf die Spezifikationen gemäß Nummer 1 als Mittel zur Vermutung der Konformität mit diesen Leistungs- oder Funktionsanforderungen;

    b) oder mit Bezugnahme auf die Spezifikationen gemäß Nummer 1 hinsichtlich bestimmter Merkmale und mit Bezugnahme auf die Leistungs- oder Funktionsanforderungen gemäß Nummer 2 hinsichtlich anderer Merkmale.

(5) Verweist der Auftraggeber in der Leistungsbeschreibung auf die in Absatz 4 Nummer 1 genannten Spezifikationen, so darf er ein Angebot nicht mit der Begründung ablehnen, die angebotene Leistung entspräche nicht den herangezogenen Spezifikationen, sofern der Bieter in seinem Angebot dem Auftraggeber nachweist, dass die von ihm vorgeschlagenen Lösungen den Anforderungen der technischen Spezifikation, auf die Bezug genommen wurde, gleichermaßen entsprechen. Als geeignetes Mittel kann eine technische Beschreibung des Herstellers oder ein Prüfbericht einer anerkannten Stelle gelten.

(6) Legt der Auftraggeber die technischen Spezifikationen in Form von Leistungs- oder Funktionsanforderungen fest, so darf er ein Angebot,

das einer nationalen Norm entspricht, mit der eine europäische Norm umgesetzt wird, oder einer europäischen technischen Zulassung, einer gemeinsamen technischen Spezifikation, einer internationalen Norm oder einem technischen Bezugssystem, das von den europäischen Normungsgremien erarbeitet wurde, entspricht, nicht zurückweisen, wenn diese Spezifikationen die geforderten Leistungs- oder Funktionsanforderungen betreffen. Der Bieter muss in seinem Angebot mit geeigneten Mitteln dem Auftraggeber nachweisen, dass die der Norm entsprechende jeweilige Leistung den Leistungs- oder Funktionsanforderungen des Auftraggebers entspricht. Als geeignetes Mittel kann eine technische Beschreibung des Herstellers oder ein Prüfbericht einer anerkannten Stelle gelten.

(7) Schreibt der Auftraggeber Umwelteigenschaften in Form von Leistungs- oder Funktionsanforderungen vor, so kann er die Spezifikationen verwenden, die in europäischen, multinationalen oder anderen Umweltzeichen definiert sind, wenn

1. sie sich zur Definition der Merkmale des Auftragsgegenstands eignen,

2. die Anforderungen des Umweltzeichens auf Grundlage von wissenschaftlich abgesicherten Informationen ausgearbeitet werden,

3. die Umweltzeichen im Rahmen eines Verfahrens erlassen werden, an dem interessierte Kreise – wie z. B. staatliche Stellen, Verbraucher, Hersteller, Händler und Umweltorganisationen – teilnehmen können, und

4. wenn das Umweltzeichen für alle Betroffenen zugänglich und verfügbar ist.

Der Auftraggeber kann in den Vergabeunterlagen angeben, dass bei Leistungen, die mit einem Umweltzeichen ausgestattet sind, vermutet wird, dass sie den in der Leistungsbeschreibung festgelegten technischen Spezifikationen genügen. Der Auftraggeber muss jedoch auch jedes andere geeignete Beweismittel, wie technische Unterlagen des Herstellers oder Prüfberichte anerkannter Stellen, akzeptieren. Anerkannte Stellen sind die Prüf- und Eichlaboratorien sowie die Inspektions- und Zertifizierungsstellen, die mit den anwendbaren europäischen Normen übereinstimmen. Der Auftraggeber erkennt Bescheinigungen von in anderen Mitgliedstaaten ansässigen anerkannten Stellen an.

(8) Soweit es nicht durch den Auftragsgegenstand gerechtfertigt ist, darf in technischen Spezifikationen nicht auf eine bestimmte Produktion oder Herkunft oder ein besonderes Verfahren oder auf Marken, Patente, Typen eines bestimmten Ursprungs oder einer bestimmten Produktion verwiesen werden, wenn dadurch bestimmte Unternehmen oder bestimmte Produkte begünstigt oder ausgeschlossen werden. Solche Verweise sind jedoch ausnahmsweise zulässig, wenn der Auftragsgegenstand nicht hinreichend genau und allgemein verständlich beschrieben

werden kann; solche Verweise sind mit dem Zusatz »oder gleichwertig« zu versehen.

Leistungsbeschreibung mit Leistungsverzeichnis

(9)   Die Leistung ist in der Regel durch eine allgemeine Darstellung der Bauaufgabe (Baubeschreibung) und ein in Teilleistungen gegliedertes Leistungsverzeichnis zu beschreiben.

(10) Erforderlichenfalls ist die Leistung auch zeichnerisch oder durch Probestücke darzustellen oder anders zu erklären, z. B. durch Hinweise auf ähnliche Leistungen, durch Mengen- oder statische Berechnungen. Zeichnungen und Proben, die für die Ausführung maßgebend sein sollen, sind eindeutig zu bezeichnen.

(11) Leistungen, die nach den Vertragsbedingungen, den Technischen Vertragsbedingungen oder der gewerblichen Verkehrssitte zu der geforderten Leistung gehören (§ 2 Absatz 1 VOB/B), brauchen nicht besonders aufgeführt zu werden.

(12) Im Leistungsverzeichnis ist die Leistung derart aufzugliedern, dass unter einer Ordnungszahl (Position) nur solche Leistungen aufgenommen werden, die nach ihrer technischen Beschaffenheit und für die Preisbildung als in sich gleichartig anzusehen sind. Ungleichartige Leistungen sollen unter einer Ordnungszahl (Sammelposition) nur zusammengefasst werden, wenn eine Teilleistung gegenüber einer anderen für die Bildung eines Durchschnittspreises ohne nennenswerten Einfluss ist.

Leistungsbeschreibung mit Leistungsprogramm

(13) Wenn es nach Abwägen aller Umstände zweckmäßig ist, abweichend von Absatz 9 zusammen mit der Bauausführung auch den Entwurf für die Leistung dem Wettbewerb zu unterstellen, um die technisch, wirtschaftlich und gestalterisch beste sowie funktionsgerechteste Lösung der Bauaufgabe zu ermitteln, kann die Leistung durch ein Leistungsprogramm dargestellt werden.

(14) 1. Das Leistungsprogramm umfasst eine Beschreibung der Bauaufgabe, aus der die Bewerber alle für die Entwurfsbearbeitung und ihr Angebot maßgebenden Bedingungen und Umstände erkennen können und in der sowohl der Zweck der fertigen Leistung als auch die an sie gestellten technischen, wirtschaftlichen, gestalterischen und funktionsbedingten Anforderungen angegeben sind, sowie gegebenenfalls ein Musterleistungsverzeichnis, in dem die Mengenangaben ganz oder teilweise offen gelassen sind.

2. Die Absätze 10 bis 12 gelten sinngemäß.

(15) Von dem Bieter ist ein Angebot zu verlangen, das außer der Ausführung der Leistung den Entwurf nebst eingehender Erläuterung und

eine Darstellung der Bauausführung sowie eine eingehende und zweckmäßig gegliederte Beschreibung der Leistung – gegebenenfalls mit Mengen- und Preisangaben für Teile der Leistung – umfasst. Bei Beschreibung der Leistung mit Mengen- und Preisangaben ist vom Bieter zu verlangen, dass er

1. die Vollständigkeit seiner Angaben, insbesondere die von ihm selbst ermittelten Mengen, entweder ohne Einschränkung oder im Rahmen einer in den Vergabeunterlagen anzugebenden Mengentoleranz vertritt, und dass er

2. etwaige Annahmen, zu denen er in besonderen Fällen gezwungen ist, weil zum Zeitpunkt der Angebotsabgabe einzelne Teilleistungen nach Art und Menge noch nicht bestimmt werden können (z. B. Aushub-, Abbruch- oder Wasserhaltungsarbeiten) – erforderlichenfalls anhand von Plänen und Mengenermittlungen – begründet.

§ 8 Vergabeunterlagen

(1) Die Vergabeunterlagen bestehen aus

1. dem Anschreiben (Aufforderung zur Angebotsabgabe), gegebenenfalls Bewerbungsbedingungen (§ 8 Absatz 2) und

2. den Vertragsunterlagen (§§ 7 und 8 Absatz 3 bis 6).

(2) 1. Das Anschreiben, muss alle Angaben nach § 12 Absatz 1 Nummer 2 enthalten, die außer den Vertragsunterlagen für den Entschluss zur Abgabe eines Angebots notwendig sind, sofern sie nicht bereits veröffentlicht wurden.

2. Der Auftraggeber kann die Bieter auffordern, in ihrem Angebot die Leistungen anzugeben, die sie an Nachunternehmen zu vergeben beabsichtigen.

3. Der Auftraggeber hat anzugeben:
   a) ob er Nebenangebote nicht zulässt,
   b) ob er Nebenangebote ausnahmsweise nur in Verbindung mit einem Hauptangebot zulässt.
   Von Bietern, die eine Leistung anbieten, deren Ausführung nicht in Allgemeinen Technischen Vertragsbedingungen oder in den Vergabeunterlagen geregelt ist, sind im Angebot entsprechende Angaben über Ausführung und Beschaffenheit dieser Leistung zu verlangen.

4. Auftraggeber, die ständig Bauleistungen vergeben, sollen die Erfordernisse, die die Bewerber bei der Bearbeitung ihrer Angebote beachten müssen, in den Bewerbungsbedingungen zusammenfassen und dem Anschreiben beifügen.

(3) In den Vergabeunterlagen ist vorzuschreiben, dass die Allgemeinen Vertragsbedingungen für die Ausführung von Bauleistungen (VOB/B) und die Allgemeinen Technischen Vertragsbedingungen für Bauleistungen (VOB/C) Bestandteile des Vertrags werden. Das gilt auch für

etwaige Zusätzliche Vertragsbedingungen und etwaige Zusätzliche Technische Vertragsbedingungen, soweit sie Bestandteile des Vertrags werden sollen.

(4) 1. Die Allgemeinen Vertragsbedingungen bleiben grundsätzlich unverändert. Sie können von Auftraggebern, die ständig Bauleistungen vergeben, für die bei ihnen allgemein gegebenen Verhältnisse durch Zusätzliche Vertragsbedingungen ergänzt werden. Diese dürfen den Allgemeinen Vertragsbedingungen nicht widersprechen.

2. Für die Erfordernisse des Einzelfalles sind die Allgemeinen Vertragsbedingungen und etwaige Zusätzliche Vertragsbedingungen durch Besondere Vertragsbedingungen zu ergänzen. In diesen sollen sich Abweichungen von den Allgemeinen Vertragsbedingungen auf die Fälle beschränken, in denen dort besondere Vereinbarungen ausdrücklich vorgesehen sind und auch nur soweit es die Eigenart der Leistung und ihre Ausführung erfordern.

(5) Die Allgemeinen Technischen Vertragsbedingungen bleiben grundsätzlich unverändert. Sie können von Auftraggebern, die ständig Bauleistungen vergeben, für die bei ihnen allgemein gegebenen Verhältnisse durch Zusätzliche Technische Vertragsbedingungen ergänzt werden. Für die Erfordernisse des Einzelfalles sind Ergänzungen und Änderungen in der Leistungsbeschreibung festzulegen.

(6) 1. In den Zusätzlichen Vertragsbedingungen oder in den Besonderen Vertragsbedingungen sollen, soweit erforderlich, folgende Punkte geregelt werden:

a) Unterlagen (§ 8 Absatz 9; § 3 Absatz 5 und 6 VOB/B),
b) Benutzung von Lager- und Arbeitsplätzen, Zufahrtswegen, Anschlussgleisen, Wasser- und Energieanschlüssen (§ 4 Absatz 4 VOB/B),
c) Weitervergabe an Nachunternehmen (§ 4 Absatz 8 VOB/B),
d) Ausführungsfristen (§ 9 Absatz 1 bis 4; § 5 VOB/B),
e) Haftung (§ 10 Absatz 2 VOB/B),
f) Vertragsstrafen und Beschleunigungsvergütungen (§ 9 Absatz 5; § 11 VOB/B),
g) Abnahme (§ 12 VOB/B),
h) Vertragsart (§ 4), Abrechnung (§ 14 VOB/B),
i) Stundenlohnarbeiten (§ 15 VOB/B),
j) Zahlungen, Vorauszahlungen (§ 16 VOB/B),
k) Sicherheitsleistung (§ 9 Absatz 7 und 8; § 17 VOB/B),
l) Gerichtsstand (§ 18 Absatz 1 VOB/B),
m) Lohn- und Gehaltsnebenkosten,
n) Änderung der Vertragspreise (§ 9 Absatz 9).

2. Im Einzelfall erforderliche besondere Vereinbarungen über die Mängelansprüche sowie deren Verjährung (§ 9 Absatz 6; § 13 Absatz 1, 4 und 7 VOB/B) und über die Verteilung der Gefahr bei Schä-

den, die durch Hochwasser, Sturmfluten, Grundwasser, Wind, Schnee, Eis und dergleichen entstehen können (§ 7 VOB/B), sind in den Besonderen Vertragsbedingungen zu treffen. Sind für bestimmte Bauleistungen gleichgelagerte Voraussetzungen im Sinne von § 9 Absatz 6 gegeben, so dürfen die besonderen Vereinbarungen auch in Zusätzlichen Technischen Vertragsbedingungen vorgesehen werden.

(7) 1. Bei Öffentlicher Ausschreibung kann eine Erstattung der Kosten für die Vervielfältigung der Leistungsbeschreibung und der anderen Unterlagen sowie für die Kosten der postalischen Versendung verlangt werden.

2. Bei Beschränkter Ausschreibung und Freihändiger Vergabe sind alle Unterlagen unentgeltlich abzugeben.

(8) 1. Für die Bearbeitung des Angebots wird keine Entschädigung gewährt. Verlangt jedoch der Auftraggeber, dass der Bewerber Entwürfe, Pläne, Zeichnungen, statische Berechnungen, Mengenberechnungen oder andere Unterlagen ausarbeitet, insbesondere in den Fällen des § 7 Absatz 13 bis 15, so ist einheitlich für alle Bieter in der Ausschreibung eine angemessene Entschädigung festzusetzen. Diese Entschädigung steht jedem Bieter zu, der ein der Ausschreibung entsprechendes Angebot mit den geforderten Unterlagen rechtzeitig eingereicht hat.

2. Diese Grundsätze gelten für die Freihändige Vergabe entsprechend.

(9) Der Auftraggeber darf Angebotsunterlagen und die in den Angeboten enthaltenen eigenen Vorschläge eines Bieters nur für die Prüfung und Wertung der Angebote (§ 16) verwenden. Eine darüber hinausgehende Verwendung bedarf der vorherigen schriftlichen Vereinbarung.

(10) Sollen Streitigkeiten aus dem Vertrag unter Ausschluss des ordentlichen Rechtswegs im schiedsrichterlichen Verfahren ausgetragen werden, so ist es in besonderer, nur das Schiedsverfahren betreffender Urkunde zu vereinbaren, soweit nicht § 1031 Absatz 2 der Zivilprozessordnung auch eine andere Form der Vereinbarung zulässt.

§ 9 Vertragsbedingungen

Ausführungsfristen

(1) 1. Die Ausführungsfristen sind ausreichend zu bemessen; Jahreszeit, Arbeitsbedingungen und etwaige besondere Schwierigkeiten sind zu berücksichtigen. Für die Bauvorbereitung ist dem Auftragnehmer genügend Zeit zu gewähren.

2. Außergewöhnlich kurze Fristen sind nur bei besonderer Dringlichkeit vorzusehen.

3. Soll vereinbart werden, dass mit der Ausführung erst nach Aufforderung zu beginnen ist (§ 5 Absatz 2 VOB/B), so muss die Frist, inner-

halb derer die Aufforderung ausgesprochen werden kann, unter billiger Berücksichtigung der für die Ausführung maßgebenden Verhältnisse zumutbar sein; sie ist in den Vergabeunterlagen festzulegen.

(2) 1. Wenn es ein erhebliches Interesse des Auftraggebers erfordert, sind Einzelfristen für in sich abgeschlossene Teile der Leistung zu bestimmen.

2. Wird ein Bauzeitenplan aufgestellt, damit die Leistungen aller Unternehmen sicher ineinandergreifen, so sollen nur die für den Fortgang der Gesamtarbeit besonders wichtigen Einzelfristen als vertraglich verbindliche Fristen (Vertragsfristen) bezeichnet werden.

(3) Ist für die Einhaltung von Ausführungsfristen die Übergabe von Zeichnungen oder anderen Unterlagen wichtig, so soll hierfür ebenfalls eine Frist festgelegt werden.

(4) Der Auftraggeber darf in den Vertragsunterlagen eine Pauschalierung des Verzugsschadens (§ 5 Absatz 4 VOB/B) vorsehen; sie soll 5 v. H. der Auftragssumme nicht überschreiten. Der Nachweis eines geringeren Schadens ist zuzulassen.

Vertragsstrafen, Beschleunigungsvergütung

(5) Vertragsstrafen für die Überschreitung von Vertragsfristen sind nur zu vereinbaren, wenn die Überschreitung erhebliche Nachteile verursachen kann. Die Strafe ist in angemessenen Grenzen zu halten. Beschleunigungsvergütung (Prämien) sind nur vorzusehen, wenn die Fertigstellung vor Ablauf der Vertragsfristen erhebliche Vorteile bringt.

Verjährung der Mängelansprüche

(6) Andere Verjährungsfristen als nach § 13 Absatz 4 VOB/B sollen nur vorgesehen werden, wenn dies wegen der Eigenart der Leistung erforderlich ist. In solchen Fällen sind alle Umstände gegeneinander abzuwägen, insbesondere, wann etwaige Mängel wahrscheinlich erkennbar werden und wieweit die Mängelursachen noch nachgewiesen werden können, aber auch die Wirkung auf die Preise und die Notwendigkeit einer billigen Bemessung der Verjährungsfristen für Mängelansprüche.

Sicherheitsleistung

(7) Auf Sicherheitsleistung soll ganz oder teilweise verzichtet werden, wenn Mängel der Leistung voraussichtlich nicht eintreten. Unterschreitet die Auftragssumme 250.000 € ohne Umsatzsteuer, ist auf Sicherheitsleistung für die Vertragserfüllung und in der Regel auf Sicherheitsleistung für die Mängelansprüche zu verzichten. Bei Beschränkter

Ausschreibung sowie bei Freihändiger Vergabe sollen Sicherheitsleistungen in der Regel nicht verlangt werden.

(8) Die Sicherheit soll nicht höher bemessen und ihre Rückgabe nicht für einen späteren Zeitpunkt vorgesehen werden, als nötig ist, um den Auftraggeber vor Schaden zu bewahren. Die Sicherheit für die Erfüllung sämtlicher Verpflichtungen aus dem Vertrag soll 5 v. H. der Auftragssumme nicht überschreiten. Die Sicherheit für Mängelansprüche soll 3 v. H. der Abrechnungssumme nicht überschreiten.

Änderung der Vergütung

(9) Sind wesentliche Änderungen der Preisermittlungsgrundlagen zu erwarten, deren Eintritt oder Ausmaß ungewiss ist, so kann eine angemessene Änderung der Vergütung in den Vertragsunterlagen vorgesehen werden. Die Einzelheiten der Preisänderungen sind festzulegen.

§ 10 Fristen

(1) Für die Bearbeitung und Einreichung der Angebote ist eine ausreichende Angebotsfrist vorzusehen, auch bei Dringlichkeit nicht unter 10 Kalendertagen. Dabei ist insbesondere der zusätzliche Aufwand für die Besichtigung von Baustellen oder die Beschaffung von Unterlagen für die Angebotsbearbeitung zu berücksichtigen.

(2) Die Angebotsfrist läuft ab, sobald im Eröffnungstermin der Verhandlungsleiter mit der Öffnung der Angebote beginnt.

(3) Bis zum Ablauf der Angebotsfrist können Angebote in Textform zurückgezogen werden.

(4) Für die Einreichung von Teilnahmeanträgen bei Beschränkter Ausschreibung nach Öffentlichem Teilnahmewettbewerb ist eine ausreichende Bewerbungsfrist vorzusehen.

(5) Die Zuschlagsfrist beginnt mit dem Eröffnungstermin.

(6) Die Zuschlagsfrist soll so kurz wie möglich und nicht länger bemessen werden, als der Auftraggeber für eine zügige Prüfung und Wertung der Angebote (§ 16) benötigt. Eine längere Zuschlagsfrist als 30 Kalendertage soll nur in begründeten Fällen festgelegt werden. Das Ende der Zuschlagsfrist ist durch Angabe des Kalendertages zu bezeichnen.

(7) Es ist vorzusehen, dass der Bieter bis zum Ablauf der Zuschlagsfrist an sein Angebot gebunden ist.

(8) Die Absätze 5 bis 7 gelten bei Freihändiger Vergabe entsprechend.

§ 11 Grundsätze der Informationsübermittlung

(1) 1. Die Auftraggeber geben in der Bekanntmachung oder den Vergabeunterlagen an, ob Informationen per Post, Telefax, direkt, elektro-

nisch oder durch eine Kombination dieser Kommunikationsmittel übermittelt werden.

2. Das für die elektronische Übermittlung gewählte Netz muss allgemein verfügbar sein und darf den Zugang der Bewerber und Bieter zu den Vergabeverfahren nicht beschränken. Die dafür zu verwendenden Programme und ihre technischen Merkmale müssen allgemein zugänglich, mit allgemein verbreiteten Erzeugnissen der Informations- und Kommunikationstechnologie kompatibel und nichtdiskriminierend sein.

3. Die Auftraggeber haben dafür Sorge zu tragen, dass den interessierten Unternehmen die Informationen über die Spezifikationen der Geräte, die für die elektronische Übermittlung der Anträge auf Teilnahme und der Angebote erforderlich sind, einschließlich Verschlüsselung zugänglich sind. Außerdem muss gewährleistet sein, dass die in Anhang I genannten Anforderungen erfüllt sind.

(2) Der Auftraggeber kann im Internet ein Beschafferprofil einrichten, in dem allgemeine Informationen wie Kontaktstelle, Telefon- und Faxnummer, Postanschrift und E-Mailadresse sowie Angaben über Ausschreibungen, geplante und vergebene Aufträge oder aufgehobene Verfahren veröffentlicht werden können.

§ 12 Bekanntmachung, Versand der Vergabeunterlagen

(1) 1. Öffentliche Ausschreibungen sind bekannt zu machen, z. B. in Tageszeitungen, amtlichen Veröffentlichungsblättern oder auf Internetportalen, sie können auch auf www.bund.de veröffentlicht werden.

2. Diese Bekanntmachungen sollen folgende Angaben enthalten:
   a) Name, Anschrift, Telefon-, Telefaxnummer sowie E-Mailadresse des Auftraggebers (Vergabestelle),
   b) gewähltes Vergabeverfahren,
   c) gegebenenfalls Auftragsvergabe auf elektronischem Wege und Verfahren der Ver- und Entschlüsselung,
   d) Art des Auftrags,
   e) Ort der Ausführung,
   f) Art und Umfang der Leistung,
   g) Angaben über den Zweck der baulichen Anlage oder des Auftrags, wenn auch Planungsleistungen gefordert werden,
   h) falls die bauliche Anlage oder der Auftrag in mehrere Lose aufgeteilt ist, Art und Umfang der einzelnen Lose und Möglichkeit, Angebote für eines, mehrere oder alle Lose einzureichen,
   i) Zeitpunkt, bis zu dem die Bauleistungen beendet werden sollen oder Dauer des Bauleistungsauftrags; sofern möglich, Zeitpunkt, zu dem die Bauleistungen begonnen werden sollen,
   j) gegebenenfalls Angaben nach § 8 Absatz 2 Nummer 3 zur Zulässigkeit von Nebenangeboten,

k) Name und Anschrift, Telefon- und Faxnummer, E-Mailadresse der Stelle, bei der die Vergabeunterlagen und zusätzliche Unterlagen angefordert und eingesehen werden können,

l) gegebenenfalls Höhe und Bedingungen für die Zahlung des Betrags, der für die Unterlagen zu entrichten ist,

m) bei Teilnahmeantrag: Frist für den Eingang der Anträge auf Teilnahme, Anschrift, an die diese Anträge zu richten sind, Tag, an dem die Aufforderungen zur Angebotsabgabe spätestens abgesandt werden,

n) Frist für den Eingang der Angebote,

o) Anschrift, an die die Angebote zu richten sind, gegebenenfalls auch Anschrift, an die Angebote elektronisch zu übermitteln sind,

p) Sprache, in der die Angebote abgefasst sein müssen,

q) Datum, Uhrzeit und Ort des Eröffnungstermins sowie Angabe, welche Personen bei der Eröffnung der Angebote anwesend sein dürfen,

r) gegebenenfalls geforderte Sicherheiten,

s) wesentliche Finanzierungs- und Zahlungsbedingungen und/ oder Hinweise auf die maßgeblichen Vorschriften, in denen sie enthalten sind,

t) gegebenenfalls Rechtsform, die die Bietergemeinschaft nach der Auftragsvergabe haben muss,

u) verlangte Nachweise für die Beurteilung der Eignung des Bewerbers oder Bieters,

v) Zuschlagsfrist,

w) Name und Anschrift der Stelle, an die sich der Bewerber oder Bieter zur Nachprüfung behaupteter Verstöße gegen Vergabebestimmungen wenden kann.

(2) 1. Bei Beschränkten Ausschreibungen nach Öffentlichem Teilnahmewettbewerb sind die Unternehmen durch Bekanntmachungen, z. B. in Tageszeitungen, amtlichen Veröffentlichungsblättern oder auf Internetportalen, aufzufordern, ihre Teilnahme am Wettbewerb zu beantragen.

2. Diese Bekanntmachungen sollen die Angaben gemäß § 12 Absatz 1 Nummer 2 enthalten.

(3) Anträge auf Teilnahme sind auch dann zu berücksichtigen, wenn sie durch Telefax oder in sonstiger Weise elektronisch übermittelt werden, sofern die sonstigen Teilnahmebedingungen erfüllt sind.

(4) 1. Die Vergabeunterlagen sind den Bewerbern unverzüglich in geeigneter Weise zu übermitteln.

2. Die Vergabeunterlagen sind bei Beschränkter Ausschreibung und Freihändiger Vergabe an alle ausgewählten Bewerber am selben Tag abzusenden.

(5) Wenn von den für die Preisermittlung wesentlichen Unterlagen keine Vervielfältigungen abgegeben werden können, sind diese in ausreichender Weise zur Einsicht auszulegen.

(6) Die Namen der Bewerber, die Vergabeunterlagen erhalten oder eingesehen haben, sind geheim zu halten.

(7) Erbitten Bewerber zusätzliche sachdienliche Auskünfte über die Vergabeunterlagen, so sind diese Auskünfte allen Bewerbern unverzüglich in gleicher Weise zu erteilen.

§ 13 Form und Inhalt der Angebote

(1) 1. Der Auftraggeber legt fest, in welcher Form die Angebote einzureichen sind. Schriftlich eingereichte Angebote sind immer zuzulassen. Sie müssen unterzeichnet sein. Elektronisch übermittelte Angebote sind nach Wahl des Auftraggebers mit einer fortgeschrittenen elektronischen Signatur nach dem Signaturgesetz und den Anforderungen des Auftraggebers oder mit einer qualifizierten elektronischen Signatur nach dem Signaturgesetz zu versehen.

2. Die Auftraggeber haben die Datenintegrität und die Vertraulichkeit der Angebote auf geeignete Weise zu gewährleisten. Per Post oder direkt übermittelte Angebote sind in einem verschlossenen Umschlag einzureichen, als solche zu kennzeichnen und bis zum Ablauf der für die Einreichung vorgesehenen Frist unter Verschluss zu halten. Bei elektronisch übermittelten Angeboten ist dies durch entsprechende technische Lösungen nach den Anforderungen des Auftraggebers und durch Verschlüsselung sicherzustellen. Die Verschlüsselung muss bis zur Öffnung des ersten Angebots aufrechterhalten bleiben.

3. Die Angebote müssen die geforderten Preise enthalten.

4. Die Angebote müssen die geforderten Erklärungen und Nachweise enthalten.

5. Änderungen an den Vergabeunterlagen sind unzulässig. Änderungen des Bieters an seinen Eintragungen müssen zweifelsfrei sein.

6. Bieter können für die Angebotsabgabe eine selbstgefertigte Abschrift oder Kurzfassung des Leistungsverzeichnisses benutzen, wenn sie den vom Auftraggeber verfassten Wortlaut des Leistungsverzeichnisses im Angebot als allein verbindlich anerkennen; Kurzfassungen müssen jedoch die Ordnungszahlen (Positionen) vollzählig, in der gleichen Reihenfolge und mit den gleichen Nummern wie in dem vom Auftraggeber verfassten Leistungsverzeichnis, wiedergeben.

7. Muster und Proben der Bieter müssen als zum Angebot gehörig gekennzeichnet sein.

(2) Eine Leistung, die von den vorgesehenen technischen Spezifikationen nach § 7 Absatz 3 abweicht, kann angeboten werden, wenn sie mit dem geforderten Schutzniveau in Bezug auf Sicherheit, Gesundheit

und Gebrauchstauglichkeit gleichwertig ist. Die Abweichung muss im Angebot eindeutig bezeichnet sein. Die Gleichwertigkeit ist mit dem Angebot nachzuweisen.

(3) Die Anzahl von Nebenangeboten ist an einer vom Auftraggeber in den Vergabeunterlagen bezeichneten Stelle aufzuführen. Etwaige Nebenangebote müssen auf besonderer Anlage gemacht und als solche deutlich gekennzeichnet werden.

(4) Soweit Preisnachlässe ohne Bedingungen gewährt werden, sind diese an einer vom Auftraggeber in den Vergabeunterlagen bezeichneten Stelle aufzuführen.

(5) Bietergemeinschaften haben die Mitglieder zu benennen sowie eines ihrer Mitglieder als bevollmächtigten Vertreter für den Abschluss und die Durchführung des Vertrags zu bezeichnen. Fehlt die Bezeichnung des bevollmächtigten Vertreters im Angebot, so ist sie vor der Zuschlagserteilung beizubringen.

(6) Der Auftraggeber hat die Anforderungen an den Inhalt der Angebote nach den Absätzen 1 bis 5 in die Vergabeunterlagen aufzunehmen.

§ 14 Öffnung der Angebote, Eröffnungstermin

(1) Bei Ausschreibungen ist für die Öffnung und Verlesung (Eröffnung) der Angebote ein Eröffnungstermin abzuhalten, in dem nur die Bieter und ihre Bevollmächtigten zugegen sein dürfen. Bis zu diesem Termin sind die zugegangenen Angebote auf dem ungeöffneten Umschlag mit Eingangsvermerk zu versehen und unter Verschluss zu halten. Elektronische Angebote sind zu kennzeichnen und verschlüsselt aufzubewahren.

(2) Zur Eröffnung zuzulassen sind nur Angebote, die dem Verhandlungsleiter bei Öffnung des ersten Angebots vorliegen.

(3) 1. Der Verhandlungsleiter stellt fest, ob der Verschluss der schriftlichen Angebote unversehrt ist und die elektronischen Angebote verschlüsselt sind.

2. Die Angebote werden geöffnet und in allen wesentlichen Teilen im Eröffnungstermin gekennzeichnet. Name und Anschrift der Bieter und die Endbeträge der Angebote oder ihrer einzelnen Abschnitte, ferner andere den Preis betreffende Angaben (wie z. B. Preisnachlässe ohne Bedingungen) werden verlesen. Es wird bekannt gegeben, ob und von wem und in welcher Zahl Nebenangebote eingereicht sind. Weiteres aus dem Inhalt der Angebote soll nicht mitgeteilt werden.

3. Muster und Proben der Bieter müssen im Termin zur Stelle sein.

(4) 1. Über den Eröffnungstermin ist eine Niederschrift in Schriftform oder in elektronischer Form zu fertigen. Sie ist zu verlesen; in ihr ist zu vermerken, dass sie verlesen und als richtig anerkannt worden ist oder welche Einwendungen erhoben worden sind.

2. Sie ist vom Verhandlungsleiter zu unterschreiben oder mit einer Signatur nach § 13 Absatz 1 Nummer 1 zu versehen; die anwesenden Bieter und Bevollmächtigten sind berechtigt, mit zu unterzeichnen oder eine Signatur nach § 13 Absatz 1 Nummer 1 anzubringen.

(5) Angebote, die bei der Öffnung des ersten Angebots nicht vorgelegen haben (Absatz 2), sind in der Niederschrift oder in einem Nachtrag besonders aufzuführen. Die Eingangszeiten und die etwa bekannten Gründe, aus denen die Angebote nicht vorgelegen haben, sind zu vermerken. Der Umschlag und andere Beweismittel sind aufzubewahren.

(6) 1. Ein Angebot, das nachweislich vor Ablauf der Angebotsfrist dem Auftraggeber zugegangen war, aber bei Öffnung des ersten Angebots aus vom Bieter nicht zu vertretenden Gründen dem Verhandlungsleiter nicht vorgelegen hat, ist wie ein rechtzeitig vorliegendes Angebot zu behandeln.

2. Den Bietern ist dieser Sachverhalt unverzüglich in Textform mitzuteilen. In die Mitteilung sind die Feststellung, dass der Verschluss unversehrt war und die Angaben nach Absatz 3 Nummer 2 aufzunehmen.

3. Dieses Angebot ist mit allen Angaben in die Niederschrift oder in einen Nachtrag aufzunehmen. Im Übrigen gilt Absatz 5 Satz 2 und 3.

(7) Den Bietern und ihren Bevollmächtigten ist die Einsicht in die Niederschrift und ihre Nachträge (Absatz 5 und 6 sowie § 16 Absatz 5) zu gestatten; den Bietern sind nach Antragstellung die Namen der Bieter sowie die verlesenen und die nachgerechneten Endbeträge der Angebote sowie die Zahl ihrer Nebenangebote nach der rechnerischen Prüfung unverzüglich mitzuteilen. Die Niederschrift darf nicht veröffentlicht werden.

(8) Die Angebote und ihre Anlagen sind sorgfältig zu verwahren und geheim zu halten; dies gilt auch bei Freihändiger Vergabe.

§ 15 Aufklärung des Angebotsinhalts

(1) 1. Bei Ausschreibungen darf der Auftraggeber nach Öffnung der Angebote bis zur Zuschlagserteilung von einem Bieter nur Aufklärung verlangen, um sich über seine Eignung, insbesondere seine technische und wirtschaftliche Leistungsfähigkeit, das Angebot selbst, etwaige Nebenangebote, die geplante Art der Durchführung, etwaige Ursprungsorte oder Bezugsquellen von Stoffen oder Bauteilen und über die Angemessenheit der Preise, wenn nötig durch Einsicht in die vorzulegenden Preisermittlungen (Kalkulationen) zu unterrichten.

2. Die Ergebnisse solcher Aufklärungen sind geheim zu halten. Sie sollen in Textform niedergelegt werden.

(2) Verweigert ein Bieter die geforderten Aufklärungen und Angaben oder lässt er die ihm gesetzte angemessene Frist unbeantwortet verstreichen, so kann sein Angebot unberücksichtigt bleiben.

(3) Verhandlungen, besonders über Änderung der Angebote oder Preise, sind unstatthaft, außer wenn sie bei Nebenangeboten oder Angeboten aufgrund eines Leistungsprogramms nötig sind, um unumgängliche technische Änderungen geringen Umfangs und daraus sich ergebende Änderungen der Preise zu vereinbaren.

§ 16 Prüfung und Wertung der Angebote

Ausschluss

(1) 1. Auszuschließen sind:

    a) Angebote, die im Eröffnungstermin dem Verhandlungsleiter bei Öffnung des ersten Angebots nicht vorgelegen haben, ausgenommen Angebote nach § 14 Absatz 6,

    b) Angebote, die den Bestimmungen des § 13 Absatz 1 Nummern 1, 2 und 5 nicht entsprechen,

    c) Angebote die den Bestimmungen des § 13 Absatz 1 Nummer 3 nicht entsprechen; ausgenommen solche Angebote, bei denen lediglich in einer einzelnen unwesentlichen Position die Angabe des Preises fehlt und durch die Außerachtlassung dieser Position der Wettbewerb und die Wertungsreihenfolge, auch bei Wertung dieser Position mit dem höchsten Wettbewerbspreis, nicht beeinträchtigt werden,

    d) Angebote von Bietern, die in Bezug auf die Ausschreibung eine Abrede getroffen haben, die eine unzulässige Wettbewerbsbeschränkung darstellt,

    e) Nebenangebote, wenn der Auftraggeber in der Bekanntmachung oder in den Vergabeunterlagen erklärt hat, dass er diese nicht zulässt,

    f) Nebenangebote, die dem § 13 Absatz 3 Satz 2 nicht entsprechen,

    g) Angebote von Bietern, die im Vergabeverfahren vorsätzlich unzutreffende Erklärungen in Bezug auf ihre Fachkunde, Leistungsfähigkeit und Zuverlässigkeit abgegeben haben.

2. Außerdem können Angebote von Bietern ausgeschlossen werden, wenn

    a) ein Insolvenzverfahren oder ein vergleichbares gesetzlich geregeltes Verfahren eröffnet oder die Eröffnung beantragt worden ist oder der Antrag mangels Masse abgelehnt wurde oder ein Insolvenzplan rechtskräftig bestätigt wurde,

    b) sich das Unternehmen in Liquidation befindet,

    c) nachweislich eine schwere Verfehlung begangen wurde, die die Zuverlässigkeit als Bewerber in Frage stellt,

d) die Verpflichtung zur Zahlung von Steuern und Abgaben sowie der Beiträge zur gesetzlichen Sozialversicherung nicht ordnungsgemäß erfüllt wurde,

e) sich das Unternehmen nicht bei der Berufsgenossenschaft angemeldet hat.

3. Fehlen geforderte Erklärungen oder Nachweise und wird das Angebot nicht entsprechen den Nummern 1 oder 2 ausgeschlossen, verlangt der Auftraggeber die fehlenden Erklärungen oder Nachweise nach. Diese sind spätestens innerhalb von 6 Kalendertagen nach Aufforderung durch den Auftraggeber vorzulegen. Die Frist beginnt am Tag nach der Absendung der Aufforderung durch den Auftraggeber. Werden die Erklärungen oder Nachweise nicht innerhalb der Frist vorgelegt, ist das Angebot auszuschließen.

Eignung

(2) 1. Bei Öffentlicher Ausschreibung ist zunächst die Eignung der Bieter zu prüfen. Dabei sind anhand der vorgelegten Nachweise die Angebote der Bieter auszuwählen, deren Eignung die für die Erfüllung der vertraglichen Verpflichtungen notwendigen Sicherheiten bietet; dies bedeutet, dass sie die erforderliche Fachkunde, Leistungsfähigkeit und Zuverlässigkeit besitzen und über ausreichende technische und wirtschaftliche Mittel verfügen.

2. Bei Beschränkter Ausschreibung und Freihändiger Vergabe sind nur Umstände zu berücksichtigen, die nach Aufforderung zur Angebotsabgabe Zweifel an der Eignung des Bieters begründen (vgl. § 6 Absatz 3 Nummer 6).

Prüfung

(3) Die übrigen Angebote sind rechnerisch, technisch und wirtschaftlich zu prüfen.

(4) 1. Entspricht der Gesamtbetrag einer Ordnungszahl (Position) nicht dem Ergebnis der Multiplikation von Mengenansatz und Einheitspreis, so ist der Einheitspreis maßgebend.

2. Bei Vergabe für eine Pauschalsumme gilt diese ohne Rücksicht auf etwa angegebene Einzelpreise.

3. Nummern 1 und 2 gelten auch bei Freihändiger Vergabe.

(5) Die aufgrund der Prüfung festgestellten Angebotsendsummen sind in der Niederschrift über den Eröffnungstermin zu vermerken.

Wertung

(6) 1. Auf ein Angebot mit einem unangemessen hohen oder niedrigen Preis darf der Zuschlag nicht erteilt werden.

2. Erscheint ein Angebotspreis unangemessen niedrig und ist anhand vorliegender Unterlagen über die Preisermittlung die Angemessenheit nicht zu beurteilen, ist in Textform vom Bieter Aufklärung über die Ermittlung der Preise für die Gesamtleistung oder für Teilleistungen zu verlangen, gegebenenfalls unter Festlegung einer zumutbaren Antwortfrist. Bei der Beurteilung der Angemessenheit sind die Wirtschaftlichkeit des Bauverfahrens, die gewählten technischen Lösungen oder sonstige günstige Ausführungsbedingungen zu berücksichtigen.

3. In die engere Wahl kommen nur solche Angebote, die unter Berücksichtigung rationellen Baubetriebs und sparsamer Wirtschaftsführung eine einwandfreie Ausführung einschließlich Haftung für Mängelansprüche erwarten lassen. Unter diesen Angeboten soll der Zuschlag auf das Angebot erteilt werden, das unter Berücksichtigung aller Gesichtspunkte, wie z. B. Qualität, Preis, technischer Wert, Ästhetik, Zweckmäßigkeit, Umwelteigenschaften, Betriebs- und Folgekosten, Rentabilität, Kundendienst und technische Hilfe oder Ausführungsfrist als das wirtschaftlichste erscheint. Der niedrigste Angebotspreis allein ist nicht entscheidend.

(7) Ein Angebot nach § 13 Absatz 2 ist wie ein Hauptangebot zu werten.

(8) Nebenangebote sind zu werten, es sei denn, der Auftraggeber hat sie in der Bekanntmachung oder in den Vergabeunterlagen nicht zugelassen.

(9) Preisnachlässe ohne Bedingung sind nicht zu werten, wenn sie nicht an der vom Auftraggeber nach § 13 Absatz 4 bezeichneten Stelle aufgeführt sind. Unaufgefordert angebotene Preisnachlässe mit Bedingungen für die Zahlungsfrist (Skonti) werden bei der Wertung der Angebote nicht berücksichtigt.

Freihändige Vergabe

(10) Die Bestimmungen der Absätze 2 und 6 gelten auch bei Freihändiger Vergabe. Absatz 1 Nummer 1 und Absätze 7 bis 9 und § 6 Absatz 1 Nummer 2 sind entsprechend auch bei Freihändiger Vergabe anzuwenden.

§ 17 Aufhebung der Ausschreibung

(1) Die Ausschreibung kann aufgehoben werden, wenn:
  1. kein Angebot eingegangen ist, das den Ausschreibungsbedingungen entspricht,
  2. die Vergabeunterlagen grundlegend geändert werden müssen,
  3. andere schwerwiegende Gründe bestehen.

(2) Die Bewerber und Bieter sind von der Aufhebung der Ausschreibung unter Angabe der Gründe, gegebenenfalls über die Absicht, ein neues

Vergabeverfahren einzuleiten, unverzüglich in Textform zu unterrichten.

§ 18 Zuschlag

(1) Der Zuschlag ist möglichst bald, mindestens aber so rechtzeitig zu erteilen, dass dem Bieter die Erklärung noch vor Ablauf der Zuschlagsfrist (§ 10 Absatz 5 bis 8) zugeht.

(2) Werden Erweiterungen, Einschränkungen oder Änderungen vorgenommen oder wird der Zuschlag verspätet erteilt, so ist der Bieter bei Erteilung des Zuschlags aufzufordern, sich unverzüglich über die Annahme zu erklären.

§ 19 Nicht berücksichtigte Bewerbungen und Angebote

(1) Bieter, deren Angebote ausgeschlossen worden sind (§ 16 Absatz 1) und solche, deren Angebote nicht in die engere Wahl kommen, sollen unverzüglich unterrichtet werden. Die übrigen Bieter sind zu unterrichten, sobald der Zuschlag erteilt worden ist.

(2) Auf Verlangen sind den nicht berücksichtigten Bewerbern oder Bietern innerhalb einer Frist von 15 Kalendertagen nach Eingang ihres in Textform gestellten Antrags die Gründe für die Nichtberücksichtigung ihrer Bewerbung oder ihres Angebots in Textform mitzuteilen, den Bietern auch die Merkmale und Vorteile des Angebots des erfolgreichen Bieters sowie dessen Name.

(3) Nicht berücksichtigte Angebote und Ausarbeitungen der Bieter dürfen nicht für eine neue Vergabe oder für andere Zwecke benutzt werden.

(4) Entwürfe, Ausarbeitungen, Muster und Proben zu nicht berücksichtigten Angeboten sind zurückzugeben, wenn dies im Angebot oder innerhalb von 30 Kalendertagen nach Ablehnung des Angebots verlangt wird.

(5) Auftraggeber informieren fortlaufend Unternehmen auf Internetportalen oder in ihren Beschafferprofilen über beabsichtigte Beschränkte Ausschreibungen nach § 3 Absatz 3 Nummer 1 ab einem voraussichtlichen Auftragswert von 25.000 € ohne Umsatzsteuer.

Diese Informationen müssen folgende Angaben enthalten:

1. Name, Anschrift, Telefon-, Faxnummer und E-Mailadresse des Auftraggebers
2. Auftragsgegenstand,
3. Ort der Ausführung,
4. Art und voraussichtlicher Umfang der Leistung,
5. voraussichtlicher Zeitraum der Ausführung.

§ 20 Dokumentation

(1) Das Vergabeverfahren ist zeitnah so zu dokumentieren, dass die einzelnen Stufen des Verfahrens, die einzelnen Maßnahmen, die maßgebenden Feststellungen sowie die Begründung der einzelnen Entscheidungen in Textform festgehalten werden. Diese Dokumentation muss mindestens enthalten:

1. Name und Anschrift des Auftraggebers,
2. Art und Umfang der Leistung,
3. Wert des Auftrags,
4. Namen der berücksichtigten Bewerber oder Bieter und Gründe für ihre Auswahl,
5. Namen der nicht berücksichtigten Bewerber oder Bieter und die Gründe für die Ablehnung,
6. Gründe für die Ablehnung von ungewöhnlich niedrigen Angeboten,
7. Name des Auftragnehmers und Gründe für die Erteilung des Zuschlags auf sein Angebot,
8. Anteil der beabsichtigten Weitergabe an Nachunternehmen, soweit bekannt,
9. bei Beschränkter Ausschreibung, Freihändiger Vergabe Gründe für die Wahl des jeweiligen Verfahrens,
10. gegebenenfalls die Gründe, aus denen der Auftraggeber auf die Vergabe eines Auftrags verzichtet hat.

Der Auftraggeber trifft geeignete Maßnahmen, um den Ablauf der mit elektronischen Mitteln durchgeführten Vergabeverfahren zu dokumentieren.

(2) Wird auf die Vorlage zusätzlich zum Angebot verlangter Unterlagen und Nachweise verzichtet, ist dies in der Dokumentation zu begründen.

(3) Nach Zuschlagserteilung hat der Auftraggeber auf geeignete Weise, z. B. auf Internetportalen oder im Beschafferprofil zu informieren, wenn bei

1. Beschränkten Ausschreibungen ohne Teilnahmewettbewerb der Auftragswert 25.000 € ohne Umsatzsteuer
2. Freihändigen Vergaben der Auftragswert 15.000 € ohne Umsatzsteuer übersteigt.

Diese Informationen werden 6 Monate vorgehalten und müssen folgende Angaben enthalten:

a) Name, Anschrift, Telefon-, Faxnummer und E-Mailadresse des Auftraggebers
b) gewähltes Vergabeverfahren,
c) Auftragsgegenstand,
d) Ort der Ausführung,
e) Name des beauftragten Unternehmens.

§ 21 Nachprüfungsstellen

In der Bekanntmachung und den Vergabeunterlagen sind die Nachprüfungsstellen mit Anschrift anzugeben, an die sich der Bewerber oder Bieter zur Nachprüfung behaupteter Verstöße gegen die Vergabebestimmungen wenden kann.

§ 22 Baukonzessionen

(1) Eine Baukonzession ist ein Vertrag über die Durchführung eines Bauauftrages, bei dem die Gegenleistung für die Bauarbeiten statt in einem Entgelt in dem befristeten Recht auf Nutzung der baulichen Anlage, gegebenenfalls zuzüglich der Zahlung eines Preises besteht.

(2) Für die Vergabe von Baukonzessionen sind die §§ 1 bis 21 sinngemäß anzuwenden.

Anhang I Anforderungen an die Geräte, die für den elektronischen Empfang der Anträge auf Teilnahme und der Angebote verwendet werden

Die Geräte müssen gewährleisten, dass

a) für die Angebote eine elektronische Signatur verwendet werden kann,

b) Tag und Uhrzeit des Eingangs der Teilnahmeanträge oder Angebote genau bestimmbar sind,

c) ein Zugang zu den Daten nicht vor Ablauf des hierfür festgesetzten Termins erfolgt,

d) bei einem Verstoß gegen das Zugangsverbot der Verstoß sicher festgestellt werden kann,

e) ausschließlich die hierfür bestimmten Personen den Zeitpunkt der Öffnung der Daten festlegen oder ändern können,

f) der Zugang zu den übermittelten Daten nur möglich ist, wenn die hierfür bestimmten Personen gleichzeitig und erst nach dem festgesetzten Zeitpunkt tätig werden und

g) die übermittelten Daten ausschließlich den zur Kenntnisnahme bestimmten Personen zugänglich bleiben.

Anhang TS *Technische Spezifikationen*

Begriffsbestimmungen

1. »Technische Spezifikationen« sind sämtliche, insbesondere die in den Vergabeunterlagen enthaltenen technischen Anforderungen an eine Bauleistung, ein Material, ein Erzeugnis oder eine Lieferung, mit deren Hilfe die Bauleistung, das Material, das Erzeugnis oder die Lieferung so bezeichnet werden können, dass sie ihren durch den Auftraggeber festgelegten Verwendungszweck erfüllen. Zu diesen technischen Anforderungen gehören Qualitätsstufen, Umweltleistungsstufen, die Konzeption für alle Verwendungsarten (»Design for all«) (einschließlich des Zugangs von Behinderten) sowie Konformitätsbewertung, die Gebrauchstauglichkeit, Sicherheit oder Abmessungen, einschließlich Konformitätsbewertungsverfahren, Terminologie, Symbole, Versuchs- und Prüfmethoden, Verpackung, Kennzeichnung und Beschriftung sowie Produktionsprozesse und -methoden. Außerdem gehören dazu auch die Vorschriften für die Planung und die Berechnung von Bauwerken, die Bedingungen für die Prüfung, Inspektion und Abnahme von Bauwerken, die Konstruktionsmethoden oder -verfahren und alle anderen technischen Anforderungen, die der Auftraggeber für fertige Bauwerke oder dazu notwendige Materialien oder Teile durch allgemeine und spezielle Vorschriften anzugeben in der Lage ist.
2. »Norm« ist eine technische Spezifikation, die von einem anerkannten Normungsgremium zur wiederholten oder ständigen Anwendung angenommen wurde, deren Einhaltung jedoch nicht zwingend vorgeschrieben ist und die unter eine der nachstehenden Kategorien fällt:
   – internationale Norm: Norm, die von einem internationalen Normungsgremium angenommen wird und der Öffentlichkeit zugänglich ist;
   – europäische Norm: Norm, die von einem europäischen Normungsgremium angenommen wird und der Öffentlichkeit zugänglich ist;
   – nationale Norm: Norm, die von einem nationalen Normungsgremium angenommen wird und der Öffentlichkeit zugänglich ist.
3. »Europäische technische Zulassung« ist eine positive technische Beurteilung der Brauchbarkeit eines Produkts hinsichtlich der Erfüllung der wesentlichen Anforderung an bauliche Anlagen; sie erfolgt aufgrund der spezifischen Merkmale des Produkts und der festgelegten Anwendungs- und Verwendungsbedingungen. Die europäische technische Zulassung wird von einem zu diesem Zweck in einem Mitgliedstaat zugelassenen Gremium ausgestellt.
4. »Gemeinsame technische Spezifikationen« sind technische Spezifikationen, die nach einem von den Mitgliedstaaten anerkannten Verfahren erarbeitet und die im Amtsblatt der Europäischen Union veröffentlicht wurden.
5. »Technische Bezugsgröße« ist jeder Bezugsrahmen, der keine offizielle Norm ist und der von den europäischen Normungsgremien nach den an die Bedürfnisse des Marktes angepassten Verfahren erarbeitet wurde.

Vergabe- und Vertragsordnung (VOB) – Teil B

Allgemeine Vertragsbedingungen für die Ausführung von Bauleistungen
– Ausgabe September 2012

§ 1 Art und Umfang der Leistung

(1) Die auszuführende Leistung wird nach Art und Umfang durch den Vertrag bestimmt. Als Bestandteil des Vertrags gelten auch die Allgemeinen Technischen Vertragsbedingungen für Bauleistungen (VOB/C).

(2) Bei Widersprüchen im Vertrag gelten nacheinander:
  1. die Leistungsbeschreibung,
  2. die Besonderen Vertragsbedingungen,
  3. etwaige Zusätzliche Vertragsbedingungen,
  4. etwaige Zusätzliche Technische Vertragsbedingungen,
  5. die Allgemeinen Technischen Vertragsbedingungen für Bauleistungen,
  6. die Allgemeinen Vertragsbedingungen für die Ausführung von Bauleistungen.

(3) Änderungen des Bauentwurfs anzuordnen, bleibt dem Auftraggeber vorbehalten.

(4) Nicht vereinbarte Leistungen, die zur Ausführung der vertraglichen Leistung erforderlich werden, hat der Auftragnehmer auf Verlangen des Auftraggebers mit auszuführen, außer wenn sein Betrieb auf derartige Leistungen nicht eingerichtet ist. Andere Leistungen können dem Auftragnehmer nur mit seiner Zustimmung übertragen werden.

§ 2 Vergütung

(1) Durch die vereinbarten Preise werden alle Leistungen abgegolten, die nach der Leistungsbeschreibung, den Besonderen Vertragsbedingungen, den Zusätzlichen Vertragsbedingungen, den Zusätzlichen Technischen Vertragsbedingungen, den Allgemeinen Technischen Vertragsbedingungen für Bauleistungen und der gewerblichen Verkehrssitte zur vertraglichen Leistung gehören.

(2) Die Vergütung wird nach den vertraglichen Einheitspreisen und den tatsächlich ausgeführten Leistungen berechnet, wenn keine andere Berechnungsart (z. B. durch Pauschalsumme, nach Stundenlohnsätzen, nach Selbstkosten) vereinbart ist.

(3) 1. Weicht die ausgeführte Menge der unter einem Einheitspreis erfassten Leistung oder Teilleistung um nicht mehr als 10 v. H. von dem im Vertrag vorgesehenen Umfang ab, so gilt der vertragliche Einheitspreis.

2. Für die über 10 v. H. hinausgehende Überschreitung des Mengenansatzes ist auf Verlangen ein neuer Preis unter Berücksichtigung der Mehr- oder Minderkosten zu vereinbaren.

3. Bei einer über 10 v. H. hinausgehenden Unterschreitung des Mengenansatzes ist auf Verlangen der Einheitspreis für die tatsächlich ausgeführte Menge der Leistung oder Teilleistung zu erhöhen, soweit der Auftragnehmer nicht durch Erhöhung der Mengen bei anderen Ordnungszahlen (Positionen) oder in anderer Weise einen Ausgleich erhält. Die Erhöhung des Einheitspreises soll im Wesentlichen dem Mehrbetrag entsprechen, der sich durch Verteilung der Baustelleneinrichtungs- und Baustellengemeinkosten und der Allgemeinen Geschäftskosten auf die verringerte Menge ergibt. Die Umsatzsteuer wird entsprechend dem neuen Preis vergütet.

4. Sind von der unter einem Einheitspreis erfassten Leistung oder Teilleistung andere Leistungen abhängig, für die eine Pauschalsumme vereinbart ist, so kann mit der Änderung des Einheitspreises auch eine angemessene Änderung der Pauschalsumme gefordert werden.

(4) Werden im Vertrag ausbedungene Leistungen des Auftragnehmers vom Auftraggeber selbst übernommen (z. B. Lieferung von Bau-, Bauhilfs- und Betriebsstoffen), so gilt, wenn nichts anderes vereinbart wird, § 8 Absatz 1 Nummer 2 entsprechend.

(5) Werden durch Änderung des Bauentwurfs oder andere Anordnungen des Auftraggebers die Grundlagen des Preises für eine im Vertrag vorgesehene Leistung geändert, so ist ein neuer Preis unter Berücksichtigung der Mehr- oder Minderkosten zu vereinbaren. Die Vereinbarung soll vor der Ausführung getroffen werden.

(6) 1. Wird eine im Vertrag nicht vorgesehene Leistung gefordert, so hat der Auftragnehmer Anspruch auf besondere Vergütung. Er muss jedoch den Anspruch dem Auftraggeber ankündigen, bevor er mit der Ausführung der Leistung beginnt.

2. Die Vergütung bestimmt sich nach den Grundlagen der Preisermittlung für die vertragliche Leistung und den besonderen Kosten der geforderten Leistung. Sie ist möglichst vor Beginn der Ausführung zu vereinbaren.

(7) 1. Ist als Vergütung der Leistung eine Pauschalsumme vereinbart, so bleibt die Vergütung unverändert. Weicht jedoch die ausgeführte Leistung von der vertraglich vorgesehenen Leistung so erheblich ab, dass ein Festhalten an der Pauschalsumme nicht zumutbar ist (§ 313 BGB), so ist auf Verlangen ein Ausgleich unter Berücksichtigung der Mehr- oder Minderkosten zu gewähren. Für die Bemessung des Ausgleichs ist von den Grundlagen der Preisermittlung auszugehen.

2. Die Regelungen der Absätze 4, 5 und 6 gelten auch bei Vereinbarung einer Pauschalsumme.

3. Wenn nichts anderes vereinbart ist, gelten die Nummern 1 und 2 auch für Pauschalsummen, die für Teile der Leistung vereinbart sind; Absatz 3 Nummer 4 bleibt unberührt.

(8) 1. Leistungen, die der Auftragnehmer ohne Auftrag oder unter eigenmächtiger Abweichung vom Auftrag ausführt, werden nicht vergütet. Der Auftragnehmer hat sie auf Verlangen innerhalb einer angemessenen Frist zu beseitigen; sonst kann es auf seine Kosten geschehen. Er haftet außerdem für andere Schäden, die dem Auftraggeber hieraus entstehen.

2. Eine Vergütung steht dem Auftragnehmer jedoch zu, wenn der Auftraggeber solche Leistungen nachträglich anerkennt. Eine Vergütung steht ihm auch zu, wenn die Leistungen für die Erfüllung des Vertrags notwendig waren, dem mutmaßlichen Willen des Auftraggebers entsprachen und ihm unverzüglich angezeigt wurden. Soweit dem Auftragnehmer eine Vergütung zusteht, gelten die Berechnungsgrundlagen für geänderte oder zusätzliche Leistungen der Absätze 5 oder 6 entsprechend.

3. Die Vorschriften des BGB über die Geschäftsführung ohne Auftrag (§§ 677 ff. BGB) bleiben unberührt.

(9) 1. Verlangt der Auftraggeber Zeichnungen, Berechnungen oder andere Unterlagen, die der Auftragnehmer nach dem Vertrag, besonders den Technischen Vertragsbedingungen oder der gewerblichen Verkehrssitte, nicht zu beschaffen hat, so hat er sie zu vergüten.

2. Lässt er vom Auftragnehmer nicht aufgestellte technische Berechnungen durch den Auftragnehmer nachprüfen, so hat er die Kosten zu tragen.

(10) Stundenlohnarbeiten werden nur vergütet, wenn sie als solche vor ihrem Beginn ausdrücklich vereinbart worden sind (§ 15).

§ 3 Ausführungsunterlagen

(1) Die für die Ausführung nötigen Unterlagen sind dem Auftragnehmer unentgeltlich und rechtzeitig zu übergeben.

(2) Das Abstecken der Hauptachsen der baulichen Anlagen, ebenso der Grenzen des Geländes, das dem Auftragnehmer zur Verfügung gestellt wird, und das Schaffen der notwendigen Höhenfestpunkte in unmittelbarer Nähe der baulichen Anlagen sind Sache des Auftraggebers.

(3) Die vom Auftraggeber zur Verfügung gestellten Geländeaufnahmen und Absteckungen und die übrigen für die Ausführung übergebenen Unterlagen sind für den Auftragnehmer maßgebend. Jedoch hat er sie, soweit es zur ordnungsgemäßen Vertragserfüllung gehört, auf etwaige Unstimmigkeiten zu überprüfen und den Auftraggeber auf entdeckte oder vermutete Mängel hinzuweisen.

(4) Vor Beginn der Arbeiten ist, soweit notwendig, der Zustand der Straßen und Geländeoberfläche, der Vorfluter und Vorflutleitungen, ferner der

baulichen Anlagen im Baubereich in einer Niederschrift festzuhalten, die vom Auftraggeber und Auftragnehmer anzuerkennen ist.

(5) Zeichnungen, Berechnungen, Nachprüfungen von Berechnungen oder andere Unterlagen, die der Auftragnehmer nach dem Vertrag, besonders den Technischen Vertragsbedingungen, oder der gewerblichen Verkehrssitte oder auf besonderes Verlangen des Auftraggebers (§ 2 Absatz 9) zu beschaffen hat, sind dem Auftraggeber nach Aufforderung rechtzeitig vorzulegen.

(6) 1. Die in Absatz 5 genannten Unterlagen dürfen ohne Genehmigung ihres Urhebers nicht veröffentlicht, vervielfältigt, geändert oder für einen anderen als den vereinbarten Zweck benutzt werden.

   2. An DV-Programmen hat der Auftraggeber das Recht zur Nutzung mit den vereinbarten Leistungsmerkmalen in unveränderter Form auf den festgelegten Geräten. Der Auftraggeber darf zum Zwecke der Datensicherung zwei Kopien herstellen. Diese müssen alle Identifikationsmerkmale enthalten. Der Verbleib der Kopien ist auf Verlangen nachzuweisen.

   3. Der Auftragnehmer bleibt unbeschadet des Nutzungsrechts des Auftraggebers zur Nutzung der Unterlagen und der DV-Programme berechtigt.

§ 4 Ausführung

(1) 1. Der Auftraggeber hat für die Aufrechterhaltung der allgemeinen Ordnung auf der Baustelle zu sorgen und das Zusammenwirken der verschiedenen Unternehmer zu regeln. Er hat die erforderlichen öffentlich-rechtlichen Genehmigungen und Erlaubnisse – z. B. nach dem Baurecht, dem Straßenverkehrsrecht, dem Wasserrecht, dem Gewerberecht – herbeizuführen.

   2. Der Auftraggeber hat das Recht, die vertragsgemäße Ausführung der Leistung zu überwachen. Hierzu hat er Zutritt zu den Arbeitsplätzen, Werkstätten und Lagerräumen, wo die vertragliche Leistung oder Teile von ihr hergestellt oder die hierfür bestimmten Stoffe und Bauteile gelagert werden. Auf Verlangen sind ihm die Werkzeichnungen oder andere Ausführungsunterlagen sowie die Ergebnisse von Güteprüfungen zur Einsicht vorzulegen und die erforderlichen Auskünfte zu erteilen, wenn hierdurch keine Geschäftsgeheimnisse preisgegeben werden. Als Geschäftsgeheimnis bezeichnete Auskünfte und Unterlagen hat er vertraulich zu behandeln.

   3. Der Auftraggeber ist befugt, unter Wahrung der dem Auftragnehmer zustehenden Leitung (Absatz 2) Anordnungen zu treffen, die zur vertragsgemäßen Ausführung der Leistung notwendig sind. Die Anordnungen sind grundsätzlich nur dem Auftragnehmer oder seinem für die Leitung der Ausführung bestellten Vertreter

zu erteilen, außer wenn Gefahr im Verzug ist. Dem Auftraggeber ist mitzuteilen, wer jeweils als Vertreter des Auftragnehmers für die Leitung der Ausführung bestellt ist.

4. Hält der Auftragnehmer die Anordnungen des Auftraggebers für unberechtigt oder unzweckmäßig, so hat er seine Bedenken geltend zu machen, die Anordnungen jedoch auf Verlangen auszuführen, wenn nicht gesetzliche oder behördliche Bestimmungen entgegenstehen. Wenn dadurch eine ungerechtfertigte Erschwerung verursacht wird, hat der Auftraggeber die Mehrkosten zu tragen.

(2) 1. Der Auftragnehmer hat die Leistung unter eigener Verantwortung nach dem Vertrag auszuführen. Dabei hat er die anerkannten Regeln der Technik und die gesetzlichen und behördlichen Bestimmungen zu beachten. Es ist seine Sache, die Ausführung seiner vertraglichen Leistung zu leiten und für Ordnung auf seiner Arbeitsstelle zu sorgen.

2. Er ist für die Erfüllung der gesetzlichen, behördlichen und berufsgenossenschaftlichen Verpflichtungen gegenüber seinen Arbeitnehmern allein verantwortlich. Es ist ausschließlich seine Aufgabe, die Vereinbarungen und Maßnahmen zu treffen, die sein Verhältnis zu den Arbeitnehmern regeln.

(3) Hat der Auftragnehmer Bedenken gegen die vorgesehene Art der Ausführung (auch wegen der Sicherung gegen Unfallgefahren), gegen die Güte der vom Auftraggeber gelieferten Stoffe oder Bauteile oder gegen die Leistungen anderer Unternehmer, so hat er sie dem Auftraggeber unverzüglich – möglichst schon vor Beginn der Arbeiten – schriftlich mitzuteilen; der Auftraggeber bleibt jedoch für seine Angaben, Anordnungen oder Lieferungen verantwortlich.

(4) Der Auftraggeber hat, wenn nichts anderes vereinbart ist, dem Auftragnehmer unentgeltlich zur Benutzung oder Mitbenutzung zu überlassen:

1. die notwendigen Lager- und Arbeitsplätze auf der Baustelle,

2. vorhandene Zufahrtswege und Anschlussgleise,

3. vorhandene Anschlüsse für Wasser und Energie. Die Kosten für den Verbrauch und den Messer oder Zähler trägt der Auftragnehmer, mehrere Auftragnehmer tragen sie anteilig.

(5) Der Auftragnehmer hat die von ihm ausgeführten Leistungen und die ihm für die Ausführung übergebenen Gegenstände bis zur Abnahme vor Beschädigung und Diebstahl zu schützen. Auf Verlangen des Auftraggebers hat er sie vor Winterschäden und Grundwasser zu schützen, ferner Schnee und Eis zu beseitigen. Obliegt ihm die Verpflichtung nach Satz 2 nicht schon nach dem Vertrag, so regelt sich die Vergütung nach § 2 Absatz 6.

(6) Stoffe oder Bauteile, die dem Vertrag oder den Proben nicht entsprechen, sind auf Anordnung des Auftraggebers innerhalb einer von ihm bestimmten Frist von der Baustelle zu entfernen. Geschieht es nicht,

so können sie auf Kosten des Auftragnehmers entfernt oder für seine Rechnung veräußert werden.

(7) Leistungen, die schon während der Ausführung als mangelhaft oder vertragswidrig erkannt werden, hat der Auftragnehmer auf eigene Kosten durch mangelfreie zu ersetzen. Hat der Auftragnehmer den Mangel oder die Vertragswidrigkeit zu vertreten, so hat er auch den daraus entstehenden Schaden zu ersetzen. Kommt der Auftragnehmer der Pflicht zur Beseitigung des Mangels nicht nach, so kann ihm der Auftraggeber eine angemessene Frist zur Beseitigung des Mangels setzen und erklären, dass er ihm nach fruchtlosem Ablauf der Frist den Auftrag entziehe (§ 8 Absatz 3).

(8) 1. Der Auftragnehmer hat die Leistung im eigenen Betrieb auszuführen. Mit schriftlicher Zustimmung des Auftraggebers darf er sie an Nachunternehmer übertragen. Die Zustimmung ist nicht notwendig bei Leistungen, auf die der Betrieb des Auftragnehmers nicht eingerichtet ist. Erbringt der Auftragnehmer ohne schriftliche Zustimmung des Auftraggebers Leistungen nicht im eigenen Betrieb, obwohl sein Betrieb darauf eingerichtet ist, kann der Auftraggeber ihm eine angemessene Frist zur Aufnahme der Leistung im eigenen Betrieb setzen und erklären, dass er ihm nach fruchtlosem Ablauf der Frist den Auftrag entziehe (§ 8 Absatz 3).

2. Der Auftragnehmer hat bei der Weitervergabe von Bauleistungen an Nachunternehmer die Vergabe- und Vertragsordnung für Bauleistungen Teile B und C zugrunde zu legen.

3. Der Auftragnehmer hat die Nachunternehmer dem Auftraggeber auf Verlangen bekannt zu geben.

(9) Werden bei Ausführung der Leistung auf einem Grundstück Gegenstände von Altertums, Kunst- oder wissenschaftlichem Wert entdeckt, so hat der Auftragnehmer vor jedem weiteren Aufdecken oder Ändern dem Auftraggeber den Fund anzuzeigen und ihm die Gegenstände nach näherer Weisung abzuliefern. Die Vergütung etwaiger Mehrkosten regelt sich nach § 2 Absatz 6. Die Rechte des Entdeckers (§ 984 BGB) hat der Auftraggeber.

(10) Der Zustand von Teilen der Leistung ist auf Verlangen gemeinsam von Auftraggeber und Auftragnehmer festzustellen, wenn diese Teile der Leistung durch die weitere Ausführung der Prüfung und Feststellung entzogen werden. Das Ergebnis ist schriftlich niederzulegen.

§ 5 Ausführungsfristen

(1) Die Ausführung ist nach den verbindlichen Fristen (Vertragsfristen) zu beginnen, angemessen zu fördern und zu vollenden. In einem Bauzeitenplan enthaltene Einzelfristen gelten nur dann als Vertragsfristen, wenn dies im Vertrag ausdrücklich vereinbart ist.

(2) Ist für den Beginn der Ausführung keine Frist vereinbart, so hat der Auftraggeber dem Auftragnehmer auf Verlangen Auskunft über den voraussichtlichen Beginn zu erteilen. Der Auftragnehmer hat innerhalb von 12 Werktagen nach Aufforderung zu beginnen. Der Beginn der Ausführung ist dem Auftraggeber anzuzeigen.

(3) Wenn Arbeitskräfte, Geräte, Gerüste, Stoffe oder Bauteile so unzureichend sind, dass die Ausführungsfristen offenbar nicht eingehalten werden können, muss der Auftragnehmer auf Verlangen unverzüglich Abhilfe schaffen.

(4) Verzögert der Auftragnehmer den Beginn der Ausführung, gerät er mit der Vollendung in Verzug, oder kommt er der in Absatz 3 erwähnten Verpflichtung nicht nach, so kann der Auftraggeber bei Aufrechterhaltung des Vertrages Schadensersatz nach § 6 Absatz 6 verlangen oder dem Auftragnehmer eine angemessene Frist zur Vertragserfüllung setzen und erklären, dass er ihm nach fruchtlosem Ablauf der Frist den Auftrag entziehe (§ 8 Absatz 3).

§ 6 Behinderung und Unterbrechung der Ausführung

(1) Glaubt sich der Auftragnehmer in der ordnungsgemäßen Ausführung der Leistung behindert, so hat er es dem Auftraggeber unverzüglich schriftlich anzuzeigen. Unterlässt er die Anzeige, so hat er nur dann Anspruch auf Berücksichtigung der hindernden Umstände, wenn dem Auftraggeber offenkundig die Tatsache und deren hindernde Wirkung bekannt waren.

(2) 1. Ausführungsfristen werden verlängert, soweit die Behinderung verursacht ist:

    a) durch einen Umstand aus dem Risikobereich des Auftraggebers,

    b) durch Streik oder eine von der Berufsvertretung der Arbeitgeber angeordnete Aussperrung im Betrieb des Auftragnehmers oder in einem unmittelbar für ihn arbeitenden Betrieb,

    c) durch höhere Gewalt oder andere für den Auftragnehmer unabwendbare Umstände.

  2. Witterungseinflüsse während der Ausführungszeit, mit denen bei Abgabe des Angebots normalerweise gerechnet werden musste, gelten nicht als Behinderung.

(3) Der Auftragnehmer hat alles zu tun, was ihm billigerweise zugemutet werden kann, um die Weiterführung der Arbeiten zu ermöglichen. Sobald die hindernden Umstände wegfallen, hat er ohne weiteres und unverzüglich die Arbeiten wieder aufzunehmen und den Auftraggeber davon zu benachrichtigen.

(4) Die Fristverlängerung wird berechnet nach der Dauer der Behinderung mit einem Zuschlag für die Wiederaufnahme der Arbeiten und die etwaige Verschiebung in eine ungünstigere Jahreszeit.

(5) Wird die Ausführung für voraussichtlich längere Dauer unterbrochen, ohne dass die Leistung dauernd unmöglich wird, so sind die ausgeführten Leistungen nach den Vertragspreisen abzurechnen und außerdem die Kosten zu vergüten, die dem Auftragnehmer bereits entstanden und in den Vertragspreisen des nicht ausgeführten Teils der Leistung enthalten sind.

(6) Sind die hindernden Umstände von einem Vertragsteil zu vertreten, so hat der andere Teil Anspruch auf Ersatz des nachweislich entstandenen Schadens, des entgangenen Gewinns aber nur bei Vorsatz oder grober Fahrlässigkeit. Im Übrigen bleibt der Anspruch des Auftragnehmers auf angemessene Entschädigung nach § 642 BGB unberührt, sofern die Anzeige nach Absatz 1 Satz 1 erfolgt oder wenn Offenkundigkeit nach Absatz 1 Satz 2 gegeben ist.

(7) Dauert eine Unterbrechung länger als 3 Monate, so kann jeder Teil nach Ablauf dieser Zeit den Vertrag schriftlich kündigen. Die Abrechnung regelt sich nach den Absätzen 5 und 6; wenn der Auftragnehmer die Unterbrechung nicht zu vertreten hat, sind auch die Kosten der Baustellenräumung zu vergüten, soweit sie nicht in der Vergütung für die bereits ausgeführten Leistungen enthalten sind.

§ 7 Verteilung der Gefahr

(1) Wird die ganz oder teilweise ausgeführte Leistung vor der Abnahme durch höhere Gewalt, Krieg, Aufruhr oder andere objektiv unabwendbare vom Auftragnehmer nicht zu vertretende Umstände beschädigt oder zerstört, so hat dieser für die ausgeführten Teile der Leistung die Ansprüche nach § 6 Absatz 5; für andere Schäden besteht keine gegenseitige Ersatzpflicht.

(2) Zu der ganz oder teilweise ausgeführten Leistung gehören alle mit der baulichen Anlage unmittelbar verbundenen, in ihre Substanz eingegangenen Leistungen, unabhängig von deren Fertigstellungsgrad.

(3) Zu der ganz oder teilweise ausgeführten Leistung gehören nicht die noch nicht eingebauten Stoffe und Bauteile sowie die Baustelleneinrichtung und Absteckungen. Zu der ganz oder teilweise ausgeführten Leistung gehören ebenfalls nicht Hilfskonstruktionen und Gerüste, auch wenn diese als Besondere Leistung oder selbstständig vergeben sind.

§ 8 Kündigung durch den Auftraggeber

(1) 1. Der Auftraggeber kann bis zur Vollendung der Leistung jederzeit den Vertrag kündigen.

2. Dem Auftragnehmer steht die vereinbarte Vergütung zu. Er muss sich jedoch anrechnen lassen, was er infolge der Aufhebung des Vertrags an Kosten erspart oder durch anderweitige Verwendung seiner

Arbeitskraft und seines Betriebs erwirbt oder zu erwerben böswillig unterlässt (§ 649 BGB).

(2) 1. Der Auftraggeber kann den Vertrag kündigen, wenn der Auftragnehmer seine Zahlungen einstellt, von ihm oder zulässigerweise vom Auftraggeber oder einem anderen Gläubiger das Insolvenzverfahren (§§ 14 und 15 InsO) beziehungsweise ein vergleichbares gesetzliches Verfahren beantragt ist, ein solches Verfahren eröffnet wird oder dessen Eröffnung mangels Masse abgelehnt wird.

2. Die ausgeführten Leistungen sind nach § 6 Absatz 5 abzurechnen. Der Auftraggeber kann Schadensersatz wegen Nichterfüllung des Restes verlangen.

(3) 1. Der Auftraggeber kann den Vertrag kündigen, wenn in den Fällen des § 4 Absatz 7 und 8 Nummer 1 und des § 5 Absatz 4 die gesetzte Frist fruchtlos abgelaufen ist (Entziehung des Auftrags). Die Entziehung des Auftrags kann auf einen in sich abgeschlossenen Teil der vertraglichen Leistung beschränkt werden.

2. Nach der Entziehung des Auftrags ist der Auftraggeber berechtigt, den noch nicht vollendeten Teil der Leistung zu Lasten des Auftragnehmers durch einen Dritten ausführen zu lassen, doch bleiben seine Ansprüche auf Ersatz des etwa entstehenden weiteren Schadens bestehen. Er ist auch berechtigt, auf die weitere Ausführung zu verzichten und Schadensersatz wegen Nichterfüllung zu verlangen, wenn die Ausführung aus den Gründen, die zur Entziehung des Auftrags geführt haben, für ihn kein Interesse mehr hat.

3. Für die Weiterführung der Arbeiten kann der Auftraggeber Geräte, Gerüste, auf der Baustelle vorhandene andere Einrichtungen und angelieferte Stoffe und Bauteile gegen angemessene Vergütung in Anspruch nehmen.

4. Der Auftraggeber hat dem Auftragnehmer eine Aufstellung über die entstandenen Mehrkosten und über seine anderen Ansprüche spätestens binnen 12 Werktagen nach Abrechnung mit dem Dritten zuzusenden.

(4) Der Auftraggeber kann den Auftrag entziehen, wenn der Auftragnehmer aus Anlass der Vergabe eine Abrede getroffen hatte, die eine unzulässige Wettbewerbsbeschränkung darstellt. Die Kündigung ist innerhalb von 12 Werktagen nach Bekanntwerden des Kündigungsgrundes auszusprechen. Absatz 3 gilt entsprechend.

(5) Die Kündigung ist schriftlich zu erklären.

(6) Der Auftragnehmer kann Aufmaß und Abnahme der von ihm ausgeführten Leistungen alsbald nach der Kündigung verlangen; er hat unverzüglich eine prüfbare Rechnung über die ausgeführten Leistungen vorzulegen.

(7) Eine wegen Verzugs verwirkte, nach Zeit bemessene Vertragsstrafe kann nur für die Zeit bis zum Tag der Kündigung des Vertrags gefordert werden.

§ 9 Kündigung durch den Auftragnehmer

(1) Der Auftragnehmer kann den Vertrag kündigen:
1. wenn der Auftraggeber eine ihm obliegende Handlung unterlässt und dadurch den Auftragnehmer außerstande setzt, die Leistung auszuführen (Annahmeverzug nach §§ 293 ff. BGB),
2. wenn der Auftraggeber eine fällige Zahlung nicht leistet oder sonst in Schuldnerverzug gerät.
(2) Die Kündigung ist schriftlich zu erklären. Sie ist erst zulässig, wenn der Auftragnehmer dem Auftraggeber ohne Erfolg eine angemessene Frist zur Vertragserfüllung gesetzt und erklärt hat, dass er nach fruchtlosem Ablauf der Frist den Vertrag kündigen werde.
(3) Die bisherigen Leistungen sind nach den Vertragspreisen abzurechnen. Außerdem hat der Auftragnehmer Anspruch auf angemessene Entschädigung nach § 642 BGB; etwaige weitergehende Ansprüche des Auftragnehmers bleiben unberührt.

§ 10 Haftung der Vertragsparteien

(1) Die Vertragsparteien haften einander für eigenes Verschulden sowie für das Verschulden ihrer gesetzlichen Vertreter und der Personen, deren sie sich zur Erfüllung ihrer Verbindlichkeiten bedienen (§§ 276, 278 BGB).
(2) 1. Entsteht einem Dritten im Zusammenhang mit der Leistung ein Schaden, für den auf Grund gesetzlicher Haftpflichtbestimmungen beide Vertragsparteien haften, so gelten für den Ausgleich zwischen den Vertragsparteien die allgemeinen gesetzlichen Bestimmungen, soweit im Einzelfall nichts anderes vereinbart ist. Soweit der Schaden des Dritten nur die Folge einer Maßnahme ist, die der Auftraggeber in dieser Form angeordnet hat, trägt er den Schaden allein, wenn ihn der Auftragnehmer auf die mit der angeordneten Ausführung verbundene Gefahr nach § 4 Absatz 3 hingewiesen hat.
2. Der Auftragnehmer trägt den Schaden allein, soweit er ihn durch Versicherung seiner gesetzlichen Haftpflicht gedeckt hat oder durch eine solche zu tarifmäßigen, nicht auf außergewöhnliche Verhältnisse abgestellten Prämien und Prämienzuschlägen bei einem im Inland zum Geschäftsbetrieb zugelassenen Versicherer hätte decken können.
(3) Ist der Auftragnehmer einem Dritten nach den §§ 823 ff. BGB zu Schadensersatz verpflichtet wegen unbefugten Betretens oder Beschädigung angrenzender Grundstücke, wegen Entnahme oder Auflagerung von Boden oder anderen Gegenständen außerhalb der vom Auftraggeber dazu angewiesenen Flächen oder wegen der Folgen eigenmächtiger Versperrung von Wegen oder Wasserläufen, so trägt er im Verhältnis zum Auftraggeber den Schaden allein.

(4) Für die Verletzung gewerblicher Schutzrechte haftet im Verhältnis der Vertragsparteien zueinander der Auftragnehmer allein, wenn er selbst das geschützte Verfahren oder die Verwendung geschützter Gegenstände angeboten oder wenn der Auftraggeber die Verwendung vorgeschrieben und auf das Schutzrecht hingewiesen hat.

(5) Ist eine Vertragspartei gegenüber der anderen nach den Absätzen 2, 3 oder 4 von der Ausgleichspflicht befreit, so gilt diese Befreiung auch zugunsten ihrer gesetzlichen Vertreter und Erfüllungsgehilfen, wenn sie nicht vorsätzlich oder grob fahrlässig gehandelt haben.

(6) Soweit eine Vertragspartei von dem Dritten für einen Schaden in Anspruch genommen wird, den nach den Absätzen 2, 3 oder 4 die andere Vertragspartei zu tragen hat, kann sie verlangen, dass ihre Vertragspartei sie von der Verbindlichkeit gegenüber dem Dritten befreit. Sie darf den Anspruch des Dritten nicht anerkennen oder befriedigen, ohne der anderen Vertragspartei vorher Gelegenheit zur Äußerung gegeben zu haben.

§ 11 Vertragsstrafe

(1) Wenn Vertragsstrafen vereinbart sind, gelten die §§ 339 bis 345 BGB.

(2) Ist die Vertragsstrafe für den Fall vereinbart, dass der Auftragnehmer nicht in der vorgesehenen Frist erfüllt, so wird sie fällig, wenn der Auftragnehmer in Verzug gerät.

(3) Ist die Vertragsstrafe nach Tagen bemessen, so zählen nur Werktage; ist sie nach Wochen bemessen, so wird jeder Werktag angefangener Wochen als 1/6 Woche gerechnet.

(4) Hat der Auftraggeber die Leistung abgenommen, so kann er die Strafe nur verlangen, wenn er dies bei der Abnahme vorbehalten hat.

§ 12 Abnahme

(1) Verlangt der Auftragnehmer nach der Fertigstellung – gegebenenfalls auch vor Ablauf der vereinbarten Ausführungsfrist – die Abnahme der Leistung, so hat sie der Auftraggeber binnen 12 Werktagen durchzuführen; eine andere Frist kann vereinbart werden.

(2) Auf Verlangen sind in sich abgeschlossene Teile der Leistung besonders abzunehmen.

(3) Wegen wesentlicher Mängel kann die Abnahme bis zur Beseitigung verweigert werden.

(4) 1. Eine förmliche Abnahme hat stattzufinden, wenn eine Vertragspartei es verlangt. Jede Partei kann auf ihre Kosten einen Sachverständigen zuziehen. Der Befund ist in gemeinsamer Verhandlung schriftlich niederzulegen. In die Niederschrift sind etwaige Vorbehalte wegen bekannter Mängel und wegen Vertragsstrafen aufzunehmen,

ebenso etwaige Einwendungen des Auftragnehmers. Jede Partei erhält eine Ausfertigung.

2. Die förmliche Abnahme kann in Abwesenheit des Auftragnehmers stattfinden, wenn der Termin vereinbart war oder der Auftraggeber mit genügender Frist dazu eingeladen hatte. Das Ergebnis der Abnahme ist dem Auftragnehmer alsbald mitzuteilen.

(5) 1. Wird keine Abnahme verlangt, so gilt die Leistung als abgenommen mit Ablauf von 12 Werktagen nach schriftlicher Mitteilung über die Fertigstellung der Leistung.

2. Wird keine Abnahme verlangt und hat der Auftraggeber die Leistung oder einen Teil der Leistung in Benutzung genommen, so gilt die Abnahme nach Ablauf von 6 Werktagen nach Beginn der Benutzung als erfolgt, wenn nichts anderes vereinbart ist. Die Benutzung von Teilen einer baulichen Anlage zur Weiterführung der Arbeiten gilt nicht als Abnahme.

3. Vorbehalte wegen bekannter Mängel oder wegen Vertragsstrafen hat der Auftraggeber spätestens zu den in den Absätzen 1 und 2 bezeichneten Zeitpunkten geltend zu machen.

(6) Mit der Abnahme geht die Gefahr auf den Auftraggeber über, soweit er sie nicht schon nach § 7 trägt.

§ 13 Mängelansprüche

(1) Der Auftragnehmer hat dem Auftraggeber seine Leistung zum Zeitpunkt der Abnahme frei von Sachmängeln zu verschaffen. Die Leistung ist zur Zeit der Abnahme frei von Sachmängeln, wenn sie die vereinbarte Beschaffenheit hat und den anerkannten Regeln der Technik entspricht. Ist die Beschaffenheit nicht vereinbart, so ist die Leistung zur Zeit der Abnahme frei von Sachmängeln,

1. wenn sie sich für die nach dem Vertrag vorausgesetzte, sonst

2. für die gewöhnliche Verwendung eignet und eine Beschaffenheit aufweist, die bei Werken der gleichen Art üblich ist und die der Auftraggeber nach der Art der Leistung erwarten kann.

(2) Bei Leistungen nach Probe gelten die Eigenschaften der Probe als vereinbarte Beschaffenheit, soweit nicht Abweichungen nach der Verkehrssitte als bedeutungslos anzusehen sind. Dies gilt auch für Proben, die erst nach Vertragsabschluss als solche anerkannt sind.

(3) Ist ein Mangel zurückzuführen auf die Leistungsbeschreibung oder auf Anordnungen des Auftraggebers, auf die von diesem gelieferten oder vorgeschriebenen Stoffe oder Bauteile oder die Beschaffenheit der Vorleistung eines anderen Unternehmers, haftet der Auftragnehmer, es sei denn, er hat die ihm nach § 4 Absatz 3 obliegende Mitteilung gemacht.

(4) 1. Ist für Mängelansprüche keine Verjährungsfrist im Vertrag vereinbart, so beträgt sie für Bauwerke 4 Jahre, für andere Werke, deren Er-

folg in der Herstellung, Wartung oder Veränderung einer Sache besteht, und für die vom Feuer berührten Teile von Feuerungsanlagen 2 Jahre. Abweichend von Satz 1 beträgt die Verjährungsfrist für feuerberührte und abgasdämmende Teile von industriellen Feuerungsanlagen 1 Jahr.

2. Ist für Teile von maschinellen und elektrotechnischen/elektronischen Anlagen, bei denen die Wartung Einfluss auf Sicherheit und Funktionsfähigkeit hat, nichts anderes vereinbart, beträgt für diese Anlagenteile die Verjährungsfrist für Mängelansprüche abweichend von Nummer 1 zwei Jahre, wenn der Auftraggeber sich dafür entschieden hat, dem Auftragnehmer die Wartung für die Dauer der Verjährungsfrist nicht zu übertragen; dies gilt auch, wenn für weitere Leistungen eine andere Verjährungsfrist vereinbart ist.

3. Die Frist beginnt mit der Abnahme der gesamten Leistung; nur für in sich abgeschlossene Teile der Leistung beginnt sie mit der Teilabnahme (§ 12 Absatz 2).

(5) 1. Der Auftragnehmer ist verpflichtet, alle während der Verjährungsfrist hervortretenden Mängel, die auf vertragswidrige Leistung zurückzuführen sind, auf seine Kosten zu beseitigen, wenn es der Auftraggeber vor Ablauf der Frist schriftlich verlangt. Der Anspruch auf Beseitigung der gerügten Mängel verjährt in 2 Jahren, gerechnet vom Zugang des schriftlichen Verlangens an, jedoch nicht vor Ablauf der Regelfristen nach Absatz 4 oder der an ihrer Stelle vereinbarten Frist. Nach Abnahme der Mängelbeseitigungsleistung beginnt für diese Leistung eine Verjährungsfrist von 2 Jahren neu, die jedoch nicht vor Ablauf der Regelfristen nach Absatz 4 oder der an ihrer Stelle vereinbarten Frist endet.

2. Kommt der Auftragnehmer der Aufforderung zur Mängelbeseitigung in einer vom Auftraggeber gesetzten angemessenen Frist nicht nach, so kann der Auftraggeber die Mängel auf Kosten des Auftragnehmers beseitigen lassen.

(6) Ist die Beseitigung des Mangels für den Auftraggeber unzumutbar oder ist sie unmöglich oder würde sie einen unverhältnismäßig hohen Aufwand erfordern und wird sie deshalb vom Auftragnehmer verweigert, so kann der Auftraggeber durch Erklärung gegenüber dem Auftragnehmer die Vergütung mindern (§ 638 BGB).

(7) 1. Der Auftragnehmer haftet bei schuldhaft verursachten Mängeln für Schäden aus der Verletzung des Lebens, des Körpers oder der Gesundheit.

2. Bei vorsätzlich oder grob fahrlässig verursachten Mängeln haftet er für alle Schäden.

3. Im Übrigen ist dem Auftraggeber der Schaden an der baulichen Anlage zu ersetzen, zu deren Herstellung, Instandhaltung oder Änderung die Leistung dient, wenn ein wesentlicher Mangel vorliegt, der die Gebrauchsfähigkeit erheblich beeinträchtigt und auf ein Ver-

schulden des Auftragnehmers zurückzuführen ist. Einen darüber hinausgehenden Schaden hat der Auftragnehmer nur dann zu ersetzen,

a) wenn der Mangel auf einem Verstoß gegen die anerkannten Regeln der Technik beruht,

b) wenn der Mangel in dem Fehlen einer vertraglich vereinbarten Beschaffenheit besteht oder

c) soweit der Auftragnehmer den Schaden durch Versicherung seiner gesetzlichen Haftpflicht gedeckt hat oder durch eine solche zu tarifmäßigen, nicht auf außergewöhnliche Verhältnisse abgestellten Prämien und Prämienzuschlägen bei einem im Inland zum Geschäftsbetrieb zugelassenen Versicherer hätte decken können.

4. Abweichend von Absatz 4 gelten die gesetzlichen Verjährungsfristen, soweit sich der Auftragnehmer nach Nummer 3 durch Versicherung geschützt hat oder hätte schützen können oder soweit ein besonderer Versicherungsschutz vereinbart ist.

5. Eine Einschränkung oder Erweiterung der Haftung kann in begründeten Sonderfällen vereinbart werden.

§ 14 Abrechnung

(1) Der Auftragnehmer hat seine Leistungen prüfbar abzurechnen. Er hat die Rechnungen übersichtlich aufzustellen und dabei die Reihenfolge der Posten einzuhalten und die in den Vertragsbestandteilen enthaltenen Bezeichnungen zu verwenden. Die zum Nachweis von Art und Umfang der Leistung erforderlichen Mengenberechnungen, Zeichnungen und andere Belege sind beizufügen. Änderungen und Ergänzungen des Vertrags sind in der Rechnung besonders kenntlich zu machen; sie sind auf Verlangen getrennt abzurechnen.

(2) Die für die Abrechnung notwendigen Feststellungen sind dem Fortgang der Leistung entsprechend möglichst gemeinsam vorzunehmen. Die Abrechnungsbestimmungen in den Technischen Vertragsbedingungen und den anderen Vertragsunterlagen sind zu beachten. Für Leistungen, die bei Weiterführung der Arbeiten nur schwer feststellbar sind, hat der Auftragnehmer rechtzeitig gemeinsame Feststellungen zu beantragen.

(3) Die Schlussrechnung muss bei Leistungen mit einer vertraglichen Ausführungsfrist von höchstens 3 Monaten spätestens 12 Werktage nach Fertigstellung eingereicht werden, wenn nichts anderes vereinbart ist; diese Frist wird um je 6 Werktage für je weitere 3 Monate Ausführungsfrist verlängert.

(4) Reicht der Auftragnehmer eine prüfbare Rechnung nicht ein, obwohl ihm der Auftraggeber dafür eine angemessene Frist gesetzt hat, so

kann sie der Auftraggeber selbst auf Kosten des Auftragnehmers aufstellen.

§ 15 Stundenlohnarbeiten

(1) 1. Stundenlohnarbeiten werden nach den vertraglichen Vereinbarungen abgerechnet.

2. Soweit für die Vergütung keine Vereinbarungen getroffen worden
sind, gilt die ortsübliche Vergütung. Ist diese nicht zu ermitteln, so
werden die Aufwendungen des Auftragnehmers für Lohn- und Ge-
haltskosten der Baustelle, Lohn- und Gehaltsnebenkosten der Baustelle, Stoffkosten der Baustelle, Kosten der Einrichtungen, Geräte,
Maschinen und maschinellen Anlagen der Baustelle, Fracht-, Fuhr-
und Ladekosten, Sozialkassenbeiträge und Sonderkosten, die bei
wirtschaftlicher Betriebsführung entstehen, mit angemessenen Zuschlägen für Gemeinkosten und Gewinn (einschließlich allgemei-
nem Unternehmerwagnis) zuzüglich Umsatzsteuer vergütet.

(2) Verlangt der Auftraggeber, dass die Stundenlohnarbeiten durch einen
Polier oder eine andere Aufsichtsperson beaufsichtigt werden, oder
ist die Aufsicht nach den einschlägigen Unfallverhütungsvorschriften
notwendig, so gilt Absatz 1 entsprechend.

(3) Dem Auftraggeber ist die Ausführung von Stundenlohnarbeiten vor Beginn anzuzeigen. Über die geleisteten Arbeitsstunden und den dabei erforderlichen, besonders zu vergütenden Aufwand für den Verbrauch
von Stoffen, für Vorhaltung von Einrichtungen, Geräten, Maschinen
und maschinellen Anlagen, für Frachten, Fuhr- und Ladeleistungen sowie etwaige Sonderkosten sind, wenn nichts anderes vereinbart ist, je
nach der Verkehrssitte werktäglich oder wöchentlich Listen (Stundenlohnzettel) einzureichen. Der Auftraggeber hat die von ihm bescheinig-
ten Stundenlohnzettel unverzüglich, spätestens jedoch innerhalb von 6
Werktagen nach Zugang, zurückzugeben. Dabei kann er Einwendungen
auf den Stundenlohnzetteln oder gesondert schriftlich erheben. Nicht
fristgemäß zurückgegebene Stundenlohnzettel gelten als anerkannt.

(4) Stundenlohnrechnungen sind alsbald nach Abschluss der Stundenlohnarbeiten, längstens jedoch in Abständen von 4 Wochen, einzureichen. Für die Zahlung gilt § 16.

(5) Wenn Stundenlohnarbeiten zwar vereinbart waren, über den Umfang
der Stundenlohnleistungen aber mangels rechtzeitiger Vorlage der
Stundenlohnzettel Zweifel bestehen, so kann der Auftraggeber verlangen, dass für die nachweisbar ausgeführten Leistungen eine Vergütung
vereinbart wird, die nach Maßgabe von Absatz 1 Nummer 2 für einen
wirtschaftlich vertretbaren Aufwand an Arbeitszeit und Verbrauch von
Stoffen, für Vorhaltung von Einrichtungen, Geräten, Maschinen und
maschinellen Anlagen, für Frachten, Fuhr- und Ladeleistungen sowie
etwaige Sonderkosten ermittelt wird.

§ 16 Zahlung

(1) 1. Abschlagszahlungen sind auf Antrag in möglichst kurzen Zeitabständen oder zu den vereinbarten Zeitpunkten zu gewähren, und zwar in Höhe des Wertes der jeweils nachgewiesenen vertragsgemäßen Leistungen einschließlich des ausgewiesenen, darauf entfallenden Umsatzsteuerbetrages. Die Leistungen sind durch eine prüfbare Aufstellung nachzuweisen, die eine rasche und sichere Beurteilung der Leistungen ermöglichen muss. Als Leistungen gelten hierbei auch die für die geforderte Leistung eigens angefertigten und bereitgestellten Bauteile sowie die auf der Baustelle angelieferten Stoffe und Bauteile, wenn dem Auftraggeber nach seiner Wahl das Eigentum an ihnen übertragen ist oder entsprechende Sicherheit gegeben wird.

2. Gegenforderungen können einbehalten werden. Andere Einbehalte sind nur in den im Vertrag und in den gesetzlichen Bestimmungen vorgesehenen Fällen zulässig.

3. Ansprüche auf Abschlagszahlungen werden binnen 21 Tagen nach Zugang der Aufstellung fällig.

4. Die Abschlagszahlungen sind ohne Einfluss auf die Haftung des Auftragnehmers; sie gelten nicht als Abnahme von Teilen der Leistung.

(2) 1. Vorauszahlungen können auch nach Vertragsabschluss vereinbart werden; hierfür ist auf Verlangen des Auftraggebers ausreichende Sicherheit zu leisten. Diese Vorauszahlungen sind, sofern nichts anderes vereinbart wird, mit 3 v.H. über dem Basiszinssatz des § 247 BGB zu verzinsen.

2. Vorauszahlungen sind auf die nächstfälligen Zahlungen anzurechnen, soweit damit Leistungen abzugelten sind, für welche die Vorauszahlungen gewährt worden sind.

(3) 1. Der Anspruch auf Schlusszahlung wird alsbald nach Prüfung und Feststellung fällig, spätestens innerhalb von 30 Tagen nach Zugang der Schlussrechnung. Die Frist verlängert sich auf höchstens 60 Tage, wenn sie aufgrund der besonderen Natur oder Merkmale der Vereinbarung sachlich gerechtfertigt ist und ausdrücklich vereinbart wurde. Werden Einwendungen gegen die Prüfbarkeit unter Angabe der Gründe nicht bis zum Ablauf der jeweiligen Frist erhoben, kann der Auftraggeber sich nicht mehr auf die fehlende Prüfbarkeit berufen. Die Prüfung der Schlussrechnung ist nach Möglichkeit zu beschleunigen. Verzögert sie sich, so ist das unbestrittene Guthaben als Abschlagszahlung sofort zu zahlen.

2. Die vorbehaltlose Annahme der Schlusszahlung schließt Nachforderungen aus, wenn der Auftragnehmer über die Schlusszahlung schriftlich unterrichtet und auf die Ausschlusswirkung hingewiesen wurde.

3. Einer Schlusszahlung steht es gleich, wenn der Auftraggeber unter Hinweis auf geleistete Zahlungen weitere Zahlungen endgültig und schriftlich ablehnt.

4. Auch früher gestellte, aber unerledigte Forderungen werden ausgeschlossen, wenn sie nicht nochmals vorbehalten werden.

5. Ein Vorbehalt ist innerhalb von 28 Tagen nach Zugang der Mitteilung nach den Nummern 2 und 3 über die Schlusszahlung zu erklären. Er wird hinfällig, wenn nicht innerhalb von weiteren 28 Tagen – beginnend am Tag nach Ablauf der in Satz 1 genannten 28 Tage – eine prüfbare Rechnung über die vorbehaltenen Forderungen eingereicht oder, wenn das nicht möglich ist, der Vorbehalt eingehend begründet wird.

6. Die Ausschlussfristen gelten nicht für ein Verlangen nach Richtigstellung der Schlussrechnung und -zahlung wegen Aufmaß-, Rechen- und Übertragungsfehlern.

(4) In sich abgeschlossene Teile der Leistung können nach Teilabnahme ohne Rücksicht auf die Vollendung der übrigen Leistungen endgültig festgestellt und bezahlt werden.

(5) 1. Alle Zahlungen sind aufs Äußerste zu beschleunigen.

2. Nicht vereinbarte Skontoabzüge sind unzulässig.

3. Zahlt der Auftraggeber bei Fälligkeit nicht, so kann ihm der Auftragnehmer eine angemessene Nachfrist setzen. Zahlt er auch innerhalb der Nachfrist nicht, so hat der Auftragnehmer vom Ende der Nachfrist an Anspruch auf Zinsen in Höhe der in § 288 Absatz 2 BGB angegebenen Zinssätze, wenn er nicht einen höheren Verzugsschaden nachweist. Der Auftraggeber kommt jedoch, ohne dass es einer Nachfristsetzung bedarf, spätestens 30 Tage nach Zugang der Rechnung oder der Aufstellung bei Abschlagszahlungen in Zahlungsverzug, wenn der Auftragnehmer seine vertraglichen und gesetzlichen Verpflichtungen erfüllt und den fälligen Entgeltbetrag nicht rechtzeitig erhalten hat, es sei denn, der Auftraggeber ist für den Zahlungsverzug nicht verantwortlich. Die Frist verlängert sich auf höchstens 60 Tage, wenn sie aufgrund der besonderen Natur oder Merkmale der Vereinbarung sachlich gerechtfertigt ist und ausdrücklich vereinbart wurde.

4. Der Auftragnehmer darf die Arbeiten bei Zahlungsverzug bis zur Zahlung einstellen, sofern eine dem Auftraggeber zuvor gesetzte angemessene Frist erfolglos verstrichen ist.

(6) Der Auftraggeber ist berechtigt, zur Erfüllung seiner Verpflichtungen aus den Absätzen 1 bis 5 Zahlungen an Gläubiger des Auftragnehmers zu leisten, soweit sie an der Ausführung der vertraglichen Leistung des Auftragnehmers aufgrund eines mit diesem abgeschlossenen Dienst- oder Werkvertrags beteiligt sind, wegen Zahlungsverzugs des Auftragnehmers die Fortsetzung ihrer Leistung zu Recht verweigern und die Direktzahlung die Fortsetzung der Leistung sicherstellen soll. Der Auf-

tragnehmer ist verpflichtet, sich auf Verlangen des Auftraggebers innerhalb einer von diesem gesetzten Frist darüber zu erklären, ob und inwieweit er die Forderungen seiner Gläubiger anerkennt; wird diese Erklärung nicht rechtzeitig abgegeben, so gelten die Voraussetzungen für die Direktzahlung als anerkannt.

§ 17 Sicherheitsleistung

(1) 1. Wenn Sicherheitsleistung vereinbart ist, gelten die §§ 232 bis 240 BGB, soweit sich aus den nachstehenden Bestimmungen nichts anderes ergibt.

2. Die Sicherheit dient dazu, die vertragsgemäße Ausführung der Leistung und die Mängelansprüche sicherzustellen.

(2) Wenn im Vertrag nichts anderes vereinbart ist, kann Sicherheit durch Einbehalt oder Hinterlegung von Geld oder durch Bürgschaft eines Kreditinstituts oder Kreditversicherers geleistet werden, sofern das Kreditinstitut oder der Kreditversicherer

1. in der Europäischen Gemeinschaft oder
2. in einem Staat der Vertragsparteien des Abkommens über den Europäischen Wirtschaftsraum oder
3. in einem Staat der Vertragsparteien des WTO-Übereinkommens über das öffentliche Beschaffungswesen

zugelassen ist.

(3) Der Auftragnehmer hat die Wahl unter den verschiedenen Arten der Sicherheit; er kann eine Sicherheit durch eine andere ersetzen.

(4) Bei Sicherheitsleistung durch Bürgschaft ist Voraussetzung, dass der Auftraggeber den Bürgen als tauglich anerkannt hat. Die Bürgschaftserklärung ist schriftlich unter Verzicht auf die Einrede der Vorausklage abzugeben (§ 771 BGB); sie darf nicht auf bestimmte Zeit begrenzt und muss nach Vorschrift des Auftraggebers ausgestellt sein. Der Auftraggeber kann als Sicherheit keine Bürgschaft fordern, die den Bürgen zur Zahlung auf erstes Anfordern verpflichtet.

(5) Wird Sicherheit durch Hinterlegung von Geld geleistet, so hat der Auftragnehmer den Betrag bei einem zu vereinbarenden Geldinstitut auf ein Sperrkonto einzuzahlen, über das beide nur gemeinsam verfügen können (»Und-Konto«). Etwaige Zinsen stehen dem Auftragnehmer zu.

(6) 1. Soll der Auftraggeber vereinbarungsgemäß die Sicherheit in Teilbeträgen von seinen Zahlungen einbehalten, so darf er jeweils die Zahlung um höchstens 10 v. H. kürzen, bis die vereinbarte Sicherheitssumme erreicht ist. Sofern Rechnungen ohne Umsatzsteuer gemäß § 13b UStG gestellt werden, bleibt die Umsatzsteuer bei der Berechnung des Sicherheitseinbehalts unberücksichtigt. Den jeweils einbehaltenen Betrag hat er dem Auftragnehmer mitzuteilen und binnen 18 Werktagen nach dieser Mitteilung auf ein Sperrkonto bei dem vereinbarten Geldinstitut einzuzahlen. Gleichzeitig muss er veranlas-

sen, dass dieses Geldinstitut den Auftragnehmer von der Einzahlung des Sicherheitsbetrags benachrichtigt. Absatz 5 gilt entsprechend.

2. Bei kleineren oder kurzfristigen Aufträgen ist es zulässig, dass der Auftraggeber den einbehaltenen Sicherheitsbetrag erst bei der Schlusszahlung auf ein Sperrkonto einzahlt.

3. Zahlt der Auftraggeber den einbehaltenen Betrag nicht rechtzeitig ein, so kann ihm der Auftragnehmer hierfür eine angemessene Nachfrist setzen. Lässt der Auftraggeber auch diese verstreichen, so kann der Auftragnehmer die sofortige Auszahlung des einbehaltenen Betrags verlangen und braucht dann keine Sicherheit mehr zu leisten.

4. Öffentliche Auftraggeber sind berechtigt, den als Sicherheit einbehaltenen Betrag auf eigenes Verwahrgeldkonto zu nehmen; der Betrag wird nicht verzinst.

(7) Der Auftragnehmer hat die Sicherheit binnen 18 Werktagen nach Vertragsabschluss zu leisten, wenn nichts anderes vereinbart ist. Soweit er diese Verpflichtung nicht erfüllt hat, ist der Auftraggeber berechtigt, vom Guthaben des Auftragnehmers einen Betrag in Höhe der vereinbarten Sicherheit einzubehalten. Im Übrigen gelten die Absätze 5 und 6 außer Nummer 1 Satz 1 entsprechend.

(8) 1. Der Auftraggeber hat eine nicht verwertete Sicherheit für die Vertragserfüllung zum vereinbarten Zeitpunkt, spätestens nach Abnahme und Stellung der Sicherheit für Mängelansprüche zurückzugeben, es sei denn, dass Ansprüche des Auftraggebers, die nicht von der gestellten Sicherheit für Mängelansprüche umfasst sind, noch nicht erfüllt sind. Dann darf er für diese Vertragserfüllungsansprüche einen entsprechenden Teil der Sicherheit zurückhalten.

2. Der Auftraggeber hat eine nicht verwertete Sicherheit für Mängelansprüche nach Ablauf von 2 Jahren zurückzugeben, sofern kein anderer Rückgabezeitpunkt vereinbart worden ist. Soweit jedoch zu diesem Zeitpunkt seine geltend gemachten Ansprüche noch nicht erfüllt sind, darf er einen entsprechenden Teil der Sicherheit zurückhalten.

§ 18 Streitigkeiten

(1) Liegen die Voraussetzungen für eine Gerichtsstandvereinbarung nach § 38 Zivilprozessordnung vor, richtet sich der Gerichtsstand für Streitigkeiten aus dem Vertrag nach dem Sitz der für die Prozessvertretung des Auftraggebers zuständigen Stelle, wenn nichts anderes vereinbart ist. Sie ist dem Auftragnehmer auf Verlangen mitzuteilen.

(2) 1. Entstehen bei Verträgen mit Behörden Meinungsverschiedenheiten, so soll der Auftragnehmer zunächst die der auftraggebenden Stelle unmittelbar vorgesetzte Stelle anrufen. Diese soll dem Auftragnehmer Gelegenheit zur mündlichen Aussprache geben und ihn möglichst innerhalb von 2 Monaten nach der Anrufung schriftlich be-

scheiden und dabei auf die Rechtsfolgen des Satzes 3 hinweisen. Die Entscheidung gilt als anerkannt, wenn der Auftragnehmer nicht innerhalb von 3 Monaten nach Eingang des Bescheides schriftlich Einspruch beim Auftraggeber erhebt und dieser ihn auf die Ausschlussfrist hingewiesen hat.

2. Mit dem Eingang des schriftlichen Antrages auf Durchführung eines Verfahrens nach Nummer 1 wird die Verjährung des in diesem Antrag geltend gemachten Anspruchs gehemmt. Wollen Auftraggeber oder Auftragnehmer das Verfahren nicht weiter betreiben, teilen sie dies dem jeweils anderen Teil schriftlich mit. Die Hemmung endet 3 Monate nach Zugang des schriftlichen Bescheides oder der Mitteilung nach Satz 2.

(3) Daneben kann ein Verfahren zur Streitbeilegung vereinbart werden. Die Vereinbarung sollte mit Vertragsabschluss erfolgen.

(4) Bei Meinungsverschiedenheiten über die Eigenschaft von Stoffen und Bauteilen, für die allgemein gültige Prüfungsverfahren bestehen, und über die Zulässigkeit oder Zuverlässigkeit der bei der Prüfung verwendeten Maschinen oder angewendeten Prüfungsverfahren kann jede Vertragspartei nach vorheriger Benachrichtigung der anderen Vertragspartei die materialtechnische Untersuchung durch eine staatliche oder staatlich anerkannte Materialprüfungsstelle vornehmen lassen; deren Feststellungen sind verbindlich. Die Kosten trägt der unterliegende Teil.

(5) Streitfälle berechtigen den Auftragnehmer nicht, die Arbeiten einzustellen.

VOB Teil C

**VOB Vergabe- und Vertragsordnung für Bauleistungen –
Teil C: Allgemeine Technische Vertragsbedingungen für Bauleistungen (ATV) –
Allgemeine Regelungen für Bauarbeiten jeder Art – DIN 18 299
Ausgabe September 2012**

Inhalt

0 Hinweise für das Aufstellen der Leistungsbeschreibung

Diese Hinweise für das Aufstellen der Leistungsbeschreibung gelten für Bauarbeiten jeder Art; sie werden ergänzt durch die auf die einzelnen Leistungsbereiche bezogenen Hinweise in den ATV DIN 18300 bis ATV DIN 18459, Abschnitt 0, sowie den Anhang Begriffsbestimmungen. Die Beachtung dieser Hinweise und des Anhangs ist Voraussetzung für eine ordnungsgemäße Leistungsbeschreibung gemäß § 7, § 7 EG bzw. § 7 VS VOB/A.

In die Vorbemerkungen zum Leistungsverzeichnis ist aufzunehmen:

»Soweit in der Leistungsbeschreibung auf Technische Spezifikationen, z.B. nationale Normen, mit denen europäische Normen umgesetzt werden, europäische technische Zulassungen, gemeinsame technische Spezifikationen, internationale Normen, Bezug genommen wird, werden auch ohne den ausdrücklichen Zusatz: »oder gleichwertig« immer gleichwertige Technische Spezifikationen in Bezug genommen.«

Die Hinweise werden nicht Vertragsbestandteil.

In der Leistungsbeschreibung sind nach den Erfordernissen des Einzelfalls insbesondere anzugeben:

0.1 Angaben zur Baustelle

0.1.1 Lage der Baustelle, Umgebungsbedingungen, Zufahrtsmöglichkeiten und Beschaffenheit der Zufahrt sowie etwaige Einschränkungen bei ihrer Benutzung.

0.1.2 Besondere Belastungen aus Immissionen sowie besondere klimatische oder betriebliche Bedingungen.

0.1.3 Art und Lage der baulichen Anlagen, z.B. auch Anzahl und Höhe der Geschosse.

0.1.4 Verkehrsverhältnisse auf der Baustelle, insbesondere Verkehrsbeschränkungen.

0.1.5 Für den Verkehr freizuhaltende Flächen.

0.1.6 Art, Lage, Maße und Nutzbarkeit von Transporteinrichtungen und Transportwegen, z.B. Montageöffnungen.

0.1.7 Lage, Art, Anschlusswert und Bedingungen für das Überlassen von Anschlüssen für Wasser, Energie und Abwasser.

0.1.8 Lage und Ausmaß der dem Auftragnehmer für die Ausführung seiner Leistungen zur Benutzung oder Mitbenutzung überlassenen Flächen und Räume.

0.1.9 Bodenverhältnisse, Baugrund und seine Tragfähigkeit. Ergebnisse von Bodenuntersuchungen.

0.1.10 Hydrologische Werte von Grundwasser und Gewässern. Art, Lage, Abfluss, Abflussvermögen und Hochwasserverhältnisse von Vorflutern. Ergebnisse von Wasseranalysen.

0.1.11 Besondere umweltrechtliche Vorschriften.

0.1.12 Besondere Vorgaben für die Entsorgung, z.B. Beschränkungen für die Beseitigung von Abwasser und Abfall.

0.1.13 Schutzgebiete oder Schutzzeiten im Bereich der Baustelle, z.B. wegen Forderungen des Gewässer-, Boden-, Natur-, Landschafts- oder Immissionsschutzes; vorliegende Fachgutachten oder dergleichen.

0.1.14 Art und Umfang des Schutzes von Bäumen, Pflanzenbeständen, Vegetationsflächen, Verkehrsflächen, Bauteilen, Bauwerken, Grenzsteinen und dergleichen im Bereich der Baustelle.

0.1.15 Im Bereich der Baustelle vorhandene Anlagen, insbesondere Abwasser- und Versorgungsleitungen.

0.1.16 Bekannte oder vermutete Hindernisse im Bereich der Baustelle, z.B. Leitungen, Kabel, Dräne, Kanäle, Bauwerksreste und, soweit bekannt, deren Eigentümer.

0.1.17 Bestätigung, dass die im jeweiligen Bundesland geltenden Anforderungen zu Erkundungs- und gegebenenfalls Räumungsmaßnahmen hinsichtlich Kampfmitteln erfüllt wurden.

0.1.18 Gegebenenfalls gemäß der Baustellenverordnung getroffene Maßnahmen.

0.1.19 Besondere Anordnungen, Vorschriften und Maßnahmen der Eigentümer (oder der anderen Weisungsberechtigten) von Leitungen, Kabeln, Dränen, Kanälen, Straßen, Wegen, Gewässern, Gleisen, Zäunen und dergleichen im Bereich der Baustelle.

0.1.20 Art und Umfang von Schadstoffbelastungen, z.B. des Bodens, der Gewässer, der Luft, der Stoffe und Bauteile; vorliegende Fach gutachten oder dergleichen.

0.1.21 Art und Zeit der vom Auftraggeber veranlassten Vorarbeiten.

0.1.22 Arbeiten anderer Unternehmer auf der Baustelle.

0.2 **Angaben zur Ausführung**

0.2.1 Vorgesehene Arbeitsabschnitte, Arbeitsunterbrechungen und Arbeitsbeschränkungen nach Art, Ort und Zeit sowie Abhängigkeit von Leistungen anderer.

0.2.2 Besondere Erschwernisse während der Ausführung, z.B. Arbeiten in Räumen, in denen der Betrieb weiterläuft, Arbeiten im Bereich von Verkehrswegen oder bei außergewöhnlichen äußeren Einflüssen.

0.2.3 Besondere Anforderungen für Arbeiten in kontaminierten Bereichen, gegebenenfalls besondere Anordnungen für Schutz- und Sicherheitsmaßnahmen.

0.2.4 Besondere Anforderungen an die Baustelleneinrichtung und Entsorgungseinrichtungen, z.B. Behälter für die getrennte Erfassung.

0.2.5 Besonderheiten der Regelung und Sicherung des Verkehrs, gegebenenfalls auch, wieweit der Auftraggeber die Durchführung der erforderlichen Maßnahmen übernimmt.

0.2.6 Besondere Anforderungen an das Auf- und Abbauen sowie Vorhalten von Gerüsten.

0.2.7 Mitbenutzung fremder Gerüste, Hebezeuge, Aufzüge, Aufenthalts- und Lagerräume, Einrichtungen und dergleichen durch den Auftragnehmer.

0.2.8 Wie lange, für welche Arbeiten und gegebenenfalls für welche Beanspruchung der Auftragnehmer Gerüste, Hebezeuge, Aufzüge, Aufenthalts- und Lagerräume, Einrichtungen und dergleichen für andere Unternehmer vorzuhalten hat.

0.2.9 Verwendung oder Mitverwendung von wiederaufbereiteten (Recycling-)Stoffen.

0.2.10 Anforderungen an wiederaufbereitete (Recycling-)Stoffe und an nicht genormte Stoffe und Bauteile.

0.2.11 Besondere Anforderungen an Art, Güte und Umweltverträglichkeit der Stoffe und Bauteile, auch z.B. an die schnelle biologische Abbaubarkeit von Hilfsstoffen.

0.2.12 Art und Umfang der vom Auftraggeber verlangten Eignungs- und Gütenachweise.

0.2.13   Unter welchen Bedingungen auf der Baustelle gewonnene Stoffe verwendet werden dürfen oder müssen oder einer anderen Verwertung zuzuführen sind.

0.2.14   Art, Zusammensetzung und Menge der aus dem Bereich des Auftraggebers zu entsorgenden Böden, Stoffe und Bauteile; Art der Verwertung oder bei Abfall die Entsorgungsanlage; Anforderungen an die Nachweise über Transporte, Entsorgung und die vom Auftraggeber zu tragenden Entsorgungskosten.

0.2.15   Art, Anzahl, Menge oder Masse der Stoffe und Bauteile, die vom Auftraggeber beigestellt werden, sowie Art, genaue Bezeichnung des Ortes und Zeit ihrer Übergabe.

0.2.16   In welchem Umfang der Auftraggeber Abladen, Lagern und Transport von Stoffen und Bauteilen übernimmt oder dafür dem Auftragnehmer Geräte oder Arbeitskräfte zur Verfügung stellt.

0.2.17   Leistungen für andere Unternehmer.

0.2.18   Mitwirken beim Einstellen von Anlageteilen und bei der Inbetriebnahme von Anlagen im Zusammenwirken mit anderen Beteiligten, z.B. mit dem Auftragnehmer für die Gebäudeautomation.

0.2.19   Benutzung von Teilen der Leistung vor der Abnahme.

0.2.20   Übertragung der Wartung während der Dauer der Verjährungsfrist für die Mängelansprüche für maschinelle und elektrotechnische sowie elektronische Anlagen oder Teile davon, bei denen die Wartung Einfluss auf die Sicherheit und die Funktionsfähigkeit hat (vergleiche § 13 Absatz 4 Nummer 2 VOB/B), durch einen besonderen Wartungsvertrag.

0.2.21   Abrechnung nach bestimmten Zeichnungen oder Tabellen.

0.3   **Einzelangaben bei Abweichungen von den ATV**

0.3.1   Wenn andere als die in den ATV DIN 18299 bis ATV DIN 18459 vorgesehenen Regelungen getroffen werden sollen, sind diese in der Leistungsbeschreibung eindeutig und im Einzelnen anzugeben.

0.3.2   Abweichende Regelungen von der ATV DIN 18299 können insbesondere in Betracht kommen bei

Abschnitt 2.1.1,	wenn die Lieferung von Stoffen und Bauteilen nicht zur Leistung gehören soll,
Abschnitt 2.2,	wenn nur ungebrauchte Stoffe und Bauteile vorgehalten werden dürfen,
Abschnitt 2.3.1,	wenn auch gebrauchte Stoffe und Bauteile geliefert werden dürfen.

0.4 Einzelangaben zu Nebenleistungen und Besonderen Leistungen

0.4.1 Nebenleistungen

Nebenleistungen (Abschnitt 4.1 aller ATV) sind in der Leistungsbeschreibung nur zu erwähnen, wenn sie ausnahmsweise selbständig vergütet werden sollen. Eine ausdrückliche Erwähnung ist geboten, wenn die Kosten der Nebenleistung von erheblicher Bedeutung für die Preisbildung sind; in diesen Fällen sind besondere Ordnungszahlen (Positionen) vorzusehen.

Dies kommt insbesondere für das Einrichten und Räumen der Baustelle in Betracht.

0.4.2 Besondere Leistungen

Werden Besondere Leistungen (Abschnitt 4.2 aller ATV) verlangt, ist dies in der Leistungsbeschreibung anzugeben; gegebenenfalls sind hierfür besondere Ordnungszahlen (Positionen) vorzusehen.

0.5 Abrechnungseinheiten

Im Leistungsverzeichnis sind die Abrechnungseinheiten für die Teilleistungen (Positionen) gemäß Abschnitt 0.5 der jeweiligen ATV anzugeben.

1 Geltungsbereich

Die ATV DIN 18299 »Allgemeine Regelungen für Bauarbeiten jeder Art« gilt für alle Bauarbeiten, auch für solche, für die keine ATV in VOB/C – ATV DIN 18300 bis ATV DIN 18459 – bestehen.

Abweichende Regelungen in den ATV DIN 18300 bis ATV DIN 18459 haben Vorrang.

2 Stoffe, Bauteile

2.1 Allgemeines

2.1.1 Die Leistungen umfassen auch die Lieferung der dazugehörigen Stoffe und Bauteile einschließlich Abladen und Lagern auf der Baustelle.

2.1.2 Stoffe und Bauteile, die vom Auftraggeber beigestellt werden, hat der Auftragnehmer rechtzeitig beim Auftraggeber anzufordern.

2.1.3 Stoffe und Bauteile müssen für den jeweiligen Verwendungszweck geeignet und aufeinander abgestimmt sein.

2.2 Vorhalten

Stoffe und Bauteile, die der Auftragnehmer nur vorzuhalten hat, die also nicht in das Bauwerk eingehen, dürfen nach Wahl des Auftragnehmers gebraucht oder ungebraucht sein.

2.3 Liefern

2.3.1 Stoffe und Bauteile, die der Auftragnehmer zu liefern und einzubauen hat, die also in das Bauwerk eingehen, müssen ungebraucht sein. Wiederaufbereitete (Recycling-)Stoffe gelten als ungebraucht, wenn sie den Bedingungen gemäß Abschnitt 2.1.3 entsprechen.

2.3.2 Stoffe und Bauteile, für die DIN-Normen bestehen, müssen den DIN-Güte- und DIN-Maßbestimmungen entsprechen.

2.3.3 Stoffe und Bauteile, die nach den deutschen behördlichen Vorschriften einer Zulassung bedürfen, müssen amtlich zugelassen sein und den Bestimmungen ihrer Zulassung entsprechen.

2.3.4 Stoffe und Bauteile, für die bestimmte technische Spezifikationen in der Leistungsbeschreibung nicht genannt sind, dürfen auch verwendet werden, wenn sie Normen, technischen Vorschriften oder sonstigen Bestimmungen anderer Staaten entsprechen, sofern das geforderte Schutzniveau in Bezug auf Sicherheit, Gesundheit und Gebrauchstauglichkeit gleichermaßen dauerhaft erreicht wird.

Sofern für Stoffe und Bauteile eine Überwachungs- oder Prüfzeichenpflicht oder der Nachweis der Brauchbarkeit, z.B. durch allgemeine bauaufsichtliche Zulassung, allgemein vorgesehen ist, kann von einer Gleichwertigkeit nur ausgegangen werden, wenn die Stoffe und Bauteile ein Überwachungs- oder Prüfzeichen tragen oder für sie der genannte Brauchbarkeitsnachweis erbracht ist.

3 Ausführung

3.1 Wenn Verkehrs-, Versorgungs- und Entsorgungsanlagen im Bereich der Baustelle liegen, sind die Vorschriften und Anordnungen der zuständigen Stellen zu beachten. Kann die Lage dieser Anlagen nicht angegeben werden, ist sie zu erkunden. Leistungen zur Erkundung derartiger Anlagen sind Besondere Leistungen (siehe Abschnitt 4.2.1).

3.2 Die für die Aufrechterhaltung des Verkehrs bestimmten Flächen sind freizuhalten. Der Zugang zu Einrichtungen der Versorgungs- und Entsorgungsbetriebe, der Feuerwehr, der Post und Bahn, zu Vermessungspunkten und dergleichen darf nicht mehr als durch die Ausführung unvermeidlich behindert werden.

3.3 Werden Schadstoffe vorgefunden, z.B. in Böden, Gewässern, Stoffen oder Bauteilen, ist dies dem Auftraggeber unverzüglich mitzuteilen. Bei Gefahr im Verzug hat der Auftragnehmer die notwendigen Sicherungsmaßnahmen unverzüglich durchzuführen. Die weiteren Maßnahmen sind gemeinsam festzulegen. Die erbrachten und die weiteren Leistungen sind Besondere Leistungen (siehe Abschnitt 4.2.1).

4 Nebenleistungen, Besondere Leistungen

4.1 Nebenleistungen

Nebenleistungen sind Leistungen, die auch ohne Erwähnung im Vertrag zur vertraglichen Leistung gehören (§ 2 Absatz 1 VOB/B).

Nebenleistungen sind demnach insbesondere:

4.1.1 Einrichten und Räumen der Baustelle einschließlich der Geräte und dergleichen.

4.1.2 Vorhalten der Baustelleneinrichtung einschließlich der Geräte und dergleichen.

4.1.3 Messungen für das Ausführen und Abrechnen der Arbeiten einschließlich des Vorhaltens der Messgeräte, Lehren, Absteckzeichen und dergleichen, des Erhaltens der Lehren und Absteckzeichen während der Bauausführung und des Stellens der Arbeitskräfte, jedoch nicht Leistungen nach § 3 Absatz 2 VOB/B.

4.1.4 Schutz- und Sicherheitsmaßnahmen nach den staatlichen und berufsgenossenschaftlichen Regelwerken zum Arbeitsschutz, ausgenommen Leistungen nach den Abschnitten 4.2.4 und 4.2.5.

4.1.5 Beleuchten, Beheizen und Reinigen der Aufenthalts- und Sanitärräume für die Beschäftigten des Auftragnehmers.

4.1.6 Heranbringen von Wasser und Energie von den vom Auftraggeber auf der Baustelle zur Verfügung gestellten Anschlussstellen zu den Verwendungsstellen.

4.1.7 Liefern der Betriebsstoffe.

4.1.8 Vorhalten der Kleingeräte und Werkzeuge.

4.1.9 Befördern aller Stoffe und Bauteile, auch wenn sie vom Auftraggeber beigestellt sind, von den Lagerstellen auf der Baustelle oder von den in der Leistungsbeschreibung angegebenen Übergabestellen zu den Verwendungsstellen und etwaiges Rückbefördern.

4.1.10 Sichern der Arbeiten gegen Niederschlagswasser, mit dem normalerweise gerechnet werden muss, und seine etwa erforderliche Beseitigung.

4.1.11 Entsorgen von Abfall aus dem Bereich des Auftragnehmers sowie Beseitigen der Verunreinigungen, die von den Arbeiten des Auftragnehmers herrühren.

4.1.12 Entsorgen von Abfall aus dem Bereich des Auftraggebers bis zu einer Menge von 1 m³, soweit der Abfall nicht schadstoffbelastet ist.

4.2 Besondere Leistungen

Besondere Leistungen sind Leistungen, die nicht Nebenleistungen nach Abschnitt 4.1 sind und nur dann zur vertraglichen Leistung gehören, wenn sie in der Leistungsbeschreibung besonders erwähnt sind. Besondere Leistungen sind z.B.:

4.2.1 Leistungen nach den Abschnitten 3.1 und 3.3.

4.2.2 Beaufsichtigen der Leistungen anderer Unternehmer.

4.2.3 Erfüllen von Aufgaben des Auftraggebers (Bauherrn) hinsichtlich der Planung der Ausführung des Bauvorhabens oder der Koordinierung gemäß Baustellenverordnung.

4.2.4 Leistungen zur Unfallverhütung und zum Gesundheitsschutz für Mitarbeiter anderer Unternehmen.

4.2.5 Besondere Schutz- und Sicherheitsmaßnahmen bei Arbeiten in kontaminierten Bereichen, z.B. messtechnische Überwachung, spezifische Zusatzgeräte für Baumaschinen und Anlagen, abgeschottete Arbeitsbereiche.

4.2.6 Leistungen für besondere Schutzmaßnahmen gegen Witterungsschäden, Hochwasser und Grundwasser, ausgenommen Leistungen nach Abschnitt 4.1.10.

4.2.7 Versicherung der Leistung bis zur Abnahme zugunsten des Auftraggebers oder Versicherung eines außergewöhnlichen Haftpflichtwagnisses.

4.2.8 Besondere Prüfung von Stoffen und Bauteilen, die der Auftraggeber liefert.

4.2.9 Aufstellen, Vorhalten, Betreiben und Beseitigen von Einrichtungen zur Sicherung und Aufrechterhaltung des Verkehrs auf der Baustelle, z.B. Bauzäune, Schutzgerüste, Hilfsbauwerke, Beleuchtungen, Leiteinrichtungen.

4.2.10 Aufstellen, Vorhalten, Betreiben und Beseitigen von Einrichtungen außerhalb der Baustelle zur Umleitung, Regelung und Sicherung des öffentlichen und Anliegerverkehrs sowie das Einholen der hierfür erforderlichen verkehrsrechtlichen Genehmigungen und Anordnungen nach der StVO.

4.2.11 Bereitstellen von Teilen der Baustelleneinrichtung für andere Unternehmer oder den Auftraggeber.

4.2.12 Leistungen für besondere Maßnahmen aus Gründen des Umweltschutzes sowie der Landes- und Denkmalpflege.

4.2.13 Entsorgen von Abfall über die Leistungen nach den Abschnitten 4.1.11 und 4.1.12 hinaus.

4.2.14 Schutz der Leistung, wenn der Auftraggeber eine vorzeitige Benutzung verlangt.

4.2.15 Beseitigen von Hindernissen.

4.2.16 Zusätzliche Leistungen für die Weiterarbeit bei Frost und Schnee, soweit sie dem Auftragnehmer nicht ohnehin obliegen.

4.2.17 Leistungen für besondere Maßnahmen zum Schutz und zur Sicherung gefährdeter baulicher Anlagen und benachbarter Grundstücke.

4.2.18 Sichern von Leitungen, Kabeln, Dränen, Kanälen, Grenzsteinen, Bäumen, Pflanzen und dergleichen.

5 Abrechnung

Die Leistung ist aus Zeichnungen zu ermitteln, soweit die ausgeführte Leistung diesen Zeichnungen entspricht. Sind solche Zeichnungen nicht vorhanden, ist die Leistung aufzumessen.

Anhang Begriffsbestimmungen

Begriffsbestimmungen zu den Allgemeinen Technischen Vertragsbedingungen für Bauleistungen

- **Aussparungen** sind bei Bauteilen Querschnittsschwächungen, deren Tiefe kleiner oder gleich der Bauteiltiefe sein kann. Aussparungen sind bei Flächen nicht zu behandelnde bzw. nicht herzustellende Teile. Aussparungen entstehen, z.B. durch Öffnungen (auch raumhoch), Durchbrüche, Durchdringungen, Nischen, Schlitze, Hohlräume, Leitungen, Kanäle.
- **Unterbrechungen** sind bei der Ermittlung der Längenmaße trennende, nicht zu behandelnde bzw. nicht herzustellende Abschnitte. Unterbrechungen durch Bauteile sind bei der Ermittlung der Flächenmaße trennende, nicht zu behandelnde bzw. nicht herzustellende Teilflächen geringer Breite, z.B. Fachwerkteile, Vorlagen, Lisenen, Gesimse, Entwässerungsrinnen, Einbauten.
- **Anarbeiten:** Heranführen an begrenzende Bauteile ohne Anpassen oder Anschließen.
- **Anpassen:** Heranführen an begrenzende Bauteile durch Bearbeiten des heranzuführenden Baustoffes, so dass dieser der Geometrie des begrenzenden Bauteils folgt.
- **Anschließen:** Heranführen an begrenzende Bauteile und Sicherstellen einer definierten technischen Funktion, z.B. Winddichtigkeit, Wasserdichtigkeit, Kraftschluss.
- **Das kleinste umschriebene Rechteck:** Das kleinste umschriebene Rechteck ergibt sich aus dem kleinsten Rechteck, das eine Fläche beliebiger Form umschließt.

Verzeichnis der DIN-Normen

DIN 1960	VOB Vergabe- und Vertragsordnung für Bauleistungen;	
	Teil A:	Allgemeine Bestimmungen für die Vergabe von Bauleistungen

DIN 1961	VOB Vergabe- und Vertragsordnung für Bauleistungen;	
	Teil B:	Allgemeine Vertragsbedingungen für die Ausführung von Bauleistungen

	VOB Teil C:	Allgemeine Technische Vertragsbedingungen für Bauleistungen (ATV)
DIN 18 299	VOB Teil C:	Allgemeine Regelungen für Bauarbeiten jeder Art
DIN 18 300	VOB Teil C:	Erdarbeiten
DIN 18 301	VOB Teil C:	Bohrarbeiten
DIN 18 302	VOB Teil C:	Arbeiten zum Ausbau von Bohrungen
DIN 18 303	VOB Teil C:	Verbauarbeiten
DIN 18 304	VOB Teil C:	Ramm-, Rüttel- und Pressarbeiten
DIN 18 305	VOB Teil C:	Wasserhaltungsarbeiten
DIN 18 306	VOB Teil C:	Entwässerungskanalarbeiten
DIN 18 307	VOB Teil C:	Druckrohrleitungsarbeiten außerhalb von Gebäuden
DIN 18 308	VOB Teil C:	Drän- und Versickerarbeiten
DIN 18 309	VOB Teil C:	Einpressarbeiten
DIN 18 311	VOB Teil C:	Nassbaggerarbeiten
DIN 18 312	VOB Teil C:	Untertagebauarbeiten
DIN 18 313	VOB Teil C:	Schlitzwandarbeiten mit stützenden Flüssigkeiten
DIN 18 314	VOB Teil C:	Spritzbetonarbeiten
DIN 18 315	VOB Teil C:	Verkehrswegebauarbeiten – Oberbauschichten ohne Bindemittel
DIN 18 316	VOB Teil C:	Verkehrswegebauarbeiten – Oberbauschichten mit hydraulischen Bindemitteln
DIN 18 317	VOB Teil C:	Verkehrswegebauarbeiten – Oberbauschichten aus Asphalt
DIN 18 318	VOB Teil C:	Verkehrswegebauarbeiten – Pflasterdecken und Plattenbeläge in ungebundener Ausführung, Einfassungen
DIN 18 319	VOB Teil C:	Rohrvortriebsarbeiten
DIN 18 320	VOB Teil C:	Landschaftsbauarbeiten
DIN 18 321	VOB Teil C:	Düsenstrahlarbeiten
DIN 18 322	VOB Teil C:	Kabelleitungstiefbauarbeiten
DIN 18 323	VOB Teil C:	Kampfmittelräumarbeiten
DIN 18 325	VOB Teil C:	Gleisbauarbeiten
DIN 18 326	VOB Teil C:	Renovierungsarbeiten an Entwässerungskanälen
DIN 18 330	VOB Teil C:	Mauerarbeiten
DIN 18 331	VOB Teil C:	Betonarbeiten

DIN 18 332	VOB Teil C:	Naturwerksteinarbeiten
DIN 18 333	VOB Teil C:	Betonwerksteinarbeiten
DIN 18 334	VOB Teil C:	Zimmer- und Holzbauarbeiten
DIN 18 335	VOB Teil C:	Stahlbauarbeiten
DIN 18 336	VOB Teil C:	Abdichtungsarbeiten
DIN 18 338	VOB Teil C:	Dachdeckungs- und Dachabdichtungsarbeiten
DIN 18 339	VOB Teil C:	Klempnerarbeiten
DIN 18 340	VOB Teil C:	Trockenbauarbeiten
DIN 18 345	VOB Teil C:	Wärmedämm-Verbundsysteme
DIN 18 349	VOB Teil C:	Betonerhaltungsarbeiten
DIN 18 350	VOB Teil C:	Putz- und Stuckarbeiten
DIN 18 351	VOB Teil C:	Vorgehängte hinterlüftete Fassaden
DIN 18 352	VOB Teil C:	Fliesen- und Plattenarbeiten
DIN 18 353	VOB Teil C:	Estricharbeiten
DIN 18 354	VOB Teil C:	Gussasphaltarbeiten
DIN 18 355	VOB Teil C:	Tischlerarbeiten
DIN 18 356	VOB Teil C:	Parkettarbeiten
DIN 18 357	VOB Teil C:	Beschlagarbeiten
DIN 18 358	VOB Teil C:	Rollladenarbeiten
DIN 18 360	VOB Teil C:	Metallbauarbeiten
DIN 18 361	VOB Teil C:	Verglasungsarbeiten
DIN 18 363	VOB Teil C:	Maler- und Lackierarbeiten – Beschichtungen
DIN 18 364	VOB Teil C:	Korrosionsschutzarbeiten an Stahlbauten
DIN 18 365	VOB Teil C:	Bodenbelagsarbeiten
DIN 18 366	VOB Teil C:	Tapezierarbeiten
DIN 18 367	VOB Teil C:	Holzpflasterarbeiten
DIN 18 379	VOB Teil C:	Raumlufttechnische Anlagen
DIN 18 380	VOB Teil C:	Heizanlagen und zentrale Wassererwärmungsanlagen
DIN 18 381	VOB Teil C:	Gas-, Wasser- und Entwässerungsanlagen innerhalb von Gebäuden
DIN 18 382	VOB Teil C:	Nieder- und Mittelspannungsanlagen bis 36 kV
DIN 18 384	VOB Teil C:	Blitzschutzanlagen
DIN 18 385	VOB Teil C:	Förderanlagen, Aufzugsanlagen, Fahrtreppen und Fahrsteige
DIN 18 386	VOB Teil C:	Gebäudeautomation
DIN 18 421	VOB Teil C:	Dämm- und Brandschutzarbeiten an technischen Anlagen
DIN 18 451	VOB Teil C:	Gerüstarbeiten
DIN 18 459	VOB Teil C:	Abbruch- und Rückbauarbeiten

Stichwortverzeichnis

(Die Zahlen verweisen auf die jeweiligen Randnummern)